dtv

Jugendweihen entstanden im 19. Jahrhundert. Seit 1852 dienten sie in freireligiösen Gemeinden als Ersatz für Konfirmation oder Firmung. Seit Ende des 19. und im 20. Jahrhundert wird diese Weihehandlung von weltanschaulichen, politischen und gesellschaftlichen deutschen Verbänden übernommen. Im »Dritten Reich« veranstalteten auch die Nationalsozialisten Jugendweihen. In der DDR installierte die SED ab 1954/55 die Jugendweihe als offiziellen Festakt: ein staatstragender sozialistischer Initiationsritus. 1955 nahmen weniger als zwanzig Prozent der 13/14jährigen Jugendlichen an einer Jugendweihe teil. 1989 waren es über neuzig Prozent. In Westdeutschland gab es sehr wenige Jugendweihen freireligiöser und freidenkerischer Gruppen. Überraschenderweise blieben nach der Vereinigung von Ost- und Westdeuschland in Ostdeutschland Jugendweihen gut besucht. Sie werden, anders als in der DDR, von verschiedenen Oranisationen veranstaltet. Im Westen sind diese Weihen wenigen bekannt. Lebt der Unterschied von Ossis und Wessis in diesem Kulturkonflikt fort? Andreas Meier ist diesem interessanten Phänomen auf der Spur.

Andreas Meier ist Historiker und promovierter evangelischer Theologe und lebt als freier Publizist in Berlin. Als Korrespondent für die Tageszeitung ›Neue Zeit‹ arbeitete er im Land Brandenburg. Veröffentlichungen u. a.: ›Hermann Ehlers. Leben in Kirche und Politik‹ (1991), ›Der Souverän auf der Nebenbühne. Essays und Zwischenrufe zur deutschen Verfassungsdiskussion‹ (zus. mit Bernd Guggenberger; 1994).

Andreas Meier

Jugendweihe – JugendFEIER

Ein deutsches nostalgisches Fest
vor und nach 1990

Deutscher Taschenbuch Verlag

Originalausgabe
April 1998

Umschlaggestaltung: Balk & Brumshagen
Umschlagfoto: © Gerhard Gäbler, Leipzig
Satz und Gestaltung: Hartmut Czauderna,
Gräfelfing, auf Apple Macintosh QuarkXPress
Gesetzt aus der 9,2/10,2' Stempel Garamond
Druck und Bindung: C. H. Beck'sche Buchdruckerei,
Nördlingen
Gedruckt auf säurefreiem, chlorfrei gebleichtem Papier
Printed in Germany · ISBN 3-423-30595-9

Inhalt

Einleitung

Ununterbrochener »Boom« der Jugendweihe?

Im 1990 vereinten Deutschland nehmen jedes Jahr in den Monaten März bis Mai gut Hunderttausend ostdeutsche Jugendliche an einer »Jugendweihe« oder »Jugendfeier« genannten Veranstaltung teil. Teilnehmer im engeren Sinne sind 13- bis 14jährige Jugendliche, zumeist Achtkläßler, die im Mittelpunkt der stets festlichen Veranstaltung stehen. Sie werden von Eltern und Freunden begleitet, mit denen anschließend privat gefeiert wird. Auf den Ablauf der Feier kommen wir später zu sprechen, hier ist der Andrang im geeinten Deutschland von Belang. Er beschränkt sich auf den Osten Deutschlands. Im Westen Deutschlands gibt es seit Jahrzehnten schwach besuchte Jugendweihen.

Nach Mitteilung der ›Rhein-Pfalz‹ von Anfang März 1991 nahmen in der DDR bis 1989 über sieben Millionen Mädchen und Jungen an rund 195 000 Jugendweihen teil. Im Moment der deutschen Vereinigung war eine Fortdauer dieses Booms »der Jugendweihe« nicht abzusehen. »Und im nächsten Jahr?« wurde am 27. April 1990 in ›Die ZEIT‹ gefragt. »Da gibt es keine Jugendweihe mehr«, lautete die Antwort. »Wer macht mit?« sei in einer Annonce in einer mecklenburgischen Zeitung im Februar 1990 vorsichtig gefragt worden. Von dieser Vorsicht ließen sich manche irreführen. So stellte der Thüringer Pfarrer Erhart Neubert, einer der Protagonisten und Theoretiker der evangelischen Kerzenrevolution in der DDR, 1994 in ›Begegnungen 4/5‹ der »Studien- und Begegnungsstätte Berlin« fest, die Jugendweihe sei »1990 und 1991 in die Krise geraten. Nur noch etwa 30 Prozent nahmen an der Feier teil«. Er führte dies darauf zurück, daß durch den Zusammenbruch der DDR der Jugendweihe die Stütze entzogen worden sei.

Indessen konnte das ›Neue Deutschland‹ am 15. März 1993 berichten: »Auftakt in Rostock: 70 000 erhalten Jugendweihe«. Also weniger als 30 Prozent der 1980 geborenen 245 132 Ostdeutschen. Und im Juni 1995 teilte das Chemnitzer ›Magazin Offener Kinder- und Jugendarbeit CORAX‹ mit, daß 1995 »mehr als 85 000 Mädchen und Jungen gemeinsam mit Eltern, Freunden und Verwandten die Jugendweihe begingen«. Als Zuwachs gegenüber dem Vorjahr wurden »5 000 Schüler mehr« bilanziert. Die ›Märkische Oder-Zeitung‹ aus Frankfurt/Oder berichtete am 14. Mai 1996, daß nach Auskunft aller Veranstalter von Jugendweihen 1996 »rund 95 000 Jugendliche« sich weihen ließen. Das waren 40 Prozent der 1983 geborenen Ostdeutschen. Die wachsenden Teilnehmerzahlen lassen sehen, daß – in den Worten der ›Stuttgarter Nachrichten‹ vom 6. April 1993 – die Jugendweihe als »Relikt aus DDR-Zeiten wieder hoch im Kurs steht«. Es bleibt der Unterschied zu den Teilnehmerzahlen in der DDR, deren Niveau während der letzten zehn Jahre bei 90 bis 95 Prozent der 13- bis 14jährigen Ostdeutschen lag. Ein »Boom« ist die Zahl der Teilnehmer im Ostteil des geeinten Deutschland nicht, wenn sie an diesen Zahlen aus der nicht so fernen DDR gemessen wird. Nur gemessen am deutlichen Rückgang in den »Wendejahren« kann von »Boom« der Beteiligung in Ostdeutschland die Rede sein.

Boom oder kein Boom, nach Meinung des Augsburger Bundestagsabgeordneten Eduard Oswald ist »die Teilnahme von über 86 000 Mädchen und Jungen in der diesjährigen Jugendweihe ein bedrückender Rekord«, heißt es in den Mitteilungen der CDU/CSU-Fraktion vom 10. April 1996. Oswald und andere westdeutsche Beobachter »bedrückt« die hohe ostdeutsche Teilnehmerzahl, weil sie einen spaltenden Riß in Deutschland markiert sehen. Nicht ganz unerwartet tut sich eine politische Dimension der ostdeutschen Jugendweihen auf, die eines der Kennzeichen der DDR waren.

Das Problem

Bevor, aus welchem Grund auch immer, die hohe Teilnehmerzahl an den ostdeutschen Jugendweiheveranstaltungen kommentiert und wie von Oswald als »bedrückend« kritisiert wird, muß untersucht werden, warum so viele junge Menschen an ihnen als Weihlinge teilnehmen.

Warum halten viele Ostdeutsche an einer Feier fest, obwohl diese seit 1954 in der DDR aufgezwungen wurde? Auch in den letzten Monaten der zusammenbrechenden DDR konnten Eltern damals 13- bis 14jähriger von der gewohnten Jugendweihe nicht lassen. Laut dem Bonner Parlamentarischen Pressedienst am 7. April 1991 nahmen 1990 »etwa 150 000 der insgesamt rund 200 000 ostdeutschen Jugendlichen im Alter von 14 Jahren« an einer Jugendweihe teil. 1991 fiel die Zahl auf rund 85 000, also 38,01 Prozent derer, die in Ostdeutschland 1977 geboren worden sind (223 152).

Erwähnenswert ist der Einsatz, der Improvisationswille vieler Eltern in den Wendemonaten. Nicht wenige halfen sich Anfang der neunziger Jahre in Wohnzimmern, Gastwirtschaften und auch öffentlichen Gebäuden mit dem Verfügbaren aus, um eine Jugendweihe zu veranstalten. Der Wunsch nach dem gewohnten Fest, nach Bestärkung der familiären Solidarität in wirtschaftlich turbulenten Zeiten, saß tief. Er ließ Eltern, sogar eine Ärztin, die Frau eines Pfarrers, bitten, eine Festansprache in der Jugendweihefeier zu halten. Auch der Theologe Richard Schröder berichtet, darum gebeten worden zu sein, als seien in der damaligen Situation die theologischen Vorbehalte an der DDR-Jugendweihe wegen der gewohnten Freude an dem eingebürgerten gemeinsamen Fest unerheblich geworden. Trotz aller Mißlichkeit der erzwungenen Einführung erwies sich die Veranstaltung als ostdeutsches Fest.

Was war und ist vor allem den Eltern der Weihlinge, die ihre minderjährigen Kinder zur Teilnahme anmelden, wichtig an der Feier? Wie die improvisierten Feiern von 1990 zeigen, die vor allem in ländlichen Gebieten bis in die Gegenwart reichen, wird der Wunsch nach der Jugendweihefeier von sehr vielen geteilt. Gespräche vor und nach den Jugendweihen mit Teilnehmern lassen vermuten, daß die nachdrückliche Absicht der Eltern, für ihr Kind eine solche Feier zu ermöglichen, dem entsprechenden Wunsch der Kinder, die vor allem an die Geschenke denken, vorausgeht. An welche Tradition soll diese »unverbindliche, entleerte Feier«[1] anknüpfen, aus welchen Zusammenhängen erklärt sich das Bedürfnis vieler Ostdeutscher nach »der Jugendweihe«?

Es reicht nicht aus, die Jugendweihe zum bedrängenden »Erbe der DDR« zu erklären. Reichen die Wurzeln dieser Veranstaltung nur in den kurzlebigen ostdeutschen Staat oder zurück in die Arbeiterbewegung, wenn nicht in noch frühere Zeiten? Und in welchem Verhältnis stehen diese massenhaft aufgesuchten Jugendweiheveranstaltungen in Ostdeutschland zu den Jugendweiheveranstaltungen, die in sehr viel kleinerem Umfang und an wenigen Orten in Westdeutschland veranstaltet werden?

Der Boom der Jugendweihe im vereinten Deutschland erhellt eindrücklich, daß Menschen mit einem gemeinsamen Erbe unterschiedlich umgehen: 1995/96 nahmen an der Jugendweihe rund 40 Prozent der in Ostdeutschland lebenden 13- und 14jährigen teil. Von 1989 bis 1993 waren 1 375 799 Deutsche aus den östlichen Ländern in die westlichen übergesiedelt. Nirgendwohin brachten sie die Jugendweihe mit. Das taten auch die nicht, die in einen der wenigen westdeutschen Orte übersiedelten, an denen Jugendweihen/Jugendfeiern normalerweise veranstaltet werden. Zu diesen schicken manche der Übergesiedelten ihre Kinder. Kein westdeutscher Ort ist bekannt, an dem durch Übersiedler aus Ostdeutschland die Jugendweihe auch für westdeutsche Jugendliche eingeführt worden ist. In Westdeutschland versuchte nach 1990 niemand, die Jugendweihe zu installieren. Hatten die umgesiedelten Ostdeutschen andere Erinnerungen an die Jugendweihe als die daheimgebliebenen? Falsch wäre die Annahme, nur Jugendweiheverweigerer seien vom östlichen in den westlichen Teil Deutschlands gewechselt. Warum wird nur »vor Ort«, in Ostdeutschland, mit dem Jugendweihefest in volkstümlicher Verbundenheit umgegangen? Dient unter den Lebensbedingungen der freiheitlichen bundesrepublikanischen Staatsordnung einem Teil der Deutschen die Jugendweihe/Jugendfeier als ein Mittel, sich einer tradierten ostdeutschen Identität zu versichern? Wie artikuliert sich dieses Identitätsgefühl, das andere Ostdeutsche, nämlich die meisten der nach Westdeutschland Übergesiedelten, offenkundig nicht haben? Geht es in eins mit dem Wunsch nach einer Rückkehr in die DDR, oder ist den Teilnehmern an den Jugendweihen/Jugendfeiern mit der Behauptung Unrecht getan, sie wünschten sich die DDR zurück?

Auf den ersten Blick ist dies der Fall. Allen Jugendweiheveranstaltern liegt der Wunsch, so sagen sie zumindest, nach einer Rückkehr der DDR fern. Sie organisierten die Jugendweihe/Jugendfeier, weil es sich um ein Übergangsritual handele, wie es in vielen Kulturen, also weltweit, verbreitet sei. Wenn diese Behauptung stimmt, wäre der ungebrochene Wunsch vieler Ostdeutscher nach »der Jugendweihe« als Ausdruck eines verständlichen Bedürfnisses erklärt, an diesem Übergangsritual teilzuhaben. Trifft diese Begründung zu, erklärt dieses kulturgeschichtliche Ritual, warum die Veranstaltung der Jugendweihen/Jugendfeiern – mit wenigen Ausnahmen in der Weimarer Republik – ausschließlich in den Zeitraum der Passions- und Osterzeit fällt? Und warum entwickelte sich ausschließlich in Deutschland das Übergangsritual Jugendweihe? Es ist nämlich ohne Parallele in anderen Ländern, zeitgenössischen Dienstleistungsgesellschaften. In den gängigen deutsch-englischen, deutsch-französischen und deutsch-italienischen Wörterbüchern gibt es keine Übersetzung des Wortes Jugendweihe oder Jugendfeier.

Um dem momentanen Boom der Jugendweihe/Jugendfeier nachzuspüren, wird hier zuerst untersucht, warum – vornehmlich von Eltern – in dem Umbruchjahr vor der Einigung, während sich die DDR entleibte, an der Veranstaltung von Jugendweihefeiern festgehalten wurde. Die vielerlei improvisierten Jugendweihen 1990/91 waren für alle Beteiligten ein Notbehelf, weil Veranstalter fehlten, bzw. weil – seltener – vorhandene Veranstalter gemieden werden sollten. Dieser Notbehelf war nicht auf Dauer angelegt, denn niemand bemühte sich, der Jugendweiheveranstaltung und deren Organisation eine wiederholbare Form zu geben. Es wurde unter dem Druck gehandelt, in der Umbruchsituation eine Jugendweihe zu veranstalten. Als Alternative zur gewohnten Jugendweihefeier war die eigenverantwortete Improvisation nicht gedacht. Über die Einigung hinaus blieben die Erwartungen der Eltern identisch: Ihre Jugendlichen sollen im entsprechenden Alter an Jugendweihen teilnehmen können, deren regelmäßige Veranstaltung vorausgesetzt wird. Erwartet wird, der Vergleich liegt nahe, ein Konzert, für das der Veranstalter Stücke und Instrumentalisten ohne Wissen der Besucher aussucht. Im Regelfall sind Eltern an der Gestaltung der Jugendweiheveranstaltungen unbeteiligt. Eltern erwarten, daß die Jugendweiheveranstaltung zuverlässig organisiert wird. Ein persönlicher Kontakt mit den Veranstaltern ist nicht bezweckt. Diese sorgen durch ihre Organisationsleistung im vereinten Deutschland dafür, »daß das Gute hängenbleibt«.

Die westdeutschen Jugendweiheveranstalter reagierten auf diese Entwicklung kritisch und/oder kooperativ, weil ihre Jugendweihen trotz des gewaltigen Unterschieds an Häufigkeit Veranstaltungen vergleichbarer Art unter identischer Bezeichnung sind. Diese Kritik wird untersucht, weil nicht Außenstehende kritisieren, Kritiker und Kritisierte engagieren sich für Jugendweihen. Auffälligerweise sind die Fronten, wie berichtet wird, verwischt. Liegt das daran, daß der Sinn der Jugendweihen und die mit diesen verfolgten Absichten unklar sind?

Eigens vorzustellen sind die Veranstalter der Jugendfeiern um die früheren Freidenker in West-Berlin. Als »Humanisten« nutzten sie die Chance der Einigung und profilierten sich als DDR-fremde Veranstalter der »alternativen Jugendweihe JugendFEIER« (1997: »anderen Jugendweihe/JugendFEIER«). Vor 1990 war die Zahl der Teilnehmer an den freidenkerischen Jugendweihen zurückgegangen. Nach der Einigung stieg sie beträchtlich an. Die ideologischen Ziele des Verbandes traten wie die Mitarbeit von Mitgliedern der DDR-Jugendweiheausschüsse in den Hintergrund der Feierarbeit. Die finanzielle Unterstützung durch den Berliner Senat, eine wichtige Basis der Arbeit, versiegt wohl trotz aller Sparmaßnahmen nicht.

Eine Betrachtung der weltweit verbreiteten Übergangsriten, die pubertierende Kinder durchlaufen, im zweiten Kapitel ergibt, daß sich weder die Einführung der Jugendweihe noch deren Attraktivität für einen Teil der Ostdeutschen kulturgeschichtlich erklären läßt. Die Entstehung kann nur historisch erklärt werden; im dritten Kapitel wird gezeigt, wie die Jugendweihe in der deutschen freigeistigen Bewegung des 19. Jahrhunderts aufkommt. Die Feier bleibt sich in den freireligiösen Strömungen, obwohl diese unterschiedliche politische Koalitionen eingehen, gleich. Diese Traditionslinie wird in das »Dritte Reich« verfolgt, wo die Jugendweihe auch »Jugendleite« genannt wurde. Wie in der DDR die Jugendweihe erstmals zur staatlichen Einrichtung gemacht wurde und sich zur Volkstradition entwickelte, wird im letzten Kapitel geschildert.

Bad Freienwalde/Charlottenburg 1998

Abb. 1: Anzeige aus ›der küsten-reporter‹ (1995)

Familienfeier Jugendweihe / JugendFEIER: Ein Erbe der DDR in Ostdeutschland seit der »Wende« 1989/90

Gleichberechtigte Versorgung der nachgeborenen Ostdeutschen

Am monotonen, anonymen Vorgang der Jugendweihe, der in der DDR für die Veranstaltung typisch war, änderte sich 1990/91 höchstens etwas durch die persönliche Anrede der Weihlinge, die im kleinen Rahmen improvisierter Feiern selbstverständlich war. Sie mußte hier freilich auch das Fehlen der Urkunden ausgleichen. Gewohntermaßen fanden Jugendweihen in der DDR in einem anspruchsvollen Raum, etwa einer Konzert- oder Sporthalle, statt. Auf der Bühne, wo sich die Weihlinge aufhalten, hat es dabei festlich zuzugehen: Das »Kulturprogramm«, diese in der DDR kreierte Bezeichnung geistert noch heute herum, besteht aus klassischer oder moderner Musik, dem Vortrag literarischer Texte und einer Festansprache zu Ehren der Weihlinge. Schließlich folgt deren Auszeichnung durch eine persönlich ausgehändigte Urkunde, die meist nichts als die Teilnahme an der jeweiligen »Jugendweihe« vermerkt. Nach der Veranstaltung reihen sich die Weihlinge im Familien- und Freundeskreis zu Erinnerungsphotos auf, bevor sie, reich beschenkt, Mittelpunkt von Familienfeiern sind. Damit ist das Gerüst aller Jugendweiheveranstaltungen beschrieben. Dies ist gemeint, wenn unter Ostdeutschen von *der* Jugendweihe die Rede ist. Nach Ort der Feier, deren Gestaltung, Inhalt der Ansprache usw. wird nicht unterschieden. Ja, die in der DDR eingebürgerte und heute beibehaltene Rede von *der* Jugendweihe schließt Unterscheidungen wie Qualitätsurteile über Jugendweiheveranstaltungen aus, weil eben überall *die* Jugendweihe gefeiert wird. Die Teilnahme an der Jugendweiheveranstaltung trägt bis heute Züge der aus der DDR bekannten Schicksalsergebenheit: Das betreffende Kind wird zu den Jugendweiheterminen angemeldet, Vorbereitung und Ausführung der Feier sind allein Sache des Veranstalters. An der Schicksalsergebenheit ändert die Freiwilligkeit der Teilnahme nichts.

So erwies sich, daß die Jugendweihe als ein mit verläßlicher Sicherheit wiederkehrendes Fest in der DDR eine Schicksalsfeier der Ostdeutschen geworden war. Aus der staatlich-ideologisch erzwungenen Schicksalsergebenheit der Ostdeutschen erwuchs in der Gesellschaft der Vorwende-DDR eine Unbeweglichkeit, eine »zukunftslose Blockade« (Jens Reich), die die Bürgerbewegungen zu zerbrechen halfen. Die spätestens am 18. März 1990 erfolgte Abwahl der SED-DDR hatte nicht zur Folge, daß das Interesse an *der* Jugendweihe schwand. Der Wagen Jugendweihe wurde vom Traditionszug ostdeutscher Kultur nicht abhängt. An die seit 1954/55 aufgezwungene Jugendweihefeier hatten sich sehr viele gewöhnt. Durch Verzicht auf die ideologischen Phrasen war die Feier nach ihrer Meinung nicht mehr anstößig.

Sicher darf die Teilnahme an der Jugendweihe, insbesondere im Frühjahr 1990, als über Möglichkeit und Ablauf der Einigung unsichere Vermutungen angestellt wurden, nicht als Option für die DDR, gar nach SED/PDS-Vorstellungen, gewertet werden. Sie ist eher als ein Ausdruck des Wunsches vieler zu verstehen, daß sich die von vielen gewollte Abkehr von der DDR human gestalten sollte: Ostdeutsche sollten nicht aus ihren DDR-Biographien in fremde und vielleicht nachteilige westliche Lebenszusammenhänge hinauskatapuliert werden. Vergessen wir nicht: 1990 waren die Meinungen in der DDR keineswegs klar. Richard Schröder, der Fraktionsvorsitzende der SPD-Fraktion in der Volkskammer der DDR, schreibt von einer »Revolution ohne Kopf und Programm«[2]. Programm und Kopf fehlten auch den entmachteten und überforderten Parteikadern. Überall wucherten Vorschläge über »dritte Wege«, die Rechtsstaat und Reichtum garantieren sollten, ohne sich im kapitalistischen Übel zu verstricken.

Rund 75 Prozent der 1990 13- bis 14jährigen Ostdeutschen nahmen in den letzten Monaten der DDR an der Jugendweihe teil. Die Zahl der Teilnehmer an den Jugendweihen/JugendFEIERn heute ist schwer zu verifizieren, weil Grundlage stets die unkontrollierten Angaben der Veranstalter sind.

Da in der DDR die Anmeldung zur Jugendweihe ein gutes halbes Jahr vor der Jugendweihe lag, waren viele Jugendweihegruppen zusammengestellt, als die Mauer 1989 geöffnet wurde. Aus einer solchen Gruppe auszusteigen, setzte innere Souveränität voraus, die 13- und 14jährige nicht haben, zumal man noch der Ansicht war, daß die DDR gewandelt fortbestehe.

Die Ausschüsse für Jugendweihe in der DDR waren sofort vom Zusammenbruch der DDR erfaßt, denn ihre Verbindung mit der SED-Staatsführung, die die Ausschüsse 1954/55 eingesetzt hatte, war eng. Verunsichert sahen es manche Eltern Anfang 1990 ungern, daß offizielle Ausschüsse ihre Kinder weihen sollten, auch wenn sie gegen die Jugendweihe als solche nichts einzuwenden hatten. Insgesamt mehrere hundert Eltern taten sich damals zusammen, suchten je ein Buch als Buchgeschenk für ihre Kinder aus, organisierten sich einen Raum, gelegentlich mußte auf Wohnzimmer zurückgegriffen werden, und bewährte Festredner, die bei diesen privaten Jugendweihefeiern reden sollten. Zumeist fanden sich ehrenamtliche Redner, viele von ihnen griffen auf das Manuskript früherer Festansprachen in der DDR zurück. Wie üblich, redeten einige auf mehreren Jugendweihefeiern. Der Inhalt der Ansprachen, auch der leicht geändert wiederholten, waren alltägliche Bemerkungen über den zukunftsweisenden Ehrgeiz der Jugendlichen, ihre erste Liebe, die von den Eltern oft mißverstanden werde, und über die Vorbildlichkeit der Eltern, der älteren Generation. Die Ähnlichkeit zu Ansprachen in Feiern der DDR-Ausschüsse, die in der Regel von ehrenamtlichen Festrednern gehalten wurden, war groß.

Es ist unbekannt, welches Gelöbnis in diesen privaten Jugendweiheveranstaltungen gesprochen wurde, oder ob auf diesen »Kern« der DDR-Jugendweihefeier verzichtet wurde. Da in dieser Umbruchphase in den DDR-Ausschüssen für Jugendweihe ein Verzicht auf das Gelöbnis erwogen wurde, wird vermutlich oft darauf verzichtet worden sein. Ernst hatte offenkundig fast kein Ostdeutscher das mitgesprochene Gelöbnis genommen, die wenigsten Ostdeutschen erinnern sich an das von ihnen gesprochene Gelöbnis. 1990 machte der Untergang der DDR allen klar, daß es sich um Lippenbekenntnisse gehandelt hatte. Über das, was in den Herzen und Köpfen der jugendgeweihten DDR-Bürger wirklich vorging, wissen wir besser Bescheid, weil die Ergebnisse der über mehrere Jahre reichenden Längsschnittstudien des »Zentralinstituts für Jugendforschung« in Leipzig zugänglich sind. Seit 1966 untersuchte es die weltanschaulichen und politischen Überzeugungen und das Verhalten der Jugendlichen in der DDR. Die anonyme schriftliche Befragung im Gruppenverband läßt an der Glaubwürdigkeit der Antworten nicht zweifeln. Sie lassen einen Mentalitätsumbruch lange vor der Wende erkennen, der Rückschlüsse auf die Ernsthaftigkeit der Jugendweiheteilnahme erlaubt.

Rein familiäre Jugendweihefeiern gibt es noch heute, etwa am 11. Mai 1996 im Schiffmühler Gasthaus »Oderklause«. Auf Einladung von fünf Familien kamen rund 40 Teilnehmer, um der Jugendweihe von drei Kindern beizuwohnen. Ein aus DDR-Zeiten erfahrener Festredner aus Falkenberg/Mark hielt die Ansprache und »begleitete« die Jugendlichen so in das Erwachsenenalter. Vorbereitet waren sie durch Fahrten mit ihren Eltern zu antifaschistischen Gedenkstätten, deren Besuch auch zu den vorbereitenden Jugendstunden in der DDR gehört hatte.

Solche selbstverantworteten familiären Jugendweihen, zu denen sich heute Eltern vor allem in ländlichen Gebieten entschließen, weil die Veranstaltungsangebote professioneller Veranstalter schwer zu erreichen sind, waren 1990 kein Akt der Emanzipation von den DDR-Veranstaltern. Verwandt blieb die Erwartung, daß die Jugendweihe als eine von anderen organisierte Veranstaltung wie eine Sozialleistung zur Verfügung gestellt wird. Es entwickelte sich kein Geschmack für die Souveränität des improvisierenden Mit- und Selbstgestaltens. Diese Erwartung ist, wie gesagt, so schicksalsergeben eingeübt, daß Ostdeutsche Jahre nach der Einigung auch dort, wo die Wahl zwischen mehreren erreichbaren Veranstaltern besteht, keine Auswahl treffen. Sie unterhalten sich nicht über die Qualität der Veranstalter, um eine Auswahl zu treffen. Es gibt zwischen den Veranstaltern im geeinten Deutschland keine Konkurrenz. Nach ostdeutscher Ansicht muß *die* Jugendweihe im Alltag zur Verfügung stehen, als bestünde ein öffentlicher Anspruch auf sie. Deshalb kommentierte die Chemnitzer Zeitschrift ›CORAX‹ im Juni 1995 die gestiegenen Teilnehmerzahlen an der Jugendweihe mit dem Hinweis: »Ohne Unterstützung der Regierenden, ohne Akzeptanz und Fördermittel« sei die Jugendweihe nicht lebensfähig[3]. Die unerschütterte Jugendweiheerwartung der Eltern ist der Zeitschrift nicht Garantie genug für den Bestand der Jugendweihen. Erwartet wird, hier kann ›CORAX‹ als ostdeutsches Sprachrohr gelten, dauerhafte Akzeptanz und Finanzierung, garantierte öffentliche Finanzierung also, statt privater Eigen- oder Mitverantwortung. Wie gewohnt, muß auch nach 1990 Verlaß darauf sein, daß Jugendweihen angeboten werden. Das ist der Ausdruck der tief eingewurzelten Überzeugung von der Allzuständigkeit des Staates, die viele ehemalige DDR-Bürger wie eine Hypothek mit sich herumtragen.

1990/91 fehlte nicht nur Geld für das Buchgeschenk, sondern es war unklar, wie ein zeitgemäßer Ersatz aussehen sollte. Der Inhalt des Buches hatte in der DDR dem Gelöbnis entsprochen. Nachdem auf das Gelöbnis verzichtet worden war, war unklar, wie das angemessene Buchgeschenk aussehen solle. Jedes neue Gelöbnis/Bekenntnis hätte die gelobenden Weihlinge, hätte das ganze Fest inhaltlich festgelegt. Das aber hätte sich nicht mit der vorherrschenden Annahme vertragen, problemlos könne die ideologisch entkleidete Jugendweihe fortgeführt werden. Folge der eingeübten Schicksalsergebenheit ist, daß die feierwilligen Eltern keine expliziten inhaltlichen Erwartungen an die Gestaltung der Jugendweihe hatten und an ihr auch nicht mitwirken wollten und wollen. Daher haben die Veranstalter der ideologisch entkleideten Jugendweihe kaum konkreten Ansprüchen zu genügen. Es geht um Wiederholung der ostdeutschen Schicksalsfeier.

Nach dem Abtritt der staatlichen und doch offiziell von Anfang an unabhängigen Ausschüsse Jugendweihe in der DDR war entscheidend, wer an deren Stelle trat. Dessen Arbeit war wegen der Anspruchslosigkeit der feierwilligen Eltern einfach. Inhaltlich und bei der Buch- wie Raumauswahl hatte er freie Hand. Groß ist die Erwartung an den Inhalt des überreichten Buches nicht gewesen, denn in die von den Jugendweiheausschüssen der DDR überreichten Propagandabücher hatten sich nach anfänglichem Gefallen an den, wie es heißt, »dicken, bunten, informationsreichen Büchern« die wenigsten Geweihten vertieft.

Der ehedem in der Ostregion der Evangelischen Kirche in Berlin-Brandenburg amtierende Propst Hans-Otto Furian wunderte sich, daß zur Jugendweihe 1991 nur 60 Prozent der 14jährigen Ostdeutschen angemeldet waren, denn er »hätte gedacht, daß es mehr sein werden«. Er sah im Herbst 1990 die Gefahr, daß »unter dem wirtschaftlichen Druck auf dem ehemaligen DDR-Gebiet ein neues Wir-Gefühl sich mit solchen Überlegungen verbindet«[4]. Im Umkreis der Jugendweihe ist das ostdeutsche Wir-Gefühl lebendig. Diese tradierte Feier soll für die Nachgeborenen erhalten bleiben. So wird Heimatgefühl aus der DDR in die neue, ungewohnte Umgebung der freiheitlichen Demokratie mitgenommen.

Für Menschen in der DDR war der Schutzraum Familie, in den der allen Beteiligten wichtige private Teil der Feier nach der jeweiligen Jugendweihe fiel, von großer Bedeutung. Das auffällig familienzentrierte Leben in der DDR schuf im DDR-Sozialismus komplementäre und alternative Strukturen zur DDR-Gesellschaft. Im Moment der deutschen Vereinigung solidarisierten sich viele ostdeutsche Familien. Die »passive Stärke« (Günter Gaus) der familiären »Nische« hatte die Familien Widerlager in der »Doppelkultur« des Arbeiter-und-Bauern-Staates sein lassen. In dieser Diktatur waren Familienfeiern sehr wichtig, denn im Familienkreis wurde anders als in der staatlich durchwucherten DDR-Gesellschaft gesprochen. Hier war der Ort der »zweiten Sprache«. Die alltägliche Zweisprachigkeit einerseits in offiziellen, schulischen und beruflichen Zusammenhängen und andererseits in den vertrauten familiären Nischen hatte Züge einer strukturellen Schizophrenie in der DDR. In dieser familiären DDR-Erzählgemeinschaft, die in das geeinte Deutschland hineinreicht, ist das ostdeutsche Wir-Gefühl, die Jugendweihe, zu Hause.

Die Jugendweihe, als obligatorische Übung fest eingeordnet in das Bildungswesen der DDR, war der wichtigste Anlaß, der gleiche Personen beide Sprachen, den Orwellschen »double speak«, sprechen ließ. Der wochenlangen ideologischen Indoktrinierung in »Jugendstunden« war eine entsprechende Festansprache gefolgt, das feierliche sozialistische Gelöbnis hatte den offiziellen Teil der Feier abgeschlossen. Die Diktion der SED, d.h. die »erste Sprache«, hatte bis zum Schluß der Weihe alles bestimmt. Es war die »Neusprache«, wie Orwell sagt. In der DDR wurde der »ersten Sprache« langsam der letzte Schliff gegeben, auf das ein andersartiges »Reich des Denkens«[5] aufgezwungen werde.

Nach der Weihe verschwanden die Teilnehmer und Gäste in einer anderen Welt, viele Gäste stießen erst jetzt zu den Feiernden. In diesen Nischenfeiern wurde bisweilen mehr oder minder deutlich auch über die »realsozialistische DDR« gelästert. Jetzt konnten »Gedankenverbrechen«, so Orwell, begangen werden – im Vertrauen auf das Einverständnis der Anwesenden. Viele Ostdeutsche teilen sich in die angenehmen Erinnerungen an die Jugendweihe in der DDR auch deshalb, weil Mut dazugehören konnte, die Nischenfeier für private Gedankenverbrechen zu nutzen. Diese Stunden relativ freien Meinungsaustausches, guten Essens und Trinkens waren möglich gewesen, weil dem DDR-Staat die Unterwerfungsgeste, d. h. die Teilnahme an der Jugendweiheveranstaltung, in bedingungsloser formaler Korrektheit erbracht worden war. Gutes Essen und Plätze im Restaurant für die Familienfeier hatten in der DDR nicht problemlos zur Verfügung gestanden. Ministerielle Weisungen waren nötig, um sicherzustellen, daß anläßlich der Jugendweihen dergleichen Mängel des realsozialistischen Alltags die Freude an den Weihen nicht störten. Die perfekte Inszenierung der gesellschaftlichen Familienfeier Jugendweihe in der

DDR wird im letzten Kapitel geschildert. Es verwundert nicht, daß eine Feier, für die republikweit dergleichen Aufwand betrieben wurde, in angenehmster Erinnerung bleibt. Warum, dachten sich die meisten Ostdeutschen, soll die politisch nicht mißbrauchte Jugendweihe nicht auch in einem freiheitlichen Staat möglich sein? Jetzt werde überall nur die »zweite Sprache« gesprochen. Am Zuckerbrot der Familienfeier halten Ostdeutsche fest, der ehemalige Unterwerfungsakt wird zur allgemeinen Erleichterung vergessen. Denn die Peitsche eines neuen Unterwerfungsaktes, dessen ist man sich sicher, ist durch den Zusammenbruch der DDR zerbrochen.

Der »Boom« der Jugendweihe nach dem Ende der DDR läßt nicht nur auf den ungebrochenen Wunsch vieler Eltern schließen, ihren nachgeborenen Kindern die Teilnahme an der gewohnten Jugendweihe zu ermöglichen. Am 3. April 1991, also während der ersten Jugendweihen im geeinten Deutschland, berichtete ›Tribüne‹ sogar, manche Jugendliche wollten *die* Jugendweihe »zum zweiten Mal, aber dieses Mal hoffentlich anders«, ohne die abschreckenden Züge der DDR-Weihe, erhalten. Welchem Veranstalter vertrauten sich die festgewohnten Ostdeutschen an? Mieden sie die Funktionäre der DDR-Jugendweihe, weil diese ihren Teil der Verantwortung für die Ideologisierung der Jugendweihe in der DDR trugen? Oder reichte das Mißtrauen der Ostdeutschen nicht so weit, weil die Suche nach »Verantwortlichen« für die DDR-Diktatur von den meisten vorsichtshalber nicht allzu intensiv betrieben wurde? Und: Warum wird *die* Jugendweihe/Jugendfeier »Familienfeier« genannt, obwohl ihre für alle Teilnehmer gleiche Programmfolge von den Veranstaltern unveränderbar vorgegeben wird, sehen wir von den Jugendweihen der Arbeiterwohlfahrt in Potsdam ab? Deren 1997 einsetzender Versuch einer familiengerechteren Gestaltung der Weihen wird nachher vorgestellt.

In die Spur der DDR-Jugendweiheausschüsse traten während und nach der »Wende« fast nur ostdeutsche Organisatoren, die sich größtenteils aus den ehemaligen Ausschüssen rekrutierten. Westliche Nachfolgeorganisatoren boten sich nicht an, abgesehen von den ideologisch im Sinne des Atheismus der DDR-Ideologie festgelegten freidenkerischen Veranstaltern. Ihnen widmen wir uns im folgenden Abschnitt (»JugendFEIER: Die heidnische Weihe«).

Durch die deutsche Einigung eröffneten sich für die eingeübten ostdeutschen Veranstalter organisierter Jugendweihen Möglichkeiten auch ohne staatliche Unterstützung. Das zeigen folgende Beispiele, im Anschluß an die der Werdegang des Zentralen Ausschusses für Jugendweihe in der DDR seit 1989 geschildert wird:

Es taten sich neben dem zentralen ostdeutschen Verband (s. u.: »›Das Gute bleibt hängen‹. Ostdeutsche Jugendweihe als Familienfest«) einige regionale Veranstalter zusammen, die auch eigenständigen Elterngruppen, in gewohnter Diktion »Elternaktive« geheißen, unter die Arme griffen und greifen. An eine bestimmte Klientel richten sich kleine Gruppen wie die PDS-Gruppe »Roter Baum«, die in Dresden Jugendweihen veranstaltet.

Im Land Brandenburg war 1990 bis 1994 eine Vereinigung »Brandenburger Jugendweihe e. V« aktiv. Sie veranstaltete Jugendweihen und half interessierten Eltern mit Informationsbroschüren für eine eigenständige Organisation der symbolisch-festlichen Feier zur »Lebenswende« ihrer Kinder aus. Urkunden und Bücher konnten gegen Gebühr bezogen werden. Die Kosten blieben begrenzt, weil der Medienmulti Bertelsmann als Herausgeber ein eigens für die Jugendweihe gefertigtes Buch sponserte. Als absehbar wurde, daß dieser brandenburgische Verein aus finanziellen Gründen seine Jugendweihen einstellen mußte, fand sich unter anderem auf Anstoß einer Mitarbeiterin des Vereins, Helga Brösel, in Cottbus ein »Humanistisches Jugendwerk e. V« zusammen. Dessen Gründer waren politische Parteien (FDP, PDS, SPD), die demokratische Frauenbewegung und parteilose Bürger Cottbus'. Es bietet im Rahmen seiner »offenen Jugendarbeit« allen Jugendlichen unterhaltsame und informierende Veranstaltungen an und organisiert eigene Jugendweihen in Cottbus. Und zwar zuerst in zweierlei Form: Einmal beschwingt modern in der großräumigen Stadthalle Cottbus, zum anderen klassisch altmodisch im dortigen Konservatorium. Da das Interesse an der klassisch gehaltenen Feier schwand, wurde 1997 im Konservatorium das Programm musikalisch abwechslungsreicher gestaltet. Einfluß der Gründungsparteien ist nicht zu erkennen.

Überdies ist das Cottbusser »Jugendwerk« Anlaufstelle für Ratsuchende aus dem Lausitzer Umland, denen für ihre selbstorganisierten Feiern Urkunden (1995 je 1 DM) und Bücher (1995 je 15 DM) gegen Gebühr zugestellt werden. 1995 war es ›Die Wunder der Erde. Ihr Ursprung und die Entstehung des Lebens‹ für knapp 1500 Weihlinge. 1995 wurden nach Schätzung von Helga Brösel den Elterngruppen insgesamt rund 400 dieser Urkunden und Geschenkbücher für deren selbständig organisierte Jugendweihefeiern zur Verfügung gestellt. Die große Nachfrage ließ im »Jugendwerk« mittlerweile die Zuständigkeitsbereiche der Vorstandsmitglieder teilen; Frau Brösel kümmert sich nur um die Jugendarbeit, bei Frau Stephan liegt die Verantwortung für die Jugendweihen. Wenn andere Jugendweiheveranstalter nach Cottbus kämen, so könne das Jugendwerk dies in der kooperativen »Sorge um die Jugendweihe« nur begrüßen.

Ein weiteres Beispiel ist die organisierte Jugendweihe/Jugendfeier in Eberswalde im ostbrandenburgischen Barnim. Heidi Rietz, eine 1942 geborene Diplompädagogin aus Eberswalde, versucht seit der Wendezeit mit beachtlicher Energie, den Jugendweihen einen neuen Sinn zu geben. In der DDR sei sie als Mitverfasserin des Buches »Urlaub mit intellektuell beschädigten Jugendlichen« angefeindet worden, berichtet Rietz, die als Pädagogin in der klinischen Diagnostik tätig gewesen ist. Sie gab ihren Arbeitsplatz im Krankenhaus auf. Als der Bezirksschulrat erfuhr, daß die Diplompädagogin 1987/88 daraufhin als Hortnerin in einem Kinderhort eingestellt war, habe er ihr angeboten, die damals vakante Position des

Vorsitzenden des Kreisausschusses für Jugendweihe in Eberswalde zu übernehmen. Sie willigte geehrt ein, und er berief sie zur Kreisausschußvorsitzenden, als die sie Mitglied des Bezirksausschusses für Jugendweihe Frankfurt/Oder wurde. Mitgliedschaft in den Bezirksausschüssen war, teilt Rietz mit, in der DDR wie der Lehrerberuf eine bezahlte Beschäftigung mit Rentenanwartschaft.

Da die Mitglieder der Bezirksausschüsse einer Partei der Nationalen Front angehören mußten, wurde Rietz zum Eintritt in die SED aufgefordert. Sie wurde Genossin – erst der SED und dann der PDS, die sie nach zwei Jahren verlassen habe. Als Kreisausschußvorsitzende habe sie damit begonnen, in der Jugendweihearbeit Jugendliche mit den Nöten behinderter Kinder bekanntzumachen und Hilfsbereitschaft zu wecken. Für den Deutschen Frauenbund saß sie am »Runden Tisch« in Eberswalde. Im Winter 1989 nutzte sie die Chance eines Neubeginns und meldete vor den Jugendweihen 1990 eine »Interessenvereinigung Jugendweihe Eberswalde e. V.« als unabhängigen Verein beim Amtsgericht an. Für die Jugendweihen 1990 und 1991 diente der »Bildatlas Brandenburg«, der als Buchgeschenk gekauft worden war. Die Zahl der Teilnehmer habe knapp unter 700 gelegen. Von Kirchenvertretern, die Rietz am »Runden Tisch« kennengelernt hatte, erfuhr sie, daß diese sich daran störten, daß eine betont weltliche Organisation Jugendliche »weiht«. Nach dem Vorbild der damaligen Freidenker in West-Berlin wurde *die Jugendweihe* in Eberswalde deshalb in *Jugendfeier* umbenannt. Trotz der Umbenennung wird die Veranstaltung Jugendfeier von Rietz wie von ehemaligen und angehenden Teilnehmern im Gespräch »Jugendweihe« genannt. Die vierzigjährige Tradition der DDR-Jugendweihe sitzt tief, obwohl Rietz, wie sie betont, nichts mit ihr zu tun haben will. Allerdings räumt sie ein, daß die organisatorische Arbeit früher im Bezirksausschuß Jugendweihe durch die Hilfe eines Vertrauenslehrers an jeder Schule einfacher gewesen sei. Dieser rekrutierte die Weihlinge meist klassenweise zu den Jugendweihefeiern.

Der von Anfang an unabhängige »Interessenverband Jugendweihe Eberswalde e. V.« vertraut auf die ostdeutsche Anhänglichkeit an die regelmäßig organisierte Jugendweihe. Die Arbeit der ehemaligen Bezirksausschüsse war in Eberswalde wie anderswo die Basis neuer Jugendweiheveranstaltungen. 1992 schloß sich der Interessenverband aus Eberswalde dem »Interessenverband der Konfessionslosen Brandenburg e. V.« an. Es lag nahe, Jugendweihen/Jugendfeiern auch in anderen Orten des Oderbruchs zu veranstalten. Am 2. Mai 1992 zum Beispiel organisierte der Interessenverband Eberswalde in der Konzerthalle in Bad Freienwalde »die Jugendfeier für den Einzugsbereich Gesamtschule Heckelberg«. 1993 löste er sich aus dem Brandenburger Verband, weil dessen Landesverband »zentralistisch« in die lokalen Maßnahmen eingegriffen habe. Rietz spricht ihre Arbeit nun nur mit Vorstandsmitgliedern des »Humanistischen« Bundesverbandes in Berlin ab. Ihr Verein, der sich in »Humanistisches, internationales Bildungs- und Begegnungszentrum« (HIBBZ) umbenannte, mietete im kleinen Flecken Kruge 1993 das Kulturhaus für 25 Jahre, um dort alle Jugendfeiern zu veranstalten und eine Diskothek für Teenies einzurichten. In ihr geht es ordentlich zu – Leibesvisitationen und Kontrolle des Alkohol- und Nikotinkonsums sorgen dafür.

In Vorbereitung der Jugendfeier werden in Kruge Wochenendcamps veranstaltet. Die Jugendlichen sollen für die Maximen des HIBBZ gewonnen werden: »Multikulturell, gewaltfrei, antirassistisch«, »die Faust gehört nicht ins Gesicht, laß Zungen auf dem Tisch tanzen«. Wie aus der DDR gewohnt, wird durch »Jugendstunden« die »Jugendfeier« vorbereitet. Den Besuch von mindestens fünf Jugendstunden müssen die Jugendlichen vor der Jugendfeier nachweisen. In diesen Stunden wird »humanistisches«, also sozial verantwortliches, humanes Verhalten vermittelt, und die Jugendlichen müssen sich dementsprechend verhalten – etwa mit anderen Jugendlichen kochen, Tänze einstudieren, in Jugendfreizeiten mithelfen oder in der Disko zur Hand gehen. Mitmachen kann jeder. Menschliches Handeln müsse humaner werden, um die Folgen von Unglück zu mildern und Unglück zu vermeiden, erklärt Rietz. Der Optimismus, schlußendlich nach gehöriger Anstrengung aller Probleme Herr zu werden, ist ungebrochen. An seinem Realismus sind Zweifel anzumelden.

726 Teilnehmer gab es an der Jugendfeier 1995/96. Alle mindestens 14jährigen, gleichgültig, ob sie an der Jugendfeier teilgenommen haben oder nicht, sind eingeladen, »fördernde Mitglieder« des HIBBZ zu werden. Wenn sie die Ziele des HIBBZ nachweislich durch soziales Verhalten »fördern«, kann ihrem Antrag auf Mitgliedschaft entsprochen werden.

Die Entwicklung der organisierten Jugendweihe/Jugendfeier im Raum Bad Freienwalde/Eberswalde verdeutlicht, wie sich an der gewohnten Jugendweihe einerseits fast nichts und andererseits doch sehr viel veränderte. Die Anmeldungen erfolgen bei bekannten Veranstaltern, unabhängig davon, welchen Namen sie tragen. Unerheblich ist, ob die Veranstaltung Jugendweihe oder Jugendfeier heißt. Wichtig ist allein, daß den nachgeborenen Kindern *die* Jugendweihe geschenkt wird. Ebenfalls änderte sich am monoton-unpersönlichen Ablauf der Feier in Eberswalde nichts. In der »Jugendweihefeier des Interessenverbandes für die Einzugsbereiche Karl-Liebknecht-Schule am 11. Mai 1991 in Bad Freienwalde« war der »Programmablauf: *Einzug der Jugendlichen, Musikstück, Rezitation, Festredner, Wort zur Jugendweihe, Überreichung der Urkunden, Dankesworte, Musikstück, Rezitation und Auszug der Jugendlichen*«. Das *Wort zur Jugendfeier* des HIBBZ e.V. führte 1996 nicht ohne Pathos nachdrücklich Leitsätze einer anständigen sozialen und ökologisch verantworteten Lebensführung auf, ohne einen individuellen Bezug zu jedem Weihling herzustellen:

Heute, am Tag unserer Jugendfeier, wollen wir uns vornehmen,
aufrichtig und tolerant in Zukunft zu leben.
Das Lernen soll uns ein Leben lang begleiten, denn nur, wer etwas weiß,
kann kritisch sein Wort einbringen.

Wir werden anderen Menschen mit Achtung und Verständnis begegnen. Für uns soll es kein fremdes Leid geben. Wir wollen nicht schweigen, wenn es um Hunger und Not in unserer Welt geht.
Für uns sind alle Menschen gleich.
Das Recht auf ein Leben in Freiheit und Frieden soll allen Kindern dieser Welt eingeräumt werden.
Alle Träume und Wünsche können sich nur im Frieden in unserem Land und in der ganzen Welt erfüllen.
Wir setzen uns für eine saubere Umwelt und für eine Welt ohne Waffen und Gewalt ein.
Heute, an diesem wichtigen Tag, bekennen wir uns zu Gerechtigkeit und Freiheit, zu Menschlichkeit und zum freundschaftlichen Zusammenleben aller Völker.

Das breite Aktionsfeld des HIBBZ ist völlig neu. Ohne die Energie Heidi Rietz' hätte es sich nicht aufgetan – Kulturhaus und Disko in Kruge, Wohngemeinschaft für sozial behinderte Jugendliche in Eberswalde-Nordend, durch die die Jugendlichen und ihre Eltern zusammengeführt werden sollen, und der seit 1993 aufgebaute Kontakt mit dem Dorf Yuna in Gambia, der Jugendliche Yunas und Eberswaldes hier wie dort in Verbindung bringt –, dies alles stellt vor Aufgaben und Angebote, die gerade die Abenteuerlust von Jugendlichen wecken. Vor der Jugendfeier sind sie einfach bei der Stange zu halten, denn sonst gibt es für sie die Jugendfeier nicht. Wegen dieses pflichtschuldigen Einsatzes ist das »Humanistische Internationale Begegnungs- und Bildungszentrum« lebensfähig. Nur: Im Herbst 1996, nachdem über 3000 Jugendliche an den Weihen des Interessenverbandes Jugendweihe Eberswalde, des HIBBZ, teilgenommen hatten, gab es insgesamt fünfzehn erwachsene und dreißig jugendliche Mitglieder. Wegen dieser geringen Zahl fragt sich, warum der beachtliche Funken, dem Rietz in ihrer Vereinigung immer wieder aktiv neues Feuer gibt, nicht überspringt. Bleibt die Jugendweihe/Jugendfeier auch in diesem ideenreichen Rahmen eine organisierte Feier ohne Folgen? Wird das *Wort zur Jugendfeier*, das Engagement der Teilnehmer ausdrücklich ankündigt, von diesen ernst genommen? Viel spricht dafür, daß es ähnlich unbeteiligt wie das Gelöbnis in der DDR-Jugendweihe gesprochen wird.

»Das Gute bleibt hängen«: Die Veranstalter des ostdeutschen Familienfestes

Am 8. November 1989, einen Tag, bevor Politbüromitglied Günter Schabowski in einer Pressekonferenz um 18.57 Uhr mitteilte, »unverzüglich« könne jeder Bürger der DDR die Staatsgrenze West überschreiten, war Redaktionsschluß der ›Zeitschrift für Mitarbeiter und Helfer JUGEND-

WEIHE 6/89‹ des »Zentralen Ausschusses für Jugendweihe in der DDR« (ZAJ), Clara-Zetkin-Straße 16 (heute Dorotheenstraße) in Berlin-Mitte. In den Notizen »Nach Redaktionsschluß« wird aus der Rede des ZAJ-Vorsitzenden zur Auszeichnungsveranstaltung am 12. November 1989 in Berlin zitiert. Und am 15. November 1989, erfährt der Leser, sei »Studienrat Helga Brösel« auf der Tagung des Bezirksausschusses für Jugendweihe (BAJ) Cottbus zu dessen Vorsitzender gewählt worden. 15 Jahre sei sie Mitglied in der Kreisleitung der SED Cottbus-Land gewesen. Sie wurde 1992, so erwähnten wir, Mitbegründerin des »Humanistischen Jugendwerks« in Cottbus, das dem Wunsch vieler nach »der Jugendweihe« unter den geänderten Bedingungen entsprechen will.

Geblieben ist, wie gezeigt, als Charakteristikum des ostdeutschen Festwunsches Jugendweihe die Erwartung, unbewußt sogar wohl der Anspruch, daß öffentlich dafür gesorgt wird, daß *die* Jugendweihe stattfindet. Deshalb gilt unsere Aufmerksamkeit nun den in der DDR autorisierten Organisatoren der Jugendweihen. Wie durchstanden die Ausschüsse für Jugendweihe in der DDR und deren Mitglieder den Zusammenbruch des ostdeutschen Staates? Wie umfangreich war ihr Mitgliederstab, ihre Apparatur 1990?

Udo Rößling, ein Historiker aus der DDR, berichtete im Jahr der Maueröffnung, daß 1988 an *der* Jugendweihe in der DDR 300 000 Personen beteiligt gewesen sind. Die hohe Zahl ergab sich daraus, daß der DDR-Autor großzügig 80 000 »Gesprächspartner, 5700 Festredner, 8715 Jugendstundenleiter, Heimleiter« und andere zusammenzählte.[6] Rößling läßt aber gänzlich offen, was die Aufgabe dieser Funktionsträger war. Unerwähnt bleibt auch, ob und gegebenenfalls welches Gehalt die Mitglieder der Ausschüsse für Jugendweihe in der DDR bezogen. Egon Freyer, der letzte Vorsitzende des Zentralen Ausschusses für Jugendweihe in der DDR, erklärt, daß den Gehaltszahlungen in den Ausschüssen ein »Gehaltsregulativ« für Massenorganisationen zugrunde lag: »Für uns gab es in Gehaltsfragen etwas, aber wenig Spielraum. Die uns angewiesenen Gelder reichten nicht, um das Gehaltsregulativ völlig auszuschöpfen. Aber es war selbst nach Ortskategorien und in eine von 1-bis-8-Skala eingeteilt, so daß schon besondere Anforderungen, Qualifizierung u. ä. – wenn auch nur grob - berücksichtigt werden konnten. Aber wir waren nicht immer in der Lage, Kreisvorsitzende entsprechend ihrer Qualifikation, bisherigem Gehalt u. ä. zu entlohnen. In Bezirkssekretariate wurden neben zwei bis drei hauptamtlichen Kreisvorsitzenden auch ehrenamtliche Funktionäre berufen. Das waren z. B. Vertreter der FDJ, des FDGB, der Paten des Bezirkes und andere – auch aus örtlichen Ausschüssen«.[7] Diese ehrenamtlichen Mitglieder wurden aus anderen öffentlichen Töpfen finanziert, insgesamt ist der Gehaltsspiegel der Mitarbeiter in den Ausschüssen für Jugendweihe in der DDR wegen des undurchschaubaren Haushaltsgebarens des ostdeutschen Staates nicht zu erhellen.

Alle Ausschußmitglieder mußten sich nach der Auflösung der DDR einen neuen Arbeitsplatz suchen. Im März 1990 hatten die für die Organisation verantwortlichen »Ausschüsse für Jugendweihe« nach eigener Auskunft 55 160 Mitglieder. 41 800 von ihnen waren in 5 229 Ausschüssen in Städten und Gemeinden der DDR aktiv. Dieses dichte Netz lief in den 15 Bezirken zusammen, in deren Bezirksausschüssen 525 Mitglieder arbeiteten. Ihnen war der Zentrale Ausschuß mit 85 Mitgliedern vorgeordnet. Auf Bezirks- und Kreisebene erhielten 336 Mitglieder ein Gehalt. In den Ortsausschüssen arbeiteten ehrenamtliche Helfer als Vorsitzende und »Finanzer«. Diese ehrenamtliche Arbeit steigerte als gesellschaftliche Tätigkeit das Ansehen der Betreffenden.

Am Beispiel von Cottbus und Frankfurt/Oder wird der Um- und nicht Neubau des organisatorischen Jugendweiheveranstaltungsnetzes nach 1989 deutlich. Helga Brösel war 1989 Vorsitzende des Bezirksausschusses Cottbus geworden, Margret Kultus saß dem Ausschuß Frankfurt/Oder vor. Dort luden die Jugendweiheausschüsse zwischen dem 1. April und 27. Mai 1990 zu dreizehn Jugendweihen in das Reichskulturhaus »Völkerfreundschaft« ein. Unter Kultus' Vorsitz beschloß der Bezirksausschuß 1990 in seiner letzten Sitzung, seine Funktion als Veranstalter der Jugendweihe im Bereich Frankfurt/Oder der »Interessengemeinschaft Jugendweihe« zu übertragen, zu der sich die Bezirksausschüsse der Bezirke Cottbus, Frankfurt/Oder und Potsdam im neuen Land Brandenburg zusammenfanden.

In allen ostdeutschen Ländern konnte die Arbeit der Jugendweiheausschüsse 1991/92 fortgesetzt werden, weil sehr viele Mitarbeiter durch Arbeitsbeschaffungsmaßnahmen (ABM) der Bundesanstalt für Arbeit aufgefangen wurden. Die brandenburgische Interessengemeinschaft nannte sich 1991 in Anlehnung an einen ostdeutschlandweit tätigen Verband in »Brandenburgische Jugendweihe e. V.« um. ABM-Stellen, die nach § 91 des Arbeitsförderungsgesetzes von der Bundesanstalt für Arbeit eingerichtet wurden, ermöglichten dessen Arbeit, die sich auf das ganze Land Brandenburg erstreckte. Da ABM-Stellen indessen ausschließlich für »Arbeiten, die im öffentlichen Interesse liegen«, eingerichtet werden, dürfen Träger Einrichtungen des privaten Rechtes, also etwa Vereine, nur sein, wenn sie »gemeinnützige Zwecke verfolgen«. Der Präsident der Bundesanstalt für Arbeit verfügte in einem Erlaß am 4. November 1993, daß Vereinigungen, deren Zielsetzung überwiegend Vorbereitung und Durchführung von Jugendweihefeiern zum Inhalt hatten, nicht mehr durch ABM gefördert werden können. Nach dem Arbeitsförderungsgesetz werden nämlich für Arbeiten keine ABM-Stellen zur Verfügung gestellt, »die ohne Verzug durchzuführen sind«. »Ohne Verzug« sind Satzungsaufgaben von Vereinen durchzuführen. Und die Vereine, die die Jugendweihen veranstalten, verfolgen nur dieses Ziel. Wegen dieser faktischen Vereinsaufgabe hätte es in ihrer Satzung eigentlich heißen müssen: »Der Verein XY veranstaltet regelmäßig Jugendweihen und wird zu diesem Zweck vom Staat finanziell unterstützt.« Dies erklärt die Erwartung der zitierten Chemnitzer Zeitschrift ›CORAX‹, Voraussetzung zum Erhalt der Jugendweihe sei Finanzierung durch die »Regierenden«. Weil dem gesetzwidrigen Einsatz der ABM-Gelder zur Erfüllung von Satzungsaufgaben im November 1993 ein Ende gesetzt wurde, war vielen regionalen Jugendweihe-Veranstaltern die Basis entzogen. 1994 gingen der »Brandenburgischen Jugendweihe« die Mittel aus. Die in der DDR nie erhobenen Teilnehmergebühren konnten in den Umbruchjahren nicht so hoch angesetzt werden, daß alle Organisationskosten gedeckt worden wären.

Die Fortsetzung der ostdeutschen Jugendweihen seit 1990 gestaltete sich arbeitsrechtlich als eine Abfolge arbeitsplatzsichernder Maßnahmen zugunsten der oft aus dem Zentralen Ausschuß, den Bezirks- oder Kreisausschüssen Jugendweihe stammenden Organisatoren. Ohne deren organisatorische Stütze wäre der beobachtete ostdeutsche Wunsch nach Wiederholung *der* Jugendweihe über kurz oder lang verpufft. Der »Zentrale Ausschuß Jugendweihe«, der hierarchisch an der Spitze der Verantwortlichen für die Jugendweihe in der DDR stand, wandte sich in ›JUGENDWEIHE 1/90‹ in einem »offenen Brief an alle Mitarbeiter und Helfer der Ausschüsse für Jugendweihe und ihre Kommissionen, an die Eltern und Pädagogen«: Verlangt sei im »Prozeß der demokratischen Erneuerung des Sozialismus eine neue Zielbestimmung der Jugendweihe bei der Bewahrung des Bewährten«. »Die Jugendweihe«, stellte der Zentralausschuß aus gutem Grund fest, »wurde (in der DDR) zu einer Volkstradition.« Der Ausschuß bemühte sich nun darum, dem nie erloschenen Festwillen organisatorisch eine Richtung zu geben, die den eigenen Fortbestand sicherte. Denn trotz der Volkstradition Jugendweihe verband die jugendweihegewohnten Ostdeutschen mit den Ausschüssen, die die Jugendweihen veranstalteten, über die jeweilige Weihe hinaus nichts. Um die Zahl der Leser des »offenen Briefes« zu erhöhen, war der Brief auch in der FDJ-Zeitschrift ›Der Pionierleiter‹ 2/1990 erschienen.

Durch »die Wende« und Maueröffnung, das Ende der DDR, wurden die Ausschüsse für Jugendweihe »auf dem falschen Fuß erwischt«, stellte Egon Freyer, der letzte Vorsitzende des Zentralausschusses für Jugendweihe (ZAJ), im September 1996 fest. Im Ansatz seien die bereits begonnenen Planungen der Ausschüsse, die der Unzufriedenheit und dem Unernst, mit denen Jugendliche in der DDR an der Jugendweihe und an den vorbereitenden Jugendstunden teilnahmen, durch Änderungen des Veranstaltungsprogramms Rechnung tragen wollten, erstickt worden. In der Tagung des ZAJ am 17. Mai 1989 hatte Freyer in seinem Referat erwähnt, daß »im Herbst 1990 in Karl-Marx-Stadt« erstmals in der Geschichte der DDR eine »zentrale Konferenz mit Vorsitzenden örtlicher Ausschüsse« stattfinden solle. Er erläuterte, »warum wir diese Konferenz einberufen wollen und welche Anliegen sie hat«. Zuerst schilderte er den großen Beitrag, den die Ausschüsse, die sich »in 35 Jahren ihres Bestehens zu bedeutenden demokratischen Gremien entwickelten«, durch »die Gestaltung der Jugendweihe für Hunderttausende Bürger aller Klassen und Schichten der DDR« leisteten. Beiläufig wurde der Schluß zugelassen, in der sozialistischen DDR gebe es noch Klassen. Notwendig sei ein »umfassender Erfahrungsaustausch in mündlicher Form mit einer breiten Skala, bei der keine Seite ausgespart bleibt. Wir wollen herangereifte Fragen diskutieren und entscheiden. Dabei gehen unsere Gedanken in Richtung Gelöbnis, Jugendstundenprogramm, Richtlinie für die Tätigkeit der Ausschüsse, Chronik der Jugendweihe u.a. Wir wollen über die Hauptkettenglieder sprechen, die der Jugendweihe bei der weiteren Gestaltung der entwickelten sozialistischen Gesellschaft bis zum Jahr 2000 erwachsen.« Anderthalb Jahre später, am 18. Oktober 1990, teilte Freyer Volksbildungsfunktionären der SED in Kleinmachnow mit, daß die Konferenz am 18. Oktober 1990 in Karl-Marx-Stadt stattfinde.

Hilfe versprachen sich die Ausschüsse bei ihren Überlegungen durch eine Analyse der Geschichte der Jugendweihen. Kurz vor dem Ende der SED-DDR, am 29. Oktober 1989, fand in der Pädagogischen Hochschule »Ernst Schneller« in Zwickau ein Kolloquium des Zentralen Ausschusses Jugendweihe zu 100 Jahren Entwicklung der Jugendweihe statt. Freyer wurde in seinem Schlußwort deutlich: »All das tatsächlich Erreichte darf nicht unterschlagen werden, genausowenig wie die Frage, warum uns dies und jenes noch nicht gelungen ist, was uns hemmt.« Er präzisierte die genannten Themen, wie etwa »das Geschenkbuch auf den Stand der heutigen Erkenntnis zu bringen ist. Und wir legen uns die Frage vor, was kann und muß getan werden, vor, während und nach der Jugendweihe, um das Gelöbnis bei den 14jährigen zu verinnerlichen, damit, wie vielfach geschieht, das ›ja, das geloben wir‹ nicht nur nachgeplappert wird, ohne sich moralisch zur Einhaltung verpflichtet zu fühlen. Was ist es am Gelöbnis selbst, was die 14jährigen hindert, ihren Gehalt zu verstehen und zu eigen zu machen?« Freyers Schlußwort entsprach wohl den Erwartungen des Auditoriums, aus dem nach Mitteilung von ›JUGENDWEIHE 6/89‹ die Bitte kam, »angesichts der Gesellschaftsentwicklung in der DDR unbedingt den Bogen von der Geschichte zur Zukunft der Jugendweihe zu schlagen. Das fand nur ansatzweise« vor dem Schlußwort Berücksichtigung.

Egon Freyer bekannte sich am 12. November 1989 in Berlin »zum demokratischen Erneuerungsprozeß des Sozialismus in der DDR, weil die Jugendweihe seit über 100 Jahren für eine Gesellschaft der sozialen Sicherheit und des kameradschaftlichen Miteinander eintritt. Leidenschaft und Zuversicht für die Sache des Sozialismus bleiben auch heute ein Credo der Jugendweihe.« Überrascht durch das sich seit März 1990 abzeichnende Ende der DDR sahen sich die Verantwortlichen für die Jugendweihe nicht aufgefordert, die für die DDR ideologisch zentrale Jugendweihe zu rechtfertigen – in der moribunden marxistischen Welt machte sich nirgendwo auch nur ein Trüppchen unerschüttert Gläubiger, Überzeugter für die marxistischen Glaubenssätze stark. Der Zusammenbruch der DDR, aller sozialistischen Staaten, widersprach den Gelöbnissen zur Mitarbeit am Aufbau sozialistischer Gesellschaften, die die Ausschußfunktionäre jahrzehntelang von den Weihlingen eingefordert hatten. Diesen Funktionären kann nicht unterstellt werden, daß sie diese Gelöbnisse nicht ernst gemeint hätten. Dagegen spricht das zitierte Bedauern Freyers, daß die Weihlinge ihr Gelöbnis nicht als »moralische« Richtungsangabe verinnerlichten. Die angebliche Debatte »für und wider ein Bekenntnis« wurde in ›JUGENDWEIHE 1/90‹ wohl nicht ernsthaft eröffnet, denn Freyer wollte das Gelöbnis verändern, aber nicht darauf verzichten.

Der sich langsam steigernde Unwille der DDR-Bürger an ihrem Staat erschütterte diesen. Die Staatsfunktionäre der DDR, zu denen die Mitglieder der Ausschüsse für Jugendweihe zählten, mußten darauf kurz- und langfristig reagieren. Zu diesen Reaktionen zählten die Bemühungen um Erhalt der Jugendweihe durch deren kontrollierte Reform. Durch diese durfte die Logik des realsozialistischen Staatswesens nicht in Frage gestellt werden. »Das neue Konzept war in Wirklichkeit ein altes: ›Es soll demokratisch aussehen, aber wir müssen alles in der Hand haben‹, wie die Direktive Ulbrichts 1945 gelautet hatte.«[8] Am 9. Oktober 1989 reichten FDJ-Funktionäre Erich Honecker für das Politbüro eine Einschätzung zur politischen Lage der Jugend in der DDR ein. Deren Kritik an der FDJ erinnert an die Überlegungen Freyers zur mangelnden Ernsthaftigkeit, mit der viele die Gelöbnisse der Jugendweihe sprachen: »Viele Mitglieder der FDJ kennen ihr Statut nicht mehr und empfinden es – wenn sie es kennen – keineswegs mit ihren realen Lebensproblemen in der FDJ übereinstimmend ... Jugendliche stört an ihrer FDJ unter anderem das teilweise inhaltsleere Reden ihrer eigenen Funktionäre, die ihre Gedankenwelt nicht erfassen, der formale Ablauf vieler Veranstaltungen.« Darin Selbstkritik zu sehen, führt westlich voreingenommen in die Irre. Denn den zitierten Sätzen auf S. 37 ff. der Einschätzung geht folgende Einleitung voraus: »Die politisch-ideologische Situation unter der Jugend ist davon geprägt, daß ihre übergroße Mehrheit eng mit der DDR verbunden ist, sich staatsbürgerlich verhält und bereit ist, den Sozialismus in der DDR ökonomisch und politisch zu stärken. Es ist eine Leistung der SED, der Schule und der Jugendorganisationen, ein Ergebnis der Jugendpolitik der SED, daß die absolute Mehrheit der Jugend fest mit dem Sozialismus in der DDR verbunden ist ..., aktiv in der FDJ mitarbeitet.«[9] Es besteht kein Anlaß zur Annahme, daß die Funktionäre der Jugendweihearbeit anders dachten. (Selbst-)Kritik war fester Bestandteil der »Parteidisziplin«, der einzelne und dessen Überzeugung waren im Kollektiv wertlos. Und kollektiv, d.h. durch die SED, war die Jugendweihe in der DDR eingerichtet worden. Märtyrer wollten die Ausschußfunktionäre nicht werden; sie wollten die Jugendweihe am Leben halten, um selber in Lohn und Brot zu bleiben. Auf die Öffnung der Mauer reagierten sie, vorbereitet durch ihre erwähnten Überlegungen, durch den Vorschlag, den ideologischen

Höhepunkt der Jugendweihe, das Gelöbnis der Weihlinge, zu ändern: »Wir schlagen vor, daß die Mädchen und Jungen anstelle des Gelöbnisses vor ihren Müttern und Vätern ein Versprechen abgeben, als junge Bürger der Deutschen Demokratischen Republik ehrlich und aufrichtig zu leben.« Sie legten »Unser Wort zur Jugendweihe« als Entwurf vor, der »Grundlage der Feiergestaltung von 1990 sein kann« (›JUGENDWEIHE 6/89‹):

In dieser feierlichen Stunde versprechen wir
vor unseren Müttern und Vätern,
ehrlich und aufrichtig zu leben und anderen Menschen
mit Toleranz und Würde zu begegnen.
Unsere Träume und Lebenswünsche können wir
nur im Frieden erfüllen; wir werden ihn behüten
und für eine blühende Erde und gesunde Umwelt eintreten.
Mit Wissen und guter Arbeit wollen wir unsere
sozialistische Deutsche Demokratische Republik
für alle Menschen lebenswert gestalten.
Aus der reichen Geschichte und Kultur unseres
Volkes wollen wir lernen und seine humanistischen,
antifaschistischen und fortschrittlichen Traditionen fortsetzen.
Wir erhalten unser Gewissen wach für Solidarität
und ein menschliches Zusammenleben der Völker.

In genanntem *Offenen Brief an alle Mitarbeiter* wurde »eine neue Zielbestimmung der Jugendweihe bei der Bewahrung des Bewährten« angemahnt – indessen ohne daß das »Bewährte« beschrieben worden wäre. Auch wurden die Maßstäbe nicht genannt, nach denen es vom Nichtbewährten zu unterscheiden sei. Die überholte alte Zielbestimmung wurde auch nicht vergleichend erwähnt. Statt dessen wurde festgestellt, daß die Jugendweihe »auch in Zukunft für alle Vierzehnjährigen offensteht«. So wie im gleichen Heft ›JUGENDWEIHE 1/90‹ die Diskussion »für und wider ein Bekenntnis« bei der Jugendweihe nicht ergebnisoffen inszeniert war, wurde im *Offenen Brief* das beschwichtigende Mißverständnis kalkuliert, alles könne weitergehen wie bisher: »Auch« in der DDR habe die Jugendweihe allen Jugendlichen offengestanden.

Das ist euphemistisch ausgedrückt. Schließlich hatte es in der DDR einen »freiwilligen Zwang zur Jugendweihe« gegeben. Doch gerade das leugnete Egon Freyer am 13. Dezember 1989, als er, so ›JUGENDWEIHE 1/90‹, feststellte: »Wir laden jeden zum Mitmachen ein. Für die Jugendweihe hat es nie ein Entweder-Oder gegeben. Dabei wollen wir bleiben.« Sollte das »Grundprinzip der Freiwilligkeit, wenn Teilnahme an der Jugendweihe auf staatlichen Dokumenten vermerkt wurde«, hier und da mißachtet worden sein, so »haben wir solche Maßnahmen nie gefordert, nie gebilligt«.

Da, so Freyer, »der stürmische Fortgang der Ereignisse unseren Zeitplan vom Tisch gefegt und auch uns überrascht hat«, wurde der vorhin genannte Diskussionswille der Ausschüsse über Änderungen ein wenig übertrieben an den Tag gekehrt. Denn zum vorgeschlagenen »Wort zur Jugendweihe« gingen beim ZAJ nach dessen Auskunft bis zum 13. Dezember 1989 lediglich 258 Zuschriften ein. Das Gelöbnis wurde deretwegen geändert:

Unser Wort zur Jugendweihe
In dieser feierlichen Stunde versprechen wir,
ehrlich und aufrichtig zu leben und anderen Menschen
mit Achtung und Verständnis zu begegnen.
Unsere Träume und Lebenswünsche können sich
nur im Frieden erfüllen; wir werden ihn behüten
und für eine friedliche Erde und gesunde Umwelt eintreten.
Durch fleißiges Lernen und gute Arbeit wollen wir dazu beitragen,
unsere Heimat für alle Menschen lebenswert zu gestalten.
Aus der wechselvollen Geschichte und reichen Kultur
unseres Volkes wollen wir lernen und seine humanistischen und antifaschistischen Traditionen fortsetzen.
Wir setzen uns ein für Demokratie und Gerechtigkeit,
für tatkräftige Solidarität und ein freundschaftliches
Zusammenleben aller Völker.

Die Jugendweihefeiern der Ausschüsse 1990 fielen bescheiden aus. Gerfried Dahler, Vorsitzender der Feierkommission des Zentralausschusses, hatte zu Jahresbeginn betont, daß trotz aller Veränderungen »die Feierstruktur tradiert ist, Gültigkeit für die weitere Entwicklung hat«. Die Nationalhymne der DDR könne an den Anfang gerückt werden, vor Ort sei das Wann und Wie der Übergabe der Urkunden und die Anordnung der Dankesworte zu entscheiden. Dahler warnte vor Künstlergruppen, die »in dieser Zeit Honorarordnungen unterlaufen und höhere Preise finden wollen. In manchen Fällen werden wir auf Tonband und Schallplatte zurückgreifen müssen. Das alte Geschenkbuch können wir nicht mehr verwenden. So bleibt uns nur eine Übergangslösung: Bücherschecks. Damit kann jeder Teilnehmer ein Buch im Werte von 15 Mark kaufen.«[10]

Nahtlos wurde das in der DDR eingespielte Muster übernommen. Die verantwortlichen Funktionäre trugen in den Verbandspublikationen ihr Bestreben vor, die bewährte Jugendweihe unbeschadet über die revolutionären Wirren zu retten. Von diesen – niemand wußte, wer schlußendlich das Sagen hat – sollte der Hinweis auf die Verläßlichkeit der Veranstalter ablenken: Die organisierte Jugendweihe wird es weiterhin geben. Und die Funktionäre waren den Problemen wegen ihres besonderen Wissens gewachsen. »Mit den Erfahrungen der Jugendweihefeiern 1990 (sollten) weitere Empfehlungen« des Zentralen Ausschusses für Jugendweihe 1991 gegeben werden, wurde in ›JUGENDWEIHE 1/90‹ angekündigt.

Die Aktivität der Ausschußfunktionäre 1989/90 entsprach dem gleichzeitigen Gebaren der SED. Diese mobilisierte im letzten Moment alle befreundeten Kräfte, um durch das »operativ-politische Zusammenwirken« (OPZW) die Wirtschaft in Gang zu halten und die eigene Position zu sichern. Im alten Ministerium für Staatssicherheit, das in Ministerium für nationale Sicherheit umbenannt worden war, an einer durchaus zentralen Stelle also, wurde in einer Dienstbesprechung am 16. November 1989 festgestellt, »unter neuen Bedingungen« sei das »Aktionsprogramm zur revolutionären Erneuerung in der DDR« anzupacken. Die »Arbeit (müsse) sozialistischer Rechtsstaatlichkeit entsprechen«. Wie die SED-Führung liefen die Jugendweihe-Funktionäre »vor der Welle einer Sturmflut her, warfen Ballast ab, versuchten für sich zu retten, was zu retten war, und wandelten daher notgedrungen auch bisherige ideologische Positionen«, erinnert sei nur an das Gelöbnis, um.[11] Auf die Einbindung der DDR-Jugendweiheausschüsse in das OPZW des Ministerium für Staatssicherheit kommen wir im letzten Kapitel zurück.

Am 13. Dezember 1989 teilte Freyer mit, den »Zentralen Ausschuß für Jugendweihe« in der DDR beruhige, daß »für 1990 ihm die Mittel aus dem Staatshaushalt erst einmal zugesagt sind«. Die öffentliche Jugendweihe war also gesichert. In seiner Rede, in der er vermeintlich programmatisch nach neuen Wegen für die alte Jugendweihe suchte, ohne sich eindeutig von der jahrzehntelang aufgezwungenen Weihepraxis abzukehren, berichtete er von angeblich vielen Zuschriften an den ZAJ, in denen Ausschußmitarbeiter versichern, daß sie das, was sie sich vorgenommen haben, weiterführen wollen. Vieles laufe weiter, einige zögen sich zurück, »Elternaktive« seien mancherorts in der Vorbereitung der Jugendweihe aktiv. Die neuen Wege mündeten in der Bestandssicherung der alten Ausschüsse.

Die Ausschußfunktionäre betonten, daß sie »mehr als bisher die Initiative der Eltern, der Elternaktive der 8. Klasse brauchen werden. Vor allem in städtischen Gebieten war die Schule Träger der Jugendweihe, sorgte sich der Direktor um das Gelingen«. Die Jugendweiheausschüsse waren in der DDR meist »Schulausschüsse«. Bis zu deren »Neuaufbau sollte versucht werden, ein Elternkomitee zu bilden, das die Jugendweihe für die Kinder der Klasse organisiert«.

Die in einem freiheitlichen demokratischen Staat verlangte Trennung von Staat und gesellschaftlicher Tätigkeit stand in Ostdeutschland an. Weil daher Schulen den Jugendweiheausschüssen nicht mehr zuarbeiteten, mußte das Engagement der Elterngruppen gefördert werden. Freyer dachte auch daran, die unvermeidliche Trennung von Schule und Jugendweihe durch den Vorschlag zu unterlaufen, daß Lehrer gebeten werden sollen, wie seit Jahrzehnten in der DDR gewohnt, »mit ihren Schülern die Jugendweihe vorzubereiten«.

Es reichte nicht hin, daß die Ausschüsse verstärkte Aktionsbereitschaft an den Tag legten. Das Vertrauen in die Funktionäre der Jugendweihe der SED-DDR war gestört, wie das aufgezeigte matte Echo auf die verzweifelten Versuche der Veranstalter, das Herzstück ihrer Jugendweihe, das Gelöbnis, für möglichst alle zustimmungsfähig zu ändern, erkennen läßt. Das Verhältnis der ungebrochen jugendweihebegeisterten Ostdeutschen zu den etablierten Jugendweiheveranstaltern mußte neu bestimmt werden. Zwar war die ideologische »erste Sprache« schnell aufgegeben, aber an die Dienste, die dieser Sprache, d.h. der staatlichen Ideologie in der Ideologie, geleistet worden waren, wollten vor allem die Jugendweiheveranstalter, aber auch viele geweihte Ostdeutsche nicht gern erinnert werden. Alle aber verband der gemeinsame Wunsch, daß es weiterhin *die* Jugendweihe gebe. In diesem Kontext fiel die Unglaubwürdigkeit der Ausschußfunktionäre nicht auf, die durch ihre eilige Aufgabe des ideologischen Dreh- und Angelstückes der Jugendweihe in der DDR, des Gelöbnisses, im Grunde ihr Desinteresse an der Jugendweihe zu Protokoll gegeben hatten. Im Mittelpunkt der Jugendweihe hatte in der DDR das Gelöbnis auch deshalb gestanden, weil es zentral vorgegeben war. Wie eng sich die Redner in den Festreden an die vom zuständigen Ausschuß erstellten *Gedanken zum Inhalt der Festreden* hielten, lag immer in deren individueller Entscheidung. Im Frühjahr 1989 hatten sie noch geloben lassen:

Liebe junge Freunde!

Seid Ihr bereit, als junge Bürger unserer Deutschen Demokratischen Republik mit uns gemeinsam, getreu der Verfassung, für die große und edle Sache des Sozialismus zu arbeiten und zu kämpfen und das revolutionäre Erbe des Volkes in Ehren zu halten,

so antwortet: Ja, das geloben wir!

Seid Ihr bereit, als treue Söhne und Töchter unseres Arbeiter-und-Bauern-Staates nach hoher Bildung und Kultur zu streben, Meister Eures Faches zu werden, unentwegt zu lernen und all Euer Wissen und Können für die Verwirklichung unserer großen humanistischen Ideale einzusetzen,

so antwortet: Ja, das geloben wir!

Seid Ihr bereit, als würdige Mitglieder der sozialistischen Gemeinschaft stets in kameradschaftlicher Zusammenarbeit, gegenseitiger Achtung und Hilfe zu handeln und Euren Weg zum persönlichen Glück immer mit dem Kampf für das Glück des Volkes zu vereinen,

so antwortet: Ja, das geloben wir!

Seid Ihr bereit, als wahre Patrioten, die feste Freundschaft mit der Sowjetunion zu vertiefen, den Bruderbund mit den sozialistischen Ländern zu stärken, im Geiste des proletarischen Internationalismus zu kämpfen, den Frieden zu schützen und den Sozialismus gegen jeden imperialistischen Angriff zu verteidigen,

so antwortet: Ja, das geloben wir!

Wir haben Euer Gelöbnis vernommen. Ihr habt Euch ein hohes und edles Ziel gesetzt. Feierlich nehmen wir Euch auf in die große Gemeinschaft des werktätigen Volkes, das unter Führung der Arbeiterklasse und ihrer revolutionären Partei, einig im Willen und Handeln, die entwickelte sozialistische Gesellschaft in der Deutschen Demokratischen Republik errichtet.

Wir übertragen Euch eine hohe Verantwortung. Jederzeit werden wir Euch mit Rat und Tat helfen, die sozialistische Zukunft schöpferisch zu gestalten.

In den *Gedanken zum Inhalt der Festansprache*, die der Kreisausschuß für Jugendweihe Bad Freienwalde am 20. Februar 1990 versandte, tauchen weder wie im Gelöbnis des Vorjahres die Sowjetunion noch der Sozialismus auf: Nach der *Einleitung* ist über *Jugendweihe als Brücke ins Leben, unsere Verantwortung als ältere Generation für die jüngere, über Friede als Sehnsucht der Menschheit – Friedenskampf als Überlebenschance* zu sprechen. *Das Gestern und Heute – Vergangenheit und Gegenwart, Bekenntnisse zur Gegenwart, z. B. unter dem Motto ›Deutschland einig Vaterland, auferstanden aus Ruinen‹, Vorbilder aus Geschichte, Wissenschaft und Kultur. Eltern als Vorbilder unbedingt herausstellen, humanistische und antifaschistische Traditionen unseres Volkes, die es zu wahren gilt, Freundschaft und Solidarität mit allen Völkern.* Wichtig ist, daß *das Glück - das persönliche in Abhängigkeit vom kollektiven* – gesehen werden soll. Und: *Keine Agitation*, wird gemahnt.[12] Im revolutionären Zusammenbruch der DDR verband sich so auf offizieller Seite wie in allen Revolutionen der Wille nach radikal Neuem mit dem Wunsch nach Anknüpfung. Der war nicht nur, aber wesentlich auf der Gefühlsebene angesiedelt. Er dient deutlich zur rechtfertigenden Beruhigung im Zusammenbruch, nimmt revolutionären Zweifeln an Althergebrachtem das Gewicht.

Radikal neu war auf dem Territorium der DDR der freiheitliche Rechtsstaat, dessen Lebensbedingung unter anderem ist, daß niemandem, wie in der DDR, Schaden daraus erwachsen darf, daß er an einer nichtstaatlichen Veranstaltung wie der Jugendweihe nicht teilnimmt. Angeknüpft wurde gleichwohl an die tradierte »Jugendweihe«. Inhaltsleer blieb die Proklamation »neuer Ziele« der Jugendweihe. In diesen Monaten kamen die unglaubwürdigen Funktionäre der »Volksbewegung Jugendweihe« mit dem ostdeutschen Volk über die Hürde der schizophrenen Zweisprachigkeit der DDR nur langsam ins Gespräch. Das Vertrauen der zahlreichen ehemals Jugendgeweihten und der Eltern Nachgeborener fand sich erst in der antiwestlich gestimmten ostdeutschen Schicksalsgemeinschaft, die sich seit 1991 langsam ausbildete. In ihr ist der Trennungsstrich zu der SED-Altlast verblaßt. Diese eher passive Schicksalsgemeinschaft setzt keinen kreativen Handlungswillen frei.

Auf die »Volksbewegung Jugendweihe« fällt ein eigentümliches Licht, weil sich 1990 nicht die wundersame und breite Zusammenarbeit mit den Veranstaltern wiederholte, die in den Monaten vor der Maueröffnung die gleiche Bevölkerung und die Kirchen zusammengeführt hatte. In den Fackelmärschen und Friedensgebeten waren kirchliche Lebensformen aufgegriffen worden, die in der DDR keine »Volkstradition« waren. Aus ihnen entwickelten sich die machterschütternden Demonstrationen. Diesen Zusammenhang hatte der Chef der Staatssicherheit, Mielke, seufzend im Blick: Mit allem habe die DDR gerechnet, nur nicht mit Gebeten und Gesängen. Obwohl die Kirchen nur eine Minderheit repräsentierten, waren ihre Gemeinden als Gegenstrukturen menschlichen Vertrauens in der DDR anerkannt. Der verständnisvolle Dialog, der sich hier innerhalb der »zweiten Sprache« einstellte, stieß politische Änderungen an. Er war ohne Entsprechung im versuchten Dialog der Jugendweihefunktionäre mit der Bevölkerung.

Die »Erfahrungen der Jugendweihefeiern 1990« – 150 000 Weihlinge gab es 1990 bekanntlich – ließen den Zentralen Ausschuß für 1991 keine weiteren Empfehlungen geben, weil es ihn seit Juni 1990 nicht mehr gibt. Amüsant und lehrreich ist die Rekonstruktion des in den Akten des Vereinsregisters im Amtsgericht Berlin-Charlottenburg (Az. 95 VR 10515 NZ) bezeugten »Kostümwechsels« der Jugendweiheausschüsse im letzten Jahr der DDR. Manches »Kostüm« wurde im vereinten Deutschland angelegt: Am 22. März 1990 ließ Egon Freyer die *Ausschüsse für Jugendweihe e. V.* im Stadtbezirksgericht Berlin-Mitte als rechtsfähige Vereinigung registrieren. Deren 55 160 Mitglieder »sichern jährlich für 140 000 Schüler des achten Schuljahres die Jugendweihe«, steht im Antrag zur Registrierung. Die Teilnehmerzahl war fiktiv. Waren alle Achtkläßler der DDR gemeint und für die Weihe beansprucht? Das neun Personen starke Ausschußsekretariat des ZAJ unter dem Vorsitzenden Freyer blieb in der Berliner Clara-Zetkin-Straße 16. Am 12. Juni unterschrieb Heidi Richter, die stellvertretende Vorsitzende des ZAJ, als »Geschäftsleiter« den »Antrag auf Namensänderung der Vereinigung ›Ausschüsse für Jugendweihe‹«. Diese sei am 9. Juni 1990 in die *Interessenvereinigung Jugendweihe e. V.* überführt worden. Sie trat die Rechtsnachfolge der Ausschüsse für Jugendweihe an. Es wurde ein Zentralvorstand der Interessenvereinigung gewählt. Kurz, Tätigkeiten und Vermögen des Zentralen Ausschusses Jugendweihe wurden am 9. Juni 1990 auf die »Interessenvereinigung« übertragen. Diese geht auf einen am 3. März 1990 gegründeten »Interessenverband für Jugendweihe« zurück. Nach Übernahme der ZAJ-Organisation und Umwandlung der 15 Bezirksausschüsse in sechs Landesverbände benannte sich die »Interessenvereinigung« im geeinten Deutschland am 3. August 1992 in *Interessenvereinigung für humanistische Jugendarbeit und Jugendweihe e. V.* (IVJ) um. Der »Bundesverband« ist ausschließlich in Ostdeutschland vorhanden. Ihm gehören seit dem 13. Februar 1992 nur fünf Landesverbände an, weil der Landesverband Brandenburg als selbständiger Verein »Brandenburger Jugendweihe e. V.« ausschied.

Der irritierende Namenswechsel hatte zweierlei Absichten: Erstens wollten sich die verantwortlichen Mitarbeiter der Jugendweiheausschüsse dem Zugriff der Treuhandanstalt entziehen. Sie war von der letzten Regierung der DDR unter Lothar de Maizière eingerichtet worden, um zu prüfen, ob Vermögen in der DDR rechtsstaatlich erworben war oder auf ideologisch begründete finanzielle Bevorzugung vor dem Stichtag 7. Oktober 1989 zurückging. Noch von der vorletzten DDR-Regierung unter Hans Modrow veranlaßt, erhielt der Zentralausschuß am 6. April 1990 19 Millionen Mark der DDR aus dem Staatsvermögen. Ende Juni 1990 beriet das Präsidium der Volkskammer auf Antrag der SPD, ob, wie und wann die staatlichen Zuschüsse an die Jugendweiheausschüsse eingestellt werden. Deren Arbeit sollte sich nun allein auf die einzuführenden Teilnehmerbeträge stützen. Gerechnet wurde mit Sponsoren, deren Tätigkeit unter einer anderen Bezeichnung auch in der DDR bekannt war. Insbesondere Ausschußvorsitzende hatten vor Jugendweihen Betriebe belagert, von denen Geld für Bücher, Urkunden und Blumensträuße erbeten wurden. Bei der jährlichen Rechnungslegung war es für die Betriebe im sozialistischen Staat eine Ehre, wenn deren Finanzabteilung auf Unterstützungszahlungen für eine gesellschaftliche Unternehmung wie die Jugendweihe verweisen konnte.

1991 bezifferte Siegfried Jahn, der Geschäftsstellenleiter der Interessenvereinigung, nach Mitteilung des ›Spiegel‹ vom 11. März 1991 das Vermögen seiner Organisation im vereinten Deutschland auf rund 6 Millionen DM. Uneins mit der Treuhandanstalt war sich Jahn, das ehemalige Mitglied des ZAJ, der von der NDPD zur FDP gewechselt war und den Spitznamen »Modrow des Jugendweihewesens« trug, über die Höhe des vor dem 7. Oktober 1989 auf realsozialistischem Weg in den Kassen des Zentralausschusses entstandenen Altbestands dieses Vermögens. Die Treuhandanstalt verwaltete das Vermögen der Interessenvereinigung, die sich jede Ausgabe genehmigen lassen mußte. Damit waren auch die Beiträge der Teilnehmer seit 1990 blockiert. Vom Vorwurf, unrechtmäßig eingenommene Vermögensbestände der Ausschüsse zu ihrem Eigentum zu zählen, kam der Rechtsnachfolger der Ausschüsse, die Interessenvereinigung, nicht los. Am 14. Mai 1993 einigte sie sich mit der Treuhand in einem Vergleich. Gegen Zahlung eines Betrages, der über einer Million DM gelegen haben soll, wurde die Interessenvereinigung aus der treuhänderischen Verwaltung ihres Vermögens entlassen.

Zweitens wurde aus den Ausschüssen die »Interessenvereinigung für humanistische Jugendarbeit und Jugendweihe«, um Mißtrauen gegen die SED-Ausschüsse zu überwinden. Ostdeutsche sollten guten Gewissens weiter zum heimatlichen Fest der Jugendweihe gehen können. Die Interessenvereinigung bietet die Jugendweihe als Familienfeier wie gewohnt, aber unter geänderten Vorzeichen an. Alles steht jetzt freiwillig: Niemand muß teilnehmen, auch der Besuch der Vorbereitungsveranstaltungen, die im Rahmen der »humanistischen Jugendarbeit« an die Stelle der zehn »Jugendstunden« in der DDR treten, ist freiwillig. *Die Kür nun ohne*

Pflicht. Die Jugendweihe mit neuem Selbstverständnis, als Brücke zwischen Kindheit und Jugend beschrieb die ›Märkische Oder-Zeitung‹ in Frankfurt/Oder am 9. April 1990 die Jugendweihearbeit in der Wendezeit.

Zu Unrecht freilich heben die alten/neuen Jugendweiheveranstalter die Freiwilligkeit hervor, als hätten sie sie gewollt und als garantierten sie, daß die Teilnahme an der Jugendweihe nicht mehr erzwungen ist. Denn tatsächlich verhindern nicht sie, daß sich Jugendlichen die Teilnahme an Jugendweihen empfiehlt, weil ihnen die Nichtteilnahme zum Nachteil, etwa der Nichtzulassung zur Oberschule, gereichte. Die Freiwilligkeit garantiert der freiheitlich-demokratische Rechtsstaat. Die Veranstalter stellen sich nicht nur so in ein zu vorteilhaftes Licht. Zu Ähnlichem dient ihre unbegründete Behauptung, ihre Jugendweihe verfolge »neue« Ziele. Sie wurde erstmals 1989 erhoben. Bis heute verglich niemand diese neuen mit älteren Zielen der Jugendweihe. In unserem Talkshow-Entertainment fehlt jedes Gespräch, in dem die Eigenart der damaligen Jugendweihe der heutigen gegenübergestellt wird. Unerwartet zieht gerade bei der Behandlung dieses Themas, des Vergleichs der Jugendweihen, Diskretion in unsere Funkhäuser ein.

Alle Veranstalter angeblich neuer Jugendweihen knüpfen an den hundertjährigen »humanistisch-fortschrittlichen Brauch der Jugendweihe« an und gehen auf die 40 Jahre DDR-Jugendweihe und das Jahrzehnt nationalsozialistischer Jugendweihe/Jugendleite nicht ein. »Bis auf den indirekten Zwang und den lästigen Schwur habe die Ideologie« in der DDR seit langem keine Rolle mehr gespielt, wird nicht nur im sächsischen Landesverband der Interessenvereinigung festgestellt. Der sächsische Geschäftsführer, Roland Brucksch, betonte, daß die neue Jugendweihe gewollt werde, weil sie die Familienfeier ermöglicht, an die sich die meisten Landsleute aus der DDR gern erinnern.

An die unmenschliche Disziplinierungsfunktion der Jugendweihe in der DDR hingegen erinnert sich nach Meinung Brucksch' kein Ostdeutscher, ist »der Mensch doch so gestrickt, daß nur das Gute hängenbleibt« (SZ 29. Mai 1993). Die Jugendweiheveranstalter im Gefolge der Ausschüsse in der DDR, deren Sicht der Sachse Brucksch auf den Begriff brachte, knüpfen durch die von ihnen veranstalteten Jugendweihen ausschließlich an den Erwartungshorizont an, der sich in der familiären Nischenerinnerung an das Familienfest Jugendweihe entwickelt hatte. Beschwichtigend wird die Tatsache ausgeblendet, daß das Familienfest Jugendweihe nur deshalb in guter Erinnerung sein kann, weil die offizielle Jugendweihe, und zwar die der »ersten Sprache«, es in der DDR erst ermöglichte.

Irreführend ist nicht nur die so durch die familiäre Assoziation gestützte Annahme, in der DDR sei es eigentlich harmonisch wie in Familien zugegangen. In die Irre führt bei den Jugendweihen der »Interessenvereinigung für humanistische Jugendarbeit und Jugendweihe«, daß über dem Fest »Weihe« steht. Offenkundig sind die Teilnehmer, Weihlinge wie anwesende Gäste, in eine religiöse Handlung einbezogen. Die deutsche Sprache ist reich an Worten, die nicht auf religiöse Begriffe zurückgehen. Der Weihebegriff ist überdies in der katholischen Kirche weiterhin eine präzise Beschreibung eindeutig religiöser Handlungen. Wer ihn entlehnt, bedient sich klar religiöser Begrifflichkeit. Die Unachtsamkeit, die begeisterte Fußballfans nach dem Sieg »ihrer« Mannschaft etwa stammeln läßt, »Schalke 04 ist Religion«, rechtfertigt nichts. Wäre die Jugendweihe ein Vorgang ohne religiöse Bezüge, gäbe es beliebig viele weltliche Bezeichnungen. Jede Weihe verlangt einen erklärenden, zuordnenden Dativ: Ein Gegenstand, ein Geschehen, eine Person wird einer Gemeinschaft, einer Person oder einer Sache geweiht. Infolgedessen unterscheidet den noch nicht Geweihten vom Geweihten einzig, daß ihm dieser im Dativ ausgedrückte existentielle Bezug fehlt. Da Weihe den Geweihten verändert, hat der Weihende Autorität. Wäre es, wie allgemein unterstellt, nur ein Familienfest, bedürfte es keiner Weihehandlung. Es verwundert nicht, daß nach der Einführung der Jugendweihe in der DDR dort in der Nationalen Front festgestellt wurde, gegen das Fest sei nichts einzuwenden, wenn auf den Begriff »Weihe« verzichtet würde. Darauf kommen wir im letzten Kapitel zurück.

Die Interessenvereinigung als Nachfolgerin der DDR-Ausschüsse schlüpfte im vereinten Deutschland erfolgreich in deren Rolle als Garant organisierter religiöser Feieranlässe in den Jugendweihen. Die eingangs genannte »besorgte« Äußerung des Bundestagsabgeordneten und späteren Bundesbauministers über die Weihlinge 1996 ist ein Zeichen des Erfolges der Vereinigung. Denn Oswald nannte als Veranstalter nur die Interessenvereinigung. Indem er über »die Teilnahme bei der diesjährigen Jugendweihe in den neuen (ostdeutschen) Ländern« pauschal Klage geführt hat, also eindeutig alle Jugendweihen gemeint sind, tat er so, als versorge wie gewohnt eine Organisation Ostdeutschland mit der Jugendweihe. Oswald saß der Diktion der DDR auf, indem er die Teilnehmerzahlen nur der Interessenvereinigung berücksichtigte, als gäbe es keine anderen Veranstalter, an deren Jugendweihen/Jugendfeiern momentan Weihlinge teilnehmen.

Weit über eintausend Jugendweihefeiern der Interessenvereinigung finden jährlich zwischen März und Mai in allen ostdeutschen Ländern statt. In Brandenburg fehlt zwar ein Landesverband, in einigen brandenburgischen Orten östlich Berlins gibt es aber Kontaktbüros unter Privatadressen. Sehr oft treten die 13- bis 14jährigen Schüler einer Klasse ohne die Jugendweiheverweigerer gemeinsam zur Feier an. So führen die Formulare zur »Voranmeldung« in der Überschrift über neun Zeilen für Namen und Adressen der Angemeldeten die Rubriken »Bezirk«, »Schule«, »Klasse«. Ist es bei der Schulfeier Jugendweihe geblieben?

Zwar veranstaltet die Interessenvereinigung die »humanistische Jugendweihe« und die »humanistische Jugendarbeit«, aber realiter haben Jugendweihe und Jugendarbeit nichts miteinander zu tun. Vor allem in der

Jugendarbeit bleibt die Interessenvereinigung im Hintergrund, denn sie vermittelt nur Veranstaltungen fremder Organisationen. Deren Angebot ist bunt: Unterhaltsames, Berufsberatung, Besichtigung etwa des Bundestages, Sport- und Gesprächsrunden, nicht nur über »Liebe, Sex und 1000 Fragen«. Selten nennt der Katalog den Namen der verantwortlichen Fremdveranstalter.

Zum Erfolg der Interessenvereinigung trägt bei, daß ihre Büros in Ostdeutschland dicht gestreut und ihre Jugendweiheveranstaltungen überschaubar sind. In Berlin beispielsweise befindet sich in jedem der zehn östlichen Bezirke ein »Kontaktbüro«. Im Bezirk Pankow wurden 1994 achtzehn Jugendweihen mit insgesamt rund 700 Weihlingen veranstaltet. Parallel lassen die Berliner »Humanisten« mehrere hundert, bisweilen über tausend Teilnehmer zu ihren »alternativen/anderen Jugendweihen« antreten. Funktionäre der Interessenvereinigung kommentieren mit gutem Instinkt für ostdeutsche Feierbedürfnisse diese Massenveranstaltungen abschätzig als »unpersönlich«. Die Pankower Jugendweihen 1994 fanden entweder im Schloß Niederschönhausen oder im Rathaus Pankow statt. Während für die Nutzung des Schlosses dem Bundesfinanzminister Miete zu zahlen ist, läßt der Bürgermeister den Rathaussaal umsonst nutzen, denn – so habe er gesagt – »die Jugendweihe gehört zum Leben der Jugendlichen, zum Leben des Bezirks«. Die Feiern finden sonntags oder sonnabends statt, dauern bis zu zwei Stunden. Sie sind schlicht, Showeffekte fehlen, das »Kulturprogramm« ist bieder. Ungelenke Festlichkeit beherrscht die Teilnehmer in der ungewohnten festlichen Öffentlichkeit.

Am 14. Mai 1994 zum Beispiel verlief die von der Interessenvereinigung organisierte Weihe von 24 Weihlingen im Schloß Niederschönhausen nach folgendem Programm: Einem Musikstück schloß sich die Begrüßung an. Daraufhin spielten drei Musiker mit Gitarre und Flöte ein Volkslied, Texte Heines (»Mein Kind, wir waren Kinder«, »Es schwindet der Geist der Revolution«, »Hätt er«) und Marx' (»Empfindungen«) werden neben anderen Musikstücken gesungen oder rezitiert. Es folgte die »Festrede«, gehalten von einer »renommierten Pankowerin«, danach wurden die Weihlinge gruppenweise auf die Bühne gerufen, erhielten dort ihre Urkunden und ein Buchgeschenk. Den Abschluß bildete wieder ein beschwingtes Musikprogramm mit Literatureinlagen, und die Feier war aus. Zur Erinnerung wurde eine Videoaufnahme des Festes angeboten. Sie kostete »unter 50 DM«, nämlich 49,95 DM. Der Interessenvereinigung ist pro Weihling eine Teilnehmergebühr zu entrichten: In Berlin waren es 1991 50 DM, 1995 runde 100 DM, ein Jahr später und 1997 125 DM. 1998 beläuft sie sich auf 150 DM. Begleiten einen Weihling mehr als sechs Gäste zur Jugendweihefeier, ist ab dem siebten Gast 10 DM Eintrittsgebühr zu bezahlen. Die Gebühr variiert zwischen den Landesverbänden.

Im Berliner ›Programm-Katalog September 1995 bis März 1996‹ der Interessenvereinigung wurden 307 Veranstaltungen an 1007 Terminen angeboten. Für die grün geschriebenen Termine konnten Karten ab dem 14. August 1995 erworben werden, für die folgenden pinkfarben eingetragenen begann der Kartenverkauf am 20. November 1995. Die »Unkosten« betragen fast immer eine DM pro Termin, zusätzlich fallen bisweilen Fahrt- und Materialkosten an. Sollte der angemeldete Jugendliche nicht teilnehmen können, werden ihm Eintrittspreise, Fahrt- und Materialkosten nur zurückerstattet, wenn sein Ausbleiben mindestens vierzehn Tage im voraus angekündigt wird; den »Unkostenbeitrag« behält die Interessenvereinigung immer ein. Da Krankheiten sich selten zwei Wochen vor Beginn ankündigen, gehen diese Finanzregelungen der Interessenvereinigung eindeutig zu Lasten der erkrankten Angemeldeten. Zahlungspflichtig sind auch Weihlinge, wenn sie an einer der Veranstaltungen teilnehmen wollen.

Wie viele Jugendliche 1995/96 in Berlin das Angebot der 1 007 Veranstaltungstermine wahrnahmen, bleibt unbekannt. Freilich stellte der damalige Geschäftsführer der Interessenvereinigung, Rolf Dreyer, schon im Januar 1996 fest, daß »höchstens vier bis fünf« Veranstaltungen »weggebrochen« seien, weil es den jeweiligen Veranstaltern an Geld oder Personal fehlte. Präzisiert wurde diese Auskunft nicht. Indem Dreyer als Grund für den Ausfall sofort Nichtgewährung von ABM-Mitteln anführte, bestärkt er die Annahme, daß das voluminöse Programmangebot der Interessenvereinigung ohne staatliche Förderung unmöglich wäre.

In einer Broschüre erläuterte die Geschäftsstelle Neubrandenburg in Mecklenburg-Vorpommern ihr Veranstaltungsangebot zur Vorbereitung der »Festveranstaltungen zur Jugendweihe«, die vom 12. April 1997 bis zum 12. Mai 1997 jeweils an Sonnabenden stattfinden sollten. Im »Freizeit- und Reiseangebot möchten wir Euch ein kleines Stück auf den Weg ins Erwachsenenalter begleiten«. Den vielleicht unterhaltsamen Unternehmungen wird somit vorab ein ideologisches Ziel untergeschoben. Charakteristisch für die Anspruchslosigkeit des Angebots sind die genannten drei Tagesfahrten:

Die erste führte zum »Badeparadies OSTSEE-THERME« am Timmendorfer Strand, die zweite in die Hansestadt Bremen, um nach einer Stadtrundfahrt den Weihnachtsmarkt und drei, vier Stunden das Badeparadies AQUADROM zu besuchen. Berlin war das Ziel der letzten Fahrt: »Besuch des Weihnachtsmarkts, vier Stunden Aufenthalt im Badeparadies blub«. Leben Neubrandenburgs Erwachsene nur in Badeanstalten, auf deren Besuch die Jugendweihe vorbereiten muß?

In Berlin veranstaltete die Interessenvereinigung 1996 in der Zeit vom 30. März bis 18. Mai 141 »Feiern zur Jugendweihe«. Begonnen wurde am 30. März im Lichtenberger Congreß Center, wie nach Umbauten das frühere Hauptquartier der Staatssicherheit an der Normannenstraße heißt. Vor der Feier erfuhr die Presse von Werner Riedel, dem Präsidenten der IVJ, wie viele Jugendliche an den »Großveranstaltungen« vor der Jugendweihe teilgenommen hatten: 700 an der »Auftaktveranstaltung am

13. Oktober 1995 mit viel Musik und Diskussionen«, 500 waren beim »Badespaß am 8. Dezember« mit dabei, 650 am 18. Januar 1996 beim »Bunten Treiben auf dem Eis«, und 300 nahmen an der »Frühlingsfete« am 15. März teil. Das ergäbe, so Riedel, »die Grundbilanz von 2000 Teilnehmern«. Entging ihm bei der Berechnung dieser Grundbilanz, daß die Feiern seiner Interessenvereinigung offenbar nicht so attraktiv sind, daß auch nur ein halbwegs nennenswerter Teil der Jugendlichen mehr als eine aufsuchen wollte? Oder wurde ein Rechenkunststück der früheren Hausherren aufgegriffen, indem zur Erhöhung der Gesamtzahl bei der Berechnung unterstellt wird, daß jeder Jugendliche nur eine Veranstaltung aufsuchte?

Weitere Angaben über die Zahl der Teilnehmer an der »humanistischen Jugendarbeit«, in der die Interessenvereinigung »orientierungsuchenden Jugendlichen« helfen will, erhält die Öffentlichkeit auch auf Nachfrage nicht. Da die Teilnahme gänzlich in das Belieben der Jugendlichen gestellt ist, dienen die Veranstaltungen nicht zur »Vorbereitung der Jugendweihe«. Nicht wenige Jugendliche, dreißig Prozent der Weihlinge, schätzen Beobachter, scheren sich einen Teufel um diese »humanistische Jugendarbeit«. Sie treten zur Jugendweihe an, stehen für Minuten kollektiv mit anderen »im Mittelpunkt« und erhalten ein Buch mit Urkunde und Blumen und anschließend reichhaltig Geschenke in der Familie.

Gut besucht sind die Feten, die die Interessenvereinigung Wochen vor den Jugendweihen veranstaltet. Manche besuchen sie, obwohl sie – zumeist aus Desinteresse – an der Jugendweihe nicht teilnehmen wollen. Am 3. März 1995 war von 17 bis 20 Uhr im Sport- und Kongreßzentrum in Berlin-Hohenschönhausen eine Frühlingsfete mit sehr lauter Musik, Quizeinlagen und einer Modenschau, die zwei je zehn Weihlinge starke Gruppen unter Leitung einer früheren Kostüm- und einer Maskenbildnerin vorbereitet hatten. In einem großen Nebenraum boten auf je zwei bis vier Tischen zwei Kosmetikfirmen Schminke und Kosmetikutensilien an, zwei Bekleidungsfirmen offerierten Bekleidung: »So kann auch Ihr Junge auf der Jugendweihe aussehen.« Die hellen Farbkombinationen der Modenschau fanden sich hier nicht, dafür Bestellzettel, die viele Eltern ausgefüllt zurückreichten. Und Medienmulti Bertelsmann verkaufte Lexika, banale »Lexikothek plus«-Hefte gingen für 9 DM das Stück weg. Alles erinnerte an den »1. Day of Youth« der Interessenvereinigung am 15./16. Januar 1994: Auf 74 Ständen hatten sich Bekleidungshäuser verdingt, Bertelsmann, Bausparkasse, Kosmetikunternehmen und Partyservices; die Bundeswehr hatte für den Beruf des Unteroffiziers geworben. Und wer wollte, konnte im verschlossenen Umschlag sein Horoskop erwerben. Die englische Bezeichnung des Tages, »1. Day of Youth«, täuscht nicht darüber hinweg, daß die Interessenvereinigung »eines der beeindruckendsten Ergebnisse unserer Entwicklung in den letzten fünf Jahren« aufgriff, die Egon Freyer am 17. Mai 1989 im Zentralausschuß für Jugendweihe in seinem Vortrag »Die Aufgaben der Jugendweihe zur Vorbereitung des XII. Parteitages der SED im Jugendweihejahr 1989/90« genannt hatte:

»Eine neue Skala von Wirkungsmöglichkeiten der Jugendweihe« sei erschlossen worden: Dazu gehören Jugendweihemärkte, Foren, Konzerte oder einfach Jugendweihetreffs mit besonderer Note, Modenschauen, Sonderverkäufe und Schaufrisieren. (›JUGENDWEIHE 4/89‹). Die zeitgemäß kapitalistische Aufmachung des »1. Day of Youth« verfremdete diese DDR-Veranstaltungen nicht.

Keine Pressekonferenz der Interessenvereinigung vergeht ohne den Hinweis, daß Sponsoren fehlen. Offenkundig vermittelt die Vereinigung ihre Weihlinge bei Industrieunternehmen. Schon auf dem Anmeldungsformular zur Jugendweihe wird Eltern die »Dienstleistung« offeriert, »Angebote zu übergeben«, d.h. durch Weitergabe der Adressen für den Versand von Werbematerialien der Sponsoren zu sorgen. Wer die Anmeldung unterschreibt, akzeptiert diese sogenannte Dienstleistung.

Dies geschäftstüchtige Gebaren der Interessenvereinigung, die Eltern mit organisierten Jugendweihefeiern versorgt, schmälert deren Ansehen nicht. »Wir kommen nur den Wünschen der Eltern nach«, sagte die frühere Kollegin Freyers im Zentralausschuß und jetzige Geschäftsführerin der »Interessenvereinigung«, Heidi Richter (FAZ, 10. April 1997). Für die Interessenvereinigung spricht deren Erfahrung als Veranstalter dieser organisierten Weihen. Niemand stört sich daran, daß die Interessenvereinigung sich in der DDR als Veranstalter eingearbeitet hatte. Aus dieser Heimat des Festbrauches stammen die ostdeutschen Teilnehmer auch. *Jugendweihe ist unsere Tradition* – in diesen Satz lassen sich die Erklärungen von Eltern und Teilnehmern, die vor und nach den Jugendweihefeiern nach dem Grund ihrer Teilnahme gefragt wurden, zusammenfassen. *Wie seine Geschwister, solle auch dieses Kind einmal im Mittelpunkt stehen. Die Jugendweihe nimmt uns keiner* – vor allem kein Westdeutscher, klingt es deutlich aus der »ehemaligen DDR«. Die von der Interessenvereinigung besorgten Jugendweihen sind traditionsverbundener Alltag der in ihrer Heimat gebliebenen Ostdeutschen. *Wir hatten das auch so, und es war schön*[13], meinten Eltern zur Jugendweihe ihrer Kinder.

Über die Jugendweihe in der DDR wird in den Veranstaltungen der Interessenvereinigung nicht informiert und diskutiert oder gestritten. Kein Versuch zur Distanzierung von der DDR, d.h. zur kritischen Auseinandersetzung mit ihr, wird gemacht. Das deutet sich auch in der Sprache an, derer sich Teilnehmer und Funktionäre der Interessenvereinigung bedienen, wenn sie von Jugendweihen sprechen. Die Bezeichnung *Jugendstunde* für die vorbereitenden Stunden wurde offiziell abgeschafft – ersatzlos. So rutscht sie regelmäßig allen über die Lippen, wenn die Rede auf Veranstaltungen in den Wochen vor der Weihe kommt. Und wenn der Präsident Riedel in Pressekonferenzen über die Anmeldungen für die Jugendweihen im kommenden Jahr spricht, greift er auf das sozialistische Ersatzkalendarium von *Jugendweihejahren* zurück, die im November/Dezember beginnen und in den Jugendweihefeiern enden. Ungewiß bleibt, wer in der Interessenvereinigung die von den Zentral- und Bezirksausschüssen stammenden Archivunterlagen über die Jugendweihearbeit in der DDR vernichten ließ. Am 9. März 1993 erfuhr der Historiker Andreas Paetz, als er sich im Büro des ehemaligen Zentralausschusses in der heutigen Dorotheenstraße nach dem Verbleib der sorgfältig geführten Archive der Ausschüsse erkundigte, die Unterlagen seien aus »Platzmangel« vernichtet worden[14]. Das Interesse am Erhalt von Zeugnissen über ihre Herkunft ist unter den Mitarbeitern der »humanistischen Interessenvereinigung« gering, obwohl sie stolz auf die 150jährige Geschichte der Jugendweihe verweisen. Ihre Traditionsverbundenheit klammert beides, ihre junge DDR-Vergangenheit wie die Jugendweihen im »Dritten Reich«, aus.

Die Interessenvereinigung verzichtet wie alle anderen Veranstalter von Jugendweihen auf das Gelöbnis. Das unterscheidet diese Weihen nur formal von den DDR-Jugendweihen, denn im letzten Jahr der DDR fielen, wie gezeigt wurde, dem Zentralausschuß Änderungen des Gelöbnisses nicht schwer. Aus der Perspektive der ehemaligen Weihlinge, die oft Eltern heutiger Teilnehmer sind und die alle erklären, sie hätten ihr Gelöbnis nicht ernst genommen, schreibt der Verzicht auf das Gelöbnis im vereinten Deutschland schlicht den eigentlichen damaligen Zustand fest.

Das ostdeutsche Volksbrauchtum aus der DDR ist sich im vereinten Deutschland gleich geblieben. Dies undistanzierte Verhältnis in der ehemaligen DDR zur DDR im Umgang mit der Jugendweihe ist keine Sehnsucht nach der realsozialistischen DDR. Es ist meist unbewußt nostalgische Sehnsucht nach einer imaginären eigentlichen DDR, deren Sozialleistungen alle Empfänger regelmäßig erhielten, wenn auch von wechselnder Qualität. Die Jugendweihe war nichts anderes als eine solche Sozialleistung, mit der alle gratis von staatlich bestallten Ausschüssen versorgt wurden – und wehe denen, die sich nicht versorgen lassen wollten, hieß drohend die Pointe in der totalitären DDR. Diese ist passé, aber im vereinten Deutschland bleiben die Eltern schicksalsergeben entmündigte Empfänger, die – nun gewiß gegen Bezahlung – auf einen Veranstalter für die organisierte Jugendweihe zurückgreifen. Die Jugendweihe in der DDR hatte diese Entmündigung der Weihlinge und ihrer Eltern jahrzehntelang eingeübt. Die in ihr vereinigten Exekutiven von Partei und Staat hatten »fürsorglich« wie ein kollektiver Hausvater die Jugendweihe garantiert. Das war »sozialistischer Paternalismus«, Herrschaft für das Volk und nicht durch das Volk (Gerd Meyer). Sozialleistungen in der Art der Jugendweihe waren ein Teil des Gesellschaftsvertrages zwischen Führung und Volk der DDR gewesen. Von der Ehrentribüne, die das ostdeutsche Volk an hohen Feiertagen wie dem »Geburtstag der Republik« passierte, wurde ihm zugesichert, auch künftig gebe es soziale Sicherheit, das hieß auch: Jugendweihen. Arbeit und Untertänigkeit hatte das DDR-Volk in den Vertrag einzubringen.

Jugendweihe – das ist »halt Tradition«. In der wiederkehrenden Feststellung Ostdeutscher steckt veränderungsunwilliger Trotz, der kennzeichnenderweise aus dem solidarfinanzierten bundesdeutschen Sozialversicherungssystem bekannt ist. Es ist keine typisch ostdeutsche Erscheinung: »Das ist in allen Kuren so«, es ist also Kurtradition, daß Kurpatienten gegen kurärztlichen Rat nicht nur in stets nahe der Kuranstalten gelegenen Kurschänken wie gewohnt Alkohol und Nikotin konsumieren. Weil der Unernst der Kurpatienten tradiert ist, verbietet sich nach Meinung der meisten Beteiligten in ganz Deutschland Kritik – auch an der bedingungslosen Finanzierung solcher Kuren. Genauso verhindert das ostdeutsche Traditionsargument für die Jugendweihe Kritik und Veränderungen: Die Veranstalter lassen den DDR-Begriffen freien Lauf, denn ihr Fortbestand sichert das Geschäft, das durch die Veranstaltung von Jugendweihen zu machen ist.

Aus dem realsozialistischen Wörterbuch stammt der Begriff *humanistisch*, der seit dem 13. Juni 1992 im Namen der »Interessenvereinigung für humanistische Jugendarbeit und Jugendweihe e. V.« auftaucht. Er unterstellt Humanität. In der DDR waren »Humanist« und »Sozialist« austauschbare Bezeichnungen. Um 1950 war Stalin in der DDR als »Humanist« gepriesen. Die Interessenvereinigung entlehnt den Begriff »Humanismus« wohl dem allgemeinen Sprachgebrauch, der mit ihm so etwas wie Bemühung um Menschlichkeit meint. Die Vereinigung erklärt den Begriff in ihrem Namen nicht – trotz der Vielfalt konkurrierender wissenschaftlicher Definitionen des Begriffs. Ihn in die Nähe des ostdeutschen Festbrauches Jugendweihe zu rücken, ist aus der DDR gewohnt. Nach marxistisch-leninistischem Begriffsverständnis, das für Ostdeutsche wie die Familienfeier Jugendweihe jahrzehntelang selbstverständlich war, ist der Humanismus das »Streben nach Menschlichkeit und menschenwürdiger Daseinsgestaltung, die Gesamtheit jener Ideen und Bestrebungen in der Geschichte der Menschheit, die auf eine immer größere Vervollkommnung und Freiheit des Menschengeschlechts gerichtet sind«[15]. Deutlich tritt die individuelle Menschlichkeit und Freiheit hinter die kollektive »Vervollkommnung des Menschengeschlechts« zurück. Das erklärt die unpersönliche Monotonie der Jugendweihefeiern im geeinten Deutschland philosophisch, eben »humanistisch«.

Absicht der Interessenvereinigung, der Inhalt ihrer Arbeit ist, daß – so ihre Bundessatzung vom 4. November 1995 – sie »interessierten Jugendlichen durch ein vielfältiges Angebot an humanistischer Jugendarbeit (hilft), selbstbewußt den Weg in das Erwachsenendasein zu gehen. Dazu bietet der Verein ... erlebnis- und inhaltsreiche Gespräche aller Art, Begegnungen, Exkursionen, Reisen und Projekte an, die den jungen Menschen neue Kenntnisse auf den verschiedensten Gebieten vermitteln ... Der Verein gestaltet Feiern, in denen Teilnehmer in öffentlicher und familiärer Atmosphäre den Eintritt in das Jugendalter festlich und jugendgemäß begehen. Er setzt damit die mehr als 100jährige Tradition der Jugendweihe in Deutschland fort.« Die IVJ bemüht sich nicht, der Jugendarbeit programmatisch ein geschichtlich gewachsenes inhaltliches Profil zu geben. Hat die Jugendarbeit auch ein geschichtlich gewachsenes Profil?

Der Landesverband Berlin präzisiert in seiner Satzung vom 25. August 1994: »Als Ansprechpartner für Orientierung suchende Jugendliche leistet der Verband Lebenshilfe.. Im Winter läßt der in der DDR geschaffene Rhythmus das Jugendweihejahr, das in der Jugendweihe seinen »Höhepunkt und Abschluß« hat, beginnen. Jeder Landesverband der Interessenvereinigung veröffentlicht zu Beginn des Jahres sein Veranstaltungsprogramm. Der »Sächsische Verband für Jugendarbeit und Jugendweihe« z.B. ein schlichtes »Freizeitangebot für 12-/16jährige« mit »fetzigen Angeboten«: Zwischen Diskussionen mit Schriftstellern, Drogenbeauftragten, Arbeitsrechtlern, Musik, Berufsberatung und Sport kam 1995 in einer einzigen Vorstellung die Jugendweihe zur Sprache – historisch. Anzeigen locken mit »Jugendweihe auf Video«, »tollen Schiffsreisen zur Jugendweihe-Fete«.

Das Angebot »humanistischer Jugendarbeit« ist konturenlos, weil über die Teilnahme von den Jugendlichen nach deren Belieben entschieden wird. Wenn »humanistisch« im Sinne der Alltagssprache Bemühung um Menschlichkeit heißen soll, versagt die Interessenvereinigung vor ihrem Anspruch: Warum läßt sie nicht Altersheime besuchen, legt den Jugendlichen Sorge um Behinderte, soziales Engagement als Ausdruck von Menschlichkeit nicht ans Herz?

In einer Leipziger Studie über Meinungswandel Jugendlicher gerade im Jugendweihealter seit der deutschen Einigung wird festgestellt: »›Für andere Menschen da sein, auch wenn man selbst auf etwas verzichten muß‹ – das wird heute von jungen Ostdeutschen weniger hoch bewertet, weil es in einer Gesellschaft, in der Rivalität und Ellenbogenmentalität vorherrschen, von ihnen seltener als positiv sanktionierter Wert erfahren wird.«[16] Es wurde nicht bekannt, mit welchen Maßnahmen die *humanistische Interessenvereinigung*, die über die Hälfte aller ostdeutschen Jugendlichen erreicht, diese Trends in Ostdeutschland gebrochen sehen will. Die Organisatoren der »humanistischen Jugendarbeit« entsprechen geschickt der in vielen Gesellschaften stärker werdenden Unlust von Jugendlichen, in ihrer Freizeit irgendwelche Verpflichtungen einzugehen, und sei es auch nur die des regelmäßigen Trainings im Sportverein. Nach Mitteilung des Leiters des B.A.T. Freizeit-Forschungsinstituts in Hamburg, Horst W. Opaschowski, belegen Ergebnisse repräsentativer Umfragen, die er im Januar 1996 vorstellte, daß Freizeit für eine wachsende Zahl von Jugendlichen zu einer Zeit der Beliebigkeit und unverbindlichen Kontakte wird. In Ostdeutschland läßt die Organisation »humanistischer Jugendarbeit und Jugendweihe« in geschilderter Art Jugendliche in dieser Grundeinstellung, in der egoistische Züge dominieren, ungestört.

Riedel und andere Repräsentanten der IVJ vergleichen deren Jugendweihe regelmäßig mit evangelischen Konfirmationen. Jugendlichen stünden beide Veranstaltungen zur Auswahl, sagen sie. Als ob es um ein Entweder-Oder in der Anmeldung ginge. Wissen sie tatsächlich nicht, daß der Konfirmation eine Taufe vorausgehen muß? Der Unterschied reicht weiter: Während jeder evangelische Pfarrer sich z.B. bemüht, aus seinen 13- bis 14jährigen Konfirmanden, die aus unterschiedlichen Schultypen stammen und meist verschiedener sozialer Herkunft sind, in knapp zwei Jahren eine Gruppe entstehen zu lassen, kümmert sich die Interessenvereinigung nicht um kontinuierliche Begleitung der angemeldeten Weihlinge. Die Teilnehmer an einer Jugendweihe werden nicht in einer Gruppe zusammengefaßt, die in Vorbereitung der Weihe gemeinsam einen Veranstaltungszyklus durchläuft. In der DDR mußten die späteren Weihlinge in Gruppen gemeinsam die zehn »Jugendstunden« besuchen. Daß dies nicht mehr der Fall ist, sondern der Besuch aller vorbereitenden Veranstaltungen in das Belieben eines jeden Teilnehmers gestellt ist, sei ein Beleg der neuen Liberalität, betonen Veranstalter. Nun läßt sich diese Freiwilligkeit leicht zugestehen, weil die Interessenvereinigung die Qualität der von ihr angebotenen Veranstaltungen von Fremdveranstaltern, etwa in Tanzschulen, Betriebsbesichtigungen bei Mercedes-Benz, Besichtigungen des Flughafens Schönefeld, Kosmetik-Typberatung, nicht verbürgt. Wer die inhaltlich völlig unverbundenen dispersen Veranstaltungen der Jugendarbeit versäumt, verpaßt nicht viel.

Die in der ostdeutschen Erinnerungsgemeinschaft weitergereichten Erfahrungen und Erwartungen laufen zusammen im Heimatgefühl, das eine Feier gewohnter Festbräuche wie die Jugendweihe vermittelt. Dies wird immer wichtiger, weil die in Ostdeutschland Gebliebenen zu einer Schicksalsgemeinschaft zusammengerückt sind, zumal die Zahl der Geburten in Ostdeutschland deutlich gesunken ist und der Altersdurchschnitt der sich Erinnernden also steigt.[17] Die inhaltliche Konturenlosigkeit der von der IVJ organisierten Jugendweihen liegt ganz im Interesse vornehmlich der Eltern der Weihlinge in der ostdeutschen Erzählgemeinschaft. Diese wacht wie jede in Notlagen zusammengeschlossene Gemeinschaft darüber, daß keine andere Gemeinschaft ihre Mitglieder abwirbt. Deshalb liegt es in ihrem Interesse, daß die Interessenvereinigung durch die Jugendweihe in keine andauernde Verbindung mit den geweihten Jugendlichen treten will. Eine solche Verbindung, nüchtern: Mitgliedschaftsverhältnisse, wäre wirklich neu und ohne Vorbild in der DDR. Sie setzte voraus, daß sich alle Beteiligten im Sinn der Vereinigung einig sind, an dem das Engagement aller gemessen wird. Ein solches überzeugtes Engagement könnte Jugendliche unabhängiger gegenüber ihrem Herkommen werden lassen. Aber die »humanistische« Jugendarbeit der Interessenvereinigung hat noch nicht einmal einen festen Ort, wie Präsident Riedel nach der Auftaktfeier am 25. März 1995 einräumte: »Wir sind von unseren jeweiligen Partnern abhängig, die uns unterstützen oder nicht unterstützen. Und 200 000 Jugendliche sind natürlich irgendwo ein Pfund, das man immer wieder nennen muß.«

Die Interessenvereinigung läßt die Beziehungslosigkeit zu den von ihr geweihten Jugendlichen, die dem Vorgang der Weihen Züge maschineller Dienstleistung gibt, indessen ungern nach außen treten. Alle Weihlinge werden zu »zeitweiligen Mitgliedern« erklärt, die Mitgliederzahl wird so auf einem hohen Niveau gehalten. In Sachsen beispielsweise gab es 1993/94 in 592 Feiern 31 262 Weihlinge. 1995 gab es knapp dreißig eingetragene Mitglieder im »Sächsischen Verband für Jugendarbeit und Jugendweihe e. V.«, der Mitglied/Landesverband im IVJ und Partner der »Jugendweihe e. V. Hamburg« ist. Zu den Mitgliedern kommen 30 000 *zeitweilige Mitglieder*, weil alle Teilnehmer an der Jugendweihe automatisch für ein Jahr Mitglied sind. Die Zahl der Mitglieder steigt nicht an, weil die meisten nach einem Jahr ausscheiden. Sie werden ersetzt durch die Weihlinge des kommenden Jahres, eben neue »zeitweilige Mitglieder«. Der Verband macht diese Zwangsmitgliedschaft schmackhaft dadurch, daß »der monatliche Mitgliedsbeitrag von einer DM, für das erste Jahr also zwölf DM, in der Teilnehmergebühr von 98 DM enthalten ist«. Die Zahl der Mitglieder, nicht deren inhaltliche Beiträge oder Geld, interessiert den Verband, denn sie zählt, wenn von ministerieller Seite oder von Sponsoren Geld eingeworben wird. Der Landesverband Berlin verfährt ähnlich: 1995/96 waren 2,50 DM des Teilnehmerbeitrags an der Jugendweihe von 125 DM »zeitweiliger Mitgliedsbeitrag«.

Die Auswahl der Festredner in Sachsen ist typisch für alle ostdeutschen Jugendweiheveranstalter: 1994 waren es sieben Bundestagsabgeordnete (nur von der SPD), 18 Landtagsabgeordnete »aus allen demokratischen Parteien«, 18 Funktionäre der »demokratischen Parteien und Verbände«, 18 Mitarbeiter in Landratsämtern und Stadtverwaltungen, 22 Bürgermeister, »eine beachtliche Anzahl von Künstlern, Ärzten, Richtern und Staatsanwälten, Wissenschaftlern sowie freiberuflichen und Gewerbetreibenden«. Da neben ungenannten »demokratischen Parteien« – diese Bezeichnung stammt aus der DDR, wo sie allen dort zugelassenen Parteien galt – nur die SPD angeführt ist, drängt sich der Verdacht auf, daß die Sozialdemokraten Feigenblätter für Festredner aus der PDS sind.

Freilich lädt der Landesverband auch Festredner des Deutschen Freidenkerverbands (DFV), Dortmund, ein, einer früher moskautreuen kommunistischen Weltanschauungsgemeinschaft. Nach Auskunft des Geschäftsführers Brucksch denke man an »ein Zusammenwirken« mit dem DFV. Die Zusammenarbeit mit den Freidenkern reicht weiter. Unterschiede zwischen den Veranstaltern verschwimmen, denn mit der kommunistischen Organisation pflegt die (ost)deutschlandweite Interessenvereinigung seit Jahren Bürogemeinschaft an zentralem Ort, in Berlin-Pankow, Maximilianstraße 48. Jede Bürogemeinschaft trägt Züge einer Wohngemeinschaft. Ohne gegenseitiges Vertrauen geht sie in die Brüche. Und der sächsische Verband führt Gespräche mit der winzigen Dresdener PDS-Gruppe »Roter Baum«, die ebenfalls Jugendweihe anbietet. Zu dieser PDS-Gruppe »gibt es keine generellen Gegensätze«, stellte Brucksch fest. 1994 ließen sich von ihr siebzig Jugendliche weihen, 4700 in Dresden vom IVJ-Landesverband, der – nach eigenen Angaben – landesweit 31 262 Jugendliche weihte.

Riedel, erster Präsident der Interessenvereinigung, befragt seine Weihlinge bei der Übergabe der Urkunden nach ihren Geschenkerwartungen. Der Wunsch nach Geschenken sei »sehr wichtig«, erzählte er. So ist zu »sehen, daß man sich kaum unterscheidet von anderen Möglichkeiten des Übergangs von der Kindheit in das Jugendlichenalter, wo die Geschenke eine wichtige Rolle spielen, was sie auch tun sollen«. Die Frage, ob Menschen in kulturelle Veranstaltungen gehen, weil ihnen das Programm gefällt oder weil sie ihre Kleider zeigen wollen und den anschließenden Umtrunk suchen, ist eindeutig beantwortet: zur Freude der Sponsoren und zur Beruhigung der ostdeutschen Kundschaft materialistisch. Rechtfertigend wird in der Interessenvereinigung behauptet, auch kirchliche Handlungen seien veranstaltet, um Geschenke im privaten Kreis zu überreichen. Die Interessenvereinigung gibt ihren organisierten Jugendweihen keinen Sinn, der von Geschenken unabhängig ist. Das macht sie bei Ostdeutschen beliebt, denn diese lehnen zu einem großen Teil nach dem begrüßten Verzicht auf ein weltanschauliches Gelöbnis, das der Jugendweihe zuletzt in der DDR einen Sinn gegeben hatte, jede weltanschauliche Sinngebung der Weihe ab. Vor jeder inhaltlichen Festlegung schrecken sie zurück. Die Jugendweihe soll traditionsverbunden und im Sinnvakuum vollzogen werden.

Auf der Jugendweihe der Interessenvereinigung am 25. Mai 1997 im Gebäude des ehemaligen Ministeriums für Staatssicherheit in Berlin-Lichtenberg hielt Wirtschaftssenator Pieroth (CDU) vor knapp hundert Weihlingen die Festansprache. Der Politiker hielt eine an Allgemeinplätzen reiche, im gewohnten Stil aufmunternde Rede. Er forderte die Jugendlichen auf, neugierig, kritisch und gesprächsbereit zu sein, hatte aber wie die meisten anderen Festrednern vor der Weihe nie ein Gespräch mit den Weihlingen geführt. An der Farblosigkeit der Veranstaltung änderte er nichts. Die Überschrift des Artikels in der ›Berliner Zeitung‹ über die Jugendweihe »Mit Kribbeln im Bauch« brachte die Inhaltsleere der Veranstaltung auf den Begriff. Die Wortwahl der Interessenvereinigung läßt deutlich erkennen, daß ihr Interesse nur dem Fest gilt. Dessen Anlaß und Inhalt sind unerheblich: In einem aufwendig erstellten Werbezettel sprach sich die Vereinigung 1995 ihre »Gratulation zum ›5.‹ Jahrestag ihrer Gründung« zur Nachfolge des am 9. Juli 1990 aufgelösten DDR-Zentralausschusses aus. Verwiesen wurde auf die »über 150jährige Tradition der Jugendweihe«: 1852 sei der Begriff geprägt worden, »der ursprünglich ›Konfirmationsfest‹ freireligiöser Gemeinden« bedeutet habe. Die Interessenvereinigung hebt also nicht auf die Konfirmationshandlung ab, sondern führt das »Konfirmationsfest« an, d.h. die Festlichkeit der Konfirmation und der sich anschließenden privaten Feiern. Genausowenig bezeichnet der Begriff »Hochzeitsfest« die Hochzeit, d.h. die entscheidende Trauhandlung.

Im Sinnvakuum hat der ostdeutsche Festbrauch Jugendweihe im vereinten Deutschland eine krasse materialistische Schlagseite: In einer Sonderveröffentlichung der ›Märkischen Oder-Zeitung‹ vom 16. März 1995 wurde ausführlich über den *Schritt in das Erwachsensein* berichtet. Gemeint waren Jugendweihe und Konfirmation: »Ein Wert aber bleibt: Am Tag der Jugendweihe oder Konfirmation stehen die jungen Menschen im Mittelpunkt der Familie und Freunde. Sie werden mit zahlreichen Geschenken bedacht. Es hat eine lange Tradition, dem Kind ein Geschenk von bleibendem Wert zu machen.« Und auf einer halben Zeitungsseite werden »Geschenke zur Jugendweihe«, »Festkleidung«, »der Bundesschatzbrief für spätere Wünsche« vorgestellt und über Modefarben berichtet. Eigentümlich ist, daß die materiellen Gaben hier keinen Gedanken zum biographischen Anlaß aufkommen lassen. Bezeichnenderweise hat auch keines der vorgeschlagenen Geschenke einen inhaltlichen Bezug zur Konfirmation.

Argumentativ wird kein Mittel gescheut, um die Veranstaltung des Familienfestes »Jugendweihe« zu rechtfertigen. »Fetzig« sind die Veranstaltungen der Jugendarbeit im Landesverband Sachsen. Der anspruchsvoller gehaltene »Programmkatalog« des Landesverbandes Berlin vom September 1995 bis März 1996 bietet auch Veranstaltungen über »Geschichte, Politik, Berlin« an. Ehemalige antifaschistische Gedenkstätten der DDR werden besucht, »Exkursionen zum Thema Befreiung vom Faschismus« unternommen. Die Tätigkeit der Stasi, das Schicksal von deren Opfern oder die Mechanismen der DDR-Diktatur sind nie Thema. Müßten nicht gerade ostdeutsche Jugendliche an interessante Themen in der DDR-Geschichte herangeführt werden – wie z.B.: Warum erhielt die 1946 in der SBZ gegründete Freie Deutsche Jugend (FDJ) 1949 eine neue Verfassung? Warum wurden in ihr seit 1949 Funktionäre nicht mehr gewählt, sondern ernannt? Auch die Geschichte der Jugendweihe in der DDR könnte bekannt gemacht werden: Warum etwa untersagte das Sekretariat der SED am 13. Februar 1950 der Partei, Gewerkschaft und FDJ die Durchführung von Jugendweihen?

Aus verständlichen Gründen fällt in den Veranstaltungen der Interessenvereinigung kein Wort über diese Geschichte der Jugendweihe, die Geschichte der DDR überhaupt: Thematisierung der DDR, gar der wechselvollen Geschichte der Jugendweihe in der DDR, empfiehlt sich für die Interessenvereinigung nicht, weil ihr Herkommen aus den DDR-Ausschüssen und das Engagement vieler ihrer Mitarbeiter für die SED-DDR zur Sprache käme. Auch aus der Perspektive der »Abnehmer«, der ostdeutschen Erzähl- und Schicksalsgemeinschaft, sollten diese Themen deswegen gemieden werden, weil Jugendliche anschließend ihren Eltern unangenehme Fragen stellen könnten. Wenn im schulischen Geschichtsunterricht nach den geltenden Lehrplänen unterrichtet wird, lassen sich solche Fragen nicht umgehen. Bürgerrechtler wie Freya Klier hören freilich immer wieder bei Diskussionen in ostdeutschen Schulklassen den Kommentar von Lehrern: So schlimm, wie von Ihnen geschildert, sei die DDR nicht gewesen. »Das Bild von der DDR scheint hier unantastbar zu sein. Wer daran rührt, bekommt zu spüren, wie tief Aversionen sitzen können gegen jeden, der anders war in einer uniformierten Gesellschaft.« So wurde im ›Tagesspiegel‹ am 4. November 1995 ein solches Streitgespräch in Berlin-Hohenschönhausen kommentiert. Indem die Interessenvereinigung die DDR-Geschichte in ihrer Jugendweihearbeit nicht thematisiert, nagelt sie Jugendliche und Eltern auf das »emanzipatorische Defizit der DDR-Herkunft«, so PDS-Funktionär André Brie[18], fest. Denn »die Lektion der Lebenslüge in der DDR« kann nur durch neugierige, provozierende Fragen eingeläutet werden. Werden sie gestellt, wäre die erinnernde Beschaulichkeit der Jugendweiheveranstaltung gefährdet. Das Ruhebedürfnis vieler Westdeutscher in der jungen Bundesrepublik war im Blick auf ihre nationalsozialistische Vergangenheit vergleichbar. Die von (selbst-)kritischen Fragen ungestörte ostdeutsche Erinnerungsgemeinschaft wäre aufgeschreckt. Was hielte ostdeutsche Jugendliche davon ab, wie die westlichen 68er gegen ihre Eltern aufzumucken? Wenn die einst auch von Verantwortlichen der DDR-Jugendweihen repressiv benutzte »erste Sprache«, die »Sprache der Depression« (Wolfgang Hilbig) zum Gesprächsthema wird, wird über die Herkunft Ostdeutscher von Ostdeutschen gestritten.

Indem die privatwirtschaftliche »Interessenvereinigung Jugendweihe« diese Gefahr umgeht, um ihr Geschäft zu sichern, hält sie in den Jugendlichen das Geschichtsbild wach, das in der Erinnerungsgemeinschaft selbstbestätigend am Leben gehalten wird. Das »Thema: generelle Zerstörung der Erfahrung«[19] (Uwe Kolbe), das sich vor allem Ostdeutschen durch das Ende der DDR stellt, wird in der Jugendweihearbeit nicht aufgeworfen. Der Literat Uwe Kolbe sprach vom »wunderbaren Ende der Naivität«, das durch die Zertrümmerung der DDR-Erfahrungen bewirkt worden sei. »Ostalgisch« lassen die Jugendweihen diese Naivität ungestört. Die Geschichte der DDR wird familiär systematisch verdrängt. Diese nostalgische Verklärung der DDR hat Kundschaft in der ostdeutschen Erzählgemeinschaft, weil sich als DDR-Bürger nur wenige an der DDR gerieben hatten, aller schnellfüßiger Kritik an Widernissen der sozialistischen Alltagsgestaltung zum Trotz. Es bedurfte, wie an der »Kerzenrevolution« in der DDR zu verfolgen war und wie etwa Erich Loest in seinem von Frank Beyer verfilmten Roman ›Nicolaikirche‹ schildert, eines Anstoßes der Bürgerrechtsbewegung, damit sich in Ostdeutschland »Spießbürger über Nacht in eine kooperativ handelnde Gemeinschaft verwandeln konnten« (Jens Reich).

Detailliert zu beobachten ist das am Beispiel Brandenburgs, dem einzigen ostdeutschen Land ohne Landesverband der Interessenvereinigung. Auch dort finden sich Organisationen, um dem nostalgischen Heimatwunsch der Teilnehmer bestmöglich zu genügen. In Frankfurt/Oder knüpften die ehemaligen Mitarbeiter des dortigen Bezirksausschusses für Jugendweihe Kontakt mit der Arbeiterwohlfahrt (AWO), die sich an die Geschichte der proletarischen Jugendweihe erinnerte und Hauptveranstalter von Jugendweihen in Frankfurt wurde. Das kurzzeitige Jugendweiheangebot des Kulturbundes nach 1990 war schnell ausgelaufen. Die Kreisverbände der AWO können nach eigenem Ermessen Jugendweihen veranstalten. Es geschieht vorerst nur im Landesverband Brandenburg, dort in den Kreisverbänden Frankfurt/Oder, Teltow/Fläming, Angermünde und ab April 1997 in Potsdam. Vielleicht ahmen andere Kreisverbände es nach. Dem Bundesvorstand war diese Absicht nicht bekannt. Der AWO fällt es leicht, ihr zuerkannte ABM-Stellen für die Vorbereitung und Durchführung der Jugendweihe auszunutzen. In Frankfurt/Oder sollen es 1995 fünfzehn gewesen sein, erklärte eine Mitarbeiterin. Vorbereitungsstunden für die angemeldeten Weihlinge gibt es in Frankfurt/Oder nicht. Die dortige AWO bot 1996 in einer Broschüre »Jugendlichen und Schülern Freizeitangebote« in den Monaten vor den vom 14. April bis 19. Juni 1996 geplanten sechzehn Jugendweiheveranstaltungen an. Der bunte Prospekt umfaßt 26 Blatt, zwei Drittel von ihnen machen mit Annoncen bekannt, etwa der einer Kosmetikerin zur Hautberatung und Hautpflege, der eines Fitneß- und Kampfsportcenters, der einer Modeboutique, der einer Haar-Designerin u. a. m. Daß die Blätter nicht numeriert sind, hat seinen Sinn. Alle Anzeigen stehen, wie die wenigen Veranstaltungen der AWO, vor allem Fahrten, unter der Seitenüberschrift »Freizeitangebote«, auch z. B. die Anzeigen des Bahnhofsblumenladens und eines Versicherungsbüros.

Die Jugendweihen und die Veranstaltungen der Jugend- oder Freizeitarbeit sind faktisch überall nur dadurch verbunden, daß der gleiche Verband sie anbietet, oft ohne für die Freizeitveranstaltungen verantwortlich zu sein. Ob den Eltern diese Abweichung vom gewohnten ostdeutschen Festbrauch bei der Interessenvereinigung und bei der Arbeiterwohlfahrt bekannt ist? Stillschweigend folgern diese nämlich aus dem Verzicht auf ein sinngebendes Gelöbnis in der Jugendweihe, daß sie die Weihlinge nicht in eigenen Veranstaltungen bis zur Jugendweihe begleiten und in das zu Gelobende so einführen. Sie lassen unterschiedlichen Organisationen mit Veranstaltungen freie Hand. Von deren Kontrolle durch die Jugendweiheveranstalter ist nichts bekannt. Diese bemühen sich nicht spürbar, Kundenfang, Verunsicherung der pubertierenden Jugendlichen, vorbeugen zu helfen.

Die Festredner sind austauschbar; renommierte Redner sind begehrt. Wie der Zentrale Ausschuß 1990 vorschlug, wählen oft die Weihlinge aufgrund eines Vorschlags ihren Festredner aus, der in der Regel höchstens ein Gespräch mit ihnen führt. Die Kenntnis voneinander ist gering. Ist es der Direktor oder Klassenlehrer, kennt er die Seinen. Begonnen wird meist mit Hinweisen auf den Anlaß des Festes: Jugendweihe sei »ein unheilreiches Wort«, sagte Direktor Horst Mennigke am 29. April 1995 den 74 Achtkläßlern in der Jugendweihe der Arbeiterwohlfahrt Frankfurt/Oder. Aber, fuhr er fort, »unter den heutigen demokratischen Bedingungen soll in dieser Feier nur dokumentiert werden, daß die Mädchen und Jungen in einen neuen Abschnitt ihres jungen Lebens eintreten. In allen

Weltreligionen gibt es ähnliche Feiern. Deshalb ist so eine Jugendweihe ganz legitim, und sie kann auch traditionell erhalten bleiben.« Diese Rechtfertigung der Jugendweihe durch deren Einordnung unter religiöse Riten beruhigt die anwesenden Eltern. Mennigke mahnte: »Aber es muß darauf geachtet werden, daß an diesem Tag nicht so sehr das Materielle in den Vordergrund treten sollte, vielmehr das Ideelle Beachtung findet«.

»Edel sei der Mensch, hilfreich und gut ... Johann Wolfgang Goethe« steht 1995 auf der Rückseite der Urkunden des »Jugendwerks« in Cottbus, während die der AWO in Luckenwalde über einem kleinen Meteoritenkreis die Einsteinsche Formel $e = mc^2$ zeigt. Praktisch sind die Aufforderungen an die Weihlinge in Frankfurt/Oder, etwa: »Bleibt kritisch, entwickelt Selbstbewußtsein, werdet aber nicht selbstherrlich.« »Mit viel Fleiß müßt Ihr Euch einen Lehrplatz erarbeiten«, mahnte Bürgermeister Blohm in seiner Festrede in Luckenwalde am 6. Mai 1995. »Ihr seid die Gestalter Eures Lebens«, hatte eine Woche zuvor an gleicher Stelle Volkhard Spielhagen den 167 Achtkläßlern gesagt. Ermunterung und Selbstsicherheit klingen in Festreden meist fragenlos zusammen. Wolfgang Riedel war sich in seiner 1995 dutzendfach gehaltenen Festrede auf Weihen der Interessenvereinigung sicher, daß die Weihlinge der Generation angehören, »die die ersten Schritte auf dem Mars gehen wird. Ihr werdet Krebs und AIDS besiegen.« Die Möglichkeit soll nicht ausgeschlossen werden. Was aber läßt Riedel in der Ankündigung so sicher sein? Arroganz und Kundenwerbung sind wohl die Erklärung.

Die AWO in Potsdam will den monotonen Jugendweihefeiern ein neues Gesicht geben, erklärte 1997 Annegret Grallert, die damalige Geschäftsführerin. »Wir betreuen Kinder in Kindergärten, in Schuleinrichtungen, in den Ferien. Wir haben das Angebot der Jugendweihefeiern aufgenommen, weil wir die Kinder auch noch weiter betreuen wollen«, erklärte sie ›Radio Brandenburg‹. Die Gestaltung der AWO-Jugendweihen in Potsdam wurde lange besprochen: »Wir wollen es anders machen. Der Unterschied liegt im ganzen Aufbau der Veranstaltung. Wir haben versucht, eine andere Umgebung zu wählen. Das Flair, das Ambiente mit vielen Tänzen.« Für die Öffentlichkeitsreferentin Tanja Koch war ein weiterer Grund, daß die JugendFEIER der »Humanisten« in Potsdam, an der ihre Tochter 1996 teilgenommen hatte, als Massenveranstaltung in aufdringlich pompöser Umgebung für Tochter und Mutter keinen Reiz hatte. Statt in ehemaligen SED-Residenzen wie die »Humanisten« bietet die AWO vier Jugendweihetermine im April und Mai 1997 im überschaubaren Ballsaal einer Tanzschule in Potsdam an. »Klein, aber fein«, faßt Koch zusammen. »Konkurrenz belebt das Geschäft«, erklärt sie das Angebot der AWO. Dies ist unter Jugendweiheveranstaltern ungewohnt.

Die typisch ostdeutsche Kritik an den Feiern der »Humanisten« reicht bei der AWO Potsdam weiter als bei der »Interessenvereinigung«: 1997 nahmen an den fünf Jugendweihen, die an drei verschiedenen Sonnabenden im April und Mai stattfanden, 150 Jugendliche teil. In jeder Veranstaltung waren es rund 30 von Eltern und Freunden begleitete Jugendliche. In dem Raum der Tanzschule gab es keine Bühne, von der aus die Anwesenden angesprochen werden. Moderator, Musiker, Festredner, Teilnehmer und Gäste bewegten sich in gleicher Höhe. Es gab keine Sitzreihen, sondern Teilnehmer und Gäste saßen an Tischen zusammen. Zur Übergabe der Urkunde und eines kleinen Bildbüchleins, in dem den Weihlingen alles Gute im Leben gewünscht wird, aufgerufen, kamen die jeweils genannten Jugendlichen von ihren Tischen nach vorne. In einer Arbeitsgruppe war mit Eltern und Jugendlichen besprochen worden, wie die Feier gestaltet, welche Musik gespielt und von wem die Festrede gehalten werden sollte.

Hier wurde mit der Tradition insofern gebrochen, als weder Teilnehmer noch Eltern als entmündigte Empfänger einer bezahlten Dienstleistung behandelt werden. Daran ändert nichts, daß die Entscheidung nach den Gesprächen allein bei der AWO lag, deren Funktionäre sich an den vorgebrachten Wünschen und Argumenten orientierten mußten. Mit dem Festredner stimmte die AWO den Inhalt der Festrede ab; in der Eröffnungsveranstaltung am 26. April 1997 wurde in der Rede die Leistung der Eltern, sich seit sieben Jahren auf die veränderten Zustände im Land eingestellt zu haben, gewürdigt. Die Jugendlichen wurden »um Verständnis für die Erwachsenen« gebeten. Bewußt folgt nicht wie bei den »Humanisten« und bei der »Interessenvereinigung« eine Jugendweihe auf die andere, vielmehr war eine Stunde Pause zwischen die Weihen am 3. und 10. Mai 1997 eingeschoben. 1997 waren für jeden teilnehmenden Weihling 98 DM zu bezahlen, 27 DM als Verwaltungsgebühr und 15 DM für jeden Besucher der Jugendweihefeier. Die Preise seien so kalkuliert, daß sich die Veranstaltung mit jeweils knapp 30 Teilnehmern »finanziell trägt«.

Die Weihlinge werden auf die Weihe nicht vorbereitet, sondern es werden ihnen unterhaltsame Veranstaltungen angeboten. In einem Prospekt führte die AWO Potsdam *Terminvorschläge mit Platz für Deine kreative Freizeitgestaltung*, ab 1. Oktober 1996 rund fünfzehn Angebote im Monat, an: Jede Woche ein »Mädchentreff im Waldschloß«, öfter »Afterburner im Haus der Jugend«, zwanzigmal »The Tiny Teeny Fritz Party« im Lindenpark und Kurzweiliges mehr. Die AWO habe für die Suche nach Veranstaltungen, deren Besuch für die Weihlinge gratis ist, Monate aufgewandt, erklärt Koch, die früher an der Potsdamer Akademie für Staat und Recht Russisch lehrte. Es wird freilich betont, daß das Angebot der Fremdveranstalter nicht dauerhaft übernommen wird, wenn es die 13- bis 14jährigen Jugendlichen nicht interessiere.

Während der Weihen werden von den Rednern immer auch die anwesenden Eltern, Großeltern und Verwandten angesprochen, im Festsaal bildet sich eine harmonische Gemeinschaft, Erinnerungen an glückliche Kindertage werden wachgerufen. Bürgermeister Blohm brachte es in Luckenwalde 1995 auf den Begriff: »Auch die Erwachsenen haben Schwierigkeiten, sich neuen Situationen anzupassen. Macht etwas aus Eurem Leben. Genießt den heutigen Tag.« Damit schloß der parteilose Bürgermeister, der acht Jahre SED/PDS-Bürgermeister in Trebbin war, seine Festrede, die zum spürbaren Unwillen der Weihlinge über deren Köpfe hinweg Problemen der Luckenwalder Stadtpolitik galt. Ja, Blohm hatte »ein gutes Gefühl, mit Euch und Ihnen ein Stück Vergangenheit zu bewältigen und gemeinsam an unserer Zukunft zu bauen«. Deutlich schloß Direktor Mennigke in Frankfurt/Oder den Bogen mit der Bitte, »hört Euch die Sorgen Eurer Eltern, Großeltern und Verwandten an. Bleibt noch möglichst lang ihre Kinder – trotz der heutigen Jugendweihe.« Vertraut mögen den Eltern auch die Losungen geklungen haben, die den acht Gruppen von Weihlingen in Frankfurt/Oder zugerufen wurden: *Jeder Fortschritt ist ein Wagstück, und nur durch Wagen kommt man entschieden vorwärts. / Zukunft ist wie ein unbearbeiteter Marmorblock. Welche Gestalt er annehmen wird, liegt allein in Deinen Händen. / Nicht Worte lassen zu Taten schreiten, sondern die Gefühle, die sie auslösen. / Vergeßt nie: Nach Wahrheit forschen, Schönheit lieben, Gutes wollen, das Rechte tun – das ist die Bestimmung des Menschen. / Wer etwas leisten will, muß tief eindringen, scharf unterscheiden, Vielseitiges verbinden und standhaft beharren. / Merkt Euch: Wer rückwärts sieht, gibt sich verloren, wer lebt und leben will, muß vorwärts sehen. / Das mit einem Tropfen Schweiß Erworbene ist stets mehr wert als das zufällig Erworbene.* Vielerorts fallen solche Losungen. Die Jugendweihefeier bleibt unpersönlich, weil nicht für jeden Teilnehmer individuell ein Spruch ausgewählt ist, der zu seiner Biographie paßt. Die Weihlinge verschwinden so in der Gemeinschaft. An der Anonymität der monotonen Weihen ändert die AWO also nichts. Die kollektive Feierstruktur des sozialistischen Feierbrauchs bleibt.

Im Mai 1996 hielt der »Frankfurter Schriftsteller Hans-Joachim Nauschütz« die Festansprache bei der Jugendweihe im noblen Kongreß-Hotel der Oderstadt. Das berichtete der ›oder-anzeiger‹, in dessen Ausgabe vom 22. Mai 1996 die Rede des Heimatpoeten abgedruckt ist: »JUGENDWEIHE VOM JAHRGANG '96: *Verliebtsein – das Salz in der Tages-Suppe*«. Nauschütz hatte am Schluß festgestellt: »Ihr erhaltet heute eine Art Weihe. Das macht die Sache feierlich. Es erwarten Euch Geschenke, die erste Liebe, wenn sie noch nicht erlebt worden ist, könnte sie heute beginnen.« Er hatte im Blick auf die Jahrhundertwende vom Leben seines 1871 geborenen Großvaters berichtet, der 1900 voller Hoffnungen war. Aber »er hat zwei deutsche Niederlagen erlebt und von deutschen Verstrickungen gewußt«. Damit ist die gesamtdeutsche Vergangenheit thematisiert. Die auch hinter den Teilnehmern liegenden ostdeutschen Verstrickungen erwähnte Nauschütz nicht. Er stellte nur fest, daß »sechs Jahre Lehrzeit hinter Euren Eltern und Großeltern und hinter Euren Lehrern liegen. Was für eine Zeit! Und wie ist sie bewältigt worden! Mit welchem Selbstbewußtsein und welcher Würde.« Nauschütz färbte schön, denn wesentliche Unterschiede im Verhalten zwischen den Frankfurtern und ihren ostdeutschen Landsleuten sind nicht bekannt. Und in der DDR hatten viele Lehrer zur Jugendweihe gezwungen, widerspenstige Eltern durch Hausbesuche mit unschönen Mitteln zu »überreden« versucht. In den Jahren seit 1990 gelang einigen ehemaligen Staatsbürgerkundelehrern sicher der Umstieg in die freiheitliche Gesellschaft, viele aber hatten Mühe oder scheiterten. Von allen war ein »Bruch der Erfahrungen« (Uwe Kolbe) zu verarbeiten. Doch diese Probleme blendete Nauschütz aus. Sein Hinweis auf die Lehrer war inhaltlich nicht nötig. Sie wurden erwähnt und so in den Kreis der bei der Weihe »besinnlich« Feiernden aufgenommen – freilich abgeschirmt von kritischen Fragen, denn die gehörten sich wegen der *Würdigkeit aller Teilnehmer* nicht. Zur Zufriedenheit der Runde der DDR-Erinnerungsgemeinschaft paßte Nauschütz' »Hoffnung, Ihr möget der Region Frankfurt verhaftet bleiben«. An die Eigenschaft der Beweglichkeit, an Ortswechsel, gibt es keine Erinnerung, denn die uniforme DDR-Gesellschaft war immobil.

Obwohl die AWO-Kreisverbände ihren Jugendweihen unterschiedliche Bedeutung beimessen, deutet alles darauf hin, daß diese Jugendweihen zu Freizeitveranstaltungen ohne jede weltanschauliche Erklärung werden. In Frankfurt/Oder übernahm die AWO die Verantwortung für Jugendweihen vom DDR-Bezirksausschuß für Jugendweihe. Der ideologische Rang der Weihehandlung war somit vorerst gesichert. Ausdruck dessen ist die Feststellung des dortigen AWO-Geschäftsführers, Gerhard Göttert, ihn störten keine konkurrierend angebotenen Jugendweihen. Indem in Frankfurt/Oder die Vorbereitungsveranstaltungen offiziell als »Freizeitprogramm« bezeichnet werden, treten die Jugendweihen mittlerweile faktisch als austauschbare Veranstaltungen neben andere in der AWO-Jugendarbeit. Der Grund der Jugendweihe, daß eine »Lebenswende« weihend begangen wird, tritt als unerheblich zurück. Bei der zuletzt durch die DDR ideologisch beladenen Bezeichnung »Jugendweihe« beläßt es die AWO wegen der proletarischen Herkunft und aus politischer ostdeutscher Solidarität mit der umworbenen Kundschaft. Die AWO Potsdam konzipierte ihre Jugendweihen ohne dies ideologische Erbe ehrlicher von Anfang an als Freizeitveranstaltungen, die sich finanziell »von selbst tragen«. Am Begriff Jugendweihe wird eingestandenermaßen vor allem aus ökonomischen Gründen festgehalten, denn das Produkt Jugendweihe »läuft« auf dem ostdeutschen Markt. Und steckt hinter dem Wunsch der AWO Potsdam, auch ältere Jugendliche durch die Jugendweihe zu »betreuen«, in gewandelter Form Autoritätsgehabe betreuender Institutionen?

Hier laufen die Linien zusammen: Der Verzicht auf ein Gelöbnis trennt das traditionelle Volksfest nicht nur von 36 Jahren Jugendweihe in der DDR, sondern grundsätzlich von der Tradition der Jugendweihe seit der Mitte des letzten Jahrhunderts, die im übernächsten Kapitel vorgestellt wird. Ein Gelöbnis, durch das der Weihling im Mittelpunkt stand, hatte ihren Sinnhorizont zu sichern. Es schuf eine dauerhafte Verbindung in Form der Mitgliedschaft zwischen dem Weihling und dem Veranstalter.

Freilich signalisierte der Verzicht auf ein Gelöbnis mancherorts schon im Kaiserreich, daß das Sinnvakuum, die Konturenlosigkeit der Jugendweihe, nach der deutschen Einigung 1990 nicht ohne Vorläufer ist. Interessant ist die Analyse der Entwicklung, die Veranstalter von Jugendweihen im 19. Jahrhundert nach einer gewissen Zeit auf Gelöbnisse verzichten ließ.

Der Unterschied zwischen den in Ostdeutschland Gebliebenen und den in den Westen übergesiedelten Ostdeutschen ist für die jeweilige Lebensgestaltung ausschlaggebender als Umzüge Ostdeutscher innerhalb Ostdeutschlands oder Westdeutscher innerhalb der westlichen Länder. Die übergesiedelten Ostdeutschen nahmen deutlich »Abschied von den Lebenslügen« (Jens Reich): Sie nahmen »die Jugendweihe« nicht mit, obwohl sie ehedem auch für sie Anlaß schöner Familienfeiern gewesen sein mag. Wer mit der DDR radikal brach – nicht nur durch Umsiedlung in westliche Länder –, gestand sich in der Regel ein, daß die angenehme Feier durch einen Unterwerfungsakt zu erkaufen war. Diese emanzipative Stärke, eigene Unterwerfungsgesten nicht auszuklammern, ist nicht meinungsbildend in Ostdeutschland. Sie war es auch im Westen nach 1945 nicht. An »das Beste aus der DDR« – der dritte Teil der gleichnamigen CD-Reihe der von Bertelsmann übernommenen ostdeutschen Schallplattenfirma Amiga gilt dem »Kult« der DDR – erinnern sich viele gerne. Deshalb wird nicht zwangsläufig der SED-Ideologie angehangen. Nur, 1989/90 warfen viele Ostdeutsche Bücher und anderen »DDR-Plunder« befreit weg, es gab Bücherverbrennungen. Mittlerweile sind etwa Liederbücher der FDJ nur bei Versteigerungen gegen viel Geld zu bekommen, die gesamten MEW (»Marx-Engels-Werke«) sind eine begehrte Rarität in Antiquariaten. Und 1996 veröffentlichte ein 1953 in Ost-Berlin geborener Anglist, Reinhard Ulbrich, sein bemerkenswert ironisches ›Kleines Lexikon großer Ostprodukte‹.

Die Nachfrage nach Jugendweiheveranstaltungen in Ostdeutschland ist mental mit der Wahlentscheidung vieler Ostdeutscher für die PDS zu vergleichen. Hinter ihr steht bei den Wenigsten ideologische Zustimmung. Die PDS hat rund 100 000 Mitglieder, im April 1997 waren über 67 Prozent von ihnen älter als 60 Jahre, und zwei Millionen Wähler – fast ausschließlich in Ostdeutschland. Die bunte Wählerkoalition eint, daß alle – der schrille Punk neben der ordnungsbewußten Hausfrau, der alternde NVA-Offizier und die fesche Verkäuferin – Heimat für ihre sehr unterschiedlichen Lebensweisen wollen. Auf einem mecklenburgisch-vorpommerschen PDS-Parteitag Anfang September 1996 in Wismar schloß der Landesvorsitzende Helmut Holter aus Umfragen befriedigt: »Die PDS ist die Partei, die ostdeutsche Identität verkörpert.« In »volksverbundener Art und Weise« mache sie gleichsam im vorparlamentarischen Raum Politik. »Die PDS ist eine Partei im Wandel und voller Widersprüche. Ihr Überleben ist ihr größter Erfolg. Sie ist mehr Milieu als Partei«, diagnostizierte der Berliner Bundestagsabgeordnete und stellvertretende

SPD-Vorsitzende Wolfgang Thierse (FR, 19. Dezember 1996). Sechzehn Millionen Ostdeutschen ging 1990 ihre Heimat verloren, die in Sprache und Umgang seit Jahrzehnten vertraute Lebenswelt. Den Schritt in die neue, fremde Lebenswelt tun viele zögernd, stockend – oder gar nicht. So im neuen Beruf oder in der neuen Arbeitslosigkeit angekommen, bleiben sie vielfach übernahmefähigen Merkmalen der DDR-Lebenswelt verbunden. Sie sind, so noch einmal Brie, von der DDR nicht emanzipiert. An diese hilflose ostdeutsche Schicksalsgemeinschaft wendet sich das Jugendweiheangebot. Und die Interessenvereinigung tut wie andere Veranstalter zu ihrem Teil alles, um dem hilflosen Lebensgefühl Bestand zu geben. Einheitsfreundliche Gedanken stehen nicht hinter dem Entschluß der Interessenvereinigung, sich nur an Teilnehmer aus der ostdeutschen Schicksalsgemeinschaft zu wenden. Diese werden in ihrer bequem erinnerten DDR bestätigt. Die Veranstalter reichen ihnen Geschichtsklitterung weiter, ohne sie einzuladen, etwa über die Gründe der »Kerzenrevolution« in der DDR nachzudenken. Die Interessenvereinigung kommt dem menschlichen Wunsch nach Ruhe und Selbstbestätigung dadurch nach, daß sie in Ostdeutschland nicht vor dem Vergessen zu bewahren hilft, daß es Ostdeutsche waren, die durch die »Kerzenrevolution« die DDR erschütterten. Die Frage nach den Gründen dieses Aufbegehrens bleiben ungestellt. Es war nämlich nur im Gefolge derer möglich, die sich in der DDR den von allen abgeforderten Unterwerfungsritualen mutig entzogen hatten. Diese lebten so wie alle als Unterdrückte und doch würdig. Distanz zu der DDR-Jugendweihe kann bei den meisten Unruhe verbreitenden Bürgerrechtlern angenommen werden.

Generell fühlen sich die meisten ehemaligen DDR-Bürger, wie unterschiedlich auch immer sie sich mit der DDR arrangiert hatten, heute als »Ostdeutsche«. Die von den Nachfolgern des Zentralen Ausschusses für Jugendweihe in der DDR veranstalteten Jugendweihen stören viele der Ostdeutschen nun nicht in der *Denklähmung* (Freya Klier), in die sie in der DDR versetzt wurden. Wissenslücken schmerzen nicht, wenn der Wille zum Wissen abgetötet bleibt. Die eigene unrühmliche Vergangenheit als Untertanen in der DDR bleibt verdrängt.

»Die Jugendweihe« wird in Ostdeutschland gefeiert, solange keine kritischen Fragen intern die solidarische Schicksalsgemeinschaft aufbrechen. Wenn die Handlangerdienste der Vorgänger der »Humanistischen Interessenvereinigung Jugendarbeit und Jugendweihe« für die SED einmal zur Sprache kommen, wird das Sinnvakuum, in dem das ostdeutsche Fest vorbereitet und begangen wird, zum Problem der kollektiv einseitigen ostdeutschen Erinnerung. Denn diese bedarf einer »Weihe« und scheinbar vorbereitender Veranstaltungen auf sie, um sich dagegen zu sperren, spurenlos in einer gesamtdeutschen Identität aufgesogen zu werden. Nicht zu Unrecht wird ostdeutschen Jugendweihen eine politische Dimension zuerkannt. Diesen Bezug der Jugendweihe zur ostdeutschen Heimat streicht z. B. die Partnerorganisation der Interessenvereinigung in Eggersdorf öst-

Zur Erinnerung an Deine

Jugendweihe

am 24.April 1993 in Eggersdorf

Elterninitiative Jugendweihe

Abb. 2: Schmuckblatt zur Jugendweihe in Eggersdorf (1993)

lich Berlins heraus. Die dortige »Barnimer Jugendweihe e. V.« gibt den Weihlingen statt des Buches die Kopie eines Stiches Eggersdorfs mit. »Das ist mein Dorf«, sollen sie später sagen, nicht nur wenn es sie fernab verschlagen sollte.

Nach der deutschen Vereinigung konnten sich ost- und westdeutsche Veranstalter von Jugendweihen verbinden. Oft nahmen sie indes nur Kenntnis voneinander. Die nicht an Herkunft, Ort und Zeit gebundene Weihung junger Menschen führt offenkundig die Veranstaltenden nicht zwangsläufig zusammen. Wie sich nach dem 3. Oktober 1990 Vereinigungen gesellschaftlicher Gruppierungen vollziehen konnten, ist etwa an den verbandlich organisierten Fußballspielern ersichtlich. Was stand und steht einer Vereinigung der deutschen Jugendweiheveranstalter im Wege? Offenbar setzt der ostdeutsche Festbrauch Eigenständigkeit voraus. Die »Staatsgrenze West« ist strukturell gesellschaftliche Scheidelinie geblieben. Voraussetzung für den »Boom« der ostdeutschen Jugendweihe ist, daß die Staatsgrenze West als ostdeutsches Orientierungsmuster fortlebt, denn sie trennt den Teil Deutschlands, in dem die Jugendweihen selbstverständliche Gewohnheit sind, vom anderen, in dem nur wenige die Jugendweihen als Teil des eigenen Lebens kennen. Es ist verständlich, daß die Interessenvereinigung als Verwalter eines Produktes der Geschichte Ostdeutscher in der DDR kein organisatorischer Einheitsdrang packte. Diese Art von Provinzialismus stört – noch (?) – nicht.

Eine »Metropole« der Jugendweihe in Westdeutschland ist Hamburg. Nach dem Zweiten Weltkrieg taten sich die Hamburger zusammen, die als Atheisten in der Elbestadt weiter wie erstmals 1890 eine weltliche »Jugendweihe« für 14jährige feiern wollten. 1945 wurde in Hamburg eine »Arbeitsgemeinschaft Jugendweihe Groß-Hamburg« gegründet, um die vielfältigen Veranstalter der Jugendweihe in den Jahrzehnten vor 1933 zusammenzufassen. Die Verantwortlichen verglichen dies mit der Zusammenfassung der vor 1933 zersplitterten deutschen Arbeiterbewegung. Der atheistische Akzent überwiegt deutlich, wenn sie gegenwärtig den Sinn der Feier bestimmen: Man wende sich »an nicht kirchlich gebundene Jugendliche ab 14 Jahren, die für sich einen Standpunkt suchen im Prozeß des Hineinwachsens in die Erwachsenenwelt«. Weil »Medien, Elternhaus und Schule« versagten, »gibt es Ratlosigkeit und Orientierungsprobleme«. In den einmal wöchentlich stattfindenden Vorbereitungskursen auf die Jugendfeier genannte Jugendweihe springen »die KursleiterInnen« beratend ein[20]. Behauptet wird also, daß diese Verbands-funktionäre weiter wissen, wo Elternhaus und Schule versagen. Anders als bei der »offenen« und damit auch umgehbaren Jugendarbeit der ostdeutschen Interessenvereinigung (IVJ) sind hier »Vorbereitungskurse« für die Weihlinge vor der Jugendweihe obligatorisch. Das Unterfangen hat einen weltanschaulichen, einen geschlosseneren Charakter.

In der Jugendweihe am 28. April 1990 im Congress-Centrum-Hamburg (CCH) wurde der hundertsten Wiederkehr der ersten Veranstaltung dieser Art im »roten Hamburg« gedacht. Am Montag, dem 24. März 1890, war »in Barmbek im ›Victoria-Garten‹ eine eigenartige, recht ansprechende und erhebende Familienfeier veranstaltet worden«. An dieser Feier zur Schulentlassung nahmen nach Mitteilung der SPD-Zeitung ›Hamburger Echo‹ vom 26. März 1890 knapp zwei Dutzend schulentlassene Schüler und ihre Eltern und Freunde teil.

Diese Schulentlassungsfeier gilt als »die erste proletarische Jugendweihe in Hamburg«. In deren Tradition stellten sich 1990 die drei »die Jugendweihe tragenden Verbände«: 1. Die *Stiftung Geistesfreiheit*, deren vom Gründerehepaar Hermine und Theodor Hambroer vorgelegte Satzung die Senatskanzlei der Hansestadt am 15. Oktober 1964 genehmigte. Die Stiftung fördert danach »die freigeistig-freireligiöse Bewegung, soweit sie auf wissenschaftlicher Grundlage beruht ... Die Hamburgische Jugendweihe ist zu unterstützen und auszubauen.« Ein Vertreter der »Arbeitsgemeinschaft Jugendweihe« ist Mitglied des Stiftungsvorstandes. 2. Der Landesverband Hamburg/Schleswig-Holstein des *Deutschen Freidenkerverbandes* (DFV). Dieser Verband, dem auch die »Arbeitsgemeinschaft Jugendweihe Groß-Hamburg« angehört, vereinte sich am 1. Juni 1991 als »Vereinigung der Atheisten« mit dem am 13. Januar 1989 von der SED konstituierten »Verband der Freidenker in der DDR« (VdF).[21] Aus den Dokumenten der Stasi ist bekannt, daß diese den VdF als intellektuell anspruchsvolle Kampfgruppe organisiert hat, um »Versuchen reaktionärer kirchlicher Kräfte, ihren religiösen Einfluß zu erweitern, offensiv« de luxe zu begegnen, wie die ›Neue Zeit‹ am 14. Mai 1991 berichtete. Und als dritte Gruppe stießen die *Freien Humanisten* dazu, die ehemalige »freireligiöse Landesgemeinde Hamburg«. Die »Arbeitsgemeinschaft Jugendweihe« bietet seit kurzem Jugendweihen in Kiel an, an denen 1997 knapp 500 Jugendliche teilnahmen.

Der Ablauf der Jugendweihen in Hamburg und Kiel ähnelt den vorgestellten ostdeutschen: Am Sonnabend, dem 7. Mai 1994, veranstaltete die »Arbeitsgemeinschaft Jugendweihe Groß-Hamburg« ihre »Jugendfeier«, wie die Jugendweihe seit Jahren bei ihr genannt wird, im Kleinen Saal der Musikhalle Hamburg von 10.30 Uhr bis gegen 12 Uhr mit sechzehn Musikern, acht Sprechern und, wie üblich, zwei Festrednern, eher Moderatoren der Feier. 8 DM kostete der Eintritt pro Besucher, die Gebühr für jeden Weihling, durch die auch dessen Vorbereitung bezahlt ist, belief sich 1995/96 auf 50 DM. Nach Einzug der Weihlinge und einer kurzen Begrüßung spielte die Bigband. Ein »Sketch: ›Gerichtskantine‹« folgte, und nach Cello-Musik kamen die beiden Moderatoren zu Wort. Zwischen die folgenden beiden Musikstücke war der »Sketch: ›Diätenregelung‹« eingeschoben, bevor unter den Klängen von Klaviermusik die Urkunden und Bücher an die Weihlinge überreicht wurden. Deren Vorbereitungskurs hatte im Januar begonnen; einmal wöchentlich von 17 bis 18 Uhr waren die Teilnehmer in ein »wissenschaftliches Weltbild« eingeführt worden, das auf einer erläuterten Entstehungsgeschichte der Welt aufbaut. Um »ethische Werte« zu vermitteln, nehmen sich die Kursleiter aktueller Themen wie Gewalt, Krieg, Ausländerhaß, Drogen- und Alkoholkonsum und »Liebe, Freundschaft, Sexualität« im Gespräch mit den Jugendlichen an. Interessierten wird nahegelegt, ihre Kinder erst im Alter von 15 bis 16 Jahren an der Jugendweihe teilnehmen zu lassen, es sei denn, sie hielten im Alter von 14 Jahren körperlich mit den Älteren mit.

1981 hatte sich von der »Arbeitsgemeinschaft Jugendweihe Groß-Hamburg« die »Jugendweihe Hamburg e. V.« abgespalten. Die Zusammenarbeit bei der 100-Jahr-Feier 1990 machte diese Trennung nicht rückgängig, denn 1992 verabschiedete sich die »Jugendweihe Hamburg« erneut aus der Zusammenarbeit in Hamburg. Sie hat Verbindungen mit dem »Sächsischen Verband für Jugendarbeit und Jugendweihe e. V.«. Der ist »Mitglied/Landesverband der Interessenvereinigung und Partner der ›Jugendweihe e. V. Hamburg‹«. Deren Träger ist die Hamburger Stiftung »Geistesfreiheit«. Der bereits vorgestellte sächsische Verband erarbeitet mit den Hamburgern die Zeitschrift ›Freier Blick‹, beide tauschen Jugendgruppen aus, unternehmen Freizeitfahrten gemeinsam. Mit dabei ist die »Barnimer Jugendweihe e. V.« aus Brandenburg.

Kapitel wie »Natur und Wissenschaft«, »Gesellschaft und Glaube«, »Kultur« und »Unsere Gesellschaft: Leitbilder« lassen den ›Freien Blick‹ in der Aufmachung dem Readers' Digest ähneln. Ergebnis der Lektüre ist ein getrübter Blick: Zu den »Hauptvertretern der christlichen Gruppierungen« etwa werden beispielsweise in der Februarausgabe 1994 »die Katholiken und die Evangelen« gezählt. Über Kirchen und Sekten wird berichtet, als sei zwischen ihnen nur nach der Zahl ihrer jeweiligen Mitglieder zu unterscheiden. Daß Glaube kirchlich und freikirchlich/sektiererisch sehr unterschiedlich verantwortet wird, daß die Arbeit von Kirchen und Sekten sich an Transparenz stark unterscheidet und daß Zusammenarbeit mit politischen Gemeinwesen von Kirchen gesucht und von Sekten zumeist gemieden wird – all dies wird im ›Freien Blick‹ den Lesern verstellt. Dezidierte Ablehnung jeder Religion durchzieht alle Seiten. Sie ist wohl Grund der ignoranten Stoffauswahl. Die Organisation läßt die Vorbereitungskurse der »Jugendweihe Hamburg«, an denen bei abnehmender Zahl drei bis sechs Jugendliche teilnehmen, von Lehrern erteilen, die hauptberuflich an staatlichen Schulen arbeiten.

Obwohl die Jugendweihe zwischen Weihlingen und weihenden Organisationen auch in Hamburg meistenteils keine dauerhafte Bindung schafft, und dadurch den ostdeutschen Weihen im geeinten Deutschland ähnelt, ist der Unterschied zwischen ihnen groß. Die Vorbereitungskurse sind durchgängig von den Veranstaltern organisiert, auf Fremdveranstalter wird nicht zurückgegriffen. Die Kurse werden bestimmt von der Leugnung sinnhafter religiöser Wirklichkeiten als erstem Glaubenssatz der Veranstalter. Die politische Pointe der Hamburgischen Jugendweihe ist in der Hamburger Kritik an »der Jugendweihe« der ostdeutschen Interessenvereinigung deutlich.

Helmuth Sturmhoebel, einer der Verantwortlichen der »Arbeitsgemeinschaft Groß-Hamburg«, kritisiert im Organ des Deutschen Freidenkerverbandes ›FREIDENKER‹ 3/92 den Ansatz der Interessenvereinigung, »Jugendweihe für alle Jugendlichen zu öffnen, also auch für konfessionell gebundene, und die Praxis, die Jugendweihe zu entpolitisieren. Dann wird nur eine leere Hülse gerettet und, was menschlich verständlich, aber politisch falsch ist, einigen wenigen Leuten in den neuen Bundesländern durch die Interessenvereinigung (für wie lange?) ein schmaler Arbeitsunterhalt gesichert. Was nach dem Auslaufen der AB-Maßnahmen bleibt, steht in den Sternen. Jugendweihe als ein kommerzielles Angebot, von hauptamtlichen Kräften angeboten und von Eltern entsprechend teuer bezahlt, kann ich mir schlecht vorstellen.« Die Jugendweihearbeit des mittlerweile gesamtdeutschen DFV sei vertretbar nur, weil sie »politischen Sinn hat. Politischen Sinn macht Jugendweihe als bewußter Gegenpol zu den herrschenden Mächten und ihrer Bildungs- und Informationspolitik.« Eberhard Schinck, ein anderer Hamburger, kritisiert: Vertreter der Interessenvereinigung »machen es sich leider zu einfach, wenn sie behaupten, etwas in jeder Hinsicht anderes zu sein als der Zentralausschuß für Jugendweihe in der DDR. Die bekannte Schwarzweißmalerei als Kniefall vor der neuen Macht? Eine in dieser Rigorosität auf die Wirkung bei potentiellen Geldgebern bedachte Feststellung?« Der Präsident der so der Käuflichkeit geziehenen Interessenvereinigung, Werner Riedel, beteuert zwei Seiten zuvor: »Wir schätzen die Arbeit des Deutschen Freidenkerverbandes, Sitz Dortmund.«

Die Worte Riedels stimmen mißtrauisch, genauso dessen wiederholte Weigerung, im Raum Berlins an Rundfunkstreitgesprächen über die jetzige Jugendweihe teilzunehmen. Widerspruchslos verhalten sich indessen seine Kritiker aus dem Freidenkerverband nicht. Mit dem »politischen Sinn« ihrer Jugendweihe, den Sturmhoebel gegen die Veranstaltungen der Interessenvereinigung gekehrt hat, vereint der Deutsche Freidenkerverband nämlich seine Bürogemeinschaft mit derselben Interessenvereinigung Riedels in Berlin-Pankow, Maximilianstraße 48. Da der DFV in der deutschen Hauptstadt keine Jugendweihen veranstaltet, werden Interessenten dort auf die Jugendweihen des Büropartners verwiesen. Und enge Zusammenarbeit pflegt der Freidenkerverband auch mit dem Landesverband der Interessenvereinigung in Thüringen. In Thüringen, wird im ›FREIDENKER‹ 3/92, S. 105, berichtet, nahmen 11 634 Weihlinge an Jugendweihen der IVJ 1992 teil, »700 haben ihre Jugendweihe durch Jugendstunden und Abschlußfeiern unseres Verbandes erhalten. Dabei gibt es noch eine Dunkelziffer, denn es werden auch Jugendweihen von keinem zentralen Verband angehörenden Initiativgruppen veranstaltet.« Die Unterschiede zwischen den Verbänden sind oft nur deklaratorisch, grundsätzliche Kritik ist weniger wichtig als Kooperation. Auffällig ist, daß sich die Interessenvereinigung mit grundsätzlichen Äußerungen zur Jugendweihe anderer Veranstalter zurückhält.

Den westdeutschen Jugendweiheveranstaltern ist offenkundig wichtiger als ihre inhaltliche Kritik an den ostdeutschen Veranstaltern der

Wunsch, Teilnehmer und Publikum für ihre Jugendweihen zu gewinnen. Die ostdeutsche Interessenvereinigung hat derer über zwanzigfach mehr. Kalkül der Hamburger und Freidenker dürfte die Annahme sein, daß Ostdeutsche, die zahlreich PDS wählen, leicht für ein inhaltlich »gegen die herrschenden Mächte« orientiertes Jugendfest zu gewinnen sind.

JugendFEIER: die heidnische Weihe

Gezielt hat der im Jahre1993 gegründete, bundesweit tätige *Humanistische Verband Deutschlands. Interessenorganisation Konfessionsloser* für die von ihm veranstalteten Jugendweihen unter entchristlichten Menschen Ostdeutschlands um Kunden geworben. Die »Humanisten« werben massiv um Weihlinge. Diese Werbeaktivitäten sind ein charakteristischer Unterschied zu der »Interessenvereinigung für humanistische Jugendarbeit und Jugendweihe«. Diese wirbt nicht, sie baut auf »ostalgischen« Verbindungen auf.

Im Mai 1993 hatte sich der deutsche Freidenker-Verband, Landesverband Berlin, in *Humanistischer Verband Deutschlands, Landesverband Berlin* umbenannt. Jedes Jahr wird in den Wintermonaten durch Werbezettel, Plakate und durch Hinweisschilder für »JugendFEIER – die alternative Jugendweihe« in der kommenden Osterzeit geworben. 1997 wurde aus der »alternativen Jugendweihe« die »andere Jugendweihe«. Die westdeutschen Landesverbände der »Humanisten« in Baden-Württemberg, Bayern, Hamburg und Nordrhein-Westfalen treten zurückhaltender auf. Zu deren JugendFEIER kommen sehr wenige Teilnehmer. Aktiv sind die Landesverbände in Berlin, Brandenburg und Sachsen-Anhalt. Der sächsische Landesverband wurde Ende Oktober 1995 im Ratskeller zu Leipzig gegründet; in Mecklenburg-Vorpommern ist 1995 in Waren die erste »humanistische« Ortsgruppe gebildet worden.

Die Verbände in Berlin, Brandenburg und Sachsen-Anhalt taten sich zusammen, um ein Einschlagblatt für die ortsspezifischen Programme ihrer JugendFEIERn zu gestalten: 1993 gaben die drei Landesverbände eine »Handreichung zur Organisation von JugendFEIERn für Eltern, Initiativen und Vereine« heraus. Sie wirbt für die »Arbeit mit den Jugendlichen und der Vorbereitung der JugendFEIERn im Frühjahr eines jeden Jahres, die der Unterstützung, Förderung und Hilfe vieler erwachsener Leute bedürfen. Die Handreichung soll Ihnen bei Ihrer ehrenamtlichen Arbeit helfen. Sie finden in diesem Heft Informationen zur Jugendfeier gestern und heute ebenso wie Hinweise, Tips und Anregungen für Angebote in Vorbereitung und Durchführung der Jugendfeiern. Wir danken Ihnen für Ihre Bereitschaft, mit uns gemeinsam Jugendarbeit in freier Trägerschaft zu gestalten.« So werden im Vorwort die »lieben FreundInnen der Jugendfeier« angeredet. Die »Humanisten« eröffnen sich somit die Möglichkeit einer »offenen Jugendarbeit«, die programmatisch ohne Bezug zur Jugendweihe steht. Die JugendFEIER dient also auch dazu, Interesse an der Verbandsarbeit zu wecken.

Wiewohl die drei Landesverbände die »Hinweise« gemeinsam herausgaben, liegt das Copyright nur beim Landesverband Berlin, der allein die Redaktion stellte. Dieser Landesverband ist wichtig für die »Humanisten«, weil die Bundeshauptstadt in beiden 1990 vereinten Hälften Deutschlands liegt. Er zählte 1996 knapp zweitausend der bundesweit fast 10 000 Mitglieder des »Humanistischen Verbandes Deutschlands«. Der Mitgliederbestand »stabilisierte sich« 1997 auf diesem Niveau. »Da in den östlichen Bezirken Berlins über siebzig Prozent der Bewohner konfessionslos sind, liegt dort inzwischen der Schwerpunkt unserer Arbeit«, teilte der Landesverband in einem Handzettel über die »gegenwärtige Verbandsentwicklung« im Winter 1995/96 mit. Der Berliner Landesverband entwickelte sich aus dem am 20. Juni 1949 in Berlin-Kreuzberg, Wilhelmstraße 10, gegründeten Deutschen Freidenkerverband. Wegen der traditionellen Nähe des Freidenkertums zum Sozialismus hatten die Verantwortlichen nach dem Zweiten Weltkrieg die Gründungsversammlung in einem östlichen Bezirk Berlins abhalten wollen. Aber die Berliner SED untersagte es im Juni 1946, weil »wir gegen die Gründung von Freidenkerorganisationen« sind. Die in Westdeutschland zugelassenen Freidenker schlossen sich am 23. März 1951 in Braunschweig zusammen, die Berliner stellten dabei einen Landesverband. Da der Bundesverband sich politisch moskautreu profilierte, trennten sich die Berliner 1958 von ihm. Dies war in den Worten des langjährigen Vorsitzenden des Berliner DFV, Klaus Sühl, »die Spaltung der Freidenkerbewegung in einen eher kommunistischen und einen eher sozialdemokratischen Zweig«. Eindeutig ordnet er »das organisierte Freidenkertum« als »traditionellen Zweig der Arbeiterbewegung in Deutschland« politisch zu (›diesseits‹ Nr. 7/1989).

Der »sozialdemokratische Zweig« der Freidenkerbewegung veranstaltete in West-Berlin regelmäßig Jugendweihen. 1970 nahmen 600 Jugendliche daran teil. Festlich war die »Feierfolge« etwa bei der Berliner Jugendweihe 1979 in der Philharmonie, die immer wieder Veranstaltungsort war: »Die Jugendweihlinge betreten den Festraum«, ist die Programmfolge überschrieben. Nach einer Festouvertüre Albert Lortzings wird aus Bertrand Russells ›Warum ich kein Christ bin‹ vorgelesen. Es folgte die Arie ›In diesen heiligen Hallen‹ aus Mozarts ›Zauberflöte‹, eine Hymne von Wolfgang Steffen und Michael Claudius' ›Wann wir schreiten Seit' an Seit'‹. Nach Verlesung Erich Kästners ›Brief an meinen Sohn‹ folgte Haydns Menuett und Trio aus der Sinfonie Nr. 97, bevor Mozarts Kantate ›Dir, Seele des Weltalls‹ erklang. Danach wurde die »Weiherede« gehalten, auf die ein Adagio cantabile César Francks folgte, in das der für alle gleiche »Weihespruch« eingeschoben war. Dem anschließenden ›Dank an die Eltern‹ folgte Armin Knabs ›Auf in die Zeit: ›Immer strebe zum Ganzen‹, woraufhin die Weihlinge den Festraum verließen. Die Feierabfolge unterscheidet sich strukturell nicht von der der Jugendweihen der

Interessenvereinigung oder der Hamburger Jugendfeiern. Der religiöse Charakter der Veranstaltung wird am deutlichsten in der Bezeichnung »Weiherede«.

An gleicher Stelle fand am 9. März 1986 eine Jugendweihe der Freidenker statt, auf der Ingeborg Drewitz die Festansprache hielt. Klassische und moderne Musikstücke wechselten sich ab, der Schauspieler Walter Krauss verlas mehrere Texte. Vor der Festansprache die nachgelassene Erzählung Wolfgang Borcherts (1921–1947) ›Dann gibt es nur eins‹:

Du. Ein Mann an der Maschine und Mann in der Werkstatt. Wenn sie dir morgen befehlen, du sollst keine Wasserrohre und keine Kochtöpfe mehr machen – sondern Stahlhelme und Maschinengewehre, dann gibt es nur eins:

Sag NEIN!

Du. Mädchen hinterm Ladentisch und Mädchen im Büro. Wenn sie dir morgen befehlen, du sollst Granaten füllen und Zielfernrohre für Scharfschützengewehre montieren, dann gibt es nur eins:

Sag NEIN! ...

Du. Mann auf dem Dorf und Mann in der Stadt. Wenn sie morgen kommen und dir den Gestellungsbefehl bringen, dann gibt es nur eins:

Sag NEIN!

Du. Mutter in der Normandie und Mutter in der Ukraine, du, Mutter in Frisco und London ... – Mütter in allen Erdteilen, wenn sie morgen befehlen, ihr sollt Kinder gebären, Krankenschwestern für Kriegslazarette und neue Soldaten für neue Schlachten, Mütter in der Welt, dann gibt es nur eins:

Sagt NEIN! Mütter, sagt NEIN!

Meinten die Freidenker wirklich, die Weihlinge sollten in der Rigorosität dieser unerbittlichen Sätze des jungen Dichters in ihrem Leben Verantwortung auf sich nehmen? Die Kriegssituation, die zu Kompromißlosigkeit zwingt, entsprach beim besten Willen nicht den Lebensumständen 1986. Sollten die Weihlinge lernen, in Konfliktfällen nicht verantwortungsbereit nach Kompromissen zu suchen? Vermutlich war den Freidenkern diese Kompromißbereitschaft nicht wichtig, weil sie dem Widerspruch ihrer kleinen Freidenkerorganisation gesellschaftlich die Spitze genommen hätte. Der Festansprache folgte nach dem Triumphmarsch aus Verdis Aida der *Jugendweihespruch* von Erich Mühsam (1878–1934):

Wollt ihr die Freiheit,
so seid keine Knechte!
Wollt ihr das Gute,
so schaffet das Rechte!
Wollt ihr die Ernte,
so sichert die Saat!
Wollt ihr das Leben,
so leistet die Tat!

Auf Anstoß eines runden Dutzends Freidenker nicht nur aus Berlin wurden im letzten Jahrzehnt des geteilten Deutschland Anhänger einer »neuen Richtung« unter den Freidenkern gewonnen. Man wollte, so Klaus Sühl, »mit dem traditionellen Freidenkertum in Deutschland« brechen. Aus der *Enge, der Miefigkeit des organisierten Freidenkertums* machten sich die Jugendweihe-Veranstalter auf den Weg »als Interessenvereinigung für die Menschen, die sich selbstverantwortlich und ohne irgendwelche weltlichen oder göttlichen Heilslehren im Diesseits behaupten wollen« (›diesseits‹ Nr. 18/1992).

1980 zählte der Landesverband 450 Teilnehmer an seinen Jugendweihen, fünf Jahre später waren es nur noch 170. 1989 begann er, seine Jugendweihe »JugendFEIER – die alternative Jugendweihe« zu nennen, weil sich die eigenen »humanistischen« Vorstellungen von denen anderer Verbände unterschieden. Auszuschließen sei auch das Mißverständnis, wurde gesagt, daß Jugendliche einer Arbeiterklasse geweiht werden sollten. Das ginge nicht mehr. Im Anschluß an die Pressekampagne 1989 meldeten sich 116 Interessenten für diese Jugendfeier an, von denen 1990 zur Feier 86 kamen. Zwei Kursleiter stellten dies im Verbandsorgan ›diesseits‹ 3/1990 bekümmert über den »Rückgang von 25 %« gegenüber 1989 fest. In diesem Jahr hatten 115 Weihlinge teilgenommen.

Klaus Sühl räumt ein, daß den Jugendweihen nach 1945 »im Unterschied zu den Feiern in der Weimarer Republik das große zündende Ideal fehlte: Sie waren nicht mehr Feiern einer hoffnungsvollen Bewegung. Ohne die geballte Macht der organisierten Arbeiterbewegung im Rücken war den Jugendweihen das politische Rückgrat genommen«. Deshalb seien die Jugendweihen der Berliner Freidenker für die Teilnehmer »in allererster Linie eine Ersatzveranstaltung«. 989 riet Sühl davon ab, die Ideale der sozialistischen Arbeiterbewegung abzustauben, denn diese hätten »mit der Wirklichkeit der Jugendlichen« nichts zu tun. Er setzte darauf, daß es den Freidenkern gelänge, »traditionell wichtige Werte der Arbeiterbewegung – Solidarität, Menschenwürde, Demokratie, Freiheit, Bildung, Fortschritt – mit den aktuellen Problemen der Gegenwart zu verknüpfen – Frieden, Abrüstung, Ökologie, Gleichstellung von Mann und Frau – und aus der teilweise selbstgewählten Isolation herauszutreten, sich mit den gesellschaftlichen Kräften zu verbinden, mit denen sich substantielle Gemeinsamkeiten herstellen lassen. Dann besteht kein Grund zur Resignation. Wenn nicht bald eine Trendwende stattfindet, dann droht die Feier in wenigen Jahren aus Mangel an Teilnehmern auszufallen.«[22] Werner Schultz schrieb in der Verbandszeitschrift (›diesseits‹ März 1989), zur Trendwende müßte *die alte Protestqualität der Jugendfeier erneuert werden.* Schultz erläuterte den Vorschlag: »Gegen die alten religiösen Ausdrucksformen kann sich die Kritik richten.« Auf aktuelle theologische Standpunkte solle also nicht eingegangen werden.

Die Gründung des *Vereins der Freidenker in der DDR* (VdF) durch die SED unter Mitwirkung der Stasi 1989 kam dem West-Berliner Freidenkerverband zupaß: Am 8. November 1990 beschloß »die Mitgliederversammlung des Ost-Berliner Freidenker-Verbandes mit 41 gegen 3 Stimmen die Selbstauflösung der Organisation zum 30. November 1990 und den Beitritt zum Deutschen Freidenkerverband Berlin (West)«. Diese Mitteilung in ›diesseits‹ Nr. 13/Dezember 1990 läßt unerwähnt, daß die am 8. November abstimmenden 51 Mitglieder des Berliner Landesverbandes der ostdeutschen Freidenker nicht einmal zehn Prozent der rund 1000 Mitglieder dieses Landesverbandes waren.[23] Ohne nach der Meinung der Mehrheit zu fragen, legte diese fünf Prozent Minderheit den Landesverband fest. Der ostdeutsche Gesamtverband tat sich ohne die Ost-Berliner am 1. Juni 1991 mit dem Deutschen Freidenerkverband, Sitz Dortmund, zusammen, den die West-Berliner 1958 verlassen hatten. Gabriele Braemer, Vorstandsmitglied im Ost-Berliner Landesverband des Vereins der Freidenker der DDR, wurde 1991 »Beauftragte für JugendFEIER« im vereinten Berliner Freidenkerverband, bei den »Humanisten«.

Als Grund für diesen Berliner Zusammenschluß nannte Braemer die Hilfe der West-Berliner bei den Jugendweihevorbereitungen in Ost-Berlin, die der Bundesverband der Freidenker nicht aufnehmen und fortführen wollte. Sie waren als »Pilotprojekt für den ganzen DDR-Verband konzipiert« worden, der damit neben die eingeübten Jugendweiheausschüsse in der DDR getreten wäre. Über Nacht hätten sie nach der Vereinigung »vor einer komplizierten Situation gestanden. Mit der Verantwortung gegenüber damals 300 Elternhäusern in Ost-Berlin wurden wir de facto alleingelassen«, hielt Braemer dem Vorsitzenden des Bundesverbandes der Freidenker vor. »Heute haben wir bereits über 1100 Jugendweihe/-feier-Teilnehmer in über achtzig Kursen in ganz Berlin.«[24]

Die Bezeichnung »JugendFEIER« statt Jugendweihe ist ein Etikettenschwindel, wie die Einladung zur »JugendFEIER – die alternative bzw. andere Jugendweihe« zeigt. Grundsätzliche ideologische Erwägungen mögen die Funktionäre der »Freidenker«, also der späteren »Humanisten«, veranlaßt haben, die Bezeichnung zu wechseln. Unbegründet blieb, warum 1997 aus der »alternativen Jugendweihe« die »andere Jugendweihe« wurde. Vermutlich sollte der Unterschied zur nachgefragten Jugendweihe so unscheinbar wie möglich bleiben. Im Alltag, für die Teilnehmer, tut der Unterschied nichts zur Sache. Die meisten meinen, einer Jugendweihe beizuwohnen, auch wenn deutlich zur JugendFEIER eingeladen wird. Nach Auskunft des Geschäftsführers des Berliner Landesverbandes, Manfred Isemeyer, dauere es »noch eine Generation, bis sich die neue Bezeichnung JugendFEIER für Jugendweihe eingeprägt hat«.

»In der weltanschaulichen Komponente liegt der entscheidende Gegensatz (der ›Humanisten‹) zur Interessenvereinigung Humanistische Jugendarbeit und Jugendweihe«, schrieb Christian John, ein Vorstandsmitglied der Berliner in ›diesseits‹ 1/1994. John hat für die ziellose Jugendweihearbeit der Interessenvereinigung kein Verständnis. Sie biete im »Vorfeld der Jugendweihe ausschließlich Fremdveranstaltungen« obskuren Zuschnitts an. Die von der IVJ genannten Teilnehmerzahlen seien »Hochstapelei«. Die »Humanisten«, das sei nicht vergessen, halten sich selber praktisch auch den Weg zum Angebot einer »freien Jugendarbeit«, d.h. einer ziellosen »Vorbereitung« ihrer JugendFEIERn offen. Papier ist geduldig; dieser »entscheidende Gegensatz« (John) der Organisationen ist kaum einem der Teilnehmer an den Jugendweiheveranstaltungen bekannt. Nach Meinung von zwei Kursleitern der Berliner »Freidenker« (›diesseits‹ 3/1990) verrät »die Beliebigkeit der Institution Jugendfeier, die Konturlosigkeit des modernen Berliner Freidenkertums«, daß ein »Gesamtkonzept« fehle. Beide hofften, »daß von unseren Zielsetzungen wenigstens etwas in den Köpfen der – trotz ihrer materialistischen Einstellung insgesamt liebenswürdigen – Jugendlichen haftenbleibt«.

Hier ist Entscheidendes gesagt, ein wunder Punkt gerade der »humanistischen« Feiern berührt. Die »weltanschauliche Komponente« bleibt auch in der »humanistischen JugendFEIER-Arbeit« unerkennbar blaß, geht an den Teilnehmern vorbei, wenn sie ihnen überhaupt bekanntgemacht wird. »In der inhaltlichen Vorbereitung der Jugendweihen spielt das Freidenkertum nur eine Rolle am Rande. Die Jugendweihen der Berliner Freidenker werden angeboten als Alternative zur Konfirmation und sind für die Teilnehmer und deren Familien in erster Linie eine Ersatzhandlung«, hatte Klaus Sühl 1989 selbstkritisch festgestellt. Er sprach von der *Hilflosigkeit der Freidenker*[25], die ihn den »Bruch mit dem traditionellen Freidenkertum« betreiben ließ. Die deutsche Vereinigung ließ Sühl und viele Freidenker/»Humanisten« von der Skepsis abrücken, die die bundesweit geführte innerverbandliche »Organisationsdebatte« in den achtziger Jahren bestimmt hatte. Noch in ›diesseits‹ 10/1990 hatte Rolf Stöckel, Vorsitzender des Landesverbandes Nordrhein-Westfalen, gefragt: »Warum sind wir so zersplittert? Warum treten so viele Menschen aus den Kirchen aus und nicht bei uns ein? Wer sind wir, Freigeistige, Freidenker, Freireligiöse, Humanisten, Unitarier, Monisten? Wir sind in der totalen Informationsgesellschaft kaum eine Nachricht wert, sind überaltert.«

Der dramatische Rückgang der Zahl der Mitglieder und der Teilnehmer an der Jugendweihe seit der Weimarer Republik wird von den »Humanisten« argumentativ nicht in Zusammenhang mit der wegen der Zahl der Kirchenaustritte behaupteten Säkularisierung gebracht. Wer Säkularisierung, wie die »Humanisten«, an Mitgliedszahlen mißt, muß Folgerungen aus dem Mitgliederverlust der Unkirchlichen, eben der Freidenker/»Humanisten«, ziehen: Bis 1933 gab es in 1500 Verbänden 543 531 Mitglieder des Freidenkerverbandes, die Mitgliederzahl sank um 97 Prozent auf rund 10 000 »Humanisten« heute. Auf jeden Fall reichen die monatlichen Beiträge der 1995 rund 1900 Mitglieder in Berlin ohne die staatlichen Zuschüsse nicht hin. Dankbar nahm im Februar 1973 der DFV-Landesverband Berlin außerdem seinen Teil der 139 867,73 DM in Empfang, die das Internationale Oberste Rückerstattungsgericht in Berlin (Az. ORG/A

72.16) den beiden Nachfolgeorganisationen des Freidenkerverbandes in Dortmund und Berlin als Wiedergutmachung für nationalsozialistische Enteignungen zuerkannt hatte.

Durch JugendFEIER-Propaganda unter den während vierundvierzig Jahren von zwei totalitären Herrschaften unterjochten und in der DDR entchristlichten Ostdeutschen zogen die »Humanisten« jugendliche Teilnehmer tausendfach an. Das Schwergewicht des Verbandes verschob sich folgerichtig in Berlin auf das DDR-Territorium: Nach Auskunft des Landesverbandes wuchs infolge der Verlagerung seiner Arbeit auf Ost-Berlin »die Zahl der hauptamtlichen Mitarbeiter innerhalb von drei Jahren von einem knappen Dutzend auf 200, davon kommen 70 Prozent aus dem Ostteil der Stadt«[26]. Durch die Gründung des *Humanistischen Verbandes Deutschlands* (HVD) am 14. Juli 1993 in Berlin schlossen sich die »Humanisten« der 1952 in Amsterdam gegründeten *Internationalen Ethisch-Humanistischen Union* (IEHU) an. Deren Vorsitzender, Rob Tielmann, hatte 1991 die Ziele »humanistischer« Arbeit aufgezählt: »Gestaltung und Verteidigung des Rechtes der menschlichen Selbstbestimmung, das Recht auf Abtreibung, Sterbehilfe, Prostitution, gleichgeschlechtliche Sexualität, Legalisierung von Drogen und nichtehelichen Beziehungen« (›diesseits‹ Nr. 17/1991). Welchen Einfluß haben diese Ziele des Verbandes auf dessen JugendFEIERn und deren Vorbereitung?

Der Geschäftsführer des Landesverbandes Sachsen-Anhalt, Uwe Völke, berichtete 1993, durch die Ausdehnung des Verbandes nach Ostdeutschland, wo viele Menschen die in der DDR eingebürgerte Familienfeier Jugendweihe veranstaltet sehen wollen, werde innerverbandlich gestritten über den »Widerspruch zwischen unserem inhaltlichen Anliegen und der ›Versuchung‹, hohe Teilnehmerzahlen zu erzielen«.[27] Der Streit werfe sofort die »Grundfragen des Selbstverständnisses unseres Verbandes auf: Wollen wir eine kleine aktive Schar enthusiastischer Einzelkämpfer oder eine große bunte Dienstleistungsorganisation für Konfessionslose sein? Ich denke, dieses Deutschland braucht beides«, schließt Völke diplomatisch. Die Frage nach dem Charakter des Verbandes, nach seinen Grenzen und Möglichkeiten bleibt tunlich unbeantwortet: Fisch oder Fleisch? Den »kulturellen Dienstleistungsbereich« hatte Völke freilich bereits im Sinne der weltanschaulichen Festlegung des Verbandes eingeschränkt auf eine »Organisation (nur) für Konfessionslose«.

Auch wenn viele Ostdeutsche den heidnischen Zielsetzungen der »Humanisten«, die den Kindern vor der JugendFEIER gemäß Humanistensatzung nahegebracht werden, nicht widersprechen werden, wissen die *Humanisten*, daß Eltern die Wahl des Veranstalters zumeist nicht nach inhaltlichen Gesichtspunkten treffen: Die Unterscheidung der Jugendweiheveranstalter, die in den Großstädten wie Berlin möglich ist, falle »dem Laien sehr schwer, und selbst Eltern und ihre Kinder entscheiden oftmals nach dem Prinzip der Erstinformation«[28], schrieb Gabi Braemer, bis 1997 Leiterin des Bereichs JugendFEIER der Humanisten in Berlin.

Die JugendFEIER des *Humanistenverbandes* schafft auch wie die Jugendweihe der *Interessenvereinigung für humanistische Jugendarbeit und Jugendweihe* in der DDR keine andauernde Beziehung zwischen Weihlingen und den diese weihenden Veranstaltern. »Die Teilnahme an der Feier ist völlig losgelöst von der Mitgliedschaft im Verband«, teilte Uwe Völke mit. Das stellt die »weltanschauliche Komponente« der JugendFEIER in Frage, die die Interessenvereinigung für ihre Jugendweihen gar nicht reklamiert. Wo eine biographische Feier nicht auf Mitgliedschaft angelegt ist, bleibt sie folgenlos und daher unecht, weil zur Biographie kein Bezug erstellt wird. Das Dienstleistungsangebot Jugendweihe/JugendFEIER entspricht deren inhaltlicher Bezugslosigkeit. Für die Jugendlichen könnte auch eine andere Gelegenheit geschaffen werden, Geschenke »abzusahnen«.

Der am 1. Dezember 1990 als »Freie Humanisten Sachsen-Anhalts« gegründete heutige Landesverband der »Humanisten« wirbt für seine JugendFEIER ausdrücklich als vierte Alternative neben evangelischer Konfirmation, katholischer Kommunion/Firmung und Jugendweihe. Eine Zeitung nahm diese Sprachregelung auf, vier Jugendliche stellten in vier parallelen Spalten die jeweils von ihnen gewählte »Alternative« vor.[29] Feierling und Weihling schwärmen von ihrer »tollen« Feier, in der sie in das Erwachsenenalter eingetreten seien. Sie schildern das erlebte »Festprogramm«. Konfirmand und Firmling nennen ihre Entscheidung, durch diese Feier ihrer Kirche anzugehören. Sie lassen kein Wort über den Ablauf dieser Feier fallen. Der Bezug zu einer andauernden Gemeinschaft ist ohne Parallele bei Weihling und Feierling.

Vergleichen wir die Programmfolge der JugendFEIER am 1. April 1995 im Konzerthaus am Gendarmenmarkt, Berlin-Mitte, und am 29. April 1995 in der Konzerthalle am Boulevard, Halle (s. Abb. 3 und 4 S. 68 und S. 69).

Die Feier in Halle ist nicht ohne Grund bescheidener. In Berlin nahmen 1995 an fünf Feiern 1 700 Feierlinge teil, im Schnitt also 240 pro Feier. In Sachsen-Anhalt waren es 830 in 13 Jugendfeiern, rund 65 pro Feier. Den Landesgeschäftsführer in Halle, Völke, stört der Rückgang der Teilnehmerzahl von 1 100 im Jahr 1994 nicht, denn das Angebot an JugendFEIERn sei »sehr bewußt auf niedrigem Niveau gehalten worden«. Nur dort werden in Sachsen-Anhalt JugendFEIERn veranstaltet, »wo eine solide Verbandsstruktur vorhanden ist und anspruchsvolle Vorbereitungsveranstaltungen möglich sind«. »Eine Größenordnung, die überschaubar bleibt«, dürfe nicht überschritten werden. Im Vergleich zu den Massenveranstaltungen in Berlin ist das nur bescheiden zu nennen.

Ein Auf und Ab der Teilnehmerzahlen in Berlin: 1994 nahmen 2 200 an den JugendFEIERn teil, 1995 ging die Zahl um ein Viertel auf 1 700 zurück. 1996 meldeten sich 2 300 Jugendliche an. Nur 1 600 von ihnen nahmen an der vorbereitenden JugendFEIERarbeit kürzer oder länger teil, war vom Verband zu erfahren. Mehr als dreißig Prozent, mindestens 700 Jugendliche, taten ihren Schritt in das Erwachsenenleben in der Ju-

Konzerthaus am Gendarmenmarkt **1.4.1995**

P R O G R A M M F O L G E

Reinhard Lakomy **Zwischen nicht mehr und noch nicht**	Entree
Johann S. Bach **Orchestersuite Nr.2**	Filmorchester Babelsberg
Prolog "Kindheitsmuster"	Projektgruppe JugendFEIER Michael Peter
Lennon/McCartney **Yesterday**	Filmorchester Babelsberg Solisten: A.Lautenbach/ M. Moss
Über unsinnige Fragen	Claudia Ehrke/ Wolfgang Noack

I. Teil des F E S T A K T E S

JugendFEIER-Reminiszenz	Videoeinspiel
Lennon/McCartney **We can work it out**	Filmorchester Babelsberg Solisten: A.Lautenbach/ M.Moss
Okologie fängt im Kopf an	Claudia Ehrke/ Frank Schütze
Traditionell **Gospel-Medley**	Filmorchester Babelsberg Solisten: A.Lautenbach/ M. Moss

II. Teil des F E S T A K T E S

Klaus Doldinger **Das Boot/Die unendliche Geschichte**	Filmorchester Babelsberg Solisten: Soli Ten.-Sax.: Falk Breitkreuz
Glückwünsche zur JugendFEIER	Festrede
Die Fete	Projektgruppe JugendFEIER

III. Teil des F E S T A K T E S

John Lennon **Imagine/Power to the people**	Filmorchester Babelsberg Solisten: A.Lautenbach/ M. Moss
Jeder will dich haben	Projektgruppe JugendFEIER/ alle Schauspieler

IV. Teil des F E S T A K T E S

Worte auf den Weg	Michael Peter
Finale Swilms/Simon **Über 7 Brücken/Bridge over troubled water**	Filmorchester Babelsberg Solisten: A.Lautenbach/ M. Moss

M I T W I R K E N D E

Filmorchester Babelsberg unter Leitung von
Bernd Wefelmeyer
Anke Lautenbach, Sängerin
Martin Moss, Sänger
Claudia Ehrke, Schauspielerin
Wolfgang Noack, Schauspieler
Michael Peter, Schauspieler
Frank Schütze, Schauspieler
Teilnehmer des Theaterprojekts JugendFEIER '95

Festredner:
Dr. Klaus Sühl, Bundesvorsitzender des HVD 9.00 Uhr
Bürgermeisterin Christine Bergmann,
Senatorin für Arbeit und Frauen 11.30 Uhr

Regie: Jürgen Bonk
Szenarium: Dr. Matthias Peter
Produktion: Stage Craft
Video: Maik Didschuns

D A N K S A G U N G

Der Humanistische Verband dankt allen Freunden, ehrenamtlichen Mitarbeitern sowie den Eltern für die Unterstützung und das Engagement in Vorbereitung unserer JugendFEIERn. Gleichermaßen Dank gilt der Senatsverwaltung für Kulturelle Angelegenheiten, dem Konzerthaus am Gendarmenmarkt für die freundliche Überlassung seines Hauses und den Gesellschaftern, die unsere Bemühungen so großzügig unterstützt haben.

Abb. 3: Programm der Feier im Berliner Konzerthaus am Gendarmenmarkt (1995)

gendFEIER also unvorbereitet. Zu den zehn JugendFEIERn in Berlin vom 23. März bis 10. Mai 1997 wurden 1 950 Jugendliche angemeldet. Den Teil derjenigen, die sich durch den Besuch der Veranstaltungen vorbereitet hatten, schätzten Sprecher des Verbandes nicht höher ein als in den Vorjahren. Eine Anwesenheitsliste führen sie nirgends.

Die Verantwortlichen in der Hauptstadt sind nicht beunruhigt. Wenn sie als *Interessenvereinigung Konfessionsloser* im Sinne dieser Bezeichnung alle diejenigen repräsentieren wollten, die sich weder zu einer christlichen Kirche noch zu einer jüdischen oder muslimischen Gemeinde be-

Sehr geehrte Anwesende,

herzlich begrüßen wir Sie in der Konzerthalle am Boulevard

zur ***JugendFEIER`95***

am ***29. April 1995***
um ***9.00 Uhr***

Es wirken mit:

Jens Baermann*, Piano*
Leipzig

Wolfgang Singer*, Geige*
Leipzig

Ballett
Dessau

Hans-Jürgen Müller-Hohensee
Landestheater Dessau

Die Festrede hält:

Susanne Schmotz

Stellvertretende Vorsitzende des Humanistischen Verbandes Deutschands -Landesverband Sachsen-Anhalt e.V.-

Gleichstellungsbeauftragte der Stadt Halle

Wir bedanken uns für die feundliche Unterstützung der Stadt Halle

Programm

Tango tragico	*Jens Baermann Wolfgang Singer*
Tamburin chinouase	*Fritz Kreisler*
Das Lächeln	
Ballett	
Blick in den Spiegel	*Annett Heibel*
Liebesfreud	*Fritz Kreisler*
Streß	*Katrin Mersch*
Spanischer Tanz	*Manuel de Falla Fritz Kreisler*

Festrede

Ballett

Eintragung in das GOLDENE BUCH der JugendFEIER

Laßt Euch die Kindheit nicht austreiben
Erich Kästner

Csardas — *Monty*

Änderungen vorbehalten

Abb. 4: Programm der Feier in der Konzerthalle in Halle (1995)

kennen, wäre Grund zur Beunruhigung gegeben. Denn die »Humanisten« erreichen in der Zahl ihrer Mitglieder und in der der Teilnehmer an ihren JugendFEIERn nur einen kleinen Teil der Konfessionslosen. Der Zustrom der entchristianisierten Ostdeutschen ist dünn, als Fundament einer »weltlichen Kultur« reicht er keinesfalls.

Umsonst ist die Teilnahme an der weltlichen JugendFEIER nicht. »Humanisten« berechnen wie die Interessenvereinigungen Teilnehmer- und Eintrittsgebühren. Der Besuch von Firmung und Konfirmation hingegen kostet nichts. Immer wieder klagen Weihlinge, die die Konfirmation evangelischer Freunde kostenlos besuchen konnten, daß diese den Besuch ihrer Jugendweihe/JugendFEIER bezahlen müssen. Die Eintrittsgebühren schaden Freundschaften zwischen Weihlingen und Konfirmanden. In Berlin waren für die Feiern 1995 und 1996 für jeden Feierling 100 DM zu zahlen, 17 DM für jeden die Feier besuchenden Erwachsenen, 10 DM für jeden Begleiter. 1997 erhöhte sich der Preis auf 125 DM und 20 DM für jeden erwachsenen Begleiter. 12 DM sind für jeden jugendlichen Gast zu zahlen. Die Berliner »Humanisten« kalkulieren, daß viele unvorbereitet zur JugendFEIER gehen: Kostete die Anmeldung im Oktober 100 DM pro Teilnehmer, mußte für die ab Januar 1996 angemeldeten nur 60 DM bezahlt werden. Denn die »Projekte sind alle am Laufen«, außer der Feier sei nur der Besuch einer Fete im März sinnvoll, wurde vom »JugendFEIER-Büro« mitgeteilt. 1997 reduzierte sich die Teilnehmergebühr bei kurzfristiger Anmeldung auf 100 DM. In Sachsen-Anhalt waren 1996 80 DM und 1998 120 DM zu zahlen, dadurch haben auch vier begleitende Besucher Zutrittsrecht. Die Berliner betreiben ihre Arbeit spürbar als ein Wirtschaftsunternehmen. Das überreichte Geschenkbuch »ZWISCHEN NICHT MEHR UND NOCH NICHT«, eine im Buchhandel nicht erhältliche, 1994 mit 15 000 Exemplaren erstmals aufgelegte Publikation des HVD ist in allen Landesverbänden wie der Besuch vieler Vorbereitungsveranstaltungen durch die Teilnehmergebühr bezahlt.

Üppig sind die Angebote zur »Vorbereitung« der JugendFEIER in Berlin: Wer bis Mitte Oktober 1995 zur JugendFEIER 1996 angemeldet war, konnte sich für die Teilnahme an einem »Projekt« entscheiden. Ab Anfang November 1995 traf er sich dann für ein halbes Jahr bis zur JugendFEIER (von März bis Mai 1996) in einer »kleinen Gruppe mit einem Projektleiter«. Zusammen sollten sie »arbeiten, diskutieren und 'ne Menge Spaß haben«, hieß es im Programmheft.

22 Projekte wurden im Bereich »Mensch & Umwelt« angeboten. Was fällt nicht unter diese Überschrift? Angeboten wird u. a. »Begegnung mit der indischen Kultur«, »Besichtigung der TV-Studios des SFB«, Begegnung mit »Menschen aus anderen Herkunftsländern«, »Freundschaft, Liebe, Sex, Familie, Umgang mit Konflikten, alternative Lebensformen« bis zur »Videofilmwerkstatt«. Nicht anders die 23 »Projekte« im Bereich »Wissenschaft & Technik«, zwölf von ihnen führen zum »PC-Führerschein«. 26 »Projekte« im Bereich »Kunst und Kultur« von »fetzigen Sachen zum Selbernähen« über »Recyclingbasteln, Photographie und Maskenbildnerei« bis zum »Bewegungstheater«. Verständlicher ist die Auswahl der 15 »Projekte« im Bereich »Sport und Tanz«. Angeboten ist der Besuch beliebig vieler der acht »Weitblickveranstaltungen«. Es geht um Juden in Berlin, Gewalt unter Schülern und Jugendkulturen in Deutschland. Bei den »Humanisten« ist wie bei der Interessenvereinigung der »Faschismus« oft, der Realsozialismus in der DDR und die »Kerzenrevolution« in der DDR nie Thema. Trägt hier die jahrzehntelange Parteinahme der Freidenker für »die Arbeiterbewegung«/»den Sozialismus« Früchte?

Auf jeden Fall: Die Berechtigung der einseitig harmonischen Erinnerung an die DDR in der ostdeutschen Gesprächs- und Schicksalsgemeinschaft wird auch von den »Humanisten« nicht in Frage gestellt. Wie die Jugendarbeit der »Interessenvereinigung« füllen die »Humanisten« mit diesen Angeboten die Lücke, die in der DDR die Austrocknung eines großen Teils des Vereinslebens riß. Dort war Mitgliedschaft in Vereinen, wenn diese zugelassen waren, eingegliedert in die »gesellschaftliche Arbeit«, die im »sozialistischen Wettbewerb« abgerechnet wurde. Auch das Engagement im Sportverein diente in der DDR dazu, die Menschen zu »entwickelten sozialistischen Persönlichkeiten« zu erziehen. Sehr verständlich ist deshalb der Unwille vieler Ostdeutscher, Vereinen beizutreten. Auch deshalb wird bei allen Veranstaltern ostdeutscher Jugendweihen darauf verzichtet, die Teilnehmer durch die Weihen ihrer Organisation beitreten zu lassen.

1 600 Kinder sollen bei den Berliner »Humanisten« an den 86 »Projekten« 1995/96 teilgenommen haben. Nicht alle seien zustande gekommen, hieß es auf Nachfrage. Dafür bildeten sich einige »Unterprojekte«. »Klein« sind die Gruppen bei den »Humanisten« nicht. Der Zuschnitt dieser Projektarbeit ist so, daß die Teilnehmer vor ihrer JugendFEIER also vielleicht inhaltliche Erfahrungen, nicht aber die Erfahrung machen, sechs Monate in einer großen Gruppe vor Schwierigkeiten bei der Integration zu stehen, vielleicht weniger Chancen zu haben. In eine Gruppe aller Feierlinge haben sie sich nicht einzufinden. Den »Humanisten« stellt sich nicht die Aufgabe, pädagogisch wach und menschlich aufmerksam die ihnen zur Vorbereitung von JugendFEIERn anvertrauten Kinder in Gruppen zu begleiten.

Die Berliner zwingt ihr Kalkül zu Veranstaltungen mit vielen Teilnehmern, deren Kosten auch beim Einsatz einer größeren Zahl von Künstlern geringer ausfallen als kleinere Veranstaltungen, für die auf wenige Künstler zurückgegriffen werden müßte. Mehrere JugendFEIERn folgen an einem Tag dicht aufeinander, gehende und kommende Feiergruppen begegnen sich in den Vorräumen. Seit Jahren experimentieren die Berliner mit verschiedenen Modellen der JugendFEIERn, die mehr als 1 500 Gäste im Festsaal voraussetzen. 1991 gab es Rockmusik am Alexanderplatz, senegalische Folklore, Breakdance-Parodie im Friedrichstadtpalast, klassischen Gesang, Ballett »schlanker Mädchen in sexy Kostümen« im Theater des Westens und klassische Musik im Kammermusiksaal der Philharmonie. Die Feierform wird variiert, um jedermanns Geschmack zu treffen und viele Feierlinge anzulocken. Der Protest vieler Besucher gegen den Auftritt nackter Damen ließ auf diese Variante verzichten. Auf jeden Fall schließen diese enormen Teilnehmerzahlen in Berlin ein Klima persönlicher Zuwendung zu den Feierlingen aus. Die »Humanisten« setzen in Berlin allein auf die Attraktivität der Feierform. Nach Meinung von Kirstin Fussan-Freese, seit 1997 Nachfolgerin Gabi Braemers in Verantwortung der JugendFEIER-Arbeit, gibt es nichts Erregenderes für Jugendliche, als beleuchtet auf der Bühne vor 2000 Zuschauern zu stehen. Kalkuliert wird mit dem inhaltslosen Festbedürfnis der Teilnehmer und Gäste, die Feier selber bleibt hohl. Die für die jeweiligen JugendFEIERn eingeladenen Festredner sind für eine Stunde Gast, kennen die von ihnen angesprochenen Feierlinge in der Regel nicht. Ihre freundlich gemeinten Worte pflegen in »humanistischen« Allgemeinplätzen stecken zu bleiben.

Charakteristisch ist, daß in Sachsen-Anhalt die Abkehr von dem militärisch anmutenden DDR-Feierritual deutlicher ist: Die Feierlinge reihen sich nicht kollektiv zum Gratulationsakt auf. Ein jeder von ihnen schreibt sich vielmehr auf der Bühne in das Goldene Buch der JugendFEIER ein, dokumentiert somit der Nachwelt seine Teilnahme an dieser Feier der »Humanisten«. In Berlin verlassen die gruppenweise angetretenen Feierlinge nach der Gratulation und der Übergabe des Buches die Bühne, ein Goldenes Buch gibt es nicht. Der individuelle Eintrag in das Goldene Buch in Sachsen-Anhalt ist der Erwähnung deshalb wert, weil durch ihn eine Beziehung anklingt, die auf Dauer zwischen der Weltanschauungsgemeinschaft der Veranstalter und den Teilnehmern entstehen kann. Diese weltanschauliche Gemeinschaft, ideologisch das Ziel der »Humanisten«, ist so nicht aus dem Blick verloren, auch wenn durch die Teilnahme an der JugendFEIER niemand automatisch zum Mitglied im »Humanistischen Verband« wird. Und der vorhin zitierte Jugendliche erwähnte in seinem Beitrag für die ›Wolfener Zeitung‹ diesen Gemeinschaftsbezug der Feier nicht.

Durch eine Neugestaltung der JugendFEIER seit 1996 näherten sich die Berliner »Humanisten« den familienorientierten Wünschen ihrer östlichen Teilnehmer: War früher ideologisch auf Werbezetteln nur betont worden, »Die JugendFEIER ist mehr als eine Familienfeier«, wurde 1996 die erschreckte östliche Kundschaft beruhigt: Neue Werbezettel priesen nämlich die »MEGA-Festprogramme speziell für Dich und Deine Familie«. Der anderthalbstündigen Feier ist jetzt eine »Idee« zugrunde gelegt, die wie in einer Revue entfaltet wird: Nach Einmarsch der Jugendlichen danken zwei 14jährige den Eltern im »Prolog« für die erlebte Zärtlichkeit und Liebe. In der Revue streifen die beiden auf der Bühne durch die Stadt, begegnen einem – natürlich unglaubwürdigen – Politiker, einer Marktfrau, treffen auf Obdachlose (»Stadtberber«). Es folgt eine Szene im Cyberlabor, bevor die Jugendlichen in einen Menschenkreis geraten, in dem Besitzansprüche auf sie einprasseln: »Du bist meine Tochter«, »unsere Kinder«, »Für Sie führen wir das Konto kostenlos« usf. Am Schluß steht ihre Erkenntnis: Jeder Mensch entscheidet, welchen Weg er geht. Durch diese Szenenfolge, meinte der Koregisseur, sind die Jugendlichen in der Veranstaltung »etwas erwachsener geworden«. Die Festrede folgt, auf der Bühne erhalten die Teilnehmer wie früher Buch und Urkunde. Die Feiergestaltung ähnelt den *Weihespielen*, die in den letzten Jahren der Weimarer Republik den Jugendweihen durch die einstudierte Theatralik einen geschlossenen Charakter gaben. Sie werden in der Darstellung der proletarischen Jugendweihe vorgestellt.

1997 wurde im gut eingespielten Reality-Musical spürbar versucht, vor allem durch ein musikalisches Potpourri, die Sympathie aller Anwesenden zu finden. Die ostdeutsche Sängerin Barbara Kellerbauer, die das Szenario mitgestaltete, stand künstlerisch im Mittelpunkt von acht der zehn JugendFEIERn, denn in ihnen sang sie auch die »Festrede«, die in den beiden anderen Feiern von zwei SPD-Politikern gehalten wurden. Die Auswahl der beiden Festredner ist wie die Beauftragung der Diplomlehrerin und SPD-Abgeordneten Fussan-Freese Indiz dafür, daß die »Humanisten« zumindest in Berlin in das Schlepptau der SPD gerieten. Anspruchslos sentimental sang Kellerbauer: »Der war doch eben noch in mir, Der war doch so klein, der war so mein, das scheint vorbei zu sein.« Populäre Töne fand auch ihr Sängerkollege Dirk Michaelis: »Nichts ist unendlich. So sieh das doch ein, Du willst unendlich sein, schwach und klein. Feuer brennt nieder, wenn's keiner mehr nährt. Kenn ja selber, was dir heut widerfährt.« Und schnulzig vorgestrig Kellerbauer: »Mein Papagei frißt keine harten Eier ...«. Die Realfiction-Rockband beteuerte »I need you«. In vier Gruppen wurden die jeweils rund 250 Feierlinge mit Urkunden versehen. Bei der ersten JugendFEIER am 23. März 1997 vertaten sich die »Humanisten« in der zweiten Gruppe, indem drei der angetretenen Feierlinge mit falschem Namen angeredet wurden, weil eine falsche Urkunde zur Hand war. Die Verwechslungen ließen sich beheben, sie waren ein deutliches Zeichen für die Unpersönlichkeit der Feier. Es ist von dreister Frechheit, wenn Kathi Seefeld in ›diesseits‹ Nr. 38/1997 die »weltlichen Alternativen zu kirchlichen Zeremonien gegen die Leere von Ritualen« kehrt und behauptet, daß »die JugendFEIER mit ihren Ritualen allein die, um die es geht, in den Mittelpunkt stellt«. Eine Konfirmation, in der ein Konfirmand von seinem Pfarrer mit falschem Namen angeredet wird, ist nicht bekannt.

Im HVD-Buch ›Zwischen NICHT MEHR und NOCH NICHT‹ wird »Humanismus – Das Rätsel ist der Mensch« erläutert: Mit den »kritischen Gedanken« des vorsokratischen griechischen Philosophen Xenophanes »beginnt der Humanismus« (S. 207). Er habe »Götter als Menschenwerk erkannt«. Diese Feststellung stützt sich auf Fragment 16 des Philosophen, in dem es heißt: »Wenn Rinder oder Löwen Hände zum Bilden von Gestalten hätten, sähen ihre Götter wie Rinder oder Löwen aus.« Entsprechend menschlich sind die menschlichen Gottesvorstellungen. Der um 565 v.Chr. geborene Xenophanes kritisiert diese anthropomorphen Gottesvorstellungen, weil er weiß, daß es »einen Gott gibt, der unter Göttern und Menschen der Größte ist, der weder an Gestalt noch an Gedanken den Sterblichen ähnlich ist« (Fragment 23). Ermüdeten die »Humanisten« bei der Lektüre auch nur der Übersetzung des Fragments 16, so daß Fragment 23 nicht mehr gelesen wurde? Vermutlich gaukeln sie ihr philosophisches Wissen nur vor.

Das Tätigkeitsfeld dieser Weltanschauungsgemeinschaft reicht viel weiter als das der »Interessenvereinigung«, die lediglich »humanistische Jugendarbeit« und »humanistische Jugendweihen« ermöglichen will. Als Interessenvertretung aller Menschen, »die nicht religiös gebunden sind und keiner Kirche angehören«, sind die »Humanisten« um ihre Mitglieder besorgt von der Wiege bis zur Bahre: »Beratung bei Konflikten in Schwangerschaft, Familie, Partnerschaft und Unterstützung für alle Altersgruppen bei der Gestaltung des Lebens nach eigenen Sinn- und Wertvorstellungen – von der Namensfeier über den Lebenskundeunterricht (nur an der Berliner Schule) und die JugendFEIER bis zur Begleitung Kranker und Sterbender« bietet der Landesverband Berlin des »Humanistischen Verbands Deutschlands« an. Die JugendFEIER ist konzipiert als Teil eines durch »humanistische« Feierlichkeiten markierten Lebensweges, den die wenigsten Teilnehmer einschlagen. Die Teilnahme der meisten an den JugendFEIERn ist also ähnlich distanziert, wie die Teilnahme an der DDR-Jugendweihe war und an den anderen heutigen ostdeutschen Jugendweihen ist.

Wiewohl die »Jugendweihen – oder, wie wir als humanistische Verbände sagen: JugendFEIERn« eines der »Angebote einer humanistischen Utopie des solidarischen Zusammenlebens« sein sollen, hat der »Humanistische Verband« am »Boom« der Jugendweihe teil, weil sein bequemes Dienstleistungsangebot JugendFEIER von Eltern für ihre Kinder unbesehen angenommen wird. Indessen: In ein solidarisches Zusammenleben mit den »Humanisten« wollen die wenigsten treten oder ihre Kinder treten lassen. In Ostdeutschland wird jeder angemeldete Jugendliche von den »Humanisten« zur JugendFEIER zugelassen, obwohl diese angeblich nur »nichtreligiösen jungen Leuten zwischen 13 und 14« angeboten wird. Die Satzung der »Humanisten« und deren Vorgehen in der Veranstaltung von JugendFEIERn widersprechen einander zumindest in Berlin. In den westdeutschen Landesverbänden wird das weltanschauliche Ziel der Feier ernsthafter verfolgt. Freilich liegt die Zahl der Teilnehmer an den JugendFEIERn dort weit unter 100 pro Jahr. In den durch mitgliedschaftlich bedingter Bekanntschaft vertrauten Kreisen der westlichen Landesverbände werden die »Feierlinge« weltanschaulich in die Pflicht genommen. Bei den »Freien Humanisten Niedersachsen« werden sie durch die Teilnahme automatisch Mitglieder der weltanschaulich verwandten »Freien Humanisten Niedersachsen«. 90 Prozent von ihnen scheiden erfahrungsgemäß gleich wieder aus, heißt es in Hannover. Dort kann nur in Ausnahmefällen ohne Teilnahme an vorbereitenden Veranstaltungen an der Jugendfeier teilgenommen werden (Blitzweihe). Anders als in Berlin kann dies nur »nach Absprache« geschehen. Und in Niedersachsen werden die Feierlinge *nach* dieser »Blitzweihe« mit »Inhalten und Ethik der Humanisten bekannt gemacht«.

»Bei der Teilnehmergewinnung helfe die ›Mundpropaganda‹ weiter«, teilt die erwähnte »Handreichung« der drei ostdeutschen Landesverbände aus dem Jahr 1993 mit. Sie solle zum Auftakt der JugendFEIER-Arbeit in der zweiten/dritten Oktoberdekade einsetzen. Im Herbst 1994 waren die Eltern der Schüler in drei 8. Schulklassen in Neuseddin südlich Berlins auf der Suche nach einem Veranstalter der Jugendweihe für ihre Kinder. Durch »Mundpropaganda« stießen sie auf den Brandenburger Landesverband der »Humanisten« in Potsdam. Am 25. März 1991 war dort ein *Interessenverband der Konfessionslosen in Brandenburg* gegründet worden. Erste der in dessen »Aufruf« genannten »wichtigsten Aufgaben« ist: Erhalt der Jugendweihe mit neuem humanistischem Profil. Schnell bezeichnete man sie als JugendFEIER, denn »14jährige können sich nicht für ihr Leben auf eine Weltanschauung festlegen«, erläuterte Landesvorstandsmitglied Christa Kieper. Für jeden der 38 »Feierlinge« in Neuseddin am 15. April 1995 mußten 100 DM als Gebühr bezahlt werden, 8 DM hatte zusätzlich jeder Besucher der Feier im ehemaligen Armeekino im Gewerbegebiet zu bezahlen. Viele der anwesenden Eltern waren überzeugt, die Feier sei »von der Schule aus organisiert«. Ein anwesender Klassenlehrer verwies auf die Bedeutung des elterlichen »Organisationskomitees«, das die Verbindung zu den »Humanisten« hergestellt hatte. Das Interesse der »Feierlinge« an den Vorbereitungsveranstaltungen, »den komischen Projekten«, war gering, war von Teilnehmern zu hören, obwohl die Teilnahme durch Zahlung der Gebühr gratis gewesen wäre.

Mit »humanistischem« Gedankengut machte der Festredner des Verbandes aus Potsdam, Jürgen Pfohl, bekannt: Er unterstrich die »Einmaligkeit der Jugendweihe«, das »Tor zum eigenen Leben aufzustoßen«. Heiraten könnten im Gegensatz dazu wiederholt werden. Beim Betreten des turnhallenartigen Saales »habt Ihr eine unsichtbare Zeitschranke passiert, die Schwelle zwischen Kindheit und Jugendzeit überschritten«. Als Zeuge für diesen mystischen Akt wird das Gefühl der »Feierlinge« beschworen. Pfohl vergaß nicht, die erzieherische Arbeit der Eltern zu loben. In der JugendFEIER am 1. April 1995 im Berliner Schauspielhaus am Gendarmenmarkt würdigte der Bundesvorsitzende der »Humanisten« Deutschlands, Klaus Sühl, den symbolischen Schritt in das »Erwachsenenleben«, also nicht der Jugendzeit: »Vertraut auf Eure Kraft. Ihr seid nicht allein. Wir sind Millionen auf der ganzen Welt«, rief er den Anwesenden zu.[30] Millionen, so war gemeint, teilten sich in das »solidarische Zusammenleben« der »Humanisten«. Der menschheitliche Horizont der Jugendweihe zur Feier einer angeblichen »Lebenswende« ist aufgerissen. Beiläufig stellte Sühl fest, daß es die JugendFEIER/Jugendweihe anläßlich des »symbolischen Schrittes« nur in Deutschland gibt. Es handelt sich also um eine deutsche Feier, deren Entstehung im übernächsten Kapitel untersucht wird. Von Anfang an klafften bei ihr menschheitlicher Anspruch der Feier zur Lebenswende und die sehr geringe Zahl beteiligter Menschen auseinander.

Die Kurzatmigkeit solcher weltanschaulicher Beschwörungen bewies sich ein Jahr später: Am 7. April 1996 moderierte eine selbständige Bandleiterin die JugendFEIER mit 110 Teilnehmern in der ehemaligen FDJ-Schule, dem Residencehotel in Potsdam. Natürlich überreichten Verbandsmitglieder die Urkunden, der Landtagsabgeordnete Michael Schumann (PDS) hielt die Festrede. Die Moderatorin begann die Feier mit der Frage an die Jugendlichen: *Wer glaubt von Euch an Wunder?* Ihnen wollte keine Antwort über die Lippen, vielleicht hielt ihnen die »humanistische« Leugnung »übersinnlicher Kräfte«, Wunder, den Mund zu. Die Frage wurde den Eltern gestellt: »Glauben Sie an Wunder?« Dem einhelligen Ja schlossen sich die Jugendlichen sofort widerspruchslos an. Die Unvereinbarkeit mit der »humanistischen Überzeugung« störte niemand.

Am 31. Oktober 1996 wurde die brandenburgische SPD-Landtagsabgeordnete Uta Bauer zur Landesvorsitzenden der dortigen »Humanisten« gewählt. Die politische Orientierung, die der des Berliner Landesverbandes entspricht, änderte nichts daran, daß der Landesverband im Dezember 1996 Gesamtvollstreckung anmelden mußte, weil er durch Verschuldung zahlungsunfähig geworden war. Die 28 JugendFEIERn für knapp 1 500 Jugendliche 1997 konnten von den Regionalverbänden Königs Wusterhausen, Potsdam, Trebbin-Teltow, Oranienburg, Brandenburg und Märkisch Oderland, die nun an die Stelle des Landesverbandes getreten waren, nur durchgeführt werden, weil der Bundesverband die in der Konkursmasse unverfügbaren Teilnehmerbeiträge ersetzte. Sie betrugen 150 oder 190 DM, abhängig von der Größe des jeweiligen Veranstaltungssaales.

Ein Blick auf die Jugendfeiern der *Freien Humanisten Niedersachsen* läßt charakteristische Unterschiede zwischen den Jugendweihen erkennen, die hier wie in den erwähnten Landesverbänden der »Humanisten« von freidenkerischen/heidnischen »Humanisten« als »Jugendfeiern« veranstaltet werden: Die Niedersachsen lösten sich wie vor ihnen andere der ursprünglich 16 Landesgemeinschaften am 31. Dezember 1985 aus dem 1950 neu gegründeten »Bund freireligöser Gemeinden in Deutschland / Freie Religionsgemeinschaft, gegründet 1859«, »weil die uns zu religiös sind«. Vergebens war in den Jahren zuvor auf Delegiertenversammlungen des Bundes öfters beantragt worden, den Begriff »freireligiös« aus dem Bundesnamen zu streichen. Den traditionsbewußten Verteidigern des Namensteils – in der hessischen Landesgemeinde etwa amtieren »freireligiöse Pfarrer« – hatten die Neuerer um die Niedersachsen vorgehalten, es widerspräche dem »Zeitgeist«, auf der Tradition zu beharren, weil diese unter der Allmacht des evolutionären Prozesses ohne Bedeutung für menschliches Leben sei. Ein traditionell christlich verstandenes »religiöses Bewußtsein« rede man sich heutzutage nur ein. Die niedersächsischen »Freien Humanisten« verbanden ihren Austritt nicht mit dem Anschluß an einen anderen Bundesverband; die nordrhein-westfälische Landesgemeinde hatte sich etwa dem »Berliner« Humanistenverband Deutschlands angeschlossen.

Hannover war wie Hamburg ein norddeutsches Zentrum der Jugendweihearbeit. Über eintausend Weihlinge traten während der Weimarer Republik zur Jugendweihe an. 1954 nahmen 532 Jugendliche an ihr teil. Die Zahl sank von 162 zehn Jahre später auf 134 zwanzig Jahre darauf. 1984 waren es 137, 1994 achtunddreißig. Auf diesem Niveau stabilisiert sich die Zahl, 1996 nahmen 34 Jugendliche teil. Drei stammten aus übergesiedelten ostdeutschen Familien. In Niedersachsen gibt es knapp fünfzig Ortsgruppen, die nach Auskunft des Landessprechers Jürgen Gerdes nicht alle Jugendfeiern anbieten. In Niedersachsen sank seit 1954 die Zahl der an ihr teilnehmenden Jugendlichen von 998 über 245 zwanzig Jahre später auf 85 im Jahr 1994. Der Hannoveraner Vorstandskämpe Rolf Capelle nannte als Grund für diesen Rückgang die wachsende Unlust der Jugendlichen, sich irgendwie verbandlich zu organisieren. Stark empfänden die Hannoveraner »Humanisten« die Arbeit der Vereine als Konkurrenz.

»Bei uns hat die Jugendfeier einen feierlichen Charakter«, stellten Capelle und der Hannoveraner Jugendbildungsreferent Jürgen Steinecke fest. »Bei denen« trügen die Weihen und Feiern »Volksfestcharakter. Aber das ist nicht das, was wir uns vorstellen unter einer Abschlußfeier«, betonte Capelle im Blick auf die Veranstaltungen in Ostdeutschland. Deren feierlicher Charakter sei unecht, denn es sei eine von den Humanisten mit den Mitteln des modernen Entertainment aufgepeppte Feierlichkeit einer DDR-Volksbewegung. Dagegen setzen die Hannoveraner die ernste Feierlichkeit eingeschworener kleiner Gemeinschaften. Das inhaltlich anspruchsvolle »Buch zur Jugendfeier ›Geh deinen Weg‹«, das unter Mitarbeit des Arbeitskreises Literatur der EEKBOOM Gesellschaft für freigeistige Kultur e. V., Pinneberg«, 1994 herausgegeben wurde – es umfaßt über fünfzig literarische und wissenschaftliche Texte, die um die Ethik menschlichen Handelns kreisen –, zeigt den Ernst der auch in der Jugendweihearbeit vertretenen gemeinschaftlichen Weltanschauung. Bis in die siebziger Jahre wurde auf Programmen der Jugendweihe dort gebeten, von Beifallskundgebungen abzusehen.

Vor der Jugendfeier sind bei den Hannoveranern die »vorbereitenden Unterrichtsstunden« zu besuchen. Für die Jugendfeier am 9. März 1996 begann dieser »Vorbereitungsunterricht zur Jugendfeier« am 16. Oktober 1995. Wöchentlich einmal versammelten sich die 36 Teilnehmer in zwei festen Gruppen zu den Unterrichtsdoppelstunden im Gemeindehaus »Humanitas«. Jürgen Steinecke erteilte den Unterricht, ungefähr die Hälfte der Jugendlichen sind Verbandsmitglieder (»Junge Humanisten«), genauer: Mitglieder sind die Eltern, denn erst nach Erreichen der Religionsmündigkeit im Alter von 14 Jahren können die Jugendlichen Mitglieder werden. In Hannover ist die Jugendfeier mithin keine unvorbereitete, abrufbare Serviceleistung.

Diese intensive Einbindung der Jugendfeier in das weltanschauliche Leben der freireligiösen, freigeistigen »Freien Humanisten« unterscheidet sie deutlich von den vor allem in Ostdeutschland tätigen »Humanisten«. Die »Freien Humanisten« stützen sich, so ihr »Ziel und Zweck« in einer

Vorstellungsbroschüre 1995, auf »die Erkenntnisse der Wissenschaften und bleiben einzig und allein der Menschheit verantwortlich «. Für »Kinder, deren Eltern bei den »Freien Humanisten Hannover« Mitglieder sind oder werden, sind 75 DM (1996) für die Jugendfeier und den vorbereitenden Unterricht zu zahlen«. 150 DM werden für »Kinder, deren Eltern Mitglieder in anderen Gemeinschaften sind«, bezahlt. Die Respektierung der Mitgliedschaft in freigeistig-freidenkerischen Organisationen über die Grenze der eigenen Gruppe hinaus ist ein weiterer Beleg für die weltanschauliche Ehrlichkeit der »Freien Humanisten« in der Jugendfeier. Die Breite der weltanschaulichen Bewegung klingt an. Denn 200 DM sind für Kinder von Nichtmitgliedern zu bezahlen. Knapp zehn Prozent der teilnehmenden Kinder stammen aus Familien, die aus Ostdeutschland übergesiedelt sind. Erschreckt berichtet Capelle, der stellvertretende Vorsitzende der Hannoveraner, daß aus der DDR übergesiedelte Menschen nun in die Kirche eintreten.

Die aggressiven Werbetätigkeiten der Berliner »Humanisten« im Vorfeld der JugendFEIER sind Capelle nicht geheuer; die in Ostdeutschland und Berlin eröffnete Möglichkeit, durch keinen Unterricht vorbereitet an »humanistischen« JugendFEIERn teilzunehmen, ist für die rund 1 600 Mitglieder der Freien Humanisten Hannovers ein Unding. Capelle räumte ein, sie seien auch einmal auf diesem Holzweg des Mitgliederfangs gewesen: »Ende der sechziger, in den frühen siebziger Jahren haben wir die Jugendlichen (nach der Jugendweihe) als Mitglieder aufgenommen, um sie nicht zu verlieren. Aufgenommen als beitragsfreie Mitglieder, aber das hat nicht geklappt. Als sie Beiträge zahlen mußten, waren wir sie wieder los.« Rund dreißig Prozent der Teilnehmer an den JugendFEIERn nehmen jetzt das Angebot der beitragspflichtigen Mitgliedschaft an.

An der Jugendfeier der Freien Humanisten nehmen die Jugendlichen teil, erklären die meisten auf Anhieb, »weil wir nicht an Gott glauben – und wegen des Geldes«. Der halbjährige Unterricht, den Steinecke, der die Anwesenheit kontrolliert sowie bei störendem Verhalten auch einmal »ein Referat aufbrummt« und in Ausnahmefällen des Saales verweist, in lockerem Tonfall nicht ohne Worte ordinärer Alltagssprache erteilt, gefällt den Jugendlichen. »Die Stimmung ist geil, denn der Kurs ist kurz und nicht so anstrengend wie der zweijährige Konfirmandenunterricht von Klassenkameraden.« Steinecke will im Unterricht »auf das Leben nach der Schule vorbereiten« – nur durch argumentative Anstöße: »Dogmenfrei« ist den Jugendlichen völlige Freiheit zu lassen, orientiert an der antiken Maxime »Der Mensch ist das Maß aller Dinge«. Das Rahmenprogramm des Unterrichts beginnt mit einer Selbstvorstellung »Humanisten. Wer wir sind, was wir wollen«. Dann sollen »Dualismus, Solidarität, die einzelnen Weltreligionen« behandelt, vor Sekten, Okkultismus, »Techno und Ekstasy« gewarnt werden. Auf dem Programm stand weiterhin ein Besuch der Drogenberatungsstelle Hannover, außerdem sollten weltgeschichtliche wie sozialpolitische Themen besprochen werden. Zwei-»Junge Humanisten-

Wochenenden« werden den Gruppen angeboten, die auch einmal zum Deutschen Bundestag fahren sollen. Gründlich kann Information und Reflexion wegen der Gewichtigkeit der Themen in der Kürze der Zeit für 14jährige nicht sein. Zur Gedankenstütze werden Texte verteilt, die Steinecke im Unterricht immer wieder erwähnt. Verloren aber gehen vermutlich kurze Erklärungen wie die der »gesellschaftlichen Revolution der 68er« in drei Sätzen, weil den Kindern die damaligen Zusammenhänge völlig unbekannt waren. Der Unterricht mutet an, als sei eine Ersatzschule inszeniert, die die nicht unbedingt lerneifrigen Jugendlichen überfordert.

In einer Doppelstunde trugen die Kinder zusammen, »was ein Mensch wissen und was wir nur glauben können«. Stets im Gespräch mit Steinecke zeigen sie »Faktoren auf, die die Lebenssicht eines Menschen bestimmen«, beantworten die Fragen »Was verstehen wir unter Gewissen und Wertepriorität?«. Der Lebensstil der Ostdeutschen, erklärte Steinecke, habe sich durch den Fall der Mauer geändert. Im Sinne der verbandlichen Dogmenfreiheit bewertete er den Zusammenbruch der DDR nicht. Er begrüßte deshalb das Ende der SED-DDR nicht. Sehr, sehr vieles kann in diesem erfrischend einfachen Unterricht nur gestreift werden, wie etwa die Gründe für den Zusammenbruch der DDR. Zur Sprache kommt auch in Hannover nicht der Einsatz der Jugendweihe als Disziplinierungsmittel der DDR. Die Feststellung, »daß wir glauben, was wir nicht wissen«, verdeckt den existentiellen Unterschied zwischen Glauben und Wissen. Wem hilft schließlich die Erklärung des »humanistischen« Jugendbildungsreferenten, »es gibt etwas Universelles, das in keinem Gesetzbuch steht. Und daher eine Hemmschwelle für uns Menschen«?

Die Vorbereitungen auf die Jugendfeier nehmen in Hannover einen Monat am Schluß des Unterrichts in Anspruch. Vielen Jugendlichen ist recht früh klar, daß es sich um einen Übergangsritus handelt; viele wollen schlicht einmal ernst genommen werden. Hier füllt der Verband Lücken, die unachtsames Verhalten von Eltern reißt, die ihre Kinder »überbetreuen«. Am Sonntag vor der Jugendfeier gibt es in Hannover traditionell die *Morgenfeier* im Verbandshaus, zu der die Teilnehmer, der Referent und die Eltern kommen. Jugendliche rezitieren Texte, lesen andere vor und erzählen. Sie üben so die durch Vorbereitung, Erwartung und ungewohnt festlichen Rahmen aufregende Jugendfeier ein. Auf Fragen der Eltern erzählen sie über die Unterrichtsstunden. Die Morgenfeier hat sich aus der Aufnahmeprüfung entwickelt, die in freireligiösen Gemeinden anfangs im 19. Jahrhundert vor der Jugendweihe abgelegt werden mußte.

Wie sehr die JugendFEIERn des »humanistischen« Weltanschauungsverbandes, der sich mit der Interessenvereinigung das Erbe der DDR teilt, anders als in der weltanschaulich verpflichteten Jugendweihearbeit in Hannover zum marktgängigen Dienstleistungsangebot werden, zeigt der Aufbau der *Geschäftsstelle Märkisch-Oderland in Strausberg* östlich Berlins 1995. Ab dem 6. April 1996 gibt es in dieser brandenburgischen Region JugendFEIERn. In den im Herbst 1995 formulierten »Angeboten für

Teilnehmer an der JugendFEIER 1996« heißt es: »Für die Teilnehmer an der JugendFEIER 1996 bietet der Humanistische Verband Veranstaltungen und Aktionen, die auf den Höhepunkt JugendFEIER vorbereiten. Diese organisiert der Verband im Rahmen ›offener Jugendarbeit‹«. Probleme des täglichen Lebens sollen auch mit Personen des öffentlichen Lebens zur Sprache kommen, Sport und Spiel soll betrieben, Liebe und Sexualität besprochen werden. Teil dieser *offenen Jugendarbeit*, die »eine umfassende Vorbereitung auf den Höhepunkt JugendFEIER ermöglichen soll, sind Angebote für alle Freunde und die Möglichkeit, einen DRK-Schein für »lebensrettende Sofortmaßnahmen« (Erste Hilfe) zu erwerben. Der Unterschied zu der ostdeutschen »Interessenvereinigung« ist verschwunden. Wie diese bieten die »Humanisten« »offene Jugendarbeit« als Vorbereitung der JugendFEIER an, zu der auch jeder willkommen ist, der an keiner vorbereitenden Veranstaltung teilgenommen hat. Den vom Funktionär der »Humanisten«, Christian John, wie wir lasen, behaupteten »entscheidenden Unterschied« zwischen diesen und der Interessenvertretung gibt es also nicht. Beides sind wirtschaftlich kalkulierende Dienstleistungsunternehmen, die einen freilich mit und die anderen ohne weltanschauliche Flagge.

Berliner Tradition: Staatliche Unterstützung der Veranstalter von JugendFEIERn

Unterschiedlich wird in den Landesverbänden des »Humanistischen Verbandes« in Deutschland mit der JugendFEIER verfahren, obwohl alle Mitglieder sich zu einer gemeinsamen Weltanschauung bekennen. Die leichten Abweichungen von der Veranstaltungsform der Jugendweihe in der DDR muten ostdeutschen Teilnehmern kein Umdenken zu, so daß Ostdeutsche sich in diesen »anderen Jugendweihen« zu Hause fühlen. Unterschiedlich ist die Feier in den Landesverbänden in die gemeinsame Weltanschauung eingebunden – tatsächlich oder scheinbar.

Offiziell geht es in allen Landesverbänden um »humanistische JugendFEIERn« für »kirchlich nicht gebundene« Kinder im Alter von 13–14 Jahren. Ihren weltanschaulichen Charakter beweist die JugendFEIER tatsächlich in der Art und Weise, in der unterhaltsame, informierende, bildende und andere Veranstaltungen, in Berlin »Projekte und Weitblick-Veranstaltungen« genannt, als Vorbereitung der folgenden JugendFEIER ausgewiesen sind. Keine zwei Generationen liegt es zurück, daß die Berliner Freidenker Eltern in einer »Information zur Jugendweihe« mitteilten, daß in der Jugendweihe und deren Vorbereitung »die heranwachsende Generation auf gesellschaftliche Aufgaben vorbereitet«[31] wird. Dadurch war ein Zusammenhang geschaffen, wenngleich »gesellschaftliche Aufgaben« in jeder modernen Gesellschaft schwer zu definieren sind. Heute ist dieser Zusammenhang aufgegeben, Funktionäre der Berliner

»Humanisten« nannten ihre eigene Veranstaltung »konturenlos«. Unbeantwortet blieb im Berliner Landesverband nach der Vereinigung die selbstkritische Frage, ob der Verband »weltanschauliche Gemeinschaft oder Serviceverein werden wolle«. Am 17. Oktober 1992 wurde sie von dem Vorsitzenden auf der Mitgliederversammlung im Seniorenheim Weinbergsweg, Berlin-Pankow, gestellt.[32]

Allen offiziellen »humanistischen« Bekenntnissen zum Trotz setzten sich die Berliner »Humanisten« auf das durch die DDR-Freidenker in Ost-Berlin gesattelte Pferd als Berliner JugendFEIER-Veranstalter. Der Serviceverein offeriert »Projekte und Weitblick-Veranstaltungen«. Einige wurden beschrieben, die Behauptung einer »Vorbereitung« der JugendFEIER durch sie ist nirgendwo inhaltlich ausgewiesen. Ein zwingender Zusammenhang mit der JugendFEIER ist nicht erkennbar.

Der mit dem JugendFEIER-Büro kundenfreundlich aus Neukölln erst nach Lichtenberg in die Frankfurter Allee und 1996 in die Pappelallee (Prenzlauer Berg) umgesiedelte Verband kann sich dabei, einzigartig in Deutschland, auf ein Fundament stützen, das ihm und seiner weltanschaulichen Jugendweihe/JugendFEIER in West-Berlin geschaffen worden war.

Das letzte Gesetz, das die alliierte Kommandantur in Berlin am 26. Juni 1948 vor der Teilung der Stadt bestätigte, das Schulgesetz für Groß-Berlin, eröffnet der freidenkerischen Weltanschauungsgemeinschaft, d.h. dem Veranstalter von Jugendweihen/JugendFEIERn, Arbeitsmöglichkeiten wie in keinem anderen deutschen Land. In § 10, der in (West-)Berlin – heute als § 23 – gültig blieb, wird bestimmt, daß »der Religionsunterricht Sache der Kirchen, Religions- und Weltanschauungsgemeinschaften ist«. Er wird von Personen erteilt, die von diesen Gemeinschaften beauftragt werden. Der Staat hat keinen Einfluß auf die Auswahl dieser an den staatlichen Schulen Berlins unterrichtenden Lehrkräfte. Da dies Gesetz vor dem 1. Januar 1949 in Kraft trat, gilt diese vom Grundgesetz abweichende Regelung fort.

Am 28. April 1959 beschloß der Berliner Senat, dem eigenständig gewordenen DFV, Landesverband Berlin, als Weltanschauungsgemeinschaft »die Möglichkeit zu bieten, in der Berliner Schule« gemäß seiner Weltanschauung Religionsunterricht zu erteilen – traditionell wird er als *Lebenskundeunterricht* bezeichnet. Der Senat bezuschußt den Religionsunterricht nach der Zahl der teilnehmenden Schüler. Am 23. März 1960 stritt man im Berliner Abgeordnetenhaus, wie hoch der »Zuschuß an den DFV zur Einführung des Lebenskundeunterrichts« ausfallen solle. Die kümmerliche Zahl von 700 Verbandsmitgliedern in der Millionenstadt hatte aufgeschreckt. Der Abgeordnete Egon Endres (CDU) folgerte daraus, »daß eine Vereinigung mit so wenig Mitgliedern nicht die Repräsentanz als Träger des Unterrichts auch für alle diejenigen Eltern sein kann, die augenscheinlich anderer Auffassung sind als dieser Verband; denn sonst hätten sie ihm angehört«. Sein Kollege Alexander Voelker (SPD) riet, »nicht von den Mitgliederzahlen einer Organisation« auszugehen, sondern »zu fragen: Wie groß ist der Kreis derer, die sich hier in Berlin an Jugendweihen beteiligen?« Sozialdemokraten waren sich sicher, daß die Teilnahme an der traditionell proletarisch-freidenkerischen Jugendweihe Weihlinge wie deren Eltern weltanschaulich im vertrauten Sinne festlegt: »Das ist auch eine Entscheidung in weltanschaulicher Hinsicht«, betonte Werner Block (SPD). Die Mehrheit der von Willy Brandt geleiteten Großen Koalition entschied sich für den Zuschuß in Höhe von 90 000 DM. Alfons Waltzog (CDU) hatte vorgerechnet, daß so, gemessen an den 275 Schülern im Lebenskundeunterricht, der DFV pro Schüler 236 DM erhalte »und pro Person des Freidenkerverbandes 71 DM«. Der Rechnungshof beanstandete im Juni 1961, daß der Freidenkerverband im Rechnungsjahr 1959 »25 000 Lehrbücher, und zwar fünf Titel zu je 5 000 Stück« für 1961 bei 395 Schülern anschaffte (›Tagesspiegel‹ 29. Juni 1961). Schulsenatorin Hanna-Renate Laurien (CDU) erneuerte im Juni 1982 die Unterrichtserlaubnis für die Freidenker, nachdem der Lebenskundeunterricht über Jahre eingeschlafen war. Dank der so gewährten Zuschüsse konnte der weltanschauliche Jugendweihe-Veranstalter nicht nur seine Infrastruktur ausbauen; er zog als Werbeträger in die Berliner Schule ein: Werbung für die außerhalb der Schulen veranstalteten Jugendweihen ist ihm in der Berliner Schule durch die »Ausführungsvorschriften über Werbung, gewerbliche Tätigkeit in der Berliner Schule« vom 17. Dezember 1982 ausdrücklich gestattet. Die Jugendweihe ist gleichrangig neben evangelischer Konfirmation und katholischer Firmung, für die niemand an der Schule »wirbt«, als weltanschauliche Kulthandlung der Freidenker angeführt.

Gekonnt ist das weltanschauliche Servicepaket geschnürt: Der »humanistische« Landesverband Berlin, der seine Serviceleistung JugendFEIER jedem interessierten und zahlenden Jugendlichen anbietet, geriert sich schulrechtlich an der Berliner Schule als Weltanschauungsverband, dessen Kultveranstaltung die »Jugendweihe« ist. Nichts spricht gegen die Behauptung, daß die »andere Jugendweihe« JugendFEIER von Teilnehmern oder Besuchern nicht dementsprechend als weltanschauliches Unterscheidungsmerkmal begriffen wird.

Gegenüber den westdeutschen Landesverbänden haben die finanziell einzigartig ausgerüsteten Berliner »Humanisten« den Vorteil, daß die festbegierige ostdeutsche Kundschaft das JugendFEIER-Programm am Laufen hält und den Veranstaltern das Geschäft sichert. Über das Verhältnis der Berliner zu den ostdeutschen Landesverbänden ist nicht viel bekannt. Daß die Gründung des Brandenburgischen Landesverbandes aus Berlin betrieben worden sei, wird wohl zu Recht behauptet. Der Weg von Berlin nach Potsdam ist kurz, und in der brandenburgischen Landeshauptstadt war kundiger freidenkerischer Rat erwünscht, als das Aufgabenfeld des *Interessenverbands für Konfessionslose in Brandenburg* auf die Jugendweihearbeit umgestellt wurde. Der Konkurs der Brandenburger 1996 beflügelte die Solidaritätsgefühle der Berliner nicht.

Eine Geschenk- und Familienfeier der »zweiten DDR« im vereinten Deutschland

Den sozialistischen Freidenkern/»Humanisten« Berlins wäre Unrecht getan, bezeichnete man sie als Sympathisanten der DDR. Freilich überzeugt ihr weltanschaulicher Einspruch gegen die Jugendweihearbeit der in der DDR verwurzelten »Interessenvereinigung für humanistische Jugendarbeit und Jugendweihe« nicht, weil der weltanschauliche Charakter ihrer eigenen *alternativen/anderen Jugendweihe* hinter ihrem Geschäftswunsch als Serviceverein, der alle zahlenden Interessenten unbesehen versorgt, verschwindet. Indem »Humanisten« wie »Interessenvereinigung« dem Wunsch Ostdeutscher nach einer zeitgemäßen Jugendweihe bedingungslos genügen und *die* Jugendweihe veranstalten, bestärken sie unterschiedslos die ostdeutsche Erinnerungsgemeinschaft in ihrem recht undistanzierten Verhältnis zur DDR. Verstärken die Jugendweihen/JugendFEIERn, in deren Vorbereitung unliebsame Teile der DDR-Geschichte nicht zur Sprache kommen, die von einem ostdeutschen Publizisten beklagten »pubertären Trends, Geschichte abzuschaffen, damit man nicht für Vorgeschichte haftet«[33]? In der JugendFEIER lebt wie in der Jugendweihe die *zweite DDR* fort, nicht die der Nomenklatur und des Einparteiensystems, sondern die der einst »ins Informelle weggerutschten, abgetauchten Gesellschaft, in der die Menschen in allen Handlungsfeldern sozusagen ›konform abwichen‹.«[34] Die Bedeutung der Jugendweihen/JugendFEIERn darf freilich nicht überschätzt werden. Wie gezeigt, bestärken sie vorhandene Trends, die sie nicht ins Leben rufen.

Die beschwichtigende Behauptung, die veranstaltete Jugendweihe sei nur ein Familienfest gewesen, ist eine solche *konforme Abweichung*. Warum gehen Ostdeutsche, die meistenteils an vielen Jugendweihen teilnahmen, fehl in ihrer Erinnerung und bezeichnen noch heute veranstaltete Jugendweihen als Familienfeste, die in der Spur der bisherigen stehen? Sigmund Freud bezeichnet einen solchen Erinnerungsvorgang wie die kollektiv einseitige Erinnerung an die DDR in der ostdeutschen Schicksalsgemeinschaft unter dem Titel »Jugendweihe« als Familienfest als »Fehlgehen des Erinnerns« in *Deckerinnerungen*[35]: »Es wird nicht das vom Gedächtnis reproduziert, was korrekterweise reproduziert werden sollte, sondern etwas anderes als Ersatz. Die Ersatzbildung kommt durch die Verschiebung längs einer oberflächlichen Assoziation zustande. Das Versagen und Irregehen der reproduzierenden Funktion« ist nach Freuds Feststellung »häufiger, als wir vermuten«. Es verwiese auf die »Einmischung einer parteiischen Tendenz, welche die eine Erinnerung begünstigt, während sie einer anderen Erinnerung entgegenzuarbeiten versucht«. Diese unbewußte Erinnerungsweise erklärt vermutlich, warum irreführend Jugendweihe als Familienfeier verstanden wird – im geeinten Deutschland wie in der DDR.

Die Jugendweihen/JugendFEIERn helfen freilich nicht, daß Ostdeutsche, wie von Konrad Weiß, einem ostdeutschen Bürgerrechtler und Bundestagsabgeordneten, erhofft, »die schmerzliche Erkenntnis ehrlich eingestehen, so lange in einer unmenschlichen Diktatur gelebt und gearbeitet zu haben, ohne deren Unmenschlichkeit wirklich zu durchschauen«.[36] Statt dessen liegt den Teilnehmern viel eher der beruhigende Ulk der DDR-Heroine Ruth Holland-Moritz nahe, die die deutsche Einigung damit vergleicht, daß dank eines erprobten Medikamentes aus Westdeutschland ein leidiger Hexenschuß nur unter Inkaufnahme aller im Beipackzettel vermerkten denkbaren »Nebenwirkungen« therapiert wird[37].

Anmerkungen

1 So die Wendung im ›Jugendbericht‹ der Bundesregierung (Drucksache Deutscher Bundestag 13/70 vom 8. 12. 1994), S. 212.

2 Richard Schröder: Deutschland schwierig Vaterland, Freiburg i. B. 1993, S. 37.

3 CORAX. Magazin offener Kinder- und Jugendarbeit, 4. Jg., Nr. 6, Juni 1995, S. 11.

4 Zitiert in: Jugendweihe: Vorwärts in die Vergangenheit, in: Weltbild vom 19. Oktober 1990.

5 George Orwell: 1984, Frankfurt a. M. 1995, S. 51 und 19.

6 Udo Rößling: Jugendweihe in der Deutschen Demokratischen Republik – Tradition – Geschichte – Gegenwart, in: Feste der Arbeiterbewegung: 100 Jahre Jugendweihe, hg. von Manfred Isemeyer und Klaus Sühl, Berlin 1989, S. 120.

7 Das teilte Freyer dem Autor Ende 1996 brieflich mit.

8 Die von Wolfgang Leonhard in ›Die Revolution entläßt ihre Kinder‹ überlieferte Direktive Ulbrichts zitiert Rudi-Karl Pahnke: Jugend zwischen FDJ, SED und MfS, S. 42, in: Beschädigte Seelen. DDR-Jugend und Staatssicherheit, hg. von Jörn Mothes, Rostock 1996.

9 S. 3 und 6 der Einschätzung, zit. nach Pahnke, a. a. O., S. 47.

10 Gerfried Dahler: Jugendweihefeiern 1990, JUGENDWEIHE 1/1990, S. 18.

11 Uwe Bastian: Auf zum letzten Gefecht ... Dokumentation über Vorbereitung des MfS auf den Zusammenbruch der DDR-Wirtschaft, Berlin, Juni 1994, S. 3 (Arbeitspapiere des Forschungsverbundes SED-Staat an der Freien Universität Berlin, Nr. 9/1994).

12 Der Brief und die »Hinweise« liegen in den Archivbeständen des ehemaligen Vorsitzenden des Ortsausschusses Falkenberg/Mark.

13 In einem Bericht über Jugendweihefeiern erwähnte der Berliner ›Tagesspiegel‹ am 17. Mai 1994 diesen Ausspruch.

14 Das teilt Paetz in ›Politisierung des Schulalltags der DDR‹, S. 252, mit. Diesen Bericht schrieb er mit Sonja Kudella und Heinz-Elmar Tenort 1994 für das brandenburgische Ministerium für Bildung und Jugend und Sport, Potsdam.

15 So das ›Kulturpolitische Wörterbuch‹ aus dem Ost-Berliner Dietz Verlag, 1978, S. 270.

16 Peter Förster/Walter Friedrich: Jugendliche in den neuen Bundesländern, aus: Politik und Zeitgeschichte/Beilage zu *Das Parlament* B 19/96 vom 3. Mai 1996, S. 20.

17 Nach Angabe des Statistischen Bundesamtes in Wiesbaden wurden 1989 198 922 Kinder in Ostdeutschland geboren, 1994 waren es weniger als die Hälfte: 78 698 Kinder. 1996 stieg die Zahl um 1 090.

[18] Klaus Hartung zitiert Brie im Artikel Der artige Rebell in DIE ZEIT vom 9. August 1996.
[19] Kolbe nannte dies Thema im Gespräch mit Wolfgang Hilbig und Lutz Rathenow am 30. Mai 1996 in der Behörde des Bundesbeauftragten für die Unterlagen des Staatssicherheitsdienstes.
[20] So schilderte Helmuth Sturmhoebel, einer der Verantwortlichen der Hamburger »Arbeitsgemeinschaft Jugendweihe«, deren Jugendweihen am 28. Mai 1994.
[21] Nach Berliner Erklärung des DFV-Verbandstag 1994: Wer sind die Freidenker und was wollen sie?, S. 31.
[22] Klaus Sühl: Jugendweihe heute: Fest der Arbeiterbewegung?, in: M. Isemeyer/K. Sühl: Feste der Arbeiterbewegung: 100 Jahre Jugendweihe, Berlin 1989, S. 156, 143.
[23] Die Zahl nennt Michael Schulenburg in: Neue Zeit vom 14. April 1991 (»Laut Stasi-Befehl sollen Freidenker unterwandert werden«).
[24] Gabriele Braemer: Nachdenken über ein Freidenkerwort aus Dortmund, diesseits Nr. 13/Dezember 1990, S. 18.
[25] Klaus Sühl, a. a. O. (Anm. 22), S. 150, 149.
[26] So auf dem Handzettel des Landesverbandes Berlin zur Geschichte des Humanistischen Verbandes Deutschlands im Abschnitt »Gegenwärtige Verbandsentwicklung« (Winter 1995/96).
[27] Uwe Völke: Feier im Widerstreit, MIZ 4/1,1993, S. 10.
[28] Das schrieb G. Braemer am 8. März 1995 an H. Berndt, Potsdam.
[29] Wolfener Zeitung, 25. Mai 1994.
[30] Großzügig war die Millionenzahl der »religiös nicht Gebundenen«, der Heiden, berechnet. Nach dem bei Dietz 1995 aufgelegten ›Weltatlas der Religionen‹ bekennen sich weniger als 25 Prozent aller Menschen zu keiner Religion. Nicht organisierte, »private« Religionsausübung ist ein Phänomen ausschließlich des neuzeitlichen Bildungsbürgertums.
[31] Von den Freidenkern in West-Berlin 1987 an Eltern verteilte Informationsbögen.
[32] Protokoll der Mitgliederversammlung im Vereinsregister des Amtsgerichts Berlin-Charlottenburg [AG 95 VR 4672 NZ: Bl. 604].
[33] Christoph Dieckmann im Artikel ›Die Heilige Schrift‹ in DIE ZEIT Nr. 35/23. August 1996.
[34] Ulrich Beck: Das geteilte Lachen. Deutsch-deutsche Mißverständnisse, deutsch-deutsche Witze, SZ, 2./3. Oktober 1995.
[35] Sigmund Freud: Psychopathologie des Alltagslebens, 1954, S. 47, Anm. 29.
[36] Das schrieb Konrad Weiss, der 1990–94 »Bündnis 90«-Bundestagsabgeordneter war, in MOZ vom 4./5. November 1995: »Die ostdeutsche Gesellschaft ist eine Gesellschaft ohne Gott.«
[37] Renate Holland-Moritz: Ossis, rettet die Bundesrepublik, Berlin 1993, S. 60 f.

Die Jugendweihe – ein gesellschaftlicher Übergangsritus?

»Feiert man aber Feste, denen nicht ein Gedenken zugrundeliegt, unwirkliche, wurzellose Feste? Führt man am Neujahrtag im frommen Mummenschanz Dinge auf, die man sich aus den Fingern gesogen hat?«

(Thomas Mann, ›Joseph und seine Brüder‹)

In Ostdeutschland ist die Veranstaltung einer Jugendweihe eine gesellschaftliche Selbstverständlichkeit geworden. Grund und Sinn des Festes müssen den Beteiligten hier nicht erläutert werden. Die Macht der Gewohnheit läßt unterstellen, daß Ostdeutsche sie nicht fragend problematisieren. Jugendweihe-Veranstalter bewegen sich unter Ostdeutschen so sicher, weil hier ihr Verzicht auf Konkurrenzkampf mit anderen Jugendweihe-Veranstaltern nicht als Flucht aus der Verantwortung, die eigene Veranstaltungsart bekannt zu machen, kritisiert wird. Er wird vielmehr als solidarisch selbstloser Beitrag im gemeinsamen Kampf um die Erhaltung der Jugendweihe erwartet. Die materialistisch nur auf die Feier bezogene Erwartung der Eltern und Teilnehmer orientiert sich nie am Grund, am Sinn der Familien- und Geschenkfeier. An ernsten, unaufgebbaren Überzeugungen stößt sich niemand, weil Jugendweihe keine Überzeugungssache ist. Es bleibt offiziell beim gewohnheitsmäßig stillschweigend unterstellten Grund der Weihe, einen biographischen »Übergang« feierlich zu begehen.

Ist die Jugendweihe/JugendFEIER eine ostdeutsche Veranstaltung, die auf andere Länder, den Westen Deutschlands, nicht übertragbar ist? Immerhin breitet sich das ostdeutsche Massenfest »Jugendweihe« kaum über die »Staatsgrenze West der DDR« nach Westdeutschland aus. Woran fehlt es im Westen, an Überzeugung? Östlich in Polen fehlt eine vergleichbare Einrichtung. Die Veranstalter verzichten auf werbende Vorstöße in westdeutsches Gebiet. Menschen, die die Jugendweihe nicht kennen, müßte sie erklärt werden, über zu erwartende Kritik und Alternativangebote wäre zu streiten. Und in Westdeutschland fehlt die Erinnerung an die frohen Familienfeste nach dem lieber verdrängten ideologischen Unterwerfungsakt in der DDR-Jugendweihe.

Der Unwille der Jugendweihe-Funktionäre vor Auseinandersetzungen dieser Art im Westen Deutschlands verhindert die Ausbreitung des ostdeutschen Massenfestes »Jugendweihe« nicht nur im ersten Jahrzehnt nach der Wiedervereinigung. Die Veranstalter fühlen sich nicht verpflichtet, die Notwendigkeit der Jugendweihe in ungewohnter Umgebung erklärend, werbend vorzustellen.

Obwohl es Jugendweihen nur in Deutschland gibt, behaupten alle Jugendweihe-Funktionäre, daß die Veranstaltung in einem kulturgeschichtlich weltweit verbreiteten Ritus wurzele: Es handele sich um einen »Initiationsritus«. »Humanisten« klagen in ihrem verbandsinternen Schrifttum immer wieder, daß das Wissen um die Bedeutung der JugendFEIER als Initiationsakt auch unter den Teilnehmern sinkt. In allen Publikationen dieser Vereinigung zur Werbung für die Jugendfeier in Ostdeutschland fällt davon kein Wort. »JugendFEIER – mehr als ein Familienfest« heißt es undeutlich in Prospekttexten. Den Grund der Feier halten sie zurück; welche konkreten Folgen der Initiationsakt Jugendweihe hat, wird nicht mitgeteilt.

Werner Riedel, erster Präsident der »Interessenvereinigung«, schreibt im Vorwort des Buches, das die Weihlinge 1995 bei der Jugendweihe der »Interessenvereinigung« erhielten: *Zu allen Zeiten und in allen Kulturkreisen gibt es Feste, mit denen der Abschied von der Kindheit, der Beginn der Jugendzeit und der Beginn des Erwachsenwerdens gefeiert wird. In Deutschland entspricht die Jugendweihe seit über 150 Jahren diesem uralten Brauch.* Wörtlich will Riedel nicht verstanden werden. Auf der Pressekonferenz nach der Eröffnungs-Jugendweihe am 25. März 1995 erzählte er, 1990 habe sich sein Sohn der Jugendweihe unterzogen: »Er bleibt noch ein Kind, aber in der Gesellschaft wird er ein Erwachsener werden.« Eine Banalität. Welche Bedeutung hat die Jugendweihe in der Gesellschaft des vereinten Deutschland für das Leben und Fortkommen der Geweihten und Ungeweihten? Was ändert die Jugendweihe am unausweichlichen Vorgang, der »Lebenswende« genannt wird?

Vor und nach den Jugendweihen/JugendFEIERn befragte Eltern wissen, daß ihr Kind sich einem Übergangsritus unterziehen soll. Darauf verweisen sie, befragt nach dem Grund der Teilnahme, freilich eher pflichtschuldig. Viel wichtiger ist allen der zugleich genannte Wunsch, ihr Kind *auch einmal im Mittelpunkt eines großen Festes* zu sehen. Die Kinder pflichten natürlich bei. »Das ist so üblich«, fassen sie zusammen. Nach der Jugendweihe meinen manche, sie seien nun »erwachsen geworden – sagt man so«, schränken viele sogleich ein.

Warum gibt es diesen *uralten Brauch* in Deutschland noch keine zweihundert Jahre? Es heißt, die Jugendweihe sei eine *Ersatzhandlung* für die Konfirmation der evangelischen Kirche und die Firmung der römischkatholischen. Zugestanden wird mithin, daß die Jugendweihe/Jugend FEIER nur ein *Ersatz* ist. Die hohe Zahl der Teilnehmer, die die an den genannten kirchlichen Handlungen in Ostdeutschland übersteigt, läßt überraschenderweise nicht selbstbewußt mehr sein wollen als Ersatz. Der Verzicht darauf, die Originalität der massenhaft besuchten Veranstaltung Jugendweihe zu behaupten, ist die Voraussetzung dafür, daß Jugendweihen/JugendFEIERn unverbindlich, ohne Bezug zur Biographie der Weihlinge, veranstaltet werden können.

Vor Jahrzehnten wurde über den Grund der Jugendweihe eindeutiger gesprochen, und Nachfahren heute stimmen dem inhaltlich durchaus zu. »Wie lebt unsere Jugend auf der Erde?« fragte Anna Siemsen (1882–1951) in ihrem Beitrag zu der 1933 in Jena dargebotenen freidenkerisch-sozialistischen ›Jugendweihegabe: Laßt uns Kameraden sein‹: In »manchen Negerstämmen gibt es sehr ausgedehnte Feierlichkeiten zur Aufnahme in die Schar der Männer und Frauen. Und dabei erleben sie das einzige, was unserer Schule ähnlich ist. Die Knaben ziehen sich nämlich mit einem älteren Mann, die Mädel mit einer Frau in ein einsam im Wald gelegenes Haus zurück, wo sie in alle ihre künftigen Pflichten eingeweiht werden. Am bestimmten Tage kehren sie ins Dorf zurück. Es gibt große Tänze und Schmäuse. Aber für die Knaben ist das Fest etwas schmerzlich, denn es wird ihnen zum Zeichen, daß sie nun ehefähige Männer sind, die Vorhaut weggeschnitten. Und wehe ihnen, wenn sie dabei mucken oder gar weinen. Das gilt als große Schande. Ähnliche Feste der Mannbarwerdung sind übrigens sehr verbreitet. Der Ritterschlag war etwas von dieser Art. Letzte Überreste sind die Firmung, die Konfirmation und schließlich auch unsere Jugendweihe.«[1]

Die Jugendweihe, so die Behauptung, ist ein »Initiationsritus«. Dies ist ein für Ethnologen und Religionswissenschaftler in der seit weit über hundert Jahren betriebenen Untersuchung archaischer Kulturen gebräuchlicher Begriff, der nicht nur Mannbarkeitsriten meint. Die Initiationsriten bestimmen mancherorts bis in unsere Tage das Leben von Völkern. Nach Mircea Eliade sind »unter Initiation im allgemeinen die Gesamtheit der Riten, Gebräuche und mündlich überlieferten Ratschläge zu verstehen, dank derer eine grundlegende Veränderung der religiösen und sozialen Stellung des zu initiierenden Individuums ins Werk gesetzt wird. Philosophisch entspricht der Initiation eine ontologische Veränderung der existentiellen Befindlichkeit des Initianden. Am Ende dessen Prüfungen befindet sich der Novize in einer anderen Existenzform als vor der Initiation.«[2] Die in der Forschung übliche Begriffswahl deutet die Grundsätzlichkeit des Wandels an: Die Teilnehmer an einer Initiation, die Initianden, werden *Novizen*, d.h. Anwärter einer Glaubens-, Verhaltens- und Wissensform genannt, der sie sich anschließen werden. Der Bedeutung nach entspricht der Begriff des »Weihlings« dem des »Initianden«.

Eliade unterscheidet drei Typen der Initiation:

1. Die kollektiven Riten, durch die der Wechsel von der Adoleszenz in das Erwachsenenalter vollzogen wird. Ihnen müssen sich alle Mitglieder der Gesellschaft unterziehen (die sogenannten »Pubertätsriten«).

2. Initiation bezeichnet weiterhin die Riten, die in eine geheime Gesellschaft eintreten lassen, z.B. in einen Bund. Sie sind Männern und Frauen zugänglich, betreffen indes stets nur einen Teil der Bevölkerung.

3. Der dritte Initiationstyp betrifft gleich dem zweiten nur einen Teil

der Gesellschaftsmitglieder. Es geht um die Initiation als mystische Berufung durch Medizinmänner oder Schamanen.

Zur Herleitung der Jugendweihe wird zweifellos an den ersten Initiationstyp gedacht, den sogenannten »Pubertätsritus«, durch den alle in einer Gesellschaft aufwachsenden männlichen und oft auch weiblichen Jugendlichen verantwortliche Mitglieder eben dieser Gesellschaft werden. Das Ritual markiert einen Entwicklungsschritt, den einzelner und Gesellschaft immer gemeinsam vornehmen. Selbstverständlich muß der Schritt in den Zustand eines verantwortlichen, mitbestimmenden Gemeinschaftsmitgliedes von der Gemeinschaft sanktioniert sein. Er hat Folgen auf die Beziehung der betreffenden Person zur verwandtschaftlichen und beruflichen Umwelt.

Im Nordwesten Zimbabwes beobachtete der schottische Ethnologe Victor Turner, wie sich die Zielsetzung der Initiation der Mädchen und Jungen unterscheidet[3]: Jungen müssen sich Gewohnheiten des Jägerstammes aneignen und lernen ihre Sexualität kennen; Mädchen werden auf ihre Hochzeit vorbereitet, die der Initiation meist sogleich folgt. Jungen werden separiert und im Busch unterrichtet, sie haben sich dabei gemeinschaftlich der Autorität Älterer unterzuordnen, für Mädchen wird eine Hütte aus Gras im Dorf errichtet. Ihre Initiation vollzöge sich individualistischer.

In der Regel unterscheidet sich die Form der Initiation für Mädchen und Jungen. In archaischen Kulturen sind vielfach die Pubertätsriten mit Beschneidungszeremonien verknüpft. Sigmund Freud interpretierte die Beschneidung psychoanalytisch klar und wohl zu schroff: »Wir vermuten, in den Urzeiten der menschlichen Familie wurde die Kastration vom eifersüchtigen und grausamen Vater wirklich an den heranwachsenden Knaben vollzogen, und die Beschneidung, die bei den Primitiven so häufig ein Bestandteil der Mannbarkeitskultur ist, sei ein gutkenntlich Rest von ihr.«[4]

Wie unvergleichlich fremd dieser »uralte Brauch« gesellschaftlicher Übergangsriten, die das Leben aller Gesellschaftsmitglieder bestimmen, der modernen Welt ist, möge die beispielhafte Beschreibung des religiösen Grundzugs der magisch symbolisierten Entwicklungsschritte verdeutlichen:

Initiationsriten etwa in Bali sind identisch für Jungen und Mädchen, wo beiden schmerzhaft ein Teil ihres Körpers abgetrennt wird: Die oberen sechs Zähne werden gerade gefeilt, sie sind der Geisterwelt zugerechnet. Sechs der menschlichen Übel sind den Jugendlichen so symbolisch spürbar abgeschnitten: maßlose Lust, Habgier, Berauschtheit, Mißgunst, Erregtheit und Zorn – meinen die Balinesen. Der magische Charakter dieses für die Betroffenen grundlegenden Rituals läßt ihn nicht auf äußerliche Handlungen reduzieren. Sowohl australische Kuringals als auch afrikanische Ndembus nahmen die aus ihrer Gemeinschaft stammenden jungen Männer nicht in ihre Gemeinschaft auf, die sich in einem Hospital hatten beschneiden lassen. »Zum Mann zu werden«, ist kein chirurgischer Vorgang. Ohne sich den je selbstverständlichen Riten unterworfen zu haben, wird niemand zum Mann, d.h. zum Gesellschaftsmitglied. Sexualkraft und Fortpflanzungsfähigkeit wird vielerorts deutlich unterschieden. In einem abessinischen Lied heißt es: »Wer noch nicht geboren hat, soll gebären. Wer noch nicht getötet hat, soll töten.« Töten wird angesehen als eine männliche Geschlechtsbestimmung wie Gebären als weibliche. Erst wenn ein Mann getötet hat, ist er initiiert, kann also Nachkommen haben. Findet er gleichwohl eine Frau, wird diese im Fall der Geburt eines gemeinsam gezeugten Kindes grausam wegen Ehebruches bestraft. Ihr Mann ist ja nicht fortpflanzungsfähig, weil er niemanden getötet hat.

Bei den Kai in Neuguinea muß ein Junge das bei seiner Beschneidung fließende Blut trinken, um seine Zeugungskraft zu erhöhen. Bei den Ovahero wird den beschnittenen Jungen der einem Ermordeten abgeschnittene Penis zum Essen gegeben. Ewald Volhard schildert in seiner Untersuchung des Kannibalismus, wie durch Blut und Geschlechtsteile symbolisiert Zeugen und Töten rituell zusammenhängen.[5]

Charakteristisch für eine Initiation ist, daß der Initiand eine Position zwischen der gesellschaftlichen Position des Kindes und der des anerkannten, verantwortlichen Mitgliedes der Gesellschaft einnimmt. Diese kurzzeitig eingenommene Grenzposition, der Moment des Übergangs, ist in archaischen Kulturen mit einer vielfältigen, bizarren Symbolik ausgezeichnet. Sichtbar steht der Jugendliche an einer Grenze, hinter der er erst Mensch wird. Ein Initiand ist deshalb jeder menschlichen Klassifizierung entzogen *(no man)*, vielerorts werden die Jünglinge als geschlechtslos oder als Mädchen behandelt. In vielen Gesellschaften werden zur Kennzeichnung der Initianden in dieser Grenzlage Symbole des biologischen Tods, des Zerfalls, gewählt. Sie sind eine ungeprägte menschliche Materie. Als »no men« sind Initianden nicht den Gesetzen der Gemeinschaft unterworfen, sie können mancherorts nach Lust und Laune rauben und vergewaltigen. Sie können freilich, dabei erwischt, ihrerseits getötet werden.

Die Initiation ist ein Übergangsritus. Wenn sich die Beschneidung bisweilen verselbständigte, verschob sich die Sinngebung, der Akzent verlagerte sich auf das Soziale. Das ließ Freud eine »phylogenetische Erinnerungsspur« zur »prähistorischen Familie (behaupten), da der eifersüchtige Vater den Sohn wirklich des Genitals beraubte, wenn er ihm als Rivale beim Weib lästig wurde«[6]. So auf der Grundlage des Kastrationskomplexes interpretiert, dient der Initiationsakt der Unterwerfung – unter die Macht des Vaters einerseits und unter die der Stammesregeln andererseits. Grund ist nicht ein Zwangsakt von Gewaltherrschern. In deren Macht stand und steht es nicht, gesellschaftliche Riten zu schaffen, die ausnahmslos akzeptiert werden. Ein naheliegendes Beispiel ist die DDR, in der Jugendweiheverweigerer alle staatlich verfügten Benachteiligungen um ihrer individuellen Würde willen in Kauf nahmen.

Kurz, weltweit ähneln sich die Initiationen. Es ist eine Abfolge von

Härtetests in Abgeschiedenheit, oft unter Anleitung von Lehrpersonen, verbunden meist mit Speise- und/oder Handlungstabus. Die Initianden werden geschlagen, besoffen gemacht. Im Busch isoliert, ähneln sie Gespenstern, gelten als tot. Ihr Lebensrhythmus ist asymmetrisch zu dem gesellschaftlich organisierten, in den sie eintreten sollen. Diese Asymmetrie ist in der sexuellen und räuberischen Zügellosigkeit deutlich. Es folgt der zumeist mutilierende Initiationsakt, der demaskierend oft mit der enthüllenden Erklärung heiliger Gegenstände, etwa von Masken, verbunden ist, hinter denen sich nicht, wie angenommen, Geister, sondern Stammesangehörige befinden. Das führt zu einer Wieder-, besser Neugeburt, Initiierte sind »Wiedergeborene«. Unverkennbar ist die religiöse Dimension des Ritus. Die »Wiedergeborenen« sind durch rituelle Handlungen, die sich stets über eine längere Zeit erstrecken, in eine Gemeinschaft aufgenommen, in deren Ordnung sie sich dank der Belehrungen zurechtfinden können. Im Initiationsritus handelt stets ein ganzer Stamm oder dessen Untergliederung. Einen sehr matten Abglanz hat der rituelle Wechsel in einer Welt, in der gesellschaftliche Verhaltensregeln auf den Kopf gestellt sind, im Polterabend: Geschirr wird zerschmettert, damit die tags darauf geschlossene Ehe hält. Ähnlich gibt es in Lissabon in der Nacht vor den Festen der Heiligen Antonio, Joao und Pedro im Juni wilde Marchas populares.

Eliade faßt zusammen: »Durch die Initiation überschreitet man die natürliche Welt, die der Kindheit, und tritt in die kulturelle Welt, d.h., man läßt sich in die geistigen Wertsetzungen (der jeweiligen Kultur) einführen. Durch die Initiation wird die ganze Gemeinschaft religiös aufgefrischt, denn die Initiationsriten wiederholen nur die Handlungen, die in mythischer Vorzeit von übernatürlichen Wesen vollzogen wurden.«[7]

Ein Initiationsritus muß kein »Pubertätsritus« sein. Für die Ndembus in Zimbabwe ist die Solidarität unter Vätern und zwischen Brüdern sehr wichtig. Oft werden zwei oder drei Brüder unterschiedlichen Alters in einer Gruppe beschnitten. Das ist einer der Gründe dafür, daß das Alter der Novizen zwischen sieben und siebzehn Jahren schwankt. Bei den Massai in Kenia kann ein Junge bzw. ein Mädchen erst beschnitten werden, wenn sein Vater durch die Zeremonie »Überschreiten des Zaunes« signalisiert hat, daß er den gesellschaftlichen Status eines »alten Mannes« akzeptiert, der nunmehr »Vater von … (Name des Kindes)« genannt wird.[8]

Der französische Ethnologe Arnold van Gennep, dessen Studie »Übergangsriten« dies Beispiel entnommen ist, brachte die Struktur der vielfältigen Riten auf den Begriff *Passageritus*: Jeder Mensch legt in seinem Leben Etappen zurück, verändert sich nicht nur räumlich. Er verläßt den Mutterleib, durchlebt seine Kindheit, wird in die Gesellschaft seines Landes initiiert, findet sich als Individuum in einer Gemeinschaft zurecht, legt räumlich Entfernungen zurück. Das Unsicherheitsgefühl vor Reisen erinnert an die Angst archaischer Menschen vor Ortswechseln. Die Heirat führt in ein neues Sozialgefüge, die Verlobung bereitet den Wechsel vor.

Im Leib der Frauen entwickelt sich schließlich neue menschliche Existenz, von der die Niederkunft, die Durchschneidung der Nabelschnur, trennt. Schließlich entfernen wir Menschen uns von dieser Erde. »Das Leben eines Menschen besteht somit in einer Folge von Etappen, deren End- und Anfangsphase einander ähnlich sind ... Zu jedem dieser Ereignisse gehören Zeremonien, deren Ziel identisch ist: Das Individuum aus einer genau definierten Situation in eine andere, ebenso genau definierte Situation hinüberzuführen«. Van Gennep unterschied zu Beginn des 20. Jahrhunderts überzeugend »eine besondere Kategorie der Übergangsriten, die sich in Trennungsriten *(rites de séparation)*, (räumlichen) Schwellen- bzw. (sozialpsychologischen) Umwandlungsriten *(rites de marge)* und Angliederungsriten *(rites de aggrégation)* gliedern.« Die künstliche Dramatisierung der Krisen, die jeder Mensch durchläuft, orientiert unabhängig davon, ob sie religiös ist oder nicht, gesellschaftlich alle im Umgang mit diesen Krisen.

In der europäischen Kultur wird die Kategorie der Initiation, des Übergangsritus, seit Jahren vermehrt von Historikern und Psychologen bei der Analyse literarischer Werke aus der Vergangenheit verwandt, um so über den künstlerischen Reiz hinaus Aussagen über uns Menschen zu entdecken. Bayerische Derbheit verdeckt nicht den von Karl Valentin im Unterhaltungsstück »Der Firmling« beschriebenen Initiationsakt: Pepperl darf nach seiner Firmung seinen Vater in ein Lokal begleiten. Am Tisch erklärt der Vater: »Prost, Peppperl – so, jetzt darfst die erste Zigarrn rauchen.« Maupassant läßt die Initiation ähnlich literarisch zusammenschrumpfen auf den ersten Bordellbesuch des Jünglings mit seinem Vater. Ein literarischer Niederschlag der Jugendweihen ist nicht bekannt.

Zur Jugendweihe führt aber auch keine Verbindung von den Übergangsriten, den Initiationsriten, deren Struktur Mircea Eliade und Arnold van Gennep aufzeigen. Die Jugendweihe im vereinten Deutschland war und ist nicht selbstverständliche Festform der deutschen Gesellschaft. Das steht nicht im Widerspruch dazu, daß ihre Feier in Ostdeutschland für viele selbstverständlich ist. Wäre sie eine gesellschaftliche Festform, eröffnete erst und nur Teilnahme an ihr Möglichkeiten in der Gesellschaft, wie die Beispiele aus den archaischen Gesellschaften zeigen. Ehefähigkeit etwa muß in der modernen deutschen Gesellschaft durch keine Feier nachgewiesen werden.

Da die Jugendweihe in der DDR staatlich erzwungen war, geht die Vermutung in die Irre, sie habe in die Gesellschaft der DDR integriert. Allerhöchstens ordnete der abgeforderte Unterwerfungsakt in die nach den Gesetzen der »ersten« Sprache organisierte Gefolgschaft ein. Die Selbstverständlichkeit der Jugendweihe in der DDR hatte sich, wie die letzten Jahre zeigen, nach anfänglichem Widerstand unter dem Vorbehalt konformer Abweichungen bei vielen Ostdeutschen aus Gründen eingebürgert, auf die im letzten Kapitel eingegangen wird. Sie unterscheidet sich grundlegend von der Selbstverständlichkeit, mit der Menschen sich in archaischen Kulturen einem aus religiösen und gesellschaftlichen Gründen, aus Gewohnheit und allgemeiner Überzeugung etablierten Initiationsakt unterziehen. Deren Teilnahme ist für alle im Sinne des Wortes selbstverständlich, in der DDR wurde die Teilnahme nie für alle, erzwungenermaßen für viele Selbstverständlichkeit. Zweifelnd wird die dort behauptete »Freiwilligkeit« der Teilnahme allermeist in Anführungsstriche gesetzt. Sie war in der DDR und ist heute unter Jugendweiheveranstaltern kein Gesprächsthema, denn sonst käme die Rede auf den Zwang, mit dem die Jugendweihen in der DDR eingeführt wurden.

Staatlicherseits ist in der vereinten Bundesrepublik dafür gesorgt, daß niemand mehr zur Teilnahme an der Jugendweihe gezwungen wird. Das ändert nichts daran, daß es der weltanschaulichen Doktrin, daß die Jugendweihe eine Feier zur Lebenswende eines jeden Menschen sei, nicht widerspräche, wenn Jugendliche zur Teilnahme an ihr in einem bestimmten Alter verpflichtet wären. An dieser Logik der weltanschaulichen Behauptung, Menschen durchliefen weihend zu begehende »Lebenswenden«, führt kein Weg vorbei. Wer mag, kann die gesellschaftlichen Initiationsriten, die es in keinem Deutschland vergleichbaren modernen Land gibt, im einzelnen mit den Jugendweihen vergleichen, um weitere Belege für ihre Unvergleichbarkeit aufzutun. Oder dringt von brauchgemäßen räuberischen und sexuellen Übergriffen der auf die Jugendweihe vorbereiteten *no men* nur nichts an die Öffentlichkeit?

Warum bemühen die Jugendweiheveranstalter den unsinnigen Vergleich einer hundertfünfzigjährigen Ersatzhandlung mit den *uralten Bräuchen*? Warum bieten sie nicht als Unterhaltungsunternehmen neben anderen die Familienveranstaltung Jugendweihe allen interessierten Eltern und Jugendlichen an? Was läßt sie meinen, über diesem Niveau zu stehen? Die Antwort gibt der Widerspruch, in den sich die Veranstalter durch ihre kulturgeschichtliche Legitimation der Feier als Initiationsritus verwickeln. Denn sie sind der von anderen durchaus geteilten Überzeugung, daß wir Menschen nicht unabhängig von den jeweils wechselnden soziokulturellen Zeitumständen leben. Deshalb meinen die »Humanisten«, sei die bestimmende und orientierende Macht der evolutionären Entwicklung anzuerkennen. Zugleich meinen dieselben »Humanisten«, daß es »zum Wesen des Menschen gehört, aus dem Alltag herausragende Ereignisse im Familienkreis feierlich zu begehen«, sich unter anderem also der Jugendfeier zu unterziehen.[9] Im Widerspruch zu der zuerst genannten Überzeugung wird mit einem angeblichen »Wesen des Menschen« argumentiert. Dies kann aus guten Gründen angenommen und behauptet werden. Da es aber immer hypothetische Züge trägt, und es nicht von allen gleich bestimmt wird, können in einer freiheitlichen Gesellschaft nicht alle Menschen auf ein aus einem angeblichen »Wesen des Menschen« entwickeltes Handlungsmuster, und seien es die Jugendweihen, festgelegt werden. Ohne Rücksicht auf offenkundige soziokulturelle Unterschiede reklamieren die Veranstalter von Jugendweihen unter einem Summenstrich die »Tradition der Menschheit« – und empfehlen sie allen Menschen zur Nachahmung.[10]

Hinter der legitimierenden kulturgeschichtlichen Erklärung der Weihe verschanzen sich die Protagonisten der Jugendweihe, um ihr eine menschheitliche Bedeutung zu geben, die in der Realität nirgendwo nachzuweisen ist. Der Anspruch wäre aufgegeben, wenn der Realität, dem Wunsch sehr vieler Teilnehmer an den Jugendweihen entsprochen wird, schlichte Familienfeiern zu veranstalten. Dieser Konflikt zwischen menschheitlichem Anspruch und realer Bedeutung ist in der Ersatzhandlung Jugendweihe in der freigeistigen Bewegung angelegt. Das wird im nächsten Kapitel gezeigt. Im Vergleich der Ersatzhandlung mit der Konfirmation/Firmung schwingt unterschwellig ein weitreichender Anspruch mit. Bei den »Freien Humanisten« in Hannover heißt es, den Kindern wird im Unterricht vor der Jugendfeier dogmenfrei die Gewißheit mitgegeben: »Nur wenn sich humanistische Werteinstellungen durchsetzen«, wenn den Teilnehmern an der Jugendfeier viele andere Teilnehmer folgen, »hat die Menschheit eine Zukunft«[11]. Hängt die Zukunft der Menschheit von Jugendweihen ab? Die Vermutung, daß nach Meinung der Veranstalter von Jugendweihen/JugendFEIERn diese für die ganze Gesellschaft von Nutzen sind, ist kaum zu bestreiten. Denn indem die Veranstalter ihre Feiern mit den uralten Initiationsriten ohne relativierende Erklärung gleichsetzen, verkehren sie weltanschaulich die pluralistische Gesellschaftsordnung der Bundesrepublik stillschweigend in die Ordnung archaischer Gesellschaften. Teil eben derer sind die uniformen Initiationsriten. Gründet der genannte Vergleich auf der Annahme oder Hoffnung der Veranstalter, daß sich die Jugendweihen/JugendFEIERn als uniformer Initiationsritus in der Bundesrepublik zu Lasten aller alternativen Angebote etabliert? In die uniforme Gesellschaft der DDR ordnete die Jugendweihe als erzwungener Unterwerfungsakt der »ersten Sprache« ein. Diese Gesellschaft hatte gegen die oppositionelle, freiheitswillige »zweite Sprache« keinen Bestand, wie bekannt ist. In eine pluralistische Welt integriert keine Feier. Der menschheitliche Anspruch der Jugendweihe als Lebenswendefeier ist mit ihr unvereinbar.

Warum stellen die Veranstalter von Jugendweihen/JugendFEIERn nicht in Übereinstimmung mit unstrittigen ethnologischen, soziologischen und politologischen Erkenntnissen fest, daß in den soziokulturellen Gegebenheiten in einer pluralistischen Gesellschaft eines freiheitlichen Staates ein gesellschaftlich anerkannter und somit weltanschaulich einklagbarer Initiationsritus unvorstellbar ist? Auf die weltanschauliche Argumentationsfigur des Initiationsritus, durch den die Veranstalter die teilnehmenden Jugendlichen führen, zu verzichten, hieße weltanschaulich, den phylogenetischen Machtanspruch aufzugeben, der, wie Freud feststellt, Kern des Initiationsaktes ist. Da sie im vereinten Deutschland faktisch machtlos sind und die Handlungsmuster der »Humanisten« Norm nur für sehr wenige sind, soll die Argumentationsfigur Initiationsritus die

Existenz der Veranstalter und ihrer Jugendweihen rechtfertigen und so weltanschaulich Machtanspruch ermöglichen.

Genau darauf zielt die humanisteninterne Kritik in ›diesseits‹ (Nr. 33/1995): Einer der Herausgeber der »humanistischen« US-Zeitschrift ›Free Inquire‹, Tom Flynn, protestierte »wider die humanistische Feierei«. Dessen Ansicht, daß u. a. in der Jugendweihe »mittelalterliche Erbstücke« fortlebten, die die Machtansprüche der Veranstalter sanktionieren, erneuert ein Argument, das in der deutschen freigeistigen Bewegung, in der im 19. Jahrhundert Jugendweihen erstmals aufkamen, gegen Ersatzveranstaltungen vorgebracht wurde. Bezeichnenderweise kommt die Kritik aus der »NeuenWelt«. Ob die Veranstalter der nur in Deutschland gefeierten Jugendweihe/JugendFEIER, die offenkundig selbst unter den »Humanisten« nicht weltweit verbreitet ist, das Gespräch mit Flynn aufnehmen? Oder setzen sie ungestört einen im 19. Jahrhundert begonnenen deutschen Sonderweg fort?

Anmerkungen

1 Anna Siemsen: Wie lebt unsere Jugend auf der Erde?, S. 28 f., in: Laßt uns Kameraden sein! Eine Jugendweihegabe dargeboten von Max Sievers, Trude Wiechert, Anna Siemsen, Kurt Löwenstein, Tutt, dem Wirker, Margret Sturm und Julius Schaxel, Urania-Freidenker-Verlag, Jena 1933.

2 Übersetzt aus: Mircea Eliade: L'initiation et le monde moderne, S. 1, in: ›Initiation. Contributions to the Theme of the Study-Conference of the International Association for the History of Religions, held at Straßburg, September 14th to 22nd 1964‹, Hg. C. J. Bleeker, Leiden 1965.

3 Victor Turner: The Forest of Symbols. Aspects of Ndembu-Ritual, Ithaca/New York 1967, S. 7.

4 Sigmund Freud: Neue Folge der Vorlesung zur Einführung in die Psychoanalyse (1933), Gesammelte Werke (GW) XV, S. 93.

5 Ewald Volhard: Kannibalismus, Stuttgart 1939, untersucht im zweiten Teil den »rituellen Kannibalismus«, S. 406–492.

6 Sigmund Freud: Abriß der Psychoanalyse (1939), GW XVII, S. 117.

7 Mircea Eliade, a. a. O. (Anm. 2), S. 3.

8 Arnold van Gennep: Übergangsriten, Frankfurt a. M. / New York 1986, S. 87.

9 Das schreiben die »Freien Humanisten Niedersachsens« in einer kleinen Broschüre Freie Humanisten, Hannover 1996, S. 14, unter der Überschrift ›Was bieten die Freien Humanisten?‹.

10 Das teilten die Berliner »Freidenker«, die heutigen »Humanisten«, in einer Information zur Jugendweihe 1987 mit.

11 Mit diesem Satz schließt der Beitrag ›Geschichte, Wurzeln und Traditionen des Humanismus‹, S. 8, in Anm. 9 genannter Hannoveraner Broschüre.

Die Jugendweihe in der freigeistigen Bewegung Deutschlands

Das Aufkommen der Jugendweihe als freireligiöses bürgerliches Fest in der Mitte des 19. Jahrhunderts

Die Entstehung der Jugendweihe, die nur im Deutschen Reich des letzten Jahrhunderts bezeugt ist, trägt deutlich Spuren des aufklärerischen Denkens des 18. Jahrhunderts. Die gravierende Umwälzung aller Lebensbereiche, aus der die Moderne erwuchs, die Aufklärung, ergab sich aus der Verzahnung, kulturgeschichtlich-religiöser und politisch-sozialer revolutionärer Neuansätze. In den vom ehemaligen schlesischen Kaplan Johannes Ronge (1813-1887), der im Dezember 1844 von der römisch-katholischen Kirche suspendiert worden war, zusammengestellten »und verfaßten Gebeten, Gesängen und Betrachtungen für die frei-religiösen und frei-protestantischen Gemeinden« stehen vier Liedstrophen unter der Überschrift *Confirmation oder Jugendweihe*[1]. Ronges Broschüre, im Selbstverlag zu Darmstadt verlegt, erschien 1877. Aber sie enthält ältere Texte: Im »Vorwort« lenkte der Theologe den Blick zurück: »Die älteren Gemeinden haben seit 32 Jahren Gebete und Gesänge gesammelt, und es ist viel Schönes und Erhabenes auf dem Gebiete der religiösen Dichtung erschienen.«

1877 lag die erste deutsch-katholische Kirchenversammlung von 15 vornehmlich ost- und südwestdeutschen Gemeinden am 23. März 1845 in Leipzig 32 Jahre zurück. Ronge hatte diese religiöse Bewegung durch sein »offenes Sendschreiben«[2] vom 1. Oktober 1844, in dem er gegen die Ausstellung der Tunica Christi, des sogenannten »Heiligen Rocks« Jesu, vom 18. August bis 16. Oktober 1844 in Trier, protestierte, ins Leben gerufen. Ihn empörte vor allem die Massenwallfahrt von rund einer halben Million Menschen, die ausgezeichnet organisiert war, um durch die Demonstration der Macht der katholischen Kirchenleitungen diese zu stärken.

In den Jahren danach waren die »Gebete und Gesänge« entstanden; in die Schrift Ronges waren auch Texte evangelischer »Lichtfreunde« übernommen. Diese hatten sich als freiprotestantische Bewegung von den evangelischen Kirchen zeitgleich dem Aufkommen deutsch-katholischer Gemeinden getrennt. Diese von ihren Kirchen gelösten Katholiken und Protestanten hatten sich am 17. Juni 1859 in Gotha zum »Bund freireligiöser Gemeinden Deutschlands« (BfrGD) zusammengeschlossen, dessen Grundsatz (Artikel II der Satzung) war: *Freie Selbstbestimmung in allen religiösen Angelegenheiten.* Es war die von Ronge in seiner Broschüre 1877 genannte »Freie deutsche Nationalkirche«.

Die Überschrift »Confirmation oder Jugendweihe« benannte keine Alternative. Für die von Ronge repräsentierte religiöse Bewegung war eigentümlich, daß eine Gemeindeveranstaltung wahlweise mit einer der beiden Bezeichnungen benannt werden konnte und daß die Teilnahme an ihr freiwillig war. Die Broschüre ist ein aussagekräftiges Dokument der Bewegung, in der die Jugendweihe eingeführt wurde. Zu den Liedstrophen sind die Überschriften gängiger Kirchenlieder genannt, nach deren Melodie zu singen war. Deren Kenntnis war vorausgesetzt. Da der Umgang mit religiösen Einrichtungen frei ist, nennt sich die Bewegung *freireligiös*. Ihre Anhänger wollen nicht frei *von* Religion sein, sie wollen *in* der Religion frei, autonom sein. Ein jeder soll aus eigenen Verstandeskräften, ohne unter das »Joch« christlicher Bekenntnisse gezwungen zu sein, in seinem »Verstand und Gemüth« zu seinem Glauben finden. Der Wunsch nach *individueller Autonomie*, das hieß noch in der Mitte des 19. Jahrhunderts Befreiung von seit Jahrhunderten kunstvoll gewachsenen, »absolut überindividuellen Bindungen«[3], ist aufklärerisches Gedankengut.

Zu klären ist nun, wann der Begriff »Jugendweihe« erstmals benutzt wurde, und wie er so gebräuchlich wurde, daß er u. a. in der repräsentativen Textsammlung Ronges auftaucht. Was ließ Christen gerade in der Mitte des 19. Jahrhunderts selbstbestimmt autonom den Ausdruck ihres Glaubens privat neu gestalten? Die Entstehung des Begriffs Jugendweihe erklärt sich aus der Fernwirkung der Aufklärung des 18. Jahrhunderts in Deutschland, die vom Gegenschlag der Romantik inspiriert war. Zuerst wird also beschrieben, welche Form die Aufklärung in Deutschland dem gemeinsamen Freiheitswunsch im Gespräch mit den Repräsentanten des Christentums gab. Damit ist ein Grundzug der deutschen Aufklärung berührt, die nach Resümee des Historikers Reinhart Koselleck, »man gestatte die Verallgemeinerung, im Kern religiös blieb«.[4] Das führt uns zum Entstehen der freigeistigen Bewegung, die sich gegen das dogmatisch und institutionell tradierte Christentum wandte. An deren Anfang standen die deutschen Freireligiösen. Das Abhängigkeitsverhältnis ist offensichtlich: »Die Kritik der Religion wandelt sich in die Kritik des Rechts, die Kritik der Theologie in die Kritik der Politik«[5], schrieb Marx in seiner ›Kritik der Hegelschen Rechtsphilosophie‹. Dies Abhängigkeitsverhältnis erklärt, warum sich die freireligiöse Jugendweihe anschließend in gesellschaftlichen, politischen Gruppierungen des Freigeistes findet.

Das religiös durchwirkte aufklärerische Denken in Deutschland ging auf einen kleinen Kreis von Aufklärern, weniger als zehn Prozent der damaligen, mehrheitlich des Lesens und Schreibens unkundigen Bevölkerung, zurück. Die Resonanz reichte freilich weit über die Gruppe engagierter, aufgeklärter Geister hinaus. Dazu trug wesentlich bei, daß aufklärerisches Denken international verbreitete »Schlagworte« (Bollenbeck) prägte. Überall wurde gedrängt auf ein revolutionäres Aufbegehren gegen die »hierarchisch formierte Autoritätskultur« (Troeltsch). Dabei wurde oft stillschweigend angeknüpft an Thesen und Gedanken der »Vorläufer«

aus zurückliegenden Jahrhunderten. So kündigte sich der aufklärerische Umbruch an, als der Jesuitenzögling René Descartes (1596–1650) in voraufklärerischer Zeit, als sich die Christenheit Europas konfessionalistisch gegeneinander aufrüstete, den Zweifel selbstbewußt zum Existenzmerkmal aller Menschen erklärte. Als er, getrieben von dem Wunsch, im Menschen unumstößliche Denkgesetze aufzutun – so schildert er es im vierten Teil seines 1637 erschienenen ›Discours de la méthode‹, –, »denken wollte, alles sei falsch, war ich gezwungen, mir einzugestehen, daß ich als denkende Person etwas bin«. Zur ersten unerschütterlichen Wahrheit erklärte Descartes deshalb »cogito, ergo sum« (»Ich denke, also bin ich«).

Descartes' Discours ist eine Kampfschrift, so der Untertitel: »pour bien conduire sa raison, et de chercher la vérité dans les sciences« (»… um seinen Verstand angemessen zu führen und die Wahrheit in den Wissenschaften zu suchen«). In dieser Forderung nach freier Verstandestätigkeit war das *aufklärerische Vertrauen allein in die Vernunftgesetze* präludiert. Die Entdeckung analytischer Gesetzmäßigkeiten durch den Cambridger Mathematikprofessor Isaac Newton (1643–1727), für den Erfahrung und Experiment, die er mathematisch auswertete, grundlegend waren, ließ die Aufklärer annehmen, daß Mensch und Natur nach vergleichbaren mathematisch-physikalischen Gesetzen konstruiert seien. Beflügelt durch die gewachsenen technischen Fähigkeiten und intellektuellen Entdeckungen wandten sie sich distanziert-beobachtend dem »Wesen der Menschen« zu. Die Behauptung einer göttlichen Naturgesetzlichkeit erkläre die Ohnmacht Gottes wie der Menschen, weil alles den Gesetzen unterworfen sei. Aufklärerische Anthropologie hatte die Reparatur der Maschine Mensch im Sinn, der von vernunftwidrigem Aberglauben befreit werden sollte. Nach Meinung verschiedener Kulturwissenschaftler wie etwa A. D. Kittsteiners aus Frankfurt war das aus dieser angeblichen Gesetzmäßigkeit gefolgerte Fortschrittsmodell der Aufklärung eine nur wenige Jahrzehnte gültige »Lebenslüge«.

Von Descartes' ›Meditationes de prima philosophia‹ (›Betrachtungen über die Grundlage der Philosophie‹) handelte die dritte »über das Dasein Gottes«. Dem Verfasser sei wie allen Menschen die Idee Gottes eingeboren, stellte Descartes fest. Deutlich ist der Einfluß des *christlichen Spiritualismus*. Den Kontakt des göttlichen Geistes mit jedem Menschen, das ist die Wurzel christlicher Autonomie, kann keine aufklärerische und antiaufklärerische Macht unterbinden. Kurz nach dem Tod Descartes' tat sich zuerst in England eine religiöse Gemeinschaft – keineswegs in Konkurrenz zu den Kirchen, sondern neben allen Kirchen – zusammen, die auf Pfarrer und Kultformen verzichtete. Die Mitglieder der »Gesellschaft der Freunde« versammeln sich noch heute sonntags schweigend. Da sie vor Gott zittern (»quake«), nannte ein Richter sie spöttisch *Quäker*. Sie sind spiritualistisch der Ansicht, den Menschen sei ein »inward light« gegeben, das von keiner Kirchenlehre bestimmt werde. Diese autonome Individualität ist für die Quäker kein Widerspruch gegen ihren Zusammenschluß in einer Religionsgemeinschaft in England als Dissidenten. Sie zählten zu den »independents«/Nonkonformisten. Die in die USA – auch um wiederkehrenden Repressionen in England zu entgehen – ausgewanderten Quäker bewiesen, daß der religiöse Impuls geglaubter Gleichheit aller Menschen, ob Frau oder Mann, welcher Hautfarbe auch immer, von enormem Gewicht in der »amerikanischen Revolution« war. Fruchtbar verbanden sich im menschlichen Engagement beim Aufbau des freiheitlichen Staatswesens der USA ohne organisatorische Festlegung religiöse Überzeugungen und freiheitlich-demokratische Politik im Interesse individueller Menschenrechte.

Die Religion der Aufklärung: die Entstehung der freireligiösen Gemeinden in Deutschland

Im Unterschied zu der Entwicklung in den USA konnte sich die Aufklärung in Europa und somit in Deutschland nicht in einer schrankenlos neuen Welt entfalten. Hier hatten sich die Aufklärer mit gesellschaftlich etablierten Institutionen und Überzeugungen zu arrangieren. Dieser Unterschied gerade in der religiös-weltanschaulichen Disponibilität erklärt, warum in den USA keine Jugendweihe entstand. Thema jeder historisch-genetischen Untersuchung der Jugendweihe/JugendFEIER ist das Gedankengefüge der aufklärerischen Theologie, ohne die diese Jugendweihefeier nicht hätte entstehen können. In der im folgenden skizzierten philosophisch-theologischen Entwicklung wurden Theologen, die von großer sozialer Bedeutung waren, zu gesellschaftlich anerkannten Beratern in alltäglichen Lebens- und Arbeitsproblemen. Diese praktische Orientierung und gesellschaftliche Horizonterweiterung der Theologie ging in eins mit der Verwendung religiöser Begriffe in profanen Texten. Der Weihegedanke wird im 18./19. Jahrhundert wiedergeboren, so daß die Vorstellung, Jugendliche der Kirche und Gesellschaft zu »weihen«, naheliegen sollte. Der historische Zusammenhang der Argumente im beginnenden 19. Jahrhundert läßt uns dann nach der Entstehung der Konfirmationsfeier als Urbild der Jugendweihe fragen.

Die Ansicht, die die Aufklärung als Aufbegehren gegen die Kirchen versteht, griffe zu kurz, wenn die »aufklärerische Theologie«, die kongenialen Bemühungen um ein *vernünftiges Christentum* übersehen werden. Der Hallenser Theologe Johann Salomo Semler (1725–1791) sah im Individualismus nicht die Ausgeburt eines antikirchlichen Spiritualismus. Der Individualismus sei vielmehr im neutestamentlichen Glaubensverständnis und in der evangelischen Reformation, die hierarchiekritisch ansetzte, angelegt. Ungewohnt war Semlers Frage: Wie kamen die ersten Christen zu ihrem Glauben? Antwort gab Semlers wichtige Unterscheidung zwischen der kirchlichen, »öffentlichen Religion« und der »Privatreligion«. Die habe jeder, wenn er selbständig zu den Grundwahrheiten der christlichen Religion findet. Auf »Privattheologie … hat jeder denkende Mensch ein wirkliches Recht«[6]. Das eröffne Freiraum für Autonomie, denn »die innere eigene Religion ist gar keiner menschlichen Lehrform, sondern Gott und dem Gewissen allein unterworfen«[7]. Als erster nahm Semler die private Glaubens- und Lebenssphäre jedes Menschen gegen kirchliche Autorität in Schutz. Er unterstützte freilich die »äußerliche Obligation« zur geltenden Kirchenreligion, die Einordnung also in die vorhandenen Kirchen. Da Semler die Funktionsfähigkeit der Kircheninstitution wichtig war, verschränkte er sie mit der individuellen Freiheitssphäre. Die Kirche müsse ihre Pfarrer auf öffentliche Bekenntnisse verpflichten können. Und: »Christen sind auch außerhalb der Kirche« – so ist § 10 der lateinischen Fassung seiner 1774 erschienenen Dogmatik überschrieben. Dieser private, freihändige Umgang mit kirchlichen Glaubensformen erklärte Jahrzehnte später, wie die freireligiösen Lieder entstanden.

Die Aufklärungstheologie fand sich schnell in die aufgeklärte Stimmungslage, nach der Theologie keine Leitwissenschaft mehr war. Dieser Meinungsumbruch war letztlich von der protestantischen Theologie, die die katholische Homogenität des christlichen Abendlandes zerbrochen hatte, angeregt worden. Typisch für die aufgeklärte Theologie war deren *praktischer Charakter*: Das ließ »Weihnachten über die Konservierung des Heus predigen, da doch das Christkind in der Krippe auf Heu gebettet war, am Ostersonntag über *vernünftige Regeln für Christen, wie sie ihre Leichen begraben sollen*, am Pfingstsonntag über *Wie wir uns bei Gewittern fromm und vorsichtig verhalten sollen*«[8]. Die Aufklärung eröffnete der Theologie den Horizont gesellschaftlicher Probleme. Die aufklärerische Ökumene, die in Ronges freireligiöser Ökumene zusammenkam, ließ Lehrkonflikte zwischen den Konfessionen bedeutungslos werden. Die Stoßrichtung der aufklärerischen Denkansätze, die Verbesserung der Welt, war theologisch aufgenommen. Einige Schriften aus dem Reformschrifttum des 18. Jahrhunderts stammen von Theologen. Etwa *Von der Notwendigkeit der Verbesserung des Landbaues und den Mitteln dazu* (1760) von Pfarrer Albrecht Stapfer. Er legte eine Analyse der Bernischen Landwirtschaft mitsamt Reformvorschlägen vor. Theologen mischten sich also mit ihren Vorschlägen in politische, ökonomische und andere Entscheidungen öffentlichen Interesses ein. Die damalige Anweisungsliteratur war katechismusartig in Fragen und Antworten gefaßt. Was qualifizierte indes Theologen zu diesen Vorschlägen, deren Sachkunde nicht nach theologischen Kriterien zu bemessen war? *Aufgeklärte Theologie wurde zur politischen Theologie*.

Warum der unumstrittenen moralisch-praktischen Weltverbesserungsabsicht aller Gelehrter theologischer Tribut gezollt wurde, zeigt Spaldings Schrift ›Über die Nutzbarkeit des Predigtamtes und deren Beförderung‹ (1772): Der Predigtinhalt, also Sätze der Bibel und der Bekenntnisse, sei zum einen darauf zu prüfen, ob sie im Gemüt der Predigthörer deren eigene Vorstellungen lebendig machen könnten. Um der »rechten Aufklärung« der Hörer willen, aus Rücksicht also auf die Hörer, sei auf manchen dogmatischen Satz zu verzichten. Zum anderen habe der Prediger die Hörer in deren innere Erfahrung, wo es ihnen »innerlich wohl« ist, und in deren äußeres Leben – Arbeit, Schule, Haushalt – anzusprechen. So werde »Religion zu einer Führerin des wirklichen gewöhnlichen Lebens«. *Der Prediger wird damit zum Lehrer der Andacht und zum Lehrer der Bürgerpflichten.*[9]

So wurde die Bibel von einigen Theologen wegen moralisch »unzweckmäßiger« Kapitel paraphrasierend gekürzt. Die Erbsündenlehre z. B., die sich aus Aussagen Paulus' im Neuen Testament ergibt, stand dem Erziehungsoptimismus im Weg, der mit pädagogischem Fingerspitzengefühl Menschen nicht den Willen zur moralischen Besserung nehmen wollte, indem er ihnen dauernde Sündhaftigkeit unterstellte. »Sünde« wurde damals nur moralisch verstanden und somit mißverstanden. Neu war im Zeichen der Aufklärung allerdings nicht, daß Religion auf Moral reduziert wurde. Neu war, daß beide, Moral und Religion, »unter die Bedingung der Selbsterfahrung traten«. Aufklärer meinten, allgemeine Grundzüge jeder menschlichen Selbsterfahrung erkannt zu haben. Moral wie Religion hatten sich nach der vernünftig ermittelten, naturgesetzlich damit vorgeschriebenen »Bestimmung der Menschen« zu richten. Auf der Suche danach befanden sich die Aufklärer; auf christliche Glaubenslehren wurde wenig Rücksicht genommen. Nach der Überzeugung eines anderen aufgeklärt gesonnenen Theologen ist die praktische christliche Religion »die vollkommenste, die die Vernunft sich denken kann; die einzige, die uns Gott ähnlich, gegen andere wohltätig, uns selbst vollkommen, zufrieden, glücklich machen kann« (Friedrich Wilhelm Jerusalem, 1709–1789).

Ehrliche Überzeugung und christlicher Glaube, der durch moralisch engagierte Überzeugung missionarisch wirken wollte, standen hinter der aufgeklärten, praktisch moralischen Allianzbildung. Zum besseren Gedeihen ihres Landes suchten viele Landesherren die Unterstützung der Aufklärer und deren vernünftige Ansichten. Die pädagogische Funktion fiel den Kirchen zu, in deren Gewalt ein Großteil der schulischen Bildung stand. Paradebeispiel für diese politisch-religiös aufgeklärte Allianz in absolutistischen Staaten des 18. Jahrhunderts ist Preußen unter dem »roi philosophique« Friedrich dem Großen. Die Aufklärung wurde hier pragmatisch mit der Staatsreligion verschmolzen. Daß so ein gangbarer Weg in Zukunft eingeschlagen sei, meinten die zeitgenössischen jüdischen Aufklärer in ihrer Loyalität »gegenüber dem aufgeklärten Absolutismus«[10].

Theologie und Kirche waren als unersetzbarer Teil der praktisch-moralischen Allianzbildung in den deutschen Ländern anerkannt. Sobald es indes zu Konflikten zwischen aufgeklärtem Staat und aufgeklärter Kirche kam, erwies sich aufgeklärte Theologie als ohnmächtig, zahnlos. Sie gab ihrer beeindruckenden christlichen Handlungsbereitschaft moralische Handlungsziele vor, die außerhalb der Theologie gewonnen worden waren. Aufklärerisch preisgegeben waren dabei Direktiven in Lehrsätzen, die in den christlichen Kirchen seit Jahrhunderten zur Vermittlung christlichen Wissens und christlicher Handlungsziele gedient hatten. Unberührt blieb in diesem Bündnis von Aufklärung und christlicher Theologie keine der beiden Seiten; rationalistische Argumentation bestimmte die Theologie, und spiegelbildlich bediente sich säkulare rationalistische Aufklärung religiöser Vorstellungen und Begriffe, die ihre optimistische Zukunftsgewißheit leichter handhaben ließen. Kein Wunder, daß Gotthold Ephraim Lessing (1729–1781) Intoleranz auch in die aufgeklärte »neue Theologie« (Neologie) einbezogen sah: Der »gesunde Menschenverstand« sei beleidigt, schrieb Lessing: »Die alte orthodoxe (im Grunde tolerante) Theologie – gemeint ist die konfessionell streitsüchtige aus dem 17. Jahrhundert (A. M.) – ziehe ich der neueren (im Grunde intoleranten) vor, weil jene mit dem gesunden Menschenverstand offenbar streitet und diese ihn lieber bestechen möchte.«[11] *Streitbereitschaft* oder *Bestechungsversuch*. Mehr ist zum Unterschied zwischen vorneuzeitlicher und moderner neuzeitlicher Argumentationsweise nicht zu sagen. Lessing verspottete die »elenden Tugenden unseres weibischen Zeitalters! Firnis seid ihr und nichts weiter. Aber ebensooft Firnis des Lasters als Firnis der Tugend. Anständigkeit, guter Ton, Lebensart« nannte Lessing als Beispiele dieser »Tugenden«[12]. Er trifft damit die Gefühlsstimmung der Aufklärungszeit, die nicht ohne Folgen auf das Entstehen der Jugendweihe in den nachaufklärerischen Jahrzehnten unter den Freireligiösen bleibt.

Die Aufklärungszeit war eine Krisenzeit. Kritisch waren die Menschen dieses Jahrhunderts, reich an Idealen und voller pathetischer, möglichst moralischer Gefühle. Vor allem in der zweiten Hälfte des 18. Jahrhunderts gab eine Elite von Denkern und gebildeten Aristokraten den Ton an. In diesem »geselligen Jahrhundert« (Ulrich im Hof) erörterten und entwickelten sie neue Erkenntnisse als Marksteine zu einer idealen Lebensgestaltung. Auch wenn so der Menschheit oft neue Möglichkeiten erschlossen wurden, so war doch hinderlich, daß den aufklärerischen Geistern in der Regel die Toleranz und Feinfühligkeit fehlte, den »altmodischen«, vielleicht unbegründeten, vielleicht bedenkenswerten Widerstand argumentativ ernst zu nehmen, der ihnen aus dem »ungebildeten« Volk entgegenschlug. Verwiesen sei nicht nur darauf, daß in dem gesprächigen Jahrhundert, in dem brillante Rhetorik modisch war, einige Klöster der schweigsamen Kartäuser, die sich seit der Gründung des Eremitenordens 1084 durch Bruno von Köln dem Gebot der Schweigsamkeit unterwarfen, als unnütz aufgehoben wurden, beispielsweise 1787 Valsaine in Freiburg im Üchtland. Die zur Macht gekommene Aufklärung hatte zwei Gesichter: Aufbau und Modernisierung einerseits, rücksichtslose, absolute Gewaltherrschaft andererseits.

Die Symbiose von Aufklärung und Religion, in den Worten Lessings ein »modischer Firnis«, erklärt die »Wiedergeburt der Weihegedanken im 18. Jahrhundert«[13]. In den Schriften von Dichtern, Philosophen und Wissenschaftlern tauchten unvermittelt oft die Worte *Weihen/Weihe* auf. 21 Spalten lang ist das Verzeichnis der literarischen Nachweise zu diesem Begriff im 28. Band des ›Deutschen Wörterbuch[es] von Jacob und Wilhelm Grimm‹. Der Bereich des katholischen Kultus, in dem Menschen wie Sachen geweiht werden, sei schnell überschritten worden, heißt es dort. Registriert wurde »die ernsthafte Übertragung (des Begriffspaares) in die Sphäre reinen Menschentums«. »Ziel« der für die Stimmungslage der aufklärerischen Zeit kennzeichnenden Rückgriffe auf das Wortpaar Weihe/Weihen sei, »Menschen auf eine menschlich höhere Stufe zu heben«, bilanzierte das Lexikon.

Eindeutig war der so in den aufklärerischen Entwicklungsoptimismus eingebundene Begriff »Weihe«, von kirchlichen Bezügen gelöst, säkularisiert worden. Der Schritt zur »Jugendweihe« lag nahe. Er wird in der Welt des »vernünftigen« Christentums vollzogen. 1803 legte der rührige Pfarrer von St. Nicolai in Berlin-Mitte, Daniel Jenisch (1764–1804), der sich als »Denker und Weltbürger frei von jener engherzigen Parteilichkeit [s]eines Standes« wußte, eine Abhandlung »Über Gottesverehrung und kirchliche Reformen, mit besonderer Hinsicht auf die von Friedrich Wilhelm III. dem preußischen Ober-Consistorium abgeforderten Vorschläge zur Bildung eines ächt religieusen Volkssinns«[14] vor. Obwohl der reformatorischen evangelischen Theologie die Weihevorstellung zuwider war, nahm (nicht nur) Jenisch den Begriff auf: Bei der Geburt eines Kindes beginne die »Erziehung zur Sittlichkeit und Religion in der Form der Weihe des Neugeborenen vernünftigen Geschöpfes an die Gottheit und an die Sittlichkeit«. »Die religieuse Verfassung möge den Erwartungen der Menschen entgegenkommen durch Anstalten für eine rührende Privatfeier«, meinte er nicht nur im Blick auf die Taufe. Er schlug die Einrichtung von acht neuen Kirchenfesten vor, unter ihnen *das Jugendfest*[15]. Dies ergänze oder ersetze, meinte Jenisch, »die sogenannte Einsegnung nach vollendetem Religionsunterrichte«. Gemeint war die *Konfirmation*; der Begriff taucht nicht auf, das Fest war in den evangelischen Kirchen nicht überall etabliert. In Berlin sei es nach Feststellung Jenischs vor achtzig Jahren, also in den 20er Jahren des 18. Jahrhunderts, eingeführt worden. Er nimmt im Streit über den Sinn des Festes Partei: »Die Einsegnung muß von jedem unbefangenen Weltbürger als einer der wesentlichsten, zweckmäßigsten und feierlichsten Aktus der christlichen Theologie anerkannt werden.« Jenisch stört dabei »die ärgerliche Kälte der Prediger des Tages«. Bewußt spricht er von »christlicher«, nicht von »protestantischer Theologie«. Es geht um einen die Kirchengrenzen übersteigenden, menschheitlichen Akt. Der Pfarrer weiß, daß »der Eintritt in das Jünglingsalter, in das Alter der freien Selbstbildung und Selbstbestimmung, von den Griechen und Römern wie jetzt von den Hottentotten und anderen

Wilden feierlich begangen ward und nicht selten mit geheimnisvollen religieusen Ceremonien begleitet«.

Die Parallele diente der Erklärung: Der Konfirmation ginge die wichtige Religionsunterweisung (»Catechization«) voraus: Sie wende sich an 14- bis 16jährige Kinder, also an ein »Alter der vernünftigen Besonnenheit und des beginnenden praktischen Verstandes; ich will sagen, diejenige Epoche, wo der junge Weltbürger anfängt, einen bedächtigen Blick auf die menschliche Lage in der Welt und auf die gesellschaftlichen Verhältnisse zu werfen«.[16] Zweck der religiösen Bildung sei, »der Jugend die reinen Grundsätze moralisch-religieuser Bildung, die Grundsätze des Rechts, der Pflicht und der Tugend einzuflößen ... Diese praktische, moralisch-religieuse Aufklärung ist Bedürfniß der Menschen«. Die Einsegnung – am Sonntag nach der Prüfung der Konfirmanden – »ist die feierliche Weihe der zur Religion und Sittlichkeit gebildeten Jünglinge und Töchter an die Gottheit und an die Gemeine, oder überhaupt an die menschliche Gesellschaft, in welche sie aufgenommen werden«. Evangelische, christliche Gemeine und universalistisch menschliche Gesellschaft rückten ineinander.

Die christlichen Lebensfeste, von der Taufe über die Trauung, die damals noch keine zivilrechtliche Hochzeit ergänzte, bis zur Bestattung, wurden aufklärerisch nicht kritisiert, weil sie wie die Sakramente moralisch zweckmäßig erklärt werden konnten. Ihre gesellschaftliche Notwendigkeit stand außer Frage. Jenischs leidenschaftliches Plädoyer für die Einsegnung und den vorangehenden Religionsunterricht der Jugendlichen entsprach der aufklärerischen Weltsicht seiner Zeit. Einmalig war die Gelegenheit für die aufgeklärten Weltbürger in der evangelischen Theologie, die vielerorts unbekannte und/oder aus theologischen Gründen abgelehnte Konfirmation als ein Fest ihres Geschmackes zu gestalten, rationalistisch im Sinne einer christlichen Jugendweihe nämlich.

Die *Konfirmation* setzt die katholische *Firmung* fort. Diese war bei der urchristlichen Gemeindebildung ohne klares Vorbild im Neuen Testament eingeführt worden. Die Wirkung der Taufe unmündiger Kinder war so glaubwürdig wohl nicht; die Bischöfe wollten auch insoweit das Erbe der Apostel antreten, daß sie durch die von letzteren berichteten Salbungen jetzt eben bereits getaufte Christenkinder in die Gemeinden aufnahmen. Wegen der wachsenden Zahl der Christen mußte diese bischöfliche Aufgabe bald Ortsgeistlichen übertragen werden – immer unter der Auflage freilich, bischöflich geweihtes Öl zu verwenden. Die Synode von Lyon 1274 und das florentinische Konzil 1493 erhoben die überall hochgeachtete Firmung zum Sakrament. Das Alter der Firmlinge war unterschiedlich, es lag in deutschen Diözesen zwischen dem zwölften und vierzehnten Lebensjahr, ansonsten im oder nach dem siebten Lebensjahr. Die Bedeutung wurde dadurch gesteigert, daß der Firmling einen – im Alltag nie gebrauchten – Firmungsnamen erhielt.

Die Erhebung der Firmung zum Sakrament bestätigte die hohe Wertschätzung, die seit Jahrhunderten dem Weiheakt im zeitlich etwas versetzten Anschluß an die Taufe gegolten hatte. Auch in der orthodoxen Kirche gelten beide Handlungen als Sakramente. Freilich nehmen deren Priester den Firmungsakt im unmittelbaren Anschluß an die Taufe vor. Das Firmalter in der römisch-katholischen Kirche entsprach seit dem beginnenden 14. Jahrhundert dem »Unterscheidungsjahr«, dem siebten Lebensjahr eines Kindes. Seit dem Konzil von 1215 können Christenkinder ab dieser Altersstufe die Kommunion empfangen und am Abendmahl teilnehmen. Da auch die Firmung die Taufe »bestätigen« soll, wurde die Handlung bisweilen auch in der katholischen Kirche »Konfirmation« genannt.

Die Reformatoren billigten die eingebürgerte Handlung nicht, weil es sich um kein Sakrament handele. Ihr fehle das eindeutige Vorbild im Neuen Testament, und einer Weisung Jesu ermangele es auch. »Als Brauch der Kirche«, Menschenwerk mit »sakramentalischer Funktion«[17] nahm Luther die Firmung hin. Wichtig war für ihn allein, daß Kinder im »Unterscheidungsjahr« lernten, ihren Glauben in der Sprache der Bekenntnisse, nicht mehr auf Latein, sondern im geläufigen Deutsch zu artikulieren. Vor allem in Mitteldeutschland beschränkten sich die jungen lutherischen Kirchen auf diesen katechetischen Unterricht, der in einem »Beichtverhör« beendet wurde. Einen kirchlichen Akt der Konfirmation der katechetisch Geprüften kannten sie nicht. Dies *Catechismus-Examen* fand an verschiedenen Terminen im Jahr statt, mancherorts wurden auch ältere Gemeindemitglieder geprüft. Einige Kirchen verbanden dieses »Verhör« mit dem Konfirmationsakt. Auf ihn wurde z. B. in Pommern großer Wert gelegt. In Kurbrandenburg wurde die Konfirmation eingeführt, um den Bruch mit der katholischen Kirche und ihrem Firmungsakt nicht zu deutlich werden zu lassen.

Das Auftreten der Wiedertäufer, nach deren Meinung nur Erwachsenentaufen berechtigt seien, erinnerte evangelische Christen in Straßburg an die Möglichkeit eines öffentlichen Glaubensbekenntnisses nach der ausführlichen Katechisation getaufter Jugendlicher. In Straßburg war der fast sakramentale Akt der Konfirmation mit Konfirmanden getrennt von dem jeweils individuell durch ein Gespräch mit Pfarrer und Presbytern vollzogenen Eintritt der Konfirmierten in die Gemeinde.[18] Unter dem Einfluß der Vorschläge und Regelungen in Straßburg wurden 1539 in Hessen die ersten öffentlichen Konfirmationsfeiern durchgeführt. Insgesamt verfuhren die evangelischen Kirchen in Deutschland mit der Konfirmation sehr unterschiedlich. Die Pietisten prägten am Ende des 17. Jahrhunderts im Gefolge Philipp Jacob Speners (1635–1705) das Konfirmationsfest in ihrem frömmigkeitsbetonten Glaubensverständnis entschieden um, indem sie das Subjekt der Handlung austauschten: War es bisher eine Handlung der Kirche gewesen, die ihre jungen Mitglieder mit der kirchlichen Lehre bekannt machte, sahen Pietisten darin vor allem eine Handlung des Kindes. Dieses sollte seine Glaubenserleuchtung öffentlich bezeugen und in der Konfirmation erneut nach dem Taufbad verlangen. Im vorbereitenden Unterricht sollte es erwecklich, mit »heiligen Thränen« zugehen. Dieser radikale Ansatz beim einzelnen Christenkind, das seinen ersten Schritt in die Gemeinde bekanntgab, legte der Konfirmationsfeier eine Struktur zugrunde, die das antipietistisch eingestellte aufgeklärt rationalistische Denken des 18. Jahrhunderts aufnahm. Dessen Theologen gaben dem Konfirmationsakt deutlicher Kontur: Die Konfirmanden hatten ein »Gelübde« abzulegen, erhielten mancherorts Denksprüche auf den Weg, die nicht aus der Bibel, sondern aus dem Alltagsleben stammen. Sie traten in den Gemeindeverband ein, ihre »Religionsparthey«. Dies aufklärerische Konfirmationsverständnis, durch das die Konfirmation als Beginn der Mitgliedschaft begriffen wurde, die bisher als mit der Taufe gegeben angesehen worden war, entsprach wegen der Vergleichbarkeit mit dem Werdegang zum Bürger dem Grundgefühl sehr vieler Zeitgenossen. Konsequenterweise wurde das Konfirmationsalter angehoben, oft bis zum Alter des Schulabgangs. Diese zeitliche Einordnung war Ausdruck der aufgezeigten aufklärerischen staatlichen, philosophischen und theologischen Allianzbildung.

Der Wert der Konfirmation im Glaubensleben der evangelischen Christen nahm zu, denn sie verband sich problemlos mit deren Lebenswirklichkeit. Waren die pietistischen Feiern »erwecklich«, lag Rationalisten an deren »rührender Erhabenheit«. Die Rationalisten ergänzten die bei den Pietisten ausführlichen Reden der Prediger im Konfirmationsgottesdienst durch lange Prüfungen. Vorgeschriebene Kleidung konnte zur gefühlvollen Atmosphäre der rationalistischen Konfirmation beitragen. Die konstitutiven bürgerlichen Züge der Konfirmation in aufklärerischer Zeit waren unübersehbar. Innerhalb der damaligen Gesellschaft, deren Mitglieder meist einer Kirche angehörten, konnte die Konfirmation Züge eines bürgerlichen Initiationsritus annehmen, wie an der Ausbildung August Bebels gezeigt wird.

Dieser gesellschaftliche Wert der Konfirmationshandlung erschwerte den kirchlichen Umgang mit ihr. 1852 schrieb Johann Friedrich Bachmann (1799–1876), der im selben Jahr als Pfarrer der Sankt-Jakobi-Kirche in Kölln-Stadt auf dem Territorium des späteren Berlin Konsistorialrat geworden war: Die Konfirmationshandlung sei »in neuester Zeit in mehr als einer Hinsicht in Frage gestellt«. Vorgeschlagen werde »eine zweifache Confirmation, die eine für das bürgerliche Leben, die andere für die kirchliche Gemeinschaft«[19]. Ein Kollege habe ihm 1850 gestanden: »Hinsichtlich der Confirmation empfinden wir wohl alle eine große Angst.« Nach der Trennung der Kirchenleitung vom Landesregiment in Preußen am 31. Januar 1850 sei klar, welche »mannigfachere Beziehung das ursprünglich rein kirchliche Institut der Konfirmation im Laufe der Zeit auch für das bürgerliche Leben erhalten hat«. Die standesamtliche Zuständigkeit der Kirchen, die etwa alleine Trauungen vornahmen und das Geburts- und Sterberegister führten, schrieben diese Beziehungen fest. In Ostfriesland beispielsweise war über Jahrzehnte ausdrücklich verboten, die Trauung eines nichtkonfirmierten evangelischen Menschen vorzunehmen.

Ein halbes Jahrhundert nach der Aufklärungszeit, nach dem Einbruch romantisch-restaurativer Anstrengungen zur Erstickung aufklärerischer Ansätze also, erwies sich spürbar im kirchlichen Leben, daß bei der Gestaltung der Konfirmation die Frage nach dem theologischen Zweck dieser Kirchenhandlung gar nicht gestellt worden war. Von dergleichen Fragen unbeschwert, hatte ein westfälischer Pädagoge und Theologe der Aufklärungszeit, Georg Christoph Gieseler, am 1. August 1787 König Friedrich Wilhelm II. von Preußen einen »Plan« und »Vorschläge zur Erweckung und Bildung der Vaterlandsliebe und der Jugend« unterbreitet.[20] Beunruhigt darüber, daß die »lange Dauer des Friedens den glücklichen Bürger empfindlicher gegen die Beschwerden des Krieges macht«, gab Gieseler zu bedenken, daß »durch eine zweckmäßige, mit Religion verbundene Feierlichkeit der treue Bürgersinn bei Höchstderer Unterthanen sehr vortheilhaft geweckt und genährt werden könnte«. An seiner Religion hänge das Volk »hauptsächlich [wegen] des Eindrucks der Konfirmation der Kinder«. In diesem »Akt so vieler Rührung schwören diese Kinder ihrem Gott Treue, durch eine ähnliche Feierlichkeit gleichsam durch eine *bürgerliche Konfirmation* [könnten sie] auch näher an ihren König und das Vaterland gekettet werden«. Die bürgerliche Konfirmation sollte der christlichen Konfirmation ähneln und folgen: »Diese Art von Huldigung müßte gleich nach der christlichen Konfirmation, nach gleicher Art, auch in der Kirche und von dem Prediger mit den jungen Knaben vorgenommen werden, und würde durch die dabei angewandte volle Macht der Religion ihres Eindrucks sicher nicht verfehlen.« Die *Prediger* – diese aufklärerische Bezeichnung der Pastoren unterstreicht deren Bedeutsamkeit als lehrende Personen – hätten durch diese bürgerliche Konfirmation eine »schickliche Veranlassung, von vielen auf den Gesellschaftsstand sich beziehenden Wahrheiten und Pflichten recht eigentlich zu reden. Was freilich auch ohnehin geschehen sollte«.

»Eine Woche nach der geistlichen Konfirmation werden die konfirmierten Knaben privatim von dem Prediger vorgenommen, über die Gestaltung, Vorteile, Kosten und Pflichten des gesellschaftlichen Lebens unterrichtet, und man versucht ihnen die Verfassung des Vaterlandes wert zu machen.« Der Ablauf der vorgeschlagenen bürgerlichen Konfirmation entspricht dem der christlichen Konfirmation: Predigttext und Lieder sollen vorgeschrieben werden. Die Predigt habe »Vortheile der bürgerlichen Verfassung, aber auch ihre unvermeidlichen Kosten, die Rechte des Königs und die Pflichten der Untertanen durch spezielle Anwendung auf die Zuhörer rührend aufeinanderzusetzen«. Nach der Predigt sollten sich die Knaben zum Altar begeben, »wo möglichst ein Bild des Königs, wenn es seyn kann, Krone und Szepter zur Beförderung des sinnlichen Eindrucks aufgestellt sind«. Vier Fragen werden an die Konfirmanden gerichtet, die sie alle beantworten mit: »Ja, wir schwören bei Gott.«

Der König sah hinter den Vorschlägen »einen klaren Kopf und viel Liebe zur Religion«. Entscheidend für die Ablehnung des Vorschlages war der Entschluß des [von Friedrich dem Großen geschaffenen] Berliner Oberkonsistoriums.[21] Der Autor, heißt es nach »reiflicher kollegialer Erwägung«, irre sich: Der Konfirmand lege keinen »förmlichen Eyd, sondern ein Glaubensbekänntniß ab«. Das Gremium bemängelte also, daß die im praktisch-moralischen Zeitgeist übergangene Frage nach dem theologischen Grund und Zweck der Kirchenhandlung in der bürgerlichen Konfirmation keine angemessene Antwort gefunden hatte. Für die Einführung der bürgerlichen Konfirmation sprach nach Gieselers Meinung deren »rührende Einprägungskraft«, die für einen anderen als den kirchlichen Eid eingesetzt werden sollte. Die Konfirmation war als bürgerliche kirchliche Feierform sinnlich rührender Machart verfügbar geworden.

An die Öffentlichkeit adressiert waren die endlos langen Prüfungsgespräche bei Konfirmationen von Johann Gottfried Herder (1744–1803). Der evangelische Theologe und Schriftsteller, nach gelehrter Europareise Hofprediger in Bückeburg und später Oberhofprediger in Weimar, wird wie Lessing von Freidenkern als deren »Vordenker« verehrt. *Männer der Wissenschaft und der Literatur, wie Herder, waren für ihre Zeit trotz ihrer religiösen Gesinnung wahre Freidenker*, stellte Karl Marchionini in seiner Broschüre ›Der Oberhofprediger als Freidenker‹[22] fest, die 1926 in einer freigeistigen Publikationsreihe des »Volksbunds für Geistesfreiheit« in Leipzig erschien. Der Theologe wurde für die freidenkerische außerkirchliche Glaubensbewegung reklamiert, da er »die Religion mancher Völker aus ihrer Mythologie erklärte«. Diese Vereinnahmung von Denkern als »Vorläufer« der Aufklärung und des Freigeistes, ob es den Absichten ihrer Schriften entsprach oder nicht, war charakteristisch für die *Bewegung der Aufklärung und des Freigeistes*. Aufklärerisch interessiert hatte Herder 1774 einen »Beytrag zu vielen Beyträgen des Jahrhunderts« geschrieben: »Auch eine Philosophie der Geschichte zur Bildung der Menschheit.« Herder sah das Christentum wie alle anderen Religionen als Teil unserer geschichtlich gewordenen Welt. Als die römische Weltverfassung ihr Ende erreichte, habe es »die Vorsehung für gut befunden, ein neues Ferment zu bereiten – die christliche Religion«. Als »die Philosophie Trödelkram von Meinungen ohne Kraft und Gewißheit war, sollte der Aufbau der Trümmer von Völkern geschehen, die noch Religion nötig hatten, durch sie allein gelenkt werden konnten, siegte die nackte, neue christliche Religion«.[23]

Diese religionsgeschichtlichen Erkenntnisse standen Herders Glauben nicht im Weg. Die Gestaltung der Konfirmation seiner Hochfürstlichen Durchlaucht Carl Friedrich, Erbprinz von Sachsen-Weimar und Eisenach am 20. März 1799 läßt erkennen, wie Herder die christliche Botschaft seinem Hörerkreis verständlich übersetzte. Er begann die Veranstaltung mit dem Hinweis an den Konfirmanden, den »gnädigsten Herrn«, daß dieser nach dem »guten und treuen« Konfirmandenunterricht »kein Glaubensbekenntniß auswendig gelernt habe, das jetzt vorzusagen sey. Aus Unterredungen haben Sie selbst die Sätze gezogen und niedergeschrieben, die Sie als Resultate der Wahrheit anerkannten. Damit ist es eine freie, vernünftige Handlung, würdig des Namens der Religion.«[24] Über zwanzig Druckseiten lang zieht sich die »Unterredung« mit dem Konfirmanden bisweilen recht weitschweifig dahin. Die Antworten stimmten sicher mit der Sichtweise des fragenden Theologen überein. Die vernünftige Unterredung wandte sich der »ersten Ursache [zu]. Sie nennen wir Gott«. Pragmatisch gingen sie die Lebenswirklichkeit durch. Mit der »höchsten Ursache« aller weltlichen Phänomene hatte sich der erste Hauptteil befaßt, der in der Feststellung gipfelte, daß das Christentum die »einzig wahre, Heil bringende und allgemeine Religion ist«[25].

Dem Prüfungsgespräch folgte die *Angelobung*, das *Gelübde* des Konfirmanden, die »aus eigener Überzeugung erkannten Wahrheiten und Pflichten gewissenhaft für seine Religion zu halten«. Der Prinz reichte Herder dann bestätigend die Hand. Herder beschloß die Feierlichkeit mit einer relativ knappen Festrede: »Mit diesem Gelübde treten Sie in die Zahl der Erwachsenen; alle Guten und Edlen empfangen Sie darin; wohlwollend kommen ihre Gesinnungen Ihnen entgegen«, begann Herder. Schließlich wandte er sich an die *gütige Vorsehung*: »Unser Wunsch für Ihn, den Konfirmanden, fleht dich an.« »Vorsehung« verweist für Herder eindeutig auf den christlichen biblischen Gott. Weil er die vorgenommene »Angelobung« des Konfirmanden als Aufnahme in den Kreis der Erwachsenen bezeichnete, lag die Vorstellung der Jugendweihe nahe. Daniel Jensch sah, wir lasen es, durch die Konfirmation *Jünglinge und Töchter an die Gottheit und an die Gemeinde oder überhaupt an die menschliche Gesellschaft geweiht*.

Worte Herders, der 1764 in Riga eine Predigerstelle angenommen hatte, um »Volkserzieher« zu sein, luden seine freireligiösen, freidenkerischen »Schüler« zur revolutionären Weihe ein: Auf den 14. Juli 1790, den Jahrestag des Sturms auf die Bastille, schrieb Herder, Oberhofprediger in Weimar, die Zeilen[26]:

Rings um den hohen Altar siehst du die Franken zu Brüdern
Und zu Menschen sich weihen; göttliches, heiliges Fest!
Wie spricht Jehovah zum Volk? Spricht er in Donner und Blitzen?
Milder kommt er hinab; Wasser des Himmels entsühnt
Weihend die Menge zum neuen Geschlecht mit der Taufe der Menschheit.
Vierzehnter Julius, dich sehen unsere Enkel einmal.

Diese Zeilen waren ein nie erläuterter knapper Aphorismus. Freilich sind Wortwahl und Anspielungen charakteristisch für den Denk- und Handlungshorizont der ersten Jahrzehnte des 19. Jahrhunderts: Das revolutionäre Geschehen bedarf göttlicher Qualifikation als Legitimation. In der Religion wird das Schicksal der Menschen, aller Menschen verhandelt.

Herder nannte wie in der geschilderten Konfirmationshandlung den christlichen Glauben *Menschenreligion*. Im Gefolge der christlichen Aufklärung, die mit der Vielfalt religiösen Glaubens und dessen Entstehungsgeschichte bekanntgemacht hatte, war die Ansicht, allein *die* Kirche mache selig, nicht vertretbar.

Gegen die enge und autoritäre Kirchlichkeit wurde in diesen Jahren dadurch protestiert, daß *Christlichkeit* von Glaubenssätzen und Lebensgewohnheiten herausgekehrt wurde. Die konfessionelle Artikulation des christlichen Glaubens war infolge der Aufklärung umstritten, an diesem Glauben selber zweifelten die wenigsten. In den ersten Jahrzehnten des 19. Jahrhunderts kam die Hoffnung auf, daß sich evangelische und katholische Kirche verbänden. So wäre »Christlichkeit« institutionalisiert worden. Nach Meinung Heinrich Gottlieb Tschirners breche durch diesen christlichen Zusammenschluß nach Christianisierung und Reformation ein drittes Zeitalter an. Er hoffe, schrieb er 1824, daß genügend Menschen »nur die allen Kirchen gemeinsamen Lehren als das Wesentliche des Christentums und als die notwendigen Stützpunkte der frommen und sittlichen Gesinnung« ansehen[27]. 1852 bedauerte Heinrich Heine in der zweiten Auflage seiner »Geschichte der Religion und Philosophie«, daß es noch keine Geschichte des Christentums gäbe. Zwei entgegengesetzte Parteien schrieben Kirchengeschichte und widersprächen sich ständig, doch keine der beiden sagte, »was eigentlich jene Idee ist, die dem Christentum zugrunde liegt«[28]. Über ein Jahrhundert später wurde in der 1949 gegründeten Volksrepublik China staatlich die Konfessionslosigkeit des nach der »Kulturrevolution« zugelassenen »Chinesischen Christenrates« verordnet. Diese politische Gängelung des religiösen Lebens ergibt sich folgerichtig aus der weltanschaulichen freigeistigen Erwägung, daß konfessionelle Aufspaltung überflüssig sei.

Nach der Auflösung des »Heiligen Römischen Reiches Deutscher Nation« hatte in der neugeordneten Kleinstaatenwelt Deutschlands Kirchengründungszeit begonnen: In den neuen Staatskirchentümern mußten Kirchenordnungen und -verfassungen erarbeitet werden. Eine evangelische Kirche gab es in Deutschland bis 1948 nicht. Da die Kirchenleitungen in der antirevolutionären Restaurationszeit nach den antinapoleonischen »Befreiungskriegen« sich reformerischen Vorschlägen verschlossen hatten, gewann die Verwendung des emanzipativen Begriffs Christentum ihre antikirchliche Schärfe. Nach den »Befreiungskriegen« gab es unter den Deutschen eine »Rückkehr zur Gläubigkeit« [29], die vor allem die römisch-katholische Kirche stärkte, wie Konversionen in der »geistigen Oberschicht« zeigten. Am Mißlingen ökumenischer Zusammenschlüsse auch auf politischer Ebene ist erkennbar, wie die konfessionelle Polemik geschürt wurde. Die Aufklärung schien überwunden. Der Theologe Christian Josef von Bunsen bekannte dem Diplomaten Niebuhr im Juni 1824, er fürchte, »daß unsere Kinder Religionskriege sehen werden«. Die freireligiöse Ökumene war nicht zu erahnen.

Auch den Kirchen, die sich mit der reaktionären Staatsmacht verbanden, galten die zeitkritischen Forderungen, die nach der französischen Julirevolution 1830 im locker gruppierten literarischen *Jungen Deutschland* vorgetragen wurden. Unter diesen Gegnern der aufblühenden Romantik, in der jeder Änderungswunsch mit dem Hinweis auf die angeblich harmonische Fügung politisch-gesellschaftlicher Zustände vorrevolutionärer und vorreformatorischer Zeit erstickt wurde, wurde eine subjektivistische Geschichtsvorstellung gepflegt. Deutlich ging man über die aufklärerischen Argumente einer vermeintlichen Naturgesetzlichkeit hinaus. Zwei literarische Wortführer der literarisch-politisch revolutionären Stimmung, Karl Gutzkow (1811–1878) und Heinrich Laube (1806–1884), hatten protestantische Theologie studiert, bevor sie außerhalb der Kirchen literarisch und journalistisch ihre Gesellschaftskritik fortwoben, deretwegen beide kurzzeitig ins Gefängnis kamen.

Vom »Jungen Deutschland« wurden in Zusammenschau von Religion und Welt im Blick auf die literarische und politische Wirklichkeit ungewohnte Fragen aufgeworfen. Dadurch kam ein neues Wirklichkeitsverständnis auf: Nicht nach der Wahrheit religiöser Sätze wurde gefragt, problematisiert wurde vielmehr deren politisch-gesellschaftliche Funktion im Dienste monarchieergebener Kirchenleitungen. Statt sich vom Christentum freimachen zu wollen, verlangten Theologen des Jungen Deutschland in Kenntnis der rationalistischen Theologie »eine Verbesserung des mißverstandenen Christentums«[30]. *Die geistige und religiöse Muttersprache bleibt das Christentum*, schrieb Gutzkow im zweiten Teil seiner »Säkularbilder« 1846. Innerhalb des Christentums müßten Konflikte frei gelöst werden.

Konflikte brachen auf, da alte Autoritäten schwanden und sich die alle verbindende letzte Einheit des sittlichen und religiösen Denkens und der künstlerischen Maßstäbe auflöste. Staatliche und kirchliche Autoritäten erstarrten. Im Widerspruch gegen sie verbanden sich im intellektuellen Gespräch Gegenwartspessimismus und Zukunftsoptimismus. Vielfalt und Unruhe kirchlicher, gesellschaftlicher und religiöser Lebensformen in den dreißiger und vierziger Jahren des 19. Jahrhunderts, der *Vormärzzeit*, dürfen nicht unterschätzt werden. Als Reaktion auf die Französische Revolution war grundsätzlich begriffen worden, daß Religion in deutlicher Beziehung zu gesellschaftlichen Entwicklungen steht. In der Vormärzzeit war nicht bekannt, daß Individuen zwar ohne Religion leben können, daß es aber in der Menschengeschichte keine religionslosen Gesellschaften gibt. In Überwindung »alter« Religionen, die in einem damals gängigen Bild als Kindheitsphänomene in der menschlichen Entwicklungsgeschichte verstanden wurden, eine religionslose Gesellschaft zu kreieren, lockte neugierige Geister, Parteigänger des »Neuen«.

Während in England nationalökonomische, in Frankreich sozialistische Themen und Traktate die Öffentlichkeit bewegten, erregte in Deutschland eine theologische Abhandlung Aufsehen. 1835 erschien der erste Band des ›Leben[s] Jesu, kritisch bearbeitet‹, den der junge evangelische Theologe David Friedrich Strauß (1808–1874) vorlegte. In diesem in dichter Folge mehrfach aufgelegten Bestseller nahm Strauß das radikale Nein der autoritären, mit dem »christlichen Staat« verketteten Staatskirche gegen jede Verbindung des christlichen Glaubens mit diesseitigen politischen oder sozialen Handlungen oder Bestrebungen auf. Provokant wandte er sich gegen Kirche und Staat: Das Neue Testament, dogmatischer Autoritätsanker der Kirche, bestünde aus vielen mythischen Erzählungen. Diese erschlössen sich nur dem, der sie gestützt auf die diesseitige Philosophie studiere, stellte Strauß fest, der nie an der Existenz Jesu zweifelte. Bei jedem einzelnen, so Strauß' Pointe, liegt die freie Entscheidung, ob und wie er sich die Mühe dieses Studiums mache. Die Autorität der Kirche und des an sie gehefteten Staates war so geleugnet. Absolut war statt dessen die Position des von allen Bindungen befreiten Menschen. In diese liberale Bresche hieb Ludwig Feuerbach (1804–1872), der 1840 seine radikale Verurteilung des ›Wesen[s] des Christums‹ vorlegte. Epochal war der Befreiungsschlag Strauß', die Zerstörung der formal behaupteten Autorität der Evangelien und Dogmen. Er vollzog die aufklärerische Kritik kompromißlos und traf damit den Nerv des damaligen »Zeitgeistes«. In diesem Akt der Destruktion formaler Autoritäten wurzelte die freigeistige Bewegung. Eine Spielart war die Ansicht Karl Marx' (1818–1883) und Ludwig Feuerbachs, Religion sei aufzuheben. Strauß wehrte sich dagegen, daß religiöse Gefühle in den »alten stinkenden Käfig der, wenn auch noch so zierlich überpappten Kirchenlehre« gesperrt würden[31]. Die historisch-philologische Kritik des Bibeltextes änderte nach Strauß' Ansicht aber nichts daran, daß Menschen religiös seien: Zur »Humanitätsreligion« müsse die »Christusreligion« fortgebildet werden.[32]

Die freigeistige Bewegung, deren wichtigstes Fest die freireligiöse Jugendweihe werden sollte, nahm innerkirchlich in der Kritik an der evangelischen und katholischen Kirche ihren Ausgang. Ihre gesellschaftliche Bedeutung, erinnert sei an Karl Marx' Beobachtung, sicherte, daß sie sich mit unterschiedlichen, auch widersprüchlichen ideenpolitischen Zielen im Laufe der Jahrzehnte verband. Sie konnte verschiedene Blüten treiben, weil sie zwar strukturell auf die Kritik an den jeweils überkommenen Autoritäten festgelegt war, ihr indessen eindeutige gemeinsame positive Ziele fehlten. Die Bewegung spaltete sich. Die atheistisch-marxistische Entwicklungslinie wird nun wie die bündisch-nationale orientiert daran verfolgt, daß und wie sich die jeweiligen Protagonisten und Gemeinschaften der Jugendweihe bedienten. Die im freigeistigen bürgerlichen Deutschland aufkommende »Jugendweihe« stand im Konflikt zwischen weltverändernder aufklärerischer Kritik und handlungspraktischer Unentschiedenheit.

Gustav Adolph Wislicenus (1803–1875), der 1824 als Burschenschaftler wegen Hochverrats jahrelang eingekerkert worden war, wurde 1846 in Halle seines Amtes als evangelischer Pfarrer an der dortigen Laurentiuskirche enthoben, weil er der auf den Wortlaut der Bibel und staatliche Satzungen gestützten Autorität und den seiner Ansicht nach vernunftwidrigen Vorgaben der Kirchenleitung widersprochen hatte. 1847 beschrieb er die Freigeistigen: *Rationalismus, Radicalismus bis zu Feuerbach, Conservativismus, Sozialismus, Mystik, Politik, Wahrheit und Dunkel, Wissenschaft, Glaube, Kirche, Nicht-Kirche als eine große gärende Masse untereinander gemischt.*[33]

In der Vormärzzeit war die Überzeugung aufgekommen, daß die nun erkannte gegenseitige Stabilisierung von Religion und Gesellschaft nicht zwangsläufig zugunsten der reaktionären Staatsautorität wirken müsse. Dieses Wirkungsverhältnis emanzipativ zu ändern, legte der philosophische und theologische Kurswechsel nahe: Das Erbe Hegels teilten sich philosophisch Denker, die entweder Gesellschaft und Staat fortschrittlich mit dem Christentum verbunden sahen oder linkshegelianisch die Fortschrittsidee gegen das Christentum wandten. Die theologische Aufmerksamkeit galt nicht mehr der aufklärerisch erörterten objektiven Erkenntnis Gottes, sondern der subjektiven Erfahrung Gottes. Subjektive Erfahrungen ließen Gutzkow an die »Reformation der Liebe und an jede soziale Frage unseres Jahrhunderts glauben«.[34] Er ging rebellisch einen Schritt weiter, wollte nicht nur die Emanzipation der Ehe von der Kirche, sondern auch die der Liebe von den Ketten der Ehe. Exzessive Ansichten dieser Art widersprachen der aufklärerischen Sorge um normative moralische Sittlichkeit.

Der aufklärerisch beflügelte christliche Glaube scheute in der Vormärzzeit ungebunden von kirchlichen Normen manche Grenzüberschreitungen nicht. Im Konflikt mit der Kirchenleitung taten sich Pfarrer und Gemeindemitglieder vielerorts *liberal* in Widerspruch gegen die Zwangskirche zur Wahrung ihrer Rechte zusammen: Die kirchlichen Liberalen formierten sich. Kirchlich konnte der Ruf nach Freiheit eher im öffentlichen Bereich wirksam werden als im politischen, der den meisten Untertanen damals als Aktionsfeld ungeheuer und unbekannt war.

Ein Zusammenschluß *Protestantischer Freunde* gegen die kirchliche Zwangsorganisation setzte wie das zeitgleiche Aufbegehren von *Deutsch-Katholiken* gegen den päpstlichen und dogmatischen Absolutismus die Bewegung in Gang, die in die deutsche Märzrevolution 1848 mündete. Die Parallelen sind evident, in beiden Gruppierungen finden sich Frauen und Männer, Geistliche und Laien gleichberechtigt zusammen. Für alle ist menschliche Vernunft das Kriterium, an dem sich auch kirchliches Handeln und christliche Bekenntnissätze zu messen haben. Ihre Mitgliederzahl ist beachtlich, 70 000 Deutsch-Katholiken waren eine Massenbewegung.[35] Sie versammelten sich, wir lasen es eingangs, 1845 zum ersten Konzil in Leipzig. Ihr Ziel war es nicht, eine neue Konfession ins Leben zu rufen. Typisch für die unruhige Zeit verband die Leitfigur der Deutsch-Katholiken, der »Reformator Ronge«, unterschiedliche philosophisch-politische Ansichten und Forderungen in seinem nationalen und religiösen Liberalismus: Luther habe versäumt, sagte er, seine reformierte Kirche national und überkonfessionell zu gestalten. Anzustreben sei »eine freie deutsche Kirche, in der sich die deutschen Katholiken und die deutschen Protestanten die lang zurückgewiesene Bruderhand reichen und ihre *Sonderheiten in der höheren Einheit behalten*«[36]. In liberaler Überzeugung wurde der freiheitliche Zusammenschluß politischer und religiöser Orientierungen verlangt. Ein möglicher Konflikt dieser Orientierungen sollte nicht organisiert und ausgehalten, sondern beseitigt werden.

Bürgerlich liberale Überzeugung verriet die Absicht, *Sonderheiten in höherer Einheit zu behalten*, d. h. auf einem dritten Weg Dissens und Konsens für alle akzeptabel einander zuzuordnen. Die Gemeinschaft derer sollte gefunden und geformt werden, die in Abkehr von konfessionalistischer evangelischer und katholischer Enge an ihrer Christlichkeit in aufklärerischer Form festhalten wollten und die sich deshalb von ihren autoritären Kirchenleitungen lösten. Der Freiheitswunsch beseelte ihr religiöses Bewußtsein, sie wollten ihn unter ihren Mitmenschen verbreiten. Das Dilemma der freireligiös anhebenden freigeistigen Bewegung in Deutschland ist evident. Weltverändernd wurde ein ideenpolitisches Programm proklamiert, ohne daß den Realitäten in dieser Welt, hier der verwurzelten divergenten konfessionellen Einbindung, gebührend Rechnung getragen worden wäre. Unbeachtet blieben die zu verändernden Realitäten auch insofern, als weder freireligiöse noch freigeistige Bewegung sich je auf ein präzises, gemeinsam realisierbares Programm einigen konnten.[37] Die ideenpolitische Programmatik trug – nicht untypisch für das Gebaren der Aufklärer – elitäre Züge.

Um zu ergründen, wie und warum Jugendweihen eingeführt wurden, sind nicht nur Motive und Überlegungen der freigeistigen Kritiker sowie der Eigenheiten ihrer Kritik zu beachten. »Förmlich mit Gewalt sind die Freireligiösen aus der Kirche hinausgedrängt worden«, summiert ein ›Handbuch der freigeistigen Bewegung Deutschlands, Österreichs und der Schweiz‹[38]. Der Druck der Autoritäten führte und hielt die freisinnigen Kritiker zusammen.

Sie konnten ihren Kirchen nicht protestierend den Rücken kehren, weil Kirchenaustritt nur zum Zweck des Übertritts in eine bestehende andere Kirche erlaubt war. Am 30. März 1847 erging eine »Allerhöchste Kabinetsorder betreffend die Bildung neuer Religionsgesellschaften« des preußischen Königs Friedrich Wilhelm IV., die »denjenigen, welche ihre Kirche verlassen und zu einer besonderen Religionsgemeinschaft vereinigen oder einer solchen sich anschließen, so weit, als ihre Vereinigung vom Staat genehmigt ist, den fortdauernden Genuß ihrer bürgerlichen Rechte und Ehren ausdrücklich zusichert«. Die königlichen hohen Ministerien der geistlichen und Unterrichtsangelegenheiten erließen in Potsdam am 18. Januar 1848 zur Klärung wegen der Zweifel über die Folgen des Toleranzedikts von 1847 eine »Instruktion«, die einer heutigen Ausführungsverordnung entspricht: »Vorzugsweise« seien »die Sekten der katholischen Dissidenten, der Baptisten und der freien Evangelischen« gemeint. Deren »rechtliche Stellung ist zunächst noch von dem Ergebnis einer bereits eingeleiteten umfassenden Prüfung ihrer Lehre und Einrichtungen abhängig. Vorerst sind sie nicht als Religionsgesellschaften, sondern als eine Anzahl von einzelnen Individuen zu betrachten, welche sich zur Bildung einer neuen Religionsgesellschaft vereinigt haben. Es folgt daraus, daß ein unmittelbarer Zwang zur förmlichen Lossagung von ihrer bisherigen Kirche nicht stattfindet.«[39] Solange der Austritt nicht erklärt wurde, waren die jeweiligen Personen »zur Erfüllung ihrer Verbindlichkeiten gegen die bisherige Kirche anzuhalten«. Dies zwang die »Sekten« genannten Gruppierungen zur Klärung, denn wer sich zu ihnen bekannte, mußte nicht aus seiner jeweiligen Kirche austreten. War durch den Anschluß an eine »Sekte« eine Entscheidung gefallen?

Jetzt hatte sich zu zeigen, ob die freigeistigen Kritiker autonom ihrer Gemeinschaft organisatorisch Dauer zu geben imstande waren. Kirchlich stand man, erstmals in Deutschland, vor dem Grundproblem des späteren politischen Liberalismus, nämlich wie Freiheit und Einheit verbunden werden können, wie eine Gemeinschaft ohne Einschränkung der ihr vorausliegenden Freiheitssphäre ihrer Mitglieder handeln kann – sei es kirchlich, sei es politisch. An der subjektiven Freiheitlichkeit von Gewissensentscheidungen waren nach aufklärerischer Überzeugung Abstriche unmöglich. Die Effizienz des gemeinsamen Handelns setzte indes voraus, daß zielsicher gehandelt wird. Wie waren Menschen unterschiedlichen Glaubens auf der Grundlage der Freiwilligkeit zu vereinen? Konnten menschheitliche *Weihen* die Unterschiedlichkeit – bisweilen sogar Zerstrittenheit – verdecken und eine Brücke aus der kritisierten Gegenwart in die erhoffte Zukunft freigeistigen Lebens schlagen? Ziel der zu Beginn und in der Mitte des 19. Jahrhunderts häufigen Verwendung des Begriffpaares Weihe/weihen war nach Beobachtung der Brüder Grimm im ›Deutschen Wörterbuch‹, »Menschen auf eine menschlich höhere Stufe zu heben«. Freigeister setzten die erhoffte höhere Menschlichkeit in eins mit dem Konsens in ihren Reihen, der immer wieder behauptet wurde. Freilich, »Weihen« sind religiöser Teil des Kultus einer Organisation. Konnte sich ein freigeistiger Zusammenschluß ohne Verlust von Glaubwürdigkeit einer Kult- bzw. Feierordnung unterwerfen? Diese Frage ergibt sich in allen freigeistigen Organisationen. Für die regelmäßige Feier von Festen wurde unter Freigeistern stets angeführt, daß andernfalls der Lebensverlauf »trocken, leblos, öd«[40] sei.

1850 soll der Prediger der Freien Gemeinde zu Nordhausen am Südrand des Unterharzes, Wilhelm Eduard Baltzer (1814–1887), »erstmals den Begriff *Jugendweihe* gebraucht« haben, behauptet die »Interessenvereinigung Jugendweihe Berlin« in ihrer 1996 verteilten »Information für Mädchen und Jungen und ihre Eltern 1997«. Etwa 1851 habe Baltzer den Begriff geprägt, weiß ein Vertreter der konkurrierenden »humanistischen« Veranstalter von JugendFEIERn aus Berlin, Manfred Isemeyer.[41]

Damit sei der Konfirmation eine neue Bezeichnung gegeben worden. Sie stützen sich auf Gotthold Krapps »aufschlußreiche Quellenpräsentation« (Isemeyer), der auch die ›Theologische Realenzyklopädie‹ (Bd. 17) folgt: »Die Kämpfe um proletarischen Jugendunterricht und proletarische Jugendweihe am Ende des 19. Jahrhunderts«, Band XVII der ›Monumenta Paedagogica‹ der DDR.

Die »Freien Gemeinden« bildeten sich seit 1846 neben den »deutschkatholischen Gemeinden« aus den »Protestantischen Freunden«. Deren gemeinsamer Optimismus war groß, er trug sie über die Kritik der »alten«, häßlich spürbaren Gegenwart weit hinaus: *Wir legen diesem Umschwunge keine geringere Bedeutung bei als die, daß er den Übergang des menschlichen Geschlechtes in ein neues Stadium der Entwicklung bezeichnet, und zwar in der Weise, daß die zweite Hälfte der ganzen Weltgeschichte in der Mitte des 19. Jahrhunderts datieren wird.*[42] Wie, so David Friedrich Strauß, der innerkirchliche Widerstand gegen die Zwangskirche, d. h. der »theologische Liberalismus dem politischen Liberalismus in die Hände« gearbeitet hatte[43], illustriert beispielhaft ein Bericht eines Beamten an den preußischen Innenminister, der im Geheimen Staatsarchiv Berlin-Dahlem unter den Akten des Ministeriums »Betreff die religiösen Aufregungen auf protestantischem Gebiet« archiviert ist.

Am 5. Januar 1845 wurde er in Halle vorgelegt[44] (Dokument I). Er beschreibt, wie sich die Bewegung religiösen Unwillens gegenüber den Kirchenleitungen äußerte und problemlos mit bürgerlichen Anliegen verband. Im Rahmen dieser kirchlichen Veranstaltungen kamen diese erstmals öffentlich zur Sprache – über den Versammlungen schwebte dabei immer die Möglichkeit polizeilichen Eingreifens. Natürlich kontrollierten Beamte des Innenministeriums die Vorträge und Debatten, wichtige Teilnehmer wurden namentlich aufgeführt.

Seit Oktober letzten Jahres werde auf den Versammlungen kirchlicher Streit gesucht, die »Vormärzbeflissenen« wollten eine allgemein germanisch-christliche Kirche einrichten. Zurückhaltend seien bloße Lokalfragen aufgegriffen. Es nahmen oft mehrere hundert Personen an den beobachteten Veranstaltungen teil. Einige Redner stellten sich als Kandidaten für die Wahl zur Stadtverordnetenversammlung in Naumburg vor – erfolgreich, denn sie sind zwei Wochen später gewählt worden. Die Besprechung städtischer Angelegenheiten ging so weit, daß in Versammlungen Anträge formuliert wurden. Mitteilungen über kirchliche Synodalverhandlungen waren vom Minister der Geistlichen, Unterrichts- und Medicinalangelegenheiten untersagt worden. Gleichwohl, habe ein Pfarrer gehofft, könne »vielleicht in der nächsten Versammlung etwas mitgeteilt werden«. Ein Theologieprofessor habe »unverhohlen« der Versammlung mitgeteilt, was er von einer Synode erfahren habe. Pastor Uhlich aus Magdeburg, einer der Initiatoren der Bewegung, habe erfreut von »beifälligen Äußerungen Seiner Majestät« über die Versammlungen berichtet. Burschenschaftler seien unter den Versammelten gewesen, »selbst die Universitäten sind den Bewegungen nicht fremd«. Besorgt berichtete der Beamte von Verbindungen im »ernstlichen Deutschland«, zwischen Berlin, Bonn, Halle, Heidelberg und Leipzig. Die *Bewegungspartei* werde immer kühner.

Monate später, am 16. Mai, trug der Beamte weiterhin vor: Am 14. Mai hätten in Cöthen sehr viele *Teilnehmer aus der Ferne die Gasthöfe überfüllt*[,] *und fast kein Strohlager war zu bekommen. Man schätze die Zahl der [Protestantischen] Freunde auf 1200. Justizrath Isensee und andere Leute, die sich außerordentlich für die kirchliche Bewegung interessieren, beherbergten einen großen Teil der Stimmführer* (23r).

Die »ehrfurchtsvoll« am 16. Mai 1845 angeführten Bemerkungen, mit denen der Beamte seinen Bericht schließt, sind ohne Verständnis für den Nachhall, den die christliche Sorge der »Protestantischen Freunde«, um Toleranz für ihr freisinnig vernünftiges Gemeindeleben unter Bürgern fand, die ihre freiheitlichen Rechte einklagten. Er schrieb nämlich (28r): *Das Ganze war ein Theatercoup, und wenn die Schauspieler nicht mehr auf die Bühne dürfen, bleiben die Zuschauer von selbst weg. Es möge das eine wie das andere verfahren, in Frieden und ohne größere Forderungen, wie sie das junge Deutschland will –, und dazu gehören die meisten gelehrten Anhänger – dürfte nicht gut auszukommen sein.*

Die Repräsentanten des Staates reagierten auf die innerkirchlich losgetretene freigeistige Bewegung verunsichert. Der Leiter des Ministeriums der Geistlichen Angelegenheiten, Joh. Albr. Friedr. von Eichhorn (1779–1856), wandte sich am 19. Dezember 1846 an den Staats- und Cabinetts-Minister in der Leitung des Innenministeriums, Ernst von Bodelschwingh (1794–1854): Der Kampf der »Feinde der kirchlichen Ordnung, der liberalistischen Eiferer (um eine) Zeit-, Vernunftkirche berührt auch die Ordnungen des bürgerlichen Lebens und damit Hochdero Ressort«. In ministerieller Diktion wurde mithin die Diagnose Marx' und Strauß' bestätigt. Zwei Wochen später, am 2. Januar 1847, warnte er seinen Kollegen: »Die Eigenmächtigkeit ist von dem kirchlichen Gebiete auf das staatliche hinübergesetzt, und die gefährliche Meinung werde genährt, daß die Macht der Regierung sich vor der Gewalt der Thatsachen und der sogenannten öffentlichen Meinung beugen müsse.«[45]

Die »Protestantischen Freunde«, vornehmlich von ihren bürgerlichen Sympathisanten anerkennend *Lichtfreunde* genannt, hatten in ihrem innerkirchlichen Kampf um Anerkennung ihrer »protestantischen Rechte« einen weit hallenden Resonanzraum. Sie ließen sich keine Bekenntnisse vorschreiben, die nach ihrer Meinung »den hellen und klaren Gründen« oder »auch dem Christentum der Bibel« widersprachen – so drückte sich Pfarrer Baltzer in seiner letzten kirchlichen Pfarramtsstellung in Delitzsch aus.[46] Der spätere Vater des Begriffs Jugendweihe trieb so den erwähnten autonomen Umgang mit kirchlichen Bekenntnis- und Lebensformen als kirchlicher Amtsträger antikirchlich auf die Spitze. Seinesgleichen mußten die Kirchen verlassen und bildeten »freie Gemeinden«. Überall erwies sich dann, daß die protestantischen »Freunde« im Moment ihrer unfreiwilligen Selbständigkeit ihren Resonanzraum verloren.

Die ersten freien protestantischen Gemeinden wurden 1845 in Königsberg, 1846 in Halle und 1847 in Nordhausen gegründet. In Königsberg schritt Julius Rupp, der dortige Divisionsprediger, am 29. Dezember 1844 vor der Militärgemeinde zur Tat und predigte über das Thema *Der christliche Glaube ist der Glaube der Mündigen*: Die Seligkeit könne von keinem Bekenntnis abhängig gemacht werden. Jeder Christ habe mit Gott allein auszumachen, was ihm notwendig scheine, zu glauben und zu tun.[47] Ein Jahr später ist Rupp amtsenthoben. Er stieß in Königsberg zu der dortigen freien evangelischen Gemeinde. Am 23. Oktober 1859 tat sie sich mit der christkatholischen Gemeinde zur »freien evangelisch-katholischen Gemeinde« zusammen. An einem Ort also in Ostpreußen institutionalisierte sich »das Christentum« – freikirchlich neben evangelischer und katholischer Kirche.

Von Anfang an ließ diese freie Königsberger Gemeinde wie alle anderen erkennen, daß sie ein freiheitlicher Zusammenschluß, eine Assoziation freier Individuen war: Zum Mitglied konnten sich nur Erwachsene erklären. Konfirmandenunterricht gab es in der freien evangelischen Gemeinde in Königsberg nicht. »Da die jungen Leute erst mit dem zwanzigsten Jahre sich als stimmberechtigte Mitglieder der Gemeinde anschließen durften, so wurden sie bis dahin gleichsam als neutral betrachtet.« Ein Jahr nach der Stiftung der freien evangelischen Gemeinde, am 19. Januar 1847, feierte die Gemeinde ein Fest: »Nach einem feierlichen Gesange fand zunächst die Taufe eines Kindes statt. Ihr folgte die feierliche Aufnahme der im vergangenen Jahre zwanzig Jahre alt gewordenen Angehörigen der Gemeinde in den Kreis der stimmberechtigten Mitglieder derselben.« Worin die »Neutralität« der Jugendlichen vor der feierlichen Aufnahme besteht, ist unbekannt. Zügellos wie in einem Initiationsakt wollte in Königsberg sicher niemand die Heranwachsenden reifen sehen. Der Vorschlag Rupps, die im Religionsunterricht unterrichteten Kinder durch ein »Fest zu dem Leben der Gemeinde in eine gewisse Verbindung treten zu lassen, vermochte nicht die Sympathie der Gemeinde zu erlangen«[48]. Rupp dachte wahrscheinlich an eine feierliche Aufnahme der eintrittswilligen 20jährigen. Wodurch sie sich von der Aufnahme in andere Vereine unterscheiden sollte, wurde nicht angemerkt. Vielleicht sollte ein solcher Unterschied entfallen.

Freireligiöse Konfirmation?

Radikal »vernünftig« ging die freie Gemeinde in Halle a. d. S. zu Werke. Am 26. September 1846 wurde sie gegründet. In ihrer »Grundsatzerklärung« hieß es u. a.: »Wir wollen keine abgeschlossene kirchliche Confession, sondern eine freie menschliche Gesellschaft«, die sie vom Magistrat nicht als Religionsgemeinschaft, sondern als Privatverein anerkannt wissen wollte.[49] Kirchliche »Gebräuche [wie Taufe und Abendmahl] können nur freie Sitte sein«, zu denen niemand gezwungen werden könne, stellte deren Vorsitzender Gustav Adolf Wislicenus fest: »Das gilt namentlich von der Taufe. Deshalb gibt es keine ›wirkliche Konfirmation‹, eine ›Bestätigung des Taufbundes‹, da die Gemeinde einen Taufbund nicht hat.« Welchen Sinn die Konfirmation in der Hallenser Gemeinde hatte, erläuterte er 1847 in der von ihm herausgegebenen Zeitschrift ›Kirchliche Reform‹: 14jährige können weder einen Bund schließen noch in die Gemeinde aufgenommen werden, »weil sie eben noch Kinder sind«[50]. Die Gemeinde könne die Kinder nur mit einer ernsten Feier aus der Schule in das arbeitende Leben entlassen, ihnen ihre Wünsche und Ermahnungen mit auf den Weg geben. Diese Konfirmationsfeier ist als biographischer, menschlicher Akt verstanden, dessen festliche gesellige Gestaltung in freireligiösen Gemeinden nahelag. Was ließ die Kinder dabei ermahnen?

Die Gemeinden der Lichtfreunde wurden gegen ihren Willen in die Selbständigkeit gedrängt, weil die Kirchenleitung ihre freisinnigen Pfarrer ihres Amtes entband oder, so im Falle Baltzers in Nordhausen, weil die Wahl eines freisinnigen Pfarrers nicht anerkannt wurde. Die Begeisterung des freisinnigen Kampfes ließ eine beachtliche Zahl von Mitgliedern landeskirchlicher Gemeinden in die freien Gemeinden wechseln. Den hundert Gründern der Gemeinde in Nordhausen um den Kirchenvorstand schlossen sich Anfang der fünfziger Jahre knapp anderthalbtausend Mitglieder an. 1850 wurden in Uhlichs Gemeinde in Magdeburg 6377 Mitglieder gezählt, 50000 Einwohner hatte die Stadt.[51] Der innerkirchliche Liberalismus, der als Triebkraft gesellschaftlicher Änderungen spürbar war, hatte sich bei der Gründung der Gemeinden lautstark zu Wort gemeldet. In Magdeburg hatten sich dramatische Szenen abgespielt: Nachdem sich 69 Frauen schriftlich mit ihrem Pfarrer Uhlich solidarisiert hatten, als dieser von der Kirchenleitung zurechtgewiesen worden war, rückten rund hundert Frauen am 18. Februar 1847 protestierend beim Konsistorialpräsidenten Karl-Friedrich Göschel (1784–1861) »abends um 6 Uhr ein«. Es half nichts, Uhlich wurde seines Amtes enthoben.[52] Handfest protestierten die Magdeburger Frauen, darin vermutlich ohne Vorbild in Deutschland. Der Wunsch, ihren freigeistig gesonnenen Pfarrer im Amt zu behalten, trieb die Christinnen auf die Straße. Inhaltlich ging dieser innerkirchliche Widerstand weiter als die »anthropozentrisch und patriarchalisch« (Schneiders) geprägten Vorstellungen der Aufklärung. Der Schwung der freien Gemeinden ließ schnell nach: In Nordhausen sank die Mitgliederzahl bald auf dreihundert,[53] in Magdeburg waren es 1859 sechshundert. Viele verließen die freien Gemeinden, deren Mitglieder unter gesellschaftlichem Druck standen.

Freisinnige Autonomie hatte in den Gemeinden Strukturen geschaffen, die durch die absolute Entscheidungsgewalt der Mehrheiten in Gemeindeversammlungen bestimmt waren. Kein Bekenntnis war zu achten, die

Versammlung wählte ihren Vorstand und Prediger. Die Wählbarkeit des Predigers, der Organ und nicht Haupt der Gemeinde war, schloß dessen Abwählbarkeit ein. Dies ähnelt der Verfassung des Kantons Zürich, in der noch heute wie in anderen Kantonsverfassungen, am Ende des 2. Jahrtausends nach Christus, festgelegt ist, daß sich die Geistlichen der Landeskirchen alle fünf Jahre einer Neuwahl durch die Gemeindemitglieder stellen müssen. Dieses liberale Prinzip der Abhängigkeit des Gewählten vom Wähler kennzeichnete die freien Gemeinden, auch wenn diese oft darauf verzichteten, die amtierenden Pfarrer zur Neuwahl antreten zu lassen. Wichtiger war, daß diese – sie trugen den Titel »Sprecher« – bei gegebenem Anlaß abgewählt werden konnten.

Die Deutsch-Katholiken bewiesen, daß die kirchlich rationalistisch konzipierte Konfirmation einer zusätzlichen vernünftigen Erklärung nicht bedurfte. In ihren Gemeinden wurden die sieben Sakramente der römisch-katholischen Kirche schnell aufgegeben; Taufe und Abendmahl behielten die meisten Gemeinden als bewährte überkommene Gebräuche. Die deutsch-katholische Gemeinde in Berlin war eine Ausnahme. Sie »erkannte in der Firmung eine von innen kommende, durch die äußere Handlung des Priesters vermittelte Gnadenertheilung und einen frommen Gebrauch der Kirche. So stellen wir auch ihre Wirksamkeit sehr hoch«[54]. Später ersetzte sie den frommen Gebrauch der Firmung durch die Feier der Konfirmation. Ein Prediger aus Schlesien konfirmierte in Berlin am 5. Oktober 1851 die Kinder, die der dortige im September ausgewiesene Prediger Brauner unterrichtet hatte[55].

In Breslau fand am Gründonnerstag, dem 9. April 1846, in der deutsch-katholischen Gemeinde eine Konfirmationsfeier statt. Im Sommer zuvor hatte dort der Konfirmandenunterricht begonnen, mittwochs und sonnabends nahmen sich »sämmtliche Prediger der Breslauer Gemeinde« der Unterrichtung der dreißig Kinder an.[56] »Nur 21 wurden zur Aufnahme in die erwachsene Christenheit als geeignet befunden; die übrigen hielt meistens das noch nicht erreichte gesetzliche Alter von ca. vierzehn Jahren zurück.« Prediger Vogtherr sprach ein »Weihegebet«. Seine anschließende Prüfung der Konfirmanden »währte fast eine Stunde«. Stellvertretend habe ein Konfirmand dann »das allgemeine Bekenntniß seiner Überzeugungen vorgetragen, eine Andere die Beichte, noch eine andere das Bekenntniß ihrer Verpflichtung zu christlichem Wandel; alle drei waren dazu durch die Wahl ihrer Mitconfirmanden bestimmt worden.« Am Altar bekräftigten alle Konfirmanden »durch Hand und Mund das Gelübde ihres Herzens«. Die »Feier des Liebesmahles« beschloß die Feier: »Solche Tage sind wahre *Weihetage*.« Der mehrfach wiederholte Weihebegriff vertrug sich also mit der Bezeichnung Konfirmation.

Folgendermaßen verhielt es sich bei den evangelischen *Lichtfreunden*. Innerhalb der Landeskirchen waren die Pfarrer in der Gestaltung der Konfirmationen, die in einem »Gelübde« der Konfirmanden enden mußte, recht frei gewesen. So nahm Leberecht Uhlich am Palmsonntag 1846 in seiner Magdeburger Gemeinde eine Konfirmation vor: Er wandte sich an die Konfirmanden: »Ihr wißt, daß die Christen der älteren Zeit ihren Glauben in ein Bekenntnis faßten, und dies Bekenntnis, die sogenannten 3 Artikel, habt Ihr schon in der Schule auswendig gelernt. Sprecht dies Bekenntnis.« Drei (männliche) Konfirmanden trugen je einen Artikel des apostolischen Glaubensbekenntnisses vor. Vor der Einsegnung wandte sich Uhlich an alle Konfirmanden: »Ihr sollt aber Euren christlichen Glauben aus Eurem eigenen Herzen bekennen, und zwar mit wenigen eigenen Worten. Was glaubst Du von Gott – von Jesus – vom Heiligen Geist?« Drei Konfirmanden, wiederum nur Knaben, sprachen diesen Glauben aus, und der Prediger wiederholte: »Ich glaube an Gott, meinen himmlischen Vater – ich glaube an Jesus Christus, meinen Heiland – ich glaube an Gottes mächtigen Beistand zu meiner Heilung. Glaubt Ihr das, so antwortet ›ja‹.« Dann erfolgte die Einsegnung mit den Worten: »Seid aufgenommen in die Gemeinde Jesu im Namen des Vaters, des Sohnes und des Heiligen Geistes.«[57] Deutlich war das subjektive Bekenntnis dem pflichtschuldig referierten alten kirchlichen Bekenntnis vorgeordnet. Da Uhlich beide Bekenntnisse aufsagen ließ, behandelte er die privaten Äußerungen den kirchlichen gleichrangig.

Baltzer berichtete in seinen ›Erinnerungen. Bilder aus meinem Leben‹: Auf Anordnung des Magdeburger Bischofs Johann Heinrich Bernhard Dräseke (1774 –1849) 1842 hatte er »in der Synode das Referat über Konfirmation zu übernehmen«. Es sei zur Zufriedenheit Dräsekes ausgefallen; dieser habe nur bemängelt, daß Baltzer nicht darauf gedrungen habe, »daß die Konfirmation so lange als tunlich verschoben werden möge. Im 14. Lebensjahr seien die Kinder meist viel zu unreif zu diesem bedeutungsvollen Akte.« Dräseke habe sein eigenes Vorgehen als Pfarrer in Bremen als nachahmenswert hingestellt: »Da habe ich viele Bräute konfirmiert, ehe sie zum Altar kamen, um ihre Ehe zu schließen.«[58] Die 1850/51 in seiner Gemeinde eingeführte Bezeichnung »Jugendweihe« für die Konfirmationshandlung erwähnte Baltzer nicht.

Warum wurde die Konfirmation unerwartet »Jugendweihe« genannt? Überlegungen und Äußerungen über eine passendere Bezeichnung der Konfirmation sind aus keiner »freien« Gemeinde bekannt. Auch in deren lockerem »Verein« sprach man nicht darüber. Vor allem störte sich niemand an dem Begriff »Konfirmation«. Im Magdeburger ›Sonntags-Blatt‹ Uhlichs wurde regelmäßig über die »Konfirmationen« in freien Gemeinden berichtet. Ostern 1849 wurden in Magdeburg »120 Kinder konfirmiert«, 1850 fand die »Einsegnung unserer Jugend in der freundlich bewilligten Heilig-Geist-Kirche statt, 121 Knaben und 103 Mädchen«, so das ›Sonntags-Blatt‹ am 24. März 1850. Ein Jahr später (6. April 1851) teilte es mit, daß eine »öffentliche Prüfung der Konfirmanden durch Prediger Sachse« stattgefunden habe und Uhlich einen Tag drauf die Konfirmandinnen öffentlich geprüft habe. Nach einem Jahr »konfirmierte« Sachse 72 Konfirmandinnen, Uhlich 66 Konfirmanden; alle 138 »haben sich zugleich in die Gemeindelisten eingezeichnet«, wurde am 11. April 1852 mitgeteilt.

In der »Erbauungsordnung der freien christlichen Gemeinde in Magdeburg« vom März 1848 wurde zur »Einsegnung oder Konfirmation am Palmsonntag« bestimmt, daß am Freitag oder Sonnabend zuvor eine »1. öffentliche Prüfung« stattfindet. »2. Bei der Einsegnungsfeier tritt an die Stelle der Predigt eine besonders an die Kinder gerichtete Altarrede.« Nach der »Rede des Ältesten am Altare 5. frägt der Pastor die Jugend a) Glaubst du an Gott und sein ewiges Reich, wie es Jesus Christus in die Welt eingeführt hat? b) Willst du aus allen Kräften streben, dich als ein würdiges Glied dieses Reiches zu erweisen? – Antwort: Ja. 6. Die Kinder treten zu Pastor und Ältestem, geben den Handschlag, jedes Kind empfängt dabei einen Einsegnungsschein. 7. Darauf über alle die Worte der *Weihe*: ›Im Auftrage der Gemeinde, im Namen Jesu, erkläre ich euch zu Gliedern seiner Gemeinde.‹ 8. Gebet, Vaterunser, Segen«.

Das Statut der meisten freien Gemeinden erwähnte die Konfirmation als Aufgabe des Predigers. Der Sprecher in der freien Gemeinde in Mannheim war u. a. zuständig für »3. die Begrüßung der Neugeborenen (Taufe), 4. die Einführung der Erwachsenen in die Gemeinde (Konfirmation), 5. die religiöse Weihung des Ehebundes (Trauung).«[59]

In der polizeilich strangulierten Gemeinde in Berlin war Frauen und Kindern gemeinsamer Besuch der Gottesdienste untersagt. Deshalb, berichtete ›Der Dissident. Organ für Licht und Wahrheit‹ am 18. Januar 1856, »konnte die Konfirmation nicht wie früher öffentlich stattfinden. Die Feier ist daher jetzt auf einen engeren Familienkreis angewiesen. Vergangenen Sonntag fand eine solche Feier in einer Familie statt«. Zwei Jahre später, am 7. November 1858, wurden in der freien Gemeinde in Berlin bei der Konfirmation nach Mitteilung des ›Sonntags–Blatt[s]‹ vom 2. Januar 1859 Kinder »und die Frauen wieder zugelassen«. Das Leben der Mitglieder freireligiöser Gemeinden war ein Spießrutenlaufen. Die rechtliche Lage war unsicher, weil durch kurzfristige Maßnahmen Verbote eingeführt oder aufgehoben wurden. Auch im gesellschaftlichen Leben blieben sie geächtet.

Wislicenus beobachtete 1851, daß sich zwei Parteiungen unter den freien Gemeinden gebildet hatten: »Konservative und radicale. In ersterer werden Taufe, Abendmahl, Confirmation beibehalten.«[60] In seiner Gemeinde zu Halle war, wie gesagt, radikal mit der Konfirmation gebrochen worden. Ähnlich beschloß der Vorstand der »Freien Gemeinde« zu Volkmarsdorf/Neuschönefeld bei Leipzig 1850: »Confirmationen in der alten Kirche wünschen wir nicht, lassen uns dagegen eine Feier bei der Entlassung der Kinder aus der Staatsschule vorläufig gefallen. Anstatt der sogenannten Confirmation werden wir eine Feierlichkeit in unseren Gemeindeversammlungen einführen.«[61]

Die »Radikalität« bestand im Bruch mit den kirchlichen Traditionen. Konnte eine Konfirmation als Akt der Aufnahme in die freie Gemeinde dienen oder war diese Feier durch den Inhalt des kirchlichen Aktes diskreditiert, weil dieser unvergessen durch die vorgeschriebenen bekenntnisbezogenen Gelübde ein Akt kirchlicher Autoritätsausübung war? Und, fragte Wislicenus, »wird die freie Gemeinde vierzehnjährige Knaben und Mädchen als vollgültige Mitglieder in sich aufnehmen?« Erwachsene könnten nicht konfirmiert werden, »denn dieser Name setzt eine gewisse Unmündigkeit voraus. Man sieht, der Begriff der Confirmation ist in der Tat dem Wesen der freien Gemeinde fremd.«[62] Die Bezeichnung Konfirmation mißfiel, und weil auf die Veranstaltung verzichtet wurde, bot Wislicenus keine neue Bezeichnung an. Auf die gesellige Veranstaltung zu einer Lebensetappe, dem Schulabschluß, wurde mancherorts ausgewichen. Das war die in Volkmarsdorf angekündigte »Feierlichkeit in unseren Gemeindeversammlungen«.

Jede Entscheidung über die Konfirmation schloß den Konfirmandenunterricht ein. Der ist in der evangelischen Kirche wichtiger als die Konfirmation. Der Unterricht sei »die geistliche Aussteuer fürs Leben«, erläuterte ein Oberkirchenrat 1851: »Er steht mir weit über der Confirmation, die leider vielfach zur sentimentalen Ceremonie geworden ist, aus der Schule einführend in die Welt.«[63]

Den »freien Gemeinden« stellte sich das Problem, daß sie in »vernünftiger« Ablehnung vorgeschriebener Bekenntnisse zusammengefunden hatten, ohne an deren Stelle andere, unter ihnen konsensfähige Bekenntnisse zu setzen. Gegen Ende der Verhandlungen am 17. Juni 1859 in Gotha, die zur Gründung des *Bund*[es] *freireligiöser Gemeinden* führten, in denen sich deutsch-katholische und freie Gemeinden zusammenschlossen, brachte Uhlich, der zum Vorsitzenden des »Konzils« gewählt worden war, einen Antrag ein, »unserer Religion dem großen Publikum gegenüber einen einfachen und bestimmten Ausdruck zu geben«.[64] Ohne eine solche Grundlage war auch ein Konfirmandenunterricht unmöglich. »Prinzipieller und praktischer« Widerspruch wurde erhoben, denn Uhlich verlange, »was man früher ein Bekenntnis genannt hat« (41). Wislicenus von der radikalen Hallenser Gemeinde war »der Überzeugung, daß das, was der Antrag will, nur durch Erfahrung und Sammlung der geistigen Richtungen gefunden werden kann, und [ich] erkläre mich deswegen gegen den Antrag« (42). Andere, wie Jakobsohn aus Brandenburg, unterstützten den Antrag. Da die beschlossene Satzung Einstimmigkeit zur Voraussetzung aller Beschlüsse machte (Unanimität) – die dadurch im Regelfall verhindert waren –, zog Uhlich seinen Antrag zurück in der Hoffnung, »daß diese Aufgabe zu einer geeigneteren Zeit wieder aufgenommen werde« (43).

Die freireligiösen Gemeinden begannen also ohne Bekenntnis – sie einigten sich bis heute nicht auf ein solches, denn jedes gemeinsame Bekenntnis widerspräche ihrer Doktrin der individuellen Autonomie. Der beschlossene Grundsatz *freie Selbstbestimmung in allen religiösen Angelegenheiten* zeigte in seiner Grenzenlosigkeit, daß dieser weitgehende, insofern »radikale« Liberalismus institutionenfremd, zur Organisation untauglich war. Ein deutlicher Beweis für die Lebensfremdheit der Freireligiösen, die deren Handlungsunfähigkeit erklärt. In der Kontroverse um Uhlichs Antrag deutete sich die Meinungsvielfalt der Richtungen im Bund an. Die Bezeichnung *Jugendweihe*, auf die in Gotha die Rede nicht kam, war von einer dieser Richtungen erfolgreich im Verband lanciert worden. Baltzer hatte sich im Gründungskonzil für die bei allen Beschlüssen erforderliche Einstimmigkeit der Abstimmungen ausgesprochen.

Worüber waren die 13- bis 14jährigen Konfirmanden nun zu unterrichten? Eine Zusammenfassung der rationalistischen Einwände verbot sich schon aus dem Grund, daß sie die Konfirmanden überfordert hätte. Und worauf fußten die »Ermahnungen«, die Wislicenus als Teil der Feier nannte? Waren sie vorzubereiten? Kurz, der Unterricht mußte eine andere Form annehmen, den Predigern eröffnete sich die Möglichkeit, ihn mit Inhalten ihrer Wahl zu füllen. Auf den Inhalt des Unterrichts und der Ansprachen bei der Konfirmation erlauben grundsätzliche Äußerungen der Prediger an anderer Stelle Rückschlüsse. Palmsonntag 1862, an dem »wir die Zuführung unserer jungen Gemeindeglieder gefeiert haben, zusammen 68 Konfirmierte«, machte sich Uhlich im ›Sonntags-Blatt‹ Gedanken zum Karfreitag: »Edles Gut kostet Blut: Es ist eine herzerquickende Überschau, hinzublicken über den langen Weg, den die Menschheit bisher zurückgelegt hat. Die Vorstellung von dem einen Gottmenschen Jesus Christus erweitert sich zur Vorstellung der *gesamten Menschheit mit ihrem göttlichen Kern*, mit ihrem erhabenen Beruf, mit ihrer herrlichen Kraft. Die Erkenntnis, daß das Neue gut war, dämmerte nur allmählig auf. So ist den Vorfahren sauer geworden, was wir jetzt in Behaglichkeit genießen. Jeder Fortschritt hat der Menschheit Opfer gekostet. ›Edles Gut kostet Blut‹ ist eine der kostbarsten Lehren der Weltgeschichte. Es ist die Pflicht eines Jeden, daß auch unsererseits den Nachkommen wieder vorgearbeitet wird. Was thust Du?« fragte Uhlich am 13. April.

Der Horizont der Feier war menschheitlich weit gezogen; entscheidend für die Einführung der Bezeichnung Jugendweihe war, daß die »Radikalen« im Umgang mit dem kirchlichen Brauch der Konfirmation die Ereignisse getrennt hatten, die sich um die Konfirmationshandlung gebündelt hatten: Erstens das Bekenntnis zum Glauben, in dem getauft worden war. Das entfiel, denn Bekenntnisse wurden als Knebelungsinstrumente der alten Kirche abgelehnt. Das zweite mit der Konfirmation verbundene Ereignis war die Aufnahme der Teilnehmer in die Gemeinde. Diese galt es wegen der aufzunehmenden Erwachsenen und der Unvernunft der 14jährigen neu zu gestalten. Drittens war die Konfirmation mit einer geselligen Feier verbunden, deren Eigenart ausmachte, daß sie zufällig mit einem biographischen Datum, dem Ende der Schulzeit, zusammenfiel. August Bebel (1840–1913) berichtete, er sei deshalb als Drechslerlehrling angenommen worden, weil er ein gutes Konfirmationsexamen abgelegt hatte[65]. In dem Zusammenrücken von Schulabschluß und Konfirmation war die rechtlich gelockerte Verschränkung staatlicher und kirchlicher Autorität deutlich. Eine die Schulentlassung begleitende Konkurrenzveranstaltung mußte für oppositionelle politische Gruppierungen ein Machtmittel werden. Wie mit diesen drei Ereignissen der Konfirmation in den freien Gemeinden umgegangen wurde, ob und wie sie in deren Festkalender kamen, entschied jede Gemeinde.

Die Vorbehalte gegen die kirchliche Konfirmation, gegen eine Bekenntnisbindung, legten den ehemaligen Vorkämpfern einer *Zeit-Vernunft-Kirche* nahe, bei der Gestaltung dieser gemeinschaftlichen Feier, auch wenn sie auf eines der drei Ereignisse reduziert werden sollte, den in Texten der »freien Gemeinden« oft verwandten Begriff der *Weihe* einzubeziehen. Dies war eine Trennung von der biblisch orientierten protestantischen Theologie, die keine Weihehandlungen kennt. Da die Wirkung einer Weihe, die Veränderung einer Person, die »auf eine menschlich höhere Stufe zu heben« war, wie die Autorität des Weihenden, Glaubenssache ist, entließ die Verwendung dieses Begriffes aus der Pflicht, die religiöse Weihehandlung rational zu erläutern. Das nutzten »vernünftige« Kirchenkritiker eigennützig aus. Über die Fremdheit des Weihebegriffs in evangelischen Kreisen half hinweg, daß der Begriff unter Gebildeten damals »in« war. »In« wie heute in der Umgangssprache z. B. der des »Segnens«. Kabinettsbeschlüsse wurden »abgesegnet«. Die Verwendung des gebräuchlichen Weihebegriffs lag nahe, an dessen inhaltlicher Unklarheit störte sich niemand. Er gab der Handlung einen religiösen Charakter. So maßen sich die Weihenden Autorität an. Genau diese Anmaßung kritisierte, wie zitiert, Tom Flynn 1985 an freidenkerischen Feiern.[66]

Die gemeinschaftliche Konfirmationshandlung der freireligiösen Gemeinschaft stellte praktisch vor die theoretisch in den Gemeinden umstrittene Frage: *Was ist Religion?* »Uns ist Religion ein inneres Leben im Gegensatz zu äußeren Formen und Gebräuchen, die nur ihr Kleid sind. Das innerste Leben, die umfassende und bestimmende Grundlage alles weiteren Leben[s] des Menschen«, teilten die Hallenser 1861 mit. Religion sei dann »1. Überzeugung über unser Verhältnis zum All (Lebensüberzeugung); 2. Durchführung dieser Überzeugung (Lebensthat); 3. Selbstbefriedigung oder völliges Genügen über die bewußte Übereinstimmung von Überzeugung und That (Lebenseinheit).«[67] Die Magdeburger hielten 1868 dafür: »Religion ist die Erhebung der Menschenseele zu Etwas und die Beugung derselben unter Etwas, was über dem Bedürfniß und der Erregung des sinnlichen Lebens steht. Religion zerlegt sich in religiöse Vorstellungen, religiöse Handlungen, religiöse Gefühle. Aus der Betrachtung des All finden wir das Höhere, die Gottheit, in Allem und das Wesen der Dinge; Alles ist göttlich.«

Diese Zitate mögen hinreichen, um zu zeigen, wie verwirrend sich der Bund freireligiöser Gemeinden darstellte. Ungeachtet aller Unterschiede, erklärte der Bundesvorstand in seiner ersten Kundgebung über die »Bestrebungen der freien religösen Gemeinden« 1868, »halten wir hoch das

Eine, was den Menschen zum Menschen macht; so bleiben wir einig. Die *rechte menschliche Gemeinschaft* ist es, die wir wollen.«[68] Die Erklärung trug auch die Unterschrift des Vorstandsmitgliedes Eduard Baltzer. Die als liberale Konfliktpartei Angetretenen hingen dem Wunsch nach einer idealisierten und konfliktfreien Gemeinschaft an. Das war ein Dementi des Konflikts, indem sie sich avantgardistisch profiliert hatten. Die in der aufgezwungenen Selbständigkeit von ihnen gewünschte rechte menschliche Gemeinschaft sollte von Konflikten frei sein.

Die Jugendweihe – die Weihe des Menschenbundes

Baltzer hatte als landeskirchlicher Pfarrer 1845 eine Grußadresse an das erste deutsch-katholische Konzil in Leipzig gesandt: »Hoch Ihr Brüder die Fahne Christi! In der Gottheit und Menschheit Namen hoch.«[69] Gewährsmann Gotthold Krapp nennt keinen Grund, warum »Baltzer Anfang der fünfziger Jahre den Begriff *Jugendweihe* prägt«[70]. Der Begriff, die Bezeichnung der freireligiösen Konfirmation, breitete sich in den freireligiösen Gemeinden langsam aus. Jahrelang tauchten beide Begriffe, Konfirmation und Jugendweihe, nebeneinander auf. Seit den achtziger Jahren begegnet die Bezeichnung »Jugendweihe« häufiger. Die Verbreitung der so genannten Feier in den beiden letzten Jahrzehnten des 19. Jahrhunderts in den freireligiösen Gemeinden verband sich in Deutschland mit der Ausbreitung später entstandener Gruppierungen im Strom der freigeistigen Bewegung. Anhaltspunkte über die Entstehung der Bezeichnung und deren Ausbreitung müssen im freireligiösen Leben und in Äußerungen Baltzers gesucht werden. Die »Jugendweihe« gibt es nur in Deutschland; zu dem Begriff konnte es nur in der »verspäteten Nation« (Helmuth Plessner) kommen, dessen »weltfrommes« Bürgertum eine weltfromme Religiosität mit weltfernen Zügen pflegte. Realitätsnähe war in der ganzen deutschen Gesellschaft nicht sehr verbreitet.

Der vieldeutige Begriff »Jugendweihe«, in dem die vage Altersbezeichnung »Jugend« mit einer inhaltlich unbestimmten »Weihe« – wer weiht wen wann wodurch warum wozu? – verbunden wird, ist allumfassend und nichtssagend zugleich. Daß das eigenständige Bekenntnis der Konfirmanden, dessen im Begriff confirmatio anklingende Bedeutung den Rationalisten so wichtig war, verschwindet in dem sakral hochbesetzten Begriff der »Weihe«.

Die freie protestantische Gemeinde in Nordhausen hatte sich bei ihrer Gründung am 5. Januar 1847 das radikale Ziel gesetzt, »das Christentum zu realisieren. Manche Formen, die wir bisher liebten, namentlich Taufe, Konfirmation und Abendmahl, werden wir als freie Sitte für die, welche sie wünschen, beibehalten. Die Gemeinde hat sich dafür mit großer Liebe ausgesprochen. Sie selbst wird beschließen, in welcher Weise es geschehen soll.«[71] Die »Jugendweihe« kann im Blickfeld gewesen sein. Solche Beweglichkeit, Verzicht auf unabänderliche Festlegungen und damit völlige Freiwilligkeit in der Entscheidung über die eigene Teilnahme an der Feier, kennzeichnete die freigeistige, freireligiöse Bewegung. Baltzers Feststellung von 1847: *Wir halten das ächte Christentum und das ächte Menschentum für identisch*[72], entsprach der Vorstellung, im Namen der Menschheit alle Jugendlichen zu weihen. Die Autorität der »Weihenden« war angemahnt, weil sie das *ächte* Menschentum vertreten. Ging auf Baltzer als Bundesvorstandsmitglied zurück, daß der Bundesvorstand 1868 die Einigkeit des Verbandes darin sah, daß alle Verbandsmitglieder *die rechte menschliche Gemeinschaft* wollten? Sein Antrag in Gotha auf das Prinzip der Unanimität bei Beschlüssen 1859 läßt es vermuten.

Eindeutig nahm diese für die Einführung der Jugendweihe wichtige Gleichsetzung des »ächten« Christen- und Menschentums strukturell eine autoritäre Doktrin der damaligen Staatskirche auf. Deren Behauptung war in jenen Jahren, daß im kirchlichen Handeln innerhalb des kirchlich gesteuerten christlichen Staates das eschatologische Reich Gottes real vorweggenommen sei.[73] Deshalb wurde für kirchliche Dogmen von allen Menschen Gehorsam gefordert. Die Freireligiösen wiesen diese Verkirchlichung der Menschheit zurück, Menschentum definierte sich nach ihrer Meinung durch die fortgeschrittenen Erkenntnisse. Indes sind Erkenntnisgewinn und Verstandestätigkeit nicht überzubewerten, da sie ethische Entscheidungen nicht ersetzen. Deshalb lag in freigeistigen Kreisen der Rückgriff auf religiöse Handlungen nahe, deren Thema allgemeine menschliche Entwicklungen, wie z. B. die Jugend, waren. In der Weihe waren so »freies« Christentum und Menschtum eins.

Gewährsmann Krapp verweist auf »die Freie Gemeinde zu Nordhausen, ein Zeugniß aus ihrer und über sie zum 4. Stiftungsfeste am 5. Januar 1850 von Eduard Baltzer, Sprecher derselben«. Dieser stellte das Lebensetappen begleitende, gemeindliche Handeln vor: »Und wie die Geburt eines Kindes in der Familie religiös gefeiert werden soll, ist in unserer Gemeinde einem Jeden überlassen. Die Gemeinde als solche hat keine Taufe oder Kinderweihe; sie erwartet, daß die Feier der Geburt eines Kindes eine bewußte und freie sei. Werde ich selbst zur Feier einer Kindweihe eingeladen, so nehme ich als Freund das Wort, während es auf unseren Armen ruht.« Der Sinn des familiären Rahmens einer »religiösen Feier« wurde im Verzicht auf »Schaugepränge« organisierter öffentlicher Veranstaltungen gesehen, die nach Ansicht der Gemeinde mehr der »Entweihung der Religion als einer Forderung« derselben dienten. »Mit dem 14. Lebensjahr«, schrieb Baltzer, »hören die Kinder nach dem allgemeinen Gesetz auf, schulpflichtig zu sein, und haben das Recht, sich selbst rücksichtlich ihres religiösen Bekenntnisses zu bestimmen. Wenn die Kinder unserer Gemeinde in diesem Lebensjahr sich vereinigen, spezielle Unterweisungen über die wichtigsten Beziehungen des Lebens erhalten und, wenn sie es wollen, in gemeinsamer Feier als selbständige Mitglieder in die Gemeinde eingeführt werden, so ist auch dies alles Sache der Freiwilligkeit. Und wenn die Kirche bei der Confirmation auf bestimmte Bekenntnisse verpflichtet, so verpflichten wir gerade zum Gegentheil, zum fortwährenden Wachstum in der Erkenntnis und Ausübung des Guten.«[74]

Einen Monat nach der Gründung der freien protestantischen Gemeinde in Nordhausen hatte Baltzer dieser Gemeinde in einem Vortrag »Was ist Religion« erläutert, daß »bei uns die starren Formen des Glaubens flüssig geworden sind. Dies, meine Freunde, ist die Religion in der Form der gemüthvollen (mystischen) Ahnung«.[75] Übermäßig rational war die freie Gemeinde folglich nicht, ihre »gemüthvoll mystisch ahnenden ächten« Menschen glaubten an die durch Weihen herbeigeführten Änderungen an den geweihten Menschen. Der Begriff *Weihe* war modisch und deshalb bedeutungsunscharf. Die »Jugendweihe« ergab sich in freireligiösen Gemeinden aus der typisch deutschen »Weltfrömmigkeit, in der jede klare Grenze der kirchlichen – hier eben freigemeindlichen (A. M.) – Religiosität gegen das innerweltliche Dasein aufgehoben ist.«[76] Beispielsweise ist nach Uhlichs Feststellung »Wissenschaft, Gewerbthätigkeit, Naturforschung und Geschichtsforschung an sich noch nicht Religion, aber sie tragen das religiöse Element in sich und werden Religion«.

Gegen die anmaßende Behauptung der damaligen Staatskirche und Theologie, die Kirche monopolisiere als Verwalterin des zukünftigen Reiches Gottes auf Erden das Christentum und bestimme den Staat, setzte Baltzer in der Jugendweihe den Widerspruch der bürgerlichen Menschen, die sich dank eigener Arbeit auf der Fortschrittsbahn zum Vollkommenen, in ihren Bildern: wie vom Kindheitsalter zum Erwachsenenleben, wußten. Überzeugungen dieser Art waren in den freien Gemeinden geläufig. So begrüßte beispielsweise Jacobsohn, das Vorstandsmitglied der Berliner Gemeinde, in der durch polizeiliche Verbote in den Kreis der Familie gezwungenen Konfirmation der freien Gemeinde im Januar 1856 die Anwesenden *im Namen der ganzen Menschheit, denn unser enger und religiöser Bund ist und will nichts Anderes sein als ein Theil des großen Menschenbundes. Alles, was gut, edel und schön ist, will er in sich aufnehmen*[77].

Erkennbar verschob sich in den freien Gemeinden der Akzent. Die Zeitschrift ›Kirchliche Reform. Monatsschrift für freie Protestanten aller Stände‹, deren Mitherausgeber neben Wislicenus einige Jahre Baltzer war, trug diesen Titel nur 1846 und 1847; 1848 erschien sie unter dem Titel ›Reform. Eine Monatsschrift für die neue Zeit‹, ab 1849 lautete er ›Neue Reform. Zur Förderung der Religion der Menschlichkeit‹. Es ging um das freireligiöse *Hochgefühl, für ewige hohe Gedanken mit der eigenen Person einzustehen, die Ehre, an den ewigen Aufgaben der Menschheit zu seinem kleinen Theile auch mitgearbeitet zu haben*[78]. Während »die alten Religionen sich die Kindheit in Beschlag nehmen, weckt die freireligiöse Gemeinde bei den Kindern das eigene Denken und nährt das Selbstgefühl; zu tüchtigen Menschen sollen sie erzogen werden«, hieß es in Magdeburg.

Die freien Gemeinden tauschten den engen Rahmen der Kirchen, die sie verlassen mußten, autonom geworden, gegen den Rahmen der

Menschheit ein. Er war viel weiter als der durch Dogmen bestimmte kirchliche. Die Veranstaltung der Jugendweihen erlaubte den Gemeinden die Behauptung, sich in den Dienst der Menschheit zu stellen, und zugleich die Autorität der Menschheit für die eigene Handlung zu beanspruchen. Die Menschheit, in deren Namen die Gemeinden zu handeln, im spezifischen Fall zu weihen vorgaben, kann sich zu dieser Behauptung nicht äußern; die Behauptung ist nicht weniger willkürlich als der Autoritätsanspruch damaliger Kirchen.

Erstmals begegnet hier die ideologische Argumentationsfigur der Stellvertretung, der Avantgarde. Die im freireligiösen Bund verlangte Einstimmigkeit aller Beschlüsse entsprach dieser Argumentationsfigur, denn sie rechtfertigt die Diktatur der Tonangebenden, die sich stets als Avantgarde begreifen. Der marxistische Flügel der freigeistigen Bewegung verschanzte sich später dahinter. Baltzers Freie Protestantische Gemeinde Nordhausens stellte an ihrem Gründungstag 1847 fest: »Die Kirche oder Gemeinde Christi ist die durch Wahrheit und Liebe in seinem Namen verbundene Menschheit.«[79] Einen Monat später, am 7. Februar 1847, erklärte die in Marburg von Lichtfreunden gegründete freie Gemeinde es zu ihrer »Religion, auf der Grundlage der einheitlichen Weltanschauung durch des Geistes Kraft ein freies und einiges Menschenthum zu begründen«. Lichtfreunde und Deutsch-Katholiken hatte nicht nur der gleiche Freiheitswille verbunden, elitäres Selbstbewußtsein tauchte beiderseits auf. Der Deutsch-Katholik Brauner eröffnete die Beratungen am zweiten Tag des deutsch-katholischen Konzils in Berlin 1847 wie folgt: »Lasset unsere allgemeine Menschenkirche uns bauen, mit Muth und Begeisterung.« Aber, das stellt der Weimarer Historiker Simon-Ritz im Blick auf die ganze freigeistige Bewegung in Deutschland fest: »Der selbstgestellte Anspruch, auf einem gemeinsamen ideellen Fundament Weltanschauungsgemeinden zu gründen, die an die Stelle der Kirche treten sollten, ließ sich nicht verwirklichen.«[80]

Aufschluß über die Prägung des Begriffs »Jugendweihe« gibt ein Vortrag Baltzers bei der Gründung der freien Gemeinde zu Leipzig im Februar 1850: Sie lebten in einer »Zeit der Zersplitterung«, erklärte er.[81] Die Rationalisten, deren anerkannter und durchaus Zeitgeist prägender Partei er entstammte, »schwanken herüber und hinüber und müssen immer schwanken, indem sie sich bestreben, das Alte mit dem Neuen, Wasser und Feuer zu verbinden.« Damit habe er gebrochen: »Unser Gott ist ein anderer Gott als der der Christenheit, ein anderer als der der Rationalisten: Er ist die Allwesenheit, ewig gleich das Alleben, ewig neu sich offenbarend.« Schon 1847 hatte er über die »Rationalisten mit ihren ganzen lebenslosen Dogmatiken, blasierte Verkündiger blasierter Weisheit« gespottet.[82] Die Abkehr von der Religion der Vernunft in aufklärerischer Tradition rechtfertigte empirisch unkontrollierte, gemütvolle gemeinschaftliche Handlungen. Nirgends sei »das Streben nach wahrer Humanität, wodurch jede konfessionelle Trennung beseitigt und das rein

Menschliche oder Göttliche als Einigungspunkt bezeichnet wird, so klar ausgesprochen, als in den freien und deutsch-katholischen Gemeinden; aber sie sind eben auch nur ein Mittel, den Zweck, wahre Humanität zu erstreben, und nicht der Zweck selbst. Sie sind eigentlich humane Bildungsvereine, wenn das auch nur von Wenigen klar erkannt wird und sie in den Augen der Menge noch entschieden für Sekten gelten.«[83]

Der in seiner Unbestimmtheit sozial und menschheitlich grenzenlose Begriff »Jugendweihe« wurde also in nachaufklärerischer, postrationaler Zeit gewählt. In ihm legte keine reaktionäre Ablehnung der Aufklärung zur Sicherung eigener Interessen Protest ein. In der menschheitlichen Dimension der Jugendweihen ist vielmehr deutlich, daß an die Stelle rationalistischer Aufklärungspädagogik eine neue freigeistige Vision getreten ist. Ein geistesgeschichtlicher Umbruch wirkte sich aus, zu dem es vor allem auf Betreiben »philosophisch gebildeter Praktiker«[84] in den Jahrzehnten nach den »Befreiungskriegen« in Deutschland gekommen war: »[d]er Sieg des Neuhumanismus über die Aufklärungspädagogik«. Neuartigen pädagogischen Konzepten wurde zum Durchbruch verholfen. Es ist durchaus erwähnenswert, daß in der Gemeinde Baltzers einer der ersten Kindergärten nach den Vorstellungen Friedrich Wilhelm August Fröbels (1772–1852) als »Anstalt zur Pflege des schaffenden Beschäftigungstriebes des Selbsttuns der Kindheit und Jugend« eingerichtet wurde. Das preußische Kultusministerium verbot die Kindergärten zwischen 1851 und 1860.

Dies alles stand insofern mit der Wahl des Begriffs »Jugendweihe« in Verbindung, als die ganzheitliche Erziehungsmethode Fröbels von ungeheurem menschheitlichem Optimismus war. Neuhumanistisch wurden »Griechentum und Deutschtum als ungeschichtliche reine geistige Ideale verstanden«.[85] Das neuhumanistische Bildungsideal wurde ohne Rücksicht auf »Weltgeschäfte«, auf Realitäten schlechthin konzipiert. Während die freireligiösen Gemeinden auf eine idealistische Bewußtseinsveränderung ihrer Zeitgenossen drangen, strebten die Neuhumanisten nach einer »ästhetischen Verklärung der Antike als einer schönen Illusion, in die man sich aus der gesellschaftlichen Vereinzelung in einer ungeliebten Gegenwart flüchtete«.[86] Sympathisch war vielen Freireligiösen, die sich wie Baltzer vom Christentum entfernten, »die Aversion vieler neuhumanistischer Verehrer Hellas' gegen das Christentum«. Statt dessen genossen bei den Neuhumanisten »die Griechen fast religiöse Verehrung«.[87] Ausdruck desselben »Funktionswandels des Religiösen vom Kirchlichen zum Weltlichen«[88] im deutschen Bildungsbürgertum war die Entscheidung der freireligiösen Gemeinden für den Begriff »Jugendweihe«, in dem Religion und Welt verschmolzen waren. Dies paßte zum damals vorherrschenden Bildungsbegriff, der wiederum ohne den »verweltlichten Protestantismus undenkbar war«.[89] Die ehemaligen liberalen rationalistischen Kirchenkritiker griffen zu dem Begriff »Jugendweihe«, als sie ihren eigenen Ansprüchen nicht gerecht wurden. Gegen ihren Willen in organisatorische

Selbständigkeit, also Freiheit, gedrängt, waren sie ratlos und zerstritten in der Wahl dessen, was an die Stelle der abgelehnten Ausschließlichkeitsmerkmale, d. h. vor allem der Bekenntnisse der Kirche, treten sollte. Ihre avantgardistische Unbescheidenheit, im Namen der Menschheit zu handeln, ließ realitätsferne Weltfrömmigkeit in die Weihehandlungen einziehen. War die Prägung des Begriffs »Jugendweihe«, der keinerlei Trennschärfe hatte, ein Experiment »linker« Kräfte unter den Freireligiösen?

Leberecht Uhlich fragte in ›Neue Reform‹ vom 27. April 1850, ob die freien Gemeinden »christlich oder nicht?« seien. In Magdeburg werde an den hergebrachten Formen und Feiern festgehalten. Da »Freiheit oberster Grundsatz des Christentums« sei, erkenne er andere Verfahrensweisen an. Aber er hält »meinen Freunden auf der äußersten Linken die Ansichten und Bedürfnisse des Volkes vor. ... Nicht Christenthum, sondern Menschenthum! so lautet die Losung. Wohl! Der menschliche Geist ist sein selbst Gesetzgeber; die Religion soll nicht mehr etwas Übermenschliches sein, sondern Entfaltung des echt Menschlichen. Einverstanden. Aber daraus folgt noch nicht, daß das Christenthum zu verneinen sei. ... Im Mensch liegt das Böse ebensogut wie das Gute und harrt der Entfaltung, und ich erschrecke, wenn ich so ganz im allgemeinen von der Entwicklung des rein Menschlichen höre. Folgt daraus nicht, daß der Sprecher der Gemeinde entwickelt, was ihm eben rein menschlich scheint? Wenn ihm sein Herz erlaubt, wie wir vor Jahren beim Jungen Deutschland sahen, die Ehe als ein veraltetes, als ein unsittliches Institut darzustellen? ... Ihr theoretisiert zuviel, experimentiert aus der Theorie heraus, ein Fehler, den uns Deutschen bekanntlich die anderen Völker vielfach zum Vorwurf machen.« In Nr. 19 der ›Neuen Reform‹ vom 11. Mai 1850 notierte Baltzer, gegen ihn richte sich Uhlichs »Strafpredigt«. Galt sie auch der Umbenennung der Konfirmation/Zuführung in die Gemeinde?

Später, 1867, erklärte Uhlich kategorisch: »Wir stellen kein Glaubensbekenntnis auf.«[90] Im gleichen Jahr wurde auf einer Versammlung der Freireligiösen die »Besprechung des Stettiner Konfirmanden-Bekenntnisses« beantragt.[91] Es gab folglich gemeinsame Bekenntnisse, ohne daß der Autonomie Abbruch getan worden wäre. Da über sie subjektiv-willkürlich entschieden wurde, verpflichteten freireligiöse »Bekenntnisse« indes zu nichts. Es waren keine Bekenntnisse im Sinne des Wortes. In der Jugendweihe genannten Konfirmationshandlung verschwand die Bekenntnislosigkeit der Freireligiösen hinter der Weihehandlung, die im Namen der Menschheit Jugendliche in Weltbürger verwandelte.

Die Rechtfertigung der Freireligiösen, die sich wie alle freigeistigen Organisationen nicht durch gemeinsame Überzeugungen auswiesen, fußte auf ihrem über ein Jahrzehnt zurückliegenden Protest gegen die Zwangskirchlichkeit, die es nur zu einer bestimmten Zeit gegeben hatte, im Vorgestern also. Noch 1995 kreiste »die freireligiöse Kirchenkritik um Themen, an denen sich die Kirchen bereits selbst abgearbeitet haben«, beobachtete der Politik- und Religionswissenschaftler Steffen Rink.[92] Den im ersten Kapitel vorgestellten Berliner »Humanisten« unserer Tage ist diese wirklichkeitsferne vorgestrige Legitimationsfigur nicht fremd, die der Kern des nostalgischen Charakters der Jugendweihe ist. Sie erlaubte 1989 Werner Schultz, wie erwähnt, die »Protestqualität« der Jugendweihe/JugendFEIER durch Kritik an »alten religiösen Ausdrucksformen« zu beweisen.

Die freireligiöse Weihe galt und gilt der durch sittliche Arbeit zur Vollkommenheit voranschreitenden Jugend, dem Übermorgen also. Es war »das unglückliche Bewußtsein der Deutschen, (die nach einem Wort Nietzsches von vorgestern und übermorgen sind, aber noch kein Heute haben)«.[93]

Ein Bericht eines Hannoveraner Predigers sei ausführlich zitiert, weil es reizvoll ist, aus dem Munde eines damaligen Freireligiösen über die Jugendweihe und die an sie geknüpften Erwartungen aufgeklärt zu werden. Ende Oktober 1872 beschrieb Prediger Reichenbach »die Stationen menschlichen Lebens. Der Eintritt ins thätige Leben« in Nr. 43 des Magdeburger ›Sonntags-Blattes‹, dessen Gründer Uhlich im März gestorben war. Im ersten Beitrag schilderte er ablehnend die kirchliche Konfirmation, die um die Kinder durch ein Gelöbnis gleich einem Eidschwur »die möglichst unzerreißbarste Fessel anzulegen« versuchte. Die Jugendweihe, führt er Tage später aus, verhalte sich zur Konfirmation wie die Kindweihe zur Taufe: »Das Über- und Widernatürliche, das Über- und Widermenschliche wird abgestreift«, und es bleibt nur das *Rein-Menschliche*. Ein besonderer Unterricht gehe der Feier voraus, »in welchem dem jungen Menschen die volle Bedeutung, der ganze Ernst des Lebens gezeigt, besonders aber die Notwendigkeit eines sittlichen Lebens zum klaren Verständnis gebracht wird«. Weiter sei »sehr wichtig, dem Schüler einen Überblick der Religionsgeschichte und insbesondere der christlichen Kirchengeschichte zu geben, damit er »Berechtigung und Nothwendigkeit einer stetigen Weiterentwicklung der Religion« verstehe:

Ist der junge Mensch so auf die große Bedeutung des Augenblicks vorbereitet, so mag er hintreten vor die versammelte Gemeinde, hintreten mit seinen Mitschülern vor Aeltern und Lehrer, um mit ihnen gemeinsam die schöne Feier zu begehen. Ja, wir sagen absichtlich mit seinen Mitschülern und Altersgenossen, vor Aeltern und Lehrern, vor die versammelte Gemeinde. Denn ist die Geburtsfeier oder Kindweihe ein reines Familienfest, was unserer Ansicht nach auch am besten innerhalb der Familie gefeiert wird, so ist das Fest, durch welches der Eintritt eines jungen Menschen in das thätige Leben, der Zutritt als Glied zur Gesellschaft gefeiert wird, auch eine Angelegenheit der letzteren. Es soll ihm die Versammlung eine offene und laute Erklärung sein, daß die große Gemeinschaft bereit ist, ihn als Glied in ihrer Mitte aufzunehmen, ihm ihre Sorgfalt, alle ihre Vortheile und Begünstigungen, ihren Schutz usw. zukommen zu lassen; daß sie aber von ihm erwartet, daß er ihr Ehre machen, daß er für ihr Wohl bedacht, daß er sich ihren Gesetzen fügen, daß er mit einem Worte ein brauchbares, tüchtiges Mitglied sein werde, auf das sie stolz sein kann.

Wenn nun Vorbereitungsunterricht und diese feierliche Versammlung ihn ernst gestimmt, so möge Jemand, sei es ein Prediger, ein Redner von Fach, ein Lehrer, ein Gemeindevorsteher, oder sonst ein hierzu Befähigter in einer passenden Ansprache die Bedeutung des Augenblicks ganz besonders hervorheben. ... Die Aufgabe der an Jahren, im Leben Vorangeschrittenen ist es also, ihre bereits gesammelte Erfahrung, ihre oft bitter und mühsam errungene Weisheit ihm mitzutheilen. Ihre Aufgabe ist es, ihm, dem angehenden Weltbürger, die Regeln und Grundsätze zu lehren, die zu einem tatenreichen, Segen bringenden und glücklichen Leben zu verwirklichen sind. Darauf mag der Redner hinweisen. Aber er darf ihm nicht vorenthalten, was die Gesellschaft von ihm fordert; unter welchen Bedingungen sie ihn in ihre Mitte aufzunehmen bereit ist ... Es ist ihm zu sagen, wie diese und oft verdeckte Abgründe auf beiden Seiten des Lebenspfades sich finden; wie steil dieser Pfad oft ist und wie leicht das Ausgleiten und Stürzen. Jener hat ihm zu sagen, daß er darauf gefaßt sein muß, einer großen Zahl Schmeichlern, Heuchlern und Verführern zu begegnen; daß die verderblichen Genüsse in den reizendsten Gestalten vor ihm hintreten werden und das Laster stets eine verlockende Außenseite hat ...

Hat man kein Recht und verwirft es die freie Vernunftreligion, dem jungen Menschen ein Glaubensbekenntnis abzufordern, so hat die Gesellschaft, in der er eintreten will, hingegen das volle Recht, von ihm das feierliche Gelöbnis zu verlangen, das er alle Verpflichtungen, die ihm als sittlichem Menschen und Glied der Gesellschaft zukommen, erfüllen wird. Ja, die Gesellschaft m u ß dieses von ihm fordern, eben weil er in ihrer Mitte leben und mit ihrer Hilfe möglichst glücklich leben will. Wir haben kein Recht, dem andern vorzuschreiben, wie er sich seinen Gott denken und seine Seligkeit vorstellen soll, aber wir haben das volle Recht, von ihm zu verlangen, daß er sittlicher Mensch ist. Dieses Gelöbnis aber soll er ablegen in dieser feierlichen Stunde vor seinen Aeltern und Lehrern vor der ganzen Versammlung.

Reichenbach vertritt also die weltfromme Behauptung der freien Gemeinden, daß es »Vernunftreligion« sei, die es ihnen erlaubte, Jugendlichen ein Gelöbnis *als sittlicher Mensch und Glied der Gesellschaft* abzunehmen und sie zu *Weltbürgern zu weihen*. Eine gesellschaftliche Notwendigkeit wird unterstellt. Sie nicht nur ideologisch zu erzwingen, war der gesellschaftlichen Minderheit unmöglich. Aus Vorsicht vor der Polizei sind Berichte über Jugendweihen selten abgefaßt und noch seltener überliefert worden. Typisch ist die lapidare Mitteilung des ›Freireligiöse[n] Sonntags-Blattes‹ aus Magdeburg 1886: »Die uns von verschiedenen Seiten zugegangenen ausführlichen Berichte über die in diesem Jahre von unserem Magdeburger Sprecher vollzogenen Jugendweihen können wir nicht vollständig zum Abdruck bringen; wir müssen uns auf eine kurze Zusammenstellung des Inhalts beschränken. Die Feier fand überall in würdiger Weise statt, der Eindruck auf die Jungfrauen und Jünglinge, auf die Eltern und Gemeindemitglieder war ein tiefergreifender. Die Jugendweihe fand in Apolda am 11. April, in Magdeburg-Buckau am 18. April Vormittags, in Burg am 18. April Nachmittags, in Hannover am 25. April und in Braunschweig am 2. Mai statt. Es waren im ganzen zwanzig Mädchen und fünfzehn Knaben ... In allen Gemeinden wurden C. Scholls ›Meine Sterne‹ verteilt. Gegen frühere Jahrgänge erscheint der Zuwachs gering«.[94]

In Georg Welkers ›Freireligiöse Predigten‹ wird über eine »Jugendweihe« im Wiesbadener Rathaus 1900 berichtet: Die Begrüßung der Teilnehmer nach einem Vorspiel endete mit den Worten: *Drum will ich mildern helfen die Beschwerden UND freudig mich dem Wohl der Menschheit weih'n!* Es schloß sich ein Gemeindegesang und die lange Ansprache an. Nach einem weiteren Gemeindegesang folgte die »Prüfung der Konfirmanden«, indem die evolutionistische Religionsauffassung, die Hauptformen des Christentums und der Unterschied zwischen altem christlichem und neuem, freireligiösem Glauben zur Sprache kommen. Auf die Frage »Warum nennt sich unsere Gemeinde freireligiös?« folgte die Antwort: »Weil sie sich freigemacht hat von den Begriffen der alten Religionen.« Auf die Frage »Was ist denn unser Glaubensbekenntnis?« wurde geantwortet: »Wir haben keines.« Als »Kriterium der Erkenntnis und des Lebens« hatten sich die Konfirmanden gemerkt:

»1. Wir *müssen* glauben, was wir unwiderleglich beweisen können.
2. Wir *können* glauben, was der Vernunft nicht widerspricht.
3. Wir *dürfen* nicht glauben, was der Vernunft widerspricht«.

Einem Gemeindegesang folgte die »Ansprache des Predigers an die Konfirmanden und Gelübde derselben«. Das Gelübde lautete: »So fordert die Gemeinde, in die Ihr heute als selbständige Mitglieder eintreten sollt, nicht von Euch ein Bekenntnis Eures Glaubens, sondern sie fordert von Euch ein Gelübde, das die Menschheit von jedem ihrer Glieder verlangen kann und muß, das Gelübde, jederzeit nach bester Erkenntnis die Wahrheit zu suchen, das Gute zu thun und nach Vollkommenheit zu streben. Ist das Euer ernster Wille und heiliger Vorsatz, so antwortet mit ›Ja‹.« Es folgt die Aufnahme der Konfirmanden durch den Vorsitzenden und Prediger. »Die Konfirmanden treten einzeln an den Vorsitzenden heran, reichen ihm die Hand und sprechen folgendes [weiteres] Gelübde: ›Die Wahrheit will ich suchen, das Gute will ich thun, und ich will streben nach Vollkommenheit.‹« Der Prediger beschloß die Veranstaltung vor einer merkwürdigen Abendmahlsfeier mit dem Aufruf an die Konfirmanden: »Ringet nach der Tugend Krone, weiht dem Edlen Herz und Sinn.«[95]

Der Griff zu den allumfassenden religiösen Äußerungen der klassischen deutschen Dichter entspricht der bürgerlichen Weltfrömmigkeit in Deutschland. Idealistisch lenkten sie vom Ort der Jugendweihe, den Problemen und Niederungen der Zeit ab. Welchem Zwist und Streit sollte sich auch die *einheitsvolle Gemeinschaft freier Menschen* ausgesetzt sehen?

1905 berichtete Georg Kramer, Herausgeber der Zeitschrift ›Die Freie Gemeinde. Sonntagsblatt für natürlich-menschliche Welt- und Lebensanschauung‹ über die Jugendweihe in Marburg. Ein Lied, das auch in Wiesbaden gesungen wurde, endet mit dem Vers:

Jeder Tag in eurem Leben
Sei dem Guten zugewandt,
Und der Wahrheit Dienst ergeben,
Das gelobt mit Herz und Hand!
Haltet treu an Recht und Pflicht,
Bis der Tod das Auge bricht.[96]

Kramer hob mit einer ausführlichen Kritik der Konfirmationshandlung an. Dann fragte er, »ob der Name Jugendweihe, der die Stelle der ›Konfirmation‹ vertritt, glücklich gewählt sei. Wer ist der, der ›weiht‹, der Prediger oder die Gemeinde? Mir klänge *Jugendaufnahme* freier und natürlicher«. Es ginge um die Aufnahme »der jugendlichen Schar in den Kreis der Erwachsenen«, die diese willkommen hießen. Die Feier sei »als Ersatz für die kirchliche Konfirmation geschaffen«. Die Inhaltslosigkeit der Weihe sei deren Vorteil: »Auch der gottloseste Atheist wird nichts finden, was seiner Weltanschauung zuwiderläuft. Von irgendeinem Gelöbnis der Kinder ist keine Rede.«

Den eigentümlichen Charakter der freireligiösen Jugendweihen läßt eine »freireligiöse Nachricht« im Magdeburger ›Sonntags-Blatt‹ erkennen: »ULM. Neben drei Konfirmanden der Ulmer Gemeinde trat auch ein Knabe aus Nürnberg heran.« [97] In der fränkischen Stadt gab es noch keine freireligiöse Gemeinde. Eine Familie hatte ihren Sohn zur Feier in die rund 130 Kilometer entfernte schwäbische Stadt geschickt, weil sie ihn in Nürnberg nicht »öffentlich feierlich bekennen« lassen wollten, »wozu sein Gewissen sein entschiedenes Nein sagte«. Sicher war dies eine Ausnahme, wenn es auch wegen der kleinen Zahl der Gemeinden vergleichbare Fälle gegeben haben dürfte. In den siebziger Jahren gab es wieder eine Gemeinde in Nürnberg. Zwangsläufig unterschied sich das Gelübde des Nürnberger Kindes von dem seiner Ulmer Mitkonfirmanden, wenn diese überhaupt ein solches sprachen. Der Nürnberger erklärte, er stehe hier, »um ein heiliges Gelübde abzulegen«, das – so das ›Sonntags-Blatt‹ – einen »tiefen Eindruck« auf die Versammlung machte.

Es erfüllt mich mit Wehmut und Traurigkeit, daß ich um meiner Konfirmation willen an diese mir fremde Gemeinde mich wenden mußte, während so viele Kinder freireligiöser Eltern, meine jungen Kameraden in der Heimath, der Weihe einer solchen Stunde entbehren müssen ... Was ich durch wackere Lehrer an Ausbildung des Geistes und des Herzens gewann, will ich anwenden zum Segen der Menschheit. Was Freunde und Gönner mir Gutes erwiesen haben, ich will es als eine Aufforderung betrachten, Gutes zu thun, wo sich mir die Gelegenheit bietet. Was mir die

Menschheit als Vorbild zur Nacheiferung aufgestellt hat, ich will es vor Augen behalten, um den Weg wahrer Tugend und treuer Pflichterfüllung zu gehen. Ich will alle Menschen lieben, weß Glaubens, weß Standes sie seien, ich will nach dem Vorbilde so vieler treuer Gesinnungsgenossen in meiner Vaterstadt ... durch kein Unrecht und keine Bedrückung mich in einem ehrlichen Bekenntniß meiner Überzeugung und in meinem Glauben an Gott irre machen lassen, der mit uns ist, wenn wir redlich und in Liebe und Wahrheit streben. Mein wichtigstes Vorbild aber soll Jesus sein und bleiben ...

Die weltfromme Jugendweihe konnte in den freireligiösen Gemeinden aufkommen, weil sich in Deutschland nach dem Zwist der Lichtfreunde und Deutsch-Katholiken mit ihren Kirchen nicht wie im England des 17. Jahrhunderts nonkonformistische Freikirchen herausbildeten. Die Freireligiösen traten nicht konkurrierend an die Seite der Kirchen – nicht nur deshalb, weil diese Staatskirchen blieben. Eduard Baltzer, der beim Gründungskartell des Bundes freireligiöser Gemeinden 1859 bei der Wahl der fünf Bundesvorstandsmitglieder die meisten Stimmen der fünf Kandidaten erhielt[98], ist ein guter Zeuge für den von Simon-Ritz beobachteten »selbstgestellten Anspruch« der freigeistigen Gruppierungen, »an die Stelle der Kirchen (zu) treten«, d. h., sie wollten wie die damaligen Staatskirchen das private und gesellschaftliche Leben freigeistig, d. h. gegen die verkirchlichenden Maßnahmen gekehrt, bestimmen.[99] Strukturell glich der antikirchliche, freigeistige Anspruch den verkirchlichenden Maßnahmen der Kirchen. Hätten die Freidenker die Kirchen ersetzt, wäre ihr Anspruch, Jugendliche in Stellvertretung der Menschheit zu weihen, weniger unglaubwürdig gewesen. Vorbildlich waren die Mittel der Freireligiösen im Kampf um den Platz der Kirchen nicht. Im Anschluß an die »Grundsätze der freireligiösen Gemeinde zu Berlin«, die am 12. Februar 1877 angenommen »und zuletzt am 15. Juni 1891 verbessert« wurden, steht die kurze Notiz: »Beitrittserklärungen zur freireligiösen Gemeinde in Berlin werden vom Vorstande und Sonntags vormittags vor und nach unseren Vorträgen angenommen. – Mitglied wird man auch ohne vorhergegangenen Austritt aus der Kirche oder dem Judentum durch Zahlung eines laufenden Beitrages.« Mitgliedschaft in der freireligiösen Gemeinde schuf also kein klares Zugehörigkeitsverhältnis, sie konnte wie eine Theaterkarte erworben werden. Das machte freireligiöse Gemeinden zur Konkurrenz mit Kirchen untauglich; ein weiterer Beleg für ihre Handlungsunfähigkeit. Aus der Unbestimmtheit der Zugehörigkeit von Mitgliedern folgte zwangsläufig die Inhaltsleere der Jugendweihe der Gemeinden.[100]

Einen knappen Monat nach der mutigen Gründung der freien Gemeinde hatte Baltzer deren Mitglieder angesichts kirchlicher Polemik in der »Ruhe der Siegesgewißheit, die die Wahrheit, die wir erkennen, gibt«, ermuntert. Es sei der Zukunftsoptimismus der freien protestantischen Gemeinde, des »Stammes der künftigen erleuchteten und verbrüderten Menschheit«[101]. Wislicenus nannte die freien Gemeinden »neue Weltreligion«. Die Unterstellung einer weltweiten Verbreitung und Bedeutung der freien Gemeinden ergab sich ohne empirischen Beleg aus dem weltfrommen Interesse an den Angelegenheiten der Welt. Im Gefolge Baltzers wurde dies Interesse an der Welt durch die Gleichsetzung des *ächten Christentums und des ächten Menschentums* nicht selbstlos umgebogen.

Die Entwicklung der Mitgliederzahlen reicht als Widerspruch aus: In der Mitte des 19. Jahrhunderts gehörten den freien Gemeinden 100 000 Mitglieder an, 1885 war die Zahl auf 20 000 gefallen, um zu Beginn des 20. Jahrhunderts auf 50 000 zu steigen. 1913 zählte die Bevölkerung des Deutschen Reiches 65 Millionen Menschen.[102] Die Freireligiösen waren nicht entsprechend ihrer Absicht Ersatz, sondern gegen ihren Willen religiöse, weltanschauliche Konkurrenz der Kirchen geworden. Das bedeutungsschwere Wort *Konfession* verrät, wie wenig Deutsche auf die Konkurrenz von Kirchen und Weltanschauungsgemeinschaften vorbereitet waren. Die in den USA gebräuchliche Bezeichnung *religious preference* suggeriert liberal »ganz unmittelbar Konsum oder politisches Wahlverhalten: Ich ziehe diese Seifensorte jener vor, ich gebe dem Kandidaten der Partei X den Vorzug vor dem Kandidaten der Partei Y.«[103] Die freireligiösen Jugendweihen zeigen, daß die Freireligiösen sich nicht als Freikirche in die Konkurrenzsituation fügten, denn sie wurden in Stellvertretung des ächten Menschentums vorgenommen, nicht als Kultakt einer – an Mitgliedern schwachen – Organisation. Die Freireligiösen kämpften nicht um die Anerkennung als »Bekenntnisgemeinschaften, welche ihre Anhänger dazu erzogen, in Dingen des Bekenntnisses und der Überzeugung hart zu sein, ohne gleich das Mittel der Diskussion zu verwerfen, wenn es hart auf hart geht.«[104]

Dem entspricht, daß die menschheitliche Jugendweihe der Individualität der Geweihten nicht Rechnung trug. Geweiht wurden gleichaltrige Vertreter der »Rasse Mensch«. Deren Namen wurden natürlich genannt. Individuell waren die Bekenntnisse/Gelübde nicht. Der weltfromme Ansatz der Jugendweihen hatte gerade durch rezitierte idealistische Beschwörungen aus den Zitaten des deutschen Bildungsbürgertums Realitätsferne der Weihen zur Folge. Über edle Ideale und nicht über konkrete Probleme wurde gesprochen. Der idealistische Tenor förderte die harmoniebeseelte Konfliktscheu in der freireligiösen Jugendweihearbeit. Schiller wurde sehr gerne in Jugendweihen zitiert, gegen den in seinen Worten deutlichen »Zusammenhang von Zeitkritik und Anpassung«[105] ist kein freigeistiger Einspruch bekannt.

Ein Vergleich mit der Geschichte Englands, wo es statt Freireligiösen nonkonformistische Freikirchen gab und wo jegliche Jugendweihe fehlt, verdeutlicht, daß die Freireligiösen Ende des 19. Jahrhunderts in bildungsbürgerlichen Deutungsmustern erstarrten. Auch in England hatte im 17. Jahrhundert der liberale Kampf auf religiösem Gebiet begonnen, war aber sofort zur politischen Machtprobe geworden. Die Frage nach der

Gewissensfreiheit stellte sich nicht getrennt von der Frage, ob man den König wolle oder nicht. »Da der König den Gewissensdruck will, so will der, der die Gewissensfreiheit will, den König nicht. Das ist die Frage der Cromwellschen Zeit. So wuchs in England der religiöse und politische Liberalismus gemeinsam in die Höhe.« Der entstehende absolutistische Staat wurde hier lange vor der blutigen Französischen Revolution 1789 und dem halbherzigen revolutionären Aufbegehren in Deutschland 1848 »im religiösen Bürgerkrieg zugrunde gerichtet«.[106]

Der Anspruch, die freien Gemeinden handelten im Namen der Menschheit, in die sie Jugendliche »weihen«, ergab sich aus einem nicht nur in die Zukunft gewandten Optimismus. »Unser tägliches Wachstum in und durch Erkenntniß und durch die Tat«[107] war für Baltzer unbegrenzt. Er meinte das je persönliche Wachstum und nicht die Entwicklung der Gemeinschaft. Er bestritt die in der evangelischen Kirche nachdrücklich betonten schuldhaften Verstrickungen eines jeden Menschen. Diese würden nur im Interesse der Kirche behauptet, die als Mittlerin des erlösenden Heils unersetzbar sein wolle. Der Unterschied zwischen Gott und Welt werde weltentzweiend nur unterstellt, um die kirchliche Machtposition zu sichern.

Baltzer untersuchte nicht die Realitätsnähe biblischer Aussagen, denn in den freien Gemeinden herrschte die Ansicht vor, eigentlich seien Menschen Engel. Dies Menschenbild war Teil der realitätsfernen Weltfrömmigkeit der Freireligiösen sowie Ausdruck der aufgezeigten Handlungsunfähigkeit derselben. Baltzer meinte am 21. Februar 1847 vor seiner Gemeinde, sie seien sich darüber einig, »daß die Kirche sich in den Staat aufzulösen hat; d. h., es bedarf nichts Anderes und giebt nichts Höheres auf Erden als die eindrucksvolle Gemeinschaft freier Menschen.«[108] Im kleinen war die freie Gemeinde so etwas wie das Urbild dieser *einheitsvollen Gemeinschaft freier Menschen*. Kennzeichnende Merkmale wie Bekenntnisse, die ihre Identität eindeutig ausgewiesen hätten, wären mit dieser Ur- und Vorbildfunktion unvereinbar gewesen. Die freie Gemeinde kämpfte nicht um Glaubensanhänger, vielmehr wartete sie in der Gewißheit, daß sich alle Menschen frei mit ihr auf dem richtigen Wege zusammenfänden. Ein bürgerlicher Utopieentwurf, dessen Fest die Jugendweihe war.

Baltzer, den »Vater« der Jugendweihe, in Anlehnung an Uhlichs Kritik einen »linken Avantgardisten« zu nennen, der weit über den Kreis der Freireligiösen in der freigeistigen Bewegung wirkte, widerspricht dem nicht. Im absolut grenzenlosen Optimismus seiner Aussagen klingt »das Fortschrittspathos freigeistiger Weltdeutung«[109] mit. Typisch für die damalige religiöse bürgerliche Weltanschauungseuphorie war, daß Baltzer sich abrupt zum Vegetarismus bekannte. Nach dem Besuch zweier vegetarischer Freunde und nach der Lektüre einschlägiger Literatur habe er erkannt, welche »ungeheuren Umwälzungen im Leben der Menschheit aus dem Vegetarismus fließen müßten, wenn die Welt ihn aufnahm. Eine neue materielle und geistige Welt trat wie eine Offenbarung vor meine Augen. Das neue Leben mußt Du beginnen und durchführen, was auch geschehen werde«, habe er sich 1866 gesagt.[110] Ihn störte es nicht, daß dies einen »schwere[n] Konflikt mit der eigenen Familie, der Gemeinde, mit der Welt« zur Folge hatte. Ob der Vegetarier Baltzer an der Jugendweihearbeit beteiligt blieb, ist unbekannt. In seinen Erinnerungen erwähnte er sie jedenfalls nicht. Er war von der neuen vegetarischen Lehre restlos gepackt – und erwartete erneut, daß die ganze Welt sie aufnähme. An der Unbedingtheit des weltverändernden freigeistigen Aufbegehrens, die der Jugendweihe eine menschheitliche Dimension gab und mit dem Alltag vermittelt wurde, änderte sich strukturell im neuen Bekenntnis nichts. Die freigeistigen Organisationen trugen den Charakter weltanschaulicher Sekten, wie Hermann Lübbe in seiner Untersuchung der »politischen Philosophie in Deutschland« aufzeigt.[111] Kultfest dieser »Sekte« war die Jugendweihe.

Das Gesicht der Jugendweihen änderte sich, als inhaltlich zielorientierte freireligiöse Strömungen die Feier in ihre Dienste stellten. Ihr Anspruch war nicht mehr maßlos und unglaubwürdig menschheitlich, vielmehr wurde die Jugendweihe nun in den Dienst klarer, konkreter Ziele der weihenden Gemeinschaft gestellt. Sie wuchsen in den achtziger Jahren aus der freireligiösen Grundströmung hinaus; der Festredner auf der ersten proletarischen Jugendweihe eröffnete seine Ansprache in der Berliner freireligiösen Gemeinde mit einem Schillerzitat.

Viele Charakteristika der freireligiösen Gemeinden vererbten sich nahtlos in den freigeistigen Gruppierungen weiter, problemlos war die Übernahme der inhaltlich nicht festgelegten Jugendweihefeier. 1906 wurde in der ›Frankfurter Halbmonatsschrift für Fortschritt auf allen Gebieten des geistigen Lebens. Das freie Wort‹ die »merkwürdige Erscheinung« bedauert, »daß sich sämtliche Gruppen, die den herrschenden Religionsgemeinschaften ablehnend gegenüberstehen, noch nicht zu einem großen Bund vereinigt haben.«[112] Der Autor war beunruhigt, denn »es ist doch Merkmal unseres Zeitalters, daß sich Einzelgruppen in dem heißer entbrannten Kampf um Macht und Einfluß zusammenschließen. Den freien Geistern will [dies] nicht gelingen«, obwohl sie »in religiösen Fragen *voran* wollen«, heißt es unter der Überschrift »Der Zusammenschluß der freien Geister«. Zwar gaben sich die »freien Geister« anders als Baltzers »Freireligiöse« Jahrzehnte früher zufrieden damit, als Konkurrenz der Kirchen anerkannt zu werden, taten dies aber in der Erwartung, einmal an die Stelle der Kirchen zu treten und diese zu ersetzen. Denn sie reklamierten die Zukunft der Religion (»*Voran*«) für sich. Das vereine.

Grundlage aller freigeistigen Gruppierungen war die aufklärerische Überzeugung, daß die Zukunft der Welt nur in Abkehr von der institutionalisierten jüdisch-christlichen Tradition zu erreichen sei. In Deutschland hatten die Freireligiösen dieser Abkehr den Grund gelegt – nach eigener Überzeugung in ihrem innerkirchlichen Protest, der der bürgerlichen »Revolution« von 1848 Auftrieb gab, und in ihrer erzwungenen Selbständigkeit, dem Außenseiterphänomen. Der freigeistige Ansatz war bereits bei den Freireligiösen weltverändernd und deshalb politisch ortlos angelegt. Diese bei religiösen Gruppierungen vertretbare apolitische Vorgehensweise wurde zum Problem, als sich in Folge des wissenschaftlichen Fortschritts und der gewachsenen kulturellen Vergleichsmöglichkeiten, der Industrialisierung und der Gründung der SPD 1869 gesellschafts- und staatspolitische Stellungnahmen nicht mehr vermeiden ließen. Vor allem war das Verhältnis dieser Stellungnahmen zu den ersatzreligiösen weltanschaulichen Überzeugungen zu klären. Die freien Geister beklagten die Ungleichzeitigkeit des wissenschaftlichen Fortschritts einerseits und des an überkommenen Mustern orientierten gemeingesellschaftlichen Fortschritts andererseits als eine Art »cultural lag«.

Die »Stellung der freien Gemeinden zu den sozialistischen Bestrebungen« war auf der freireligiösen Bundesversammlung 1892 umstrittenes Thema.[113] In der anschließenden Vorstellung der *proletarischen Jugendweihen* wird mit dem Streit bekannt gemacht. Die große Zahl der Sozialisten, die die freigeistige Negation aufnahmen, darf aber nicht den Blick darauf versperren, daß auch das Raunen der völkischen Bewegung von freigeistigem Fortschrittspathos war. Die Unterschiedlichkeiten der Jugendweihen/Jugendleite signalisieren als Variationsmöglichkeiten die Eigenart der sozialistischen Orientierung einerseits und der völkischen andererseits. Überwand auch der Bund freireligiöser Gemeinden seine Scheu, sich inhaltlich in einer Stellungnahme festzulegen?

Gründungsvater Uhlich etwa protestierte 1868 – vergebens: »Ich beharre bei dem Wunsche, daß nur die erwähnte Innigkeit des Gefühls, daß nur vernünftige Frömmigkeit uns neue Glieder zuführe und neue Gemeinden stifte. Wo das aber der Fall ist, da hat auch die Mahnung ihr volles Recht, daß die Gemeinden die soziale Frage in die Hand nehmen und Gemeinsinn bethätigen mögen.«[114] Am nachdrücklichsten meldeten sich die Marxisten zu Wort. Carl Boruttau verlangte auf der Bundesversammlung 1868, »daß die freien Gemeinden das neue Prinzip des Sozialismus als das ihrige anzuerkennen entschlossen sind«.[115] Nicht zuletzt die beiden Gemeinden in Berlin gaben die ursprüngliche Forderung nach Autonomie der Mitglieder auf. Sie drängten im Bund auf einmal darauf, daß ein gemeinsames Bekenntnis formuliert werde. Diese verpflichtende Konkretisierung der freireligiösen Ziele hatte nach ihrer Meinung marxistisch zu sein. Politische Gründe wurden nicht angeführt, über politische Gründe wurde nicht gestritten. Die Autorität der freigeistigen Avantgarde, der ideologische Stellvertreteranspruch, stand hinter der Forderung. Zweifelnde Fragen verboten sich. Nach Aussage des Berliner Predigers Georg Siegfried Schaefer, der aus Protest gegen die marxistische Unterwanderung seiner Gemeinde diese später verließ, habe sich »die freireligiöse Gemeinschaft vollständig von der Religion zugunsten der Philosophie und der Vernunft losgesagt, und wenn sie trotzdem sich eine religiöse Gemeinde nenne, so geschehe dies rein aus politischen Motiven«[116].

1881 gründete der Darmstädter Mediziner Ludwig Büchner (1824 – 1899) den *Deutschen Freidenker Bund*, der von Anfang an den Freireligiösen nahestand. Doppelmitgliedschaften, auch im Vorstand, waren zahlreich; von Anfang an wurde überlegt, ob man sich zusammentun solle. Die Freidenker machten sich die freireligiösen Gemeindestrukturen zunutze, um diese für ihre Ziele einzusetzen. Und diese bestanden darin, den Kirchen ihre Mitglieder und ihre Macht zu nehmen, die Menschen aus nach Meinung der Freidenker überholten religiösen Bindungen zu befreien. 1921 schlossen sich in Berlin Freidenker und Freireligiöse zum *Volksbund für Geistesfreiheit* zusammen. Zeichen dieser Symbiose war, daß die Übernahme der Jugendweihe durch die Freidenker selbstverständlich war. Die Jugendweihe war eine inhaltlich verschieden verpflichtbare freireligiöse Feierform geworden, die Jugendliche begeistern und einbinden ließ, ohne sie von ihren Eltern zu trennen. Daher wurde sie kein Fest der Jugendbewegung, in der die Selbständigkeit der Jugend verlangt wurde.

Vielerorts hatte sich die Symbiose von Freireligiösen und Freidenkern früh vollzogen. Dies wurde erleichtert durch die großzügige Art der Freireligiösen, die sich auf Organisationsfragen nie versteiften. In einem wie üblich nicht datierten Weihebuch *Zur Erinnerung an die Feier der Jugend-Aufnahme in der Freireligiösen Gemeinde zu Berlin* erschienen ›Leitsätze für die Kinder von Freidenkern und Freireligiösen, aufgestellt von Ida Altmann‹ (Dokument III), einer 1862 im ostpreußischen Obscheminken geborenen Jüdin, die seit 1892 in der Freireligösen Gemeinde zu Berlin vor allem in der Jugendarbeit aktiv war. Die genannte Weihegabe ist schwer zu datieren, weil sie wie alle anderen Weihebücher der Freireligiösen zu Berlin ohne Angabe des Erscheinungsdatums mehrere Schriften enthielt, so daß die Seiten der Weihegabe nicht durchgehend numeriert wurden. Da der erste Beitrag in der zitierten Weiheschrift »Zur Erinnerung an die fünfzigjährige Jubelfeier 1845–1895« von Bruno Wille war, dürfte das Buch 1895/96 erschienen sein. Freireligiöse und Freidenker wurden in den Leitsätzen nicht unterschieden. Die »Freireligiöse Gemeinde« Berlins war Mitglied des Deutschen Freidenker Bundes. 1914 wurde berichtet, daß in dieser Gemeinde »Ostern und Michaeli für jeweils 50–70 Kinder Jugendweihe stattfindet.«[117] Durch die atheistische Zielangabe freidenkerisch-freireligiöser Arbeit war die Dominanz der marxistischen Strömung unter den Freireligiösen bestärkt.

Nicht ohne Folgen auf die Freireligiösen war der Vorstoß des Zoologen Ernst Haeckel, der 1904 ›Thesen zur Organisation des Monismus‹ vorlegte. Alle freien Geister, auch die Freireligiösen, wurden aufgefordert, sich der »universalen Monistengemeinde« anzuschließen. In Reaktion auf die Zersplitterung der freigeistigen Bewegung waren alle eingeladen, »welche als Richtschnur ihres Denkens und Handelns allein die reine Vernunft anerkennen.«[118] In der Tat lag es nahe, daß auch Freireligiöse von der »ideologischen Abschöpfung derjenigen [getroffen waren], die aufgrund ihrer religionskritischen Kirchenentfremdung weltanschaulich heimatlos geworden waren.«[119] Die freireligiösen Bundesversammlungen 1903 und 1905 weigerten sich indes, sich dem inhaltlich anzuschließen, wie es der Magdeburger Sprecher Georg Kramer beantragt hatte. Die fortschrittsgläubige monistische Religion akkumulierte auch programmatisch im »Glauben an das Gute im Menschen« (221), der nach Haeckels Meinung »das herrschaftsfreie Paradies auf Erden« (231) monistisch schaffen wird, die wild wuchernde Bewegung der »freien Geister«. Das Ausmaß ihrer weltanschaulichen Verbohrtheit ließ sie alle nicht die Frage Max Webers stellen: »In welchem Sinn gibt es ›objektive Wahrheiten‹ auf dem Boden der Wissenschaft vom Kulturleben überhaupt?« Kulturleben, so Weber, setzt voraus, daß Menschen zur Welt Stellung beziehen und ihr einen Sinn verleihen müssen. Aus Erfahrungen kann dieser Sinn nicht resultieren. Weltanschauungen sind kein Produkt fortschreitenden Erfahrungswissens.[120] Die Freigeister erhoben ihre »an der Naturwissenschaft ausgerichteten Deutungs- und Orientierungsmuster in den Rang einer ersatzreligiösen Weltanschauung, die nun ihrerseits mit dogmatischem Anspruch auftreten konnte.«[121] Antikirchliches Dogma war gegen kirchliches Dogma gekehrt. Auch für den Kultus wurde gesorgt.

In dem am 1. November 1906 im Zoologischen Institut der Universität Jena gegründeten Deutschen Monistenbund (DMB) wurde 1908 die Frage aufgeworfen: »Ein neuer Kultus?« Man solle »ruhig die Tatsache zugeben, daß die durch die Abkehr von den bisherigen religiösen Vorstellungen sich bildende Weltanschauung noch keineswegs geklärt ist. Wenn dem nun so ist, daß wir auch als moderne Menschen, als Monisten, der Religion unbedingt benötigen, wenn unser Seelenleben nicht verkümmern soll, können und müssen wir einen religiösen Kultus auf monistischer Basis schaffen.«[122] Obwohl der Streit über diese Thesen den DMB zu zerspalten drohte, stand der Veranstaltung von Jugendweihen nichts im Weg. Der Philosoph und Schriftsteller Ernst Horneffer (1871–1954) leitete das »Münchener Kartell«, in dem sich 1907 Ortsgruppen der Monisten, der Deutschen Gesellschaft für ethische Kultur (DGEK) und freireligiöse Gemeinden zusammengetan hatten. Horneffer hielt in München Sonntagsfeiern, Sonnenwendfeiern und Jugendweihen ab.

1912 schrieb er in der von ihm herausgegebenen Monatsschrift ›Die Tat. Wege zum freien Menschentum‹: »Wahrhaft gehoben ist der Mensch nur durch Feste, die *alle* feiern, die das allgemeine Leben, das jeder lebt, in welchem Volke, zu welcher Zeit er lebt, einem veredelnden, reinigenden Rhythmus unterwerfen. Das wahrhaft Menschliche will der Mensch erleben, will er durch die Weihe des Festes in gereinigter Gestalt erleben, das ewig Menschliche, das überall unter der Sonne das Gleiche ist.«[123] »Und eines der sinnigsten Feste ist die Jugendweihe, durch welche der Übergang von der Kindheit in das bewußte Leben gefeiert wird. Der Unterricht wird im Auftrag der freireligiösen Gemeinde erteilt. Es herrscht die schöne Sitte, es [das Fest] mit dem Schluß des Schuljahres, der in Bayern im Sommer stattfindet, zu verbinden. Alle Kinder des Unterrichts versammeln sich zu der gemeinsamen Feier. Dann folgt eine Ansprache an die gesamte Jugend, die sie auf den Ernst des vollendeten Schuljahres, die künftigen Pflichten, die Bedeutung der ganzen Erziehung hinweist. Es schließt sich ein Vortrag lehrreicher Gedichte an, durch Kinder verschiedenen Alters, solcher Gedichte, die in abwechselnder Mannigfaltigkeit die Lebensschicksale und Tugenden des Menschen vor Augen führen. Sein Ende erreicht dieser erste Abschnitt der Feier durch einen musikalischen Vortrag. Es folgt dann die Ansprache an die Kinder, welche die Weihe empfangen. Als eine symbolische Handlung habe ich den Handschlag eingeführt.« In der anschließend abgedruckten Ansprache erklärt Horneffer, daß ein »Gelübde« von den Weihlingen nicht gefordert werde, denn ein solches knüpfe an Vergangenem an. Aber »eins könnt ihr versprechen, daß ihr nicht oberflächlich in das Leben hineintreiben wollt, sondern daß ihr an euch arbeiten wollt und immer gewissenhaft euer eigenes Herz befragen wollt, ob ihr auf dem rechten Pfade seid. Dies Versprechen möchten eure Eltern gerne von euch hören. Und diesem Versprechen wollen wir auch ein sichtbares Zeichen geben. In diesen Händedruck will ich alles hineinlegen, was an Wünschen und Hoffnungen euch begleitet und folgt. Es ist so viel, was uns in dieser Stunde erfüllt und bewegt.« (262 f.)

Wie wir schon sahen, ist der Handschlag nicht neu. Bereits Herder tauschte ihn mit seinen Konfirmanden aus. Die Feier blieb beliebig, denn Horneffer nennt kein Kriterium, an dem der »rechte Pfad« zu messen und nach dem der edle »Rhythmus«, dem das menschliche Leben unterworfen wird, zu bestimmen ist. Und ob alle Menschen ein »wahrhaft Menschliches« erleben wollen? Diese Vorstellung eines edlen Rhythmus des Lebens, dem sich alle gerne einpassen, öffnete jedenfalls denen die Türen, die stellvertretend das »wahrhaft Menschliche« definieren.

Die proletarische Jugendweihe – ein Fest der deutschen Arbeiterbewegung

Als erste »proletarische Jugendweihe« gilt die »Feier der Jugendaufnahme (Confirm.)« der freireligiösen Gemeinde zu Berlin am Sonntag, dem 14. April 1889. »Zu den Vorträgen und zur Jugendweihe sind Gäste willkommen«, steht auf der Liste der Veranstaltungen von Februar bis April.[124] Den Festvortrag hielt Ewald Vogtherr (1859–1923), der seit März 1889 in Berlin den Religionsunterricht für die freireligiösen Schüler erteilte. Die »proletarische« Ansprache Vogtherrs, seit 1888 sozialdemokratischer Stadtverordneter in Berlin, war freireligiös: Ein »neues warmes Frühlingswehen geht durch die Lande«, hieß es zu Beginn. »Mit der gleichen Bestimmtheit und Genauigkeit« müsse man sich der Natur zuwenden, wie das »Feld des Geisteslebens zu hegen und zu pflegen« sei. Schiller wurde zitiert: »So wahr, wie du dort am Horizonte die Sonne niedergehen siehst, … so sicher kehrt auch wieder der Tag der Wahrheit.« Der Mensch sei ein Teil der Natur: »Wir suchen und forschen an den Quellen der Natur, daß wir daraus Kraft und Stärke saugen können.« An den alten Zeiten sähe man, *wie sehr die Menschheit sich irren konnte*. Der Festredner nahm also die Unterschiedlichkeit der Menschen nicht diachron und synchron zur Kenntnis, sondern hierarchisierte im Sinne der freigeistigen Denkform als Zeuge und Garant von modernen Verbesserungen. In seiner Festrede war kein Platz für geschichtsphilosophische Irritationen. Von diesen ist in der Jugendweihearbeit aller Veranstalter auch nie die Rede. Vogtherr meinte: »Wir suchen uns aus allen Zeiten, aus allem Geistesschatze aller Menschen das Schönste und Beste« im Dienst der »neuen Zeit heraus«. Vogtherr konkretisierte die Menschenwürde als Ziel ihrer Religion: »Der Kern unserer Religion läßt sich zusammenfassen in die sittlichen und wirtschaftlichen Aufgaben des Menschenlebens.« Der Schlußvers des gemeinsamen Liedes lautete:

Wir weihn dem Kampf Dich für das Recht,
In dem manch kühner Kämpfer fällt.
Für Volk und Menschheit im Gefecht
bist Du geweiht der ganzen Welt.

In der Jugendweihe zwei Jahre zuvor war der Begriff der *Weihe* im gemeinsamen Lied nicht benutzt worden. Daraus ist die Wichtigkeit religiöser Vergewisserung für proletarische Jugendweihen zu folgern. Vogtherr stand in einer Phalanx von Sozialdemokraten, die seit 1886 die Mehrheit im Gemeindevorstand Berlins bildeten und das freireligiöse Ruder sozialistisch herumwarfen. Die Gemeinde war in den neunziger Jahren die mitgliederstärkste im freireligiösen »Bund«: 1869 zählte sie 1 876 Seelen respektive (1871) 702 zahlende Mitglieder. 1890 waren es 1 501 »steuernde Mitglieder«, vor der Jahrhundertwende 4 211 bei einer Seelenzahl von knapp 12 000.[125] An der freigemeindlichen Jugendweihe in Berlin sollen 1890 etwas mehr als 100 Weihlinge teilgenommen haben, 1900 doppelt so viel. Das waren »höchstens zwei Prozent« der gleichaltrigen Berliner Kinder.[126] Die Jugendweihe »boomte« erst in der Weimarer Republik.

Den Hamburger Feiern fehlte die spürbar religiöse Einbettung der Jugendweihe. In dieser anderen Hochburg der Arbeiterbewegung hatte sich 1882 eine mehrheitlich von Sozialdemokraten gestellte »Freidenker Gesellschaft Hamburg« zusammengetan. Sie knüpfte am »Deutschen Freidenkerbund« und dessen religionsfeindlicher Programmatik an. In der SPD-Zeitung ›Hamburger Echo‹ erschien am 1. Januar 1890 ein Aufruf an alle Eltern, deren Kinder die Schule bald verließen und nicht konfirmiert wurden. Ihnen wurde eine Jugendweihe als *Schulentlassungsfeier* angeboten: Durch sie werde »auch für alle Kinder, die nicht konfirmiert werden, ein festlicher Mittelpunkt für den bedeutsamen Wendepunkt ihres Lebens geschaffen, ihnen das Gefühl der Vereinsamung genommen, das so leicht in ihnen Platz greift, als noch die bedeutende Mehrheit der Eltern, vielleicht weniger aus innerer Überzeugung als aus gesellschaftlicher Rücksichtnahme oder wegen des bequemen Schwimmens mit dem breiten Strome, ihre Kinder konfirmieren.«

23 Jugendliche nahmen an der ersten proletarischen Jugendweihe in Hamburg am 24. März 1890 in Barmbek teil, begleitet von rund 330 Gästen. Der Sozialdemokrat Peter Blesgen, ein Tischler und Gastwirt, organisierte die Feier, für die Musik sorgte ein Arbeitergesangverein. »Drei Redeakte« über »Aberglaube und Wissenschaft«, »Das Leben nach der Schulzeit« und über »Die Bedeutung der Konfirmation« standen am Anfang der Weihe.

Klar ist die Jugendweihe als Ersatzveranstaltung für die Konfirmation definiert. Ersatz im doppelten Sinne: Zum einen mußte die kirchliche Handlung ersetzt werden, zum anderen galt es, Jugendliche in die Proletariergemeinschaft einzuführen. Die Konfirmationshandlung war Teil der bekämpften Bürgergesellschaft geworden, ob sie nun als »Feier religiöser Mündigkeit«, »Erhebung zu ›mündiger freier Mitgliedschaft‹« oder als »Ausdruck dankbarer Anerkennung, welche die Jugend für das in und von der Gemeinde empfangene Gute darbringe«, verstanden wurde. Der Brauch »hing an zähen Wurzeln vornehmlich bürgerlicher Natur«.[127] Von zähen Gepflogenheiten konnte sich eine Gegenkultur nur begrenzt freimachen. Die organisierten Proletarier bemühten sich im wilhelminischen Machtstaat wie in der Weimarer Republik, ihrer proletarischen Gegenkultur in einer lebens- und generationenumfassenden Gemeinschaft Halt zu geben. Durch die Feier von Jugendweihen wollten sie viele Menschen an proletarischen Feiern aus biographischem Anlaß teilhaben lassen. Die Freidenker verfochten die antireligiöse Pointe der proletarischen Bewegung programmatisch. In Überschätzung ihrer Stärke nannten sie ihre eigene Arbeit, vornehmlich ihre Schulungsarbeit und die Jugendweihen, »dritte Säule« der Arbeiterbewegung neben Partei und Gewerkschaft.

Auch die Freidenker kämpften um einflußreiche Positionen innerhalb der Arbeiterbewegung. Als Veranstaltung wurden auch die Jugendweihen in diesen Machtkampf einbezogen, ohne daß indes je bezweifelt worden wäre, daß auch konkurrierende Gruppierungen *proletarische Jugendweihen* veranstalteten. Richard Lohmann schrieb 1924 in der ›Schriftenreihe des Zentral- und Bildungsausschusses der SPD-Arbeiter-Bildung‹, deren fünftes Heft folgenden Titel trug: ›Die Jugendweihe. Grundsätzliches und Kritisches‹.[128] Er hatte als Festredner an vielen Jugendweihen teilgenommen und verfolgte die Eigenart und Entwicklung der Weihegestaltung an vielen Orten. »Alle Organisationen, die sich als Träger oder Wegbereiter einer neuen Kultur fühlen, haben seit langem mit klarem Blick erkannt«, schrieb er (2), »daß wir die Jugend nicht gewinnen, wenn wir diesen Tag der Jugendweihe nicht als Festtag für uns erobern.« Lohmann hielt die eingebürgerte Benennung der *Weihe* für sehr glücklich: »Es muß eine Weihe sein, und uns scheint, als ob man hier und dort diesen eigentlichen Kern und den Zweck der ganzen Feier allmählich vergessen hätte. Der Zweck der Feier ist die Aufnahme der jungen Genossen in den Kreis der Volks- und Kampfgemeinschaft« (3), betonte er. Hinter der proletarischen Arbeitergemeinschaft traten seine eigene Partei, die er nie erwähnte, und die anderen Veranstalter zurück. Er meinte, »in erster Linie kommen die politische Partei, daneben auch das Gewerkschaftskartell oder die freireligiöse Gemeinde oder die Freidenker als Träger der Feier in Betracht« (14). Er war froh, daß die Weihlinge vielerorts kein Gelübde mehr sprechen mußten, denn »unsere Jugend soll aus freiem Entschluß sich in die Schar der älteren Kämpfer einreihen, sie soll keinerlei äußere Bedingungen auf sich nehmen« (4). Und, mahnte er, »eine Jugendweihe unseres Geistes verlangt nach einem anderen *häuslichen* Abschluß als dem üblichen Konfirmationsfestessen oder -kaffeeklatsch, nach einer wirklichen *Feier*stunde in der freien Natur oder im Hause. Dann wären wir *auf dem Wege zu einem sozialistischen Festtage unserer Jugend* ein gut Stück vorwärts gekommen« (17).

Den »Vorbereitungsunterricht der Jugendlichen« streifte Lohmann nur: Der Leiter dieses Unterrichtes müsse die Festansprache nicht halten. Über den Inhalt des Unterrichtes sagte er nichts. Bedacht warb Lohmann, weil »wir auf der Grenzscheide zweier Kulturen leben«, selbstlos, indem er seine Partei und deren Interesse an der Jugendweihe nicht nannte, in aller Entschiedenheit für die *proletarische Jugendweihe* als Feier der Arbeiterbewegung, deren Kampfgemeinschaft um junge Genossen ergänzt werden sollte. Lohmann rechnete damit, daß die proletarische Gegenkultur die Herzen vieler erobere und die Gesellschaft dominiere. Nach dem Austausch der gesellschaftlichen Kulturen würden die sozialistischen Bewegungsträger ihre Sphären abzustecken und die Beute zu verteilen haben. Bekanntlich geschieht das nach jedem gesellschaftlichen Umbruch; Bewegungsträger wissen es, bringen aber im voraus ungern die Rede in der Öffentlichkeit darauf, weil die Machtinteressen ihrer jeweiligen Organisation innerhalb der Bewegung wie eine Spaltungskraft deutlich würden. Mehrere Organisationen waren Träger der proletarischen Jugendweihebewegung, deren Gesamtinteresse hinter dem der einzelnen Organisationen zurücktreten konnte. Das Ziel dieser Bewegung war nicht der gegen Widerstände erkämpfte Zustand, sich für oder gegen die Kirchen entscheiden zu können, an der Jugendweihe teilzunehmen oder nicht. Er war für die proletarische Bewegung eine Etappe auf dem Weg, in dem die Volksgemeinschaft an die Stelle der proletarischen Kampfgemeinschaft treten sollte. Dann, betonte Lohmann, wird aus dem Arbeiterfest der proletarischen Jugendweihe das Volksfest Jugendweihe.

Es gab in der Weimarer Republik rund vierzig organisatorisch selbständige Arbeiterfreidenkervereine. 1908 verbanden sich solche Vereinigungen in Eisenach zum Zentralverband deutscher Freidenkervereine, der ab 1911 *Zentralverband proletarischer Freidenker Deutschlands* hieß.

Zum Teil gingen sie aus dem Deutschen Freidenkerbund hervor, von dessen bürgerlichen Gruppen sie sich proletarisch absetzten. In gleicher Form, wie sich Freidenker von den Freireligiösen gelöst hatten, formierten sich nun proletarische Freidenker in Abspaltung von der organisierten Freidenkerbewegung. Die Spaltung der Arbeiterbewegung durch die Gründung der KPD schrieb die Spaltung der Freidenkerbewegung nach 1918 fest.

Walter Ulbricht (1893–1973) berichtete 1957 über seine Jugendweihe Ostern 1907. Die vorbereitenden Jugendstunden hatten im Herbst 1906 begonnen: »Die Freunde, die damals die Jugendweihe durchführten, waren Sozialisten, die uns gute Ratschläge für den Kampf um ein besseres Leben gaben.«[129] Solche Jugendweihen waren sicher in Lohmanns grundsätzlicher Darstellung auch gemeint. Lohmann hatte betont, »nichts wäre törichter und aussichtsloser, als wenn wir versuchen wollten, unter Ablehnung jeglicher Tradition Feste einer werdenden Kultur zu gestalten« (1). Als er Raum und Musik der Feier besprach, scheute er den Vergleich mit nachahmenswerten Leistungen der Kirche nicht: »Die kleinen Dorfkirchen nicht minder als die städtischen Dome sind von einer eindringlichen Konzentration des Gefühls, wie wir sie nur bei wenigen weltlichen Festräumen vorfinden.« Er bedauerte, daß die Kirche »nicht gezwungen werden kann, diese Räume anderen Organisationen für Stunden der Feier, der Erhebung und Erbauung zur Verfügung zu stellen« (6).

Das Gedankenspiel Lohmanns, daß die Kirche zur Herausgabe ihrer Räume etwa für Jugendweihen zu zwingen wäre, war 1924 von einer ungewohnten Aggressivität, obwohl Lohmann die Möglichkeit sogleich verneinte. 1914 war in ›Das freie Wort‹ festgestellt worden, daß »weltliche Seelsorge für unser Volksleben das dringendste Bedürfnis der modernen Zeit ist: Statt Kirchen Volksheime! Das Volksheim der Zukunft muß das Zentrum weltlicher Seelsorge, das Zentrum volkstümlicher Bildung, Erziehung und Geselligkeit sein, vor allem eine Stätte der Freude, des Friedens und der geistigen und körperlichen Erholung für uns alle. Was den Kostenpunkt betrifft, so wird natürlich die Privatinitiative vorangehen müssen.«[130] Die Möglichkeit, Kirchen zur Herausgabe ihrer Räume zu zwingen, erwog auch Max Henning, der Herausgeber von ›Das freie Wort‹, nicht, als er 1908 um den Aufbau von *Kulturtempeln* bat, »einer Sache, die eine höchst verdächtige Ähnlichkeit mit einer ›Antikirche‹ hat.«[131] Lohmanns aggressive Gedankenführung ist 1924 aus dem gesellschaftspolitischen Kampf der Parteien erklärbar. Jugendweihen waren zum gesellschaftspolitischen Kampfmittel politischer Organisationen geworden.

Viele Sozialdemokraten hatten unter dem Druck der repressiven Sozialistengesetze (1878–1890) bei den Freireligiösen Unterschlupf gefunden, während die Kirchen größtenteils mit den Herrschenden sympathisierten. 1877 hatte der freireligiöse Prediger Karl Scholl (1820–1907), der, nach dem Studium der evangelischen Theologie eng befreundet mit Gustav Struve, wegen Beteiligung an der »Revolution 1848« inhaftiert gewesen war, bevor er 1860 bis 1868 Prediger in Mannheim, dann in Nürnberg war, ein Buch unter dem Titel ›Die freireligiösen Gemeinden und die Sozialdemokratie‹ in seinem Wohnort Heidelberg vorgelegt. Die Aktionsfelder beider, der Sozialdemokraten und der Freireligiösen, seien unterschiedlich. Die SPD sei eine »Reformpartei auf sozialpolitischem Gebiet« (5). Aber: »Beide wollen und erstreben die Herbeiführung besserer Zustände auf dem Wege der Reform, der geistigen und gesetzlichen« (6). Scholl, der in Nürnberg die Zeitschrift ›Es werde Licht. Monatsblätter zur Förderung der Religion der Humanität‹ ins Leben gerufen hatte, stellte in seinem Buch fest: Beide verbinde »der Glaube an die Menschheit und ihre Zukunft« (8). Leider stünden sie sich »fast wie feindliche Brüder« (34) gegenüber. Noch lasse die SPD nicht erkennen, »daß es sich bei ihr nicht um bloße politische Fragen handelt, sondern um die großen Fragen der Menschheit«. Nur, wenn sie das täte, gebe die Partei ihren Bemühungen »die rechte Grundlage und sittliche Weihe« (33). Scholl war mit den freireligiösen Gemeinden ebenfalls nicht zufrieden. Diese seien zu »einseitigen, unpraktischen, trockenen und oft herzlich ledernen Aufklärungsvereinen geworden, ihr schwindendes Leben mit der Einbildung auf ihre hohe Mission fristend.« (32) Fast beiläufig wird erwähnt, wie der freigeistige Anspruch, die Mission und trockenes freireligiöses Gemeindeleben auseinanderklafften.

Südwestdeutsche Gemeinden stellten auf der freireligiösen Bundesversammlung in Braunschweig 1885 in einer Resolution fest: In Achtung des Gebots der Selbstbestimmung in religiösen Angelegenheiten sei es eine »Pflicht der Prediger, nicht ihre politischen und sozialen Partei-Ansichten den Gemeinden aufdrängen zu wollen«. Verwahrung werde gegen solches Bestreben eingelegt, »damit die freireligiöse Gemeinde nicht zu einem Privatverein herabsinke«.[132] Und der Berliner Prediger Georg Siegfried Schaefer warnte vor der Gefahr, daß »die soziale Reform überwiegend zu einer Magenfrage gemacht wird«. Dieser überparteiliche Charakter der freireligiösen Bewegung, deren Bekenntnis die Bekenntnisvielfalt war, trug nicht weit. Prediger Scholl nahm den Anspruch auch auf der Bundesversammlung 1891 zurück, als er es Aufgabe der Freireligiösen nannte, einer bestimmten Gruppe, den Sozialisten, also nicht *den*, sondern *solchen* Menschen, »Menschenmaterial« zuzubereiten.[133] Freireligiöse und sozialistische Bewegungen waren nach Meinung des 1889 nach München umgesiedelten Predigers miteinander »verwurzelt«, indem beide eine bessere Zukunft anbahnen wollen, »erstere wesentlich auf dem theoretischen, letztere auf dem prophetischen Wege«. Während Scholl die Gemeinden nicht sozialpolitisch engagiert sehen wollte, klagte der Berliner Vogtherr, der freireligiöse Festredner auf der »ersten proletarischen Jugendweihe«, das ein. Die Zukunft der Freireligiösen entscheide sich da, wo die Gemeinden sich den »großen Bestrebungen unserer jetzigen Zeit anschließen können.«[134]

Dem Antrag, im Bundesstatut politische Bestrebungen auszuschließen, wurde auf dieser 14. Bundesversammlung widersprochen: »Wir sollten uns nicht selber im Statut Beschränkungen auferlegen, da dies die Behörde schon zur Genüge tut«, betonte Bruno Wille (1860–1923) aus Berlin, ein ehemaliger Theologiestudent und seit Jahren polizeilich gemaßregelter freireligiöser Religionslehrer.[135] Nach der Bundesversammlung des DFB in Görlitz 1903, als die Berliner erbost den Verband verlassen hatten, weil ihnen nicht entsprechend ihrer Mitgliederzahl die Majorität der Stimmen zuerkannt worden war, schrieb Wille, daß »der Freidenker über Parteiungen« stehe und sich »nicht auf bestimmte Formeln der Politik einschwören lasse«.[136] Herbert aus Stettin wies 1891 darauf hin, »daß die neu zu uns tretenden Gemeinde-Mitglieder hauptsächlich aus der sozialdemokratischen Partei kämen«. Die Behauptung, Freireligiöse stünden »über den Parteien«, war durch vergleichbare Erfahrungen auch an anderen Orten widerlegt. Vermutlich handelte es sich weniger um eine Zustandsbeschreibung als um eine ideologische Forderung, die sich aus Ablehnung der Parteienvielfalt ergab.

Dramatisch war die Vorgeschichte der 14. Bundesversammlung in Berlin gewesen. Vogtherr hatte als Stadtverordneter auf der Berliner Stadtverordnetenversammlung am 10. April 1890 erklärt: »Die freireligiöse Gemeinschaft sei eine atheistische Religions-Gemeinschaft.« Zwei Monate später, am 4. Juni 1890, sprachen er und Wille auf einer großen Volksversammlung. »Spät in der Nacht wurde folgende Resolution angenommen: ›Die Versammlung erklärt sich bereit, in Masse der freireligiösen Gemeinde beizutreten und mit allen Kräften dahin zu wirken, daß die Gemeinde in freiheitliche Bahnen, auf den Boden der modernen internationalen Arbeiterbewegung geleitet wird‹. Zwar sei nach Meinung der Versammlung Religion Privatsache, aber »›Betätigung der Überzeugung sei öffentliche Pflicht, daher müßten alle innerlichen Dissidenten auch [aus den Kirchen] austreten‹.«[137] Die *Grundsätze* der freireligiösen Gemeinde deckten nach ihrer »Verbesserung« am 15. Juni 1891 auch die Aussage des Stadtverordneten: *Unsere Gemeinde ist eine religiöse, doch verstehen wir unter Religion das mehr oder weniger bewußte ewige menschliche Streben nach einem harmonischen Verhältnis zu der uns umgebenden Welt aufgrund unserer eigenen inneren Harmonie*, lautet der vierte der *Grundsätze*, die in allen Weihegaben *zur Erinnerung* enthalten sind.

Aus gutem Grund hatte Scholl von der Verwandtschaft der beiden »Bewegungen« gesprochen. Den Proletariern ging es um eine lebensumfassende Gegenkultur, die Freireligiösen waren in ihrer programmatischen Großzügigkeit offen für inhaltliche Konkretisierungen ihres oppositionellen freigeistigen Grundimpulses. Steckte in ihren Knochen Angst, durch Festlegungen einsam zu sein? Nietzsche meinte es. In ›Jenseits von Gut und Böse‹ (Aphorismus 44) geißelte er diesen unfreien Zug: Die »›libre penseurs‹, Freidenker und wie alle diese braven Fürsprecher der ›modernen Ideen‹ sich zu benennen belieben«, vernebelten den Begriff »freier Geist«: »Allesamt Menschen ohne Einsamkeit, ohne eigene Einsamkeit. Mit allen Kräften möchten sie das Grüne-Weide-Glück der Herde, mit Sicherheit, Ungefährlichkeit, Behagen.« Die Arbeiterbewegung war ohne Zweifel die anhängerstärkste freigeistige »Herde«, der sich die freireligiöse Bewegung anschließen konnte.

Vor allem brachten die Freireligiösen in die Arbeiterbewegung die Jugendweihe mit. Durch diese Feier, deren Gestaltung allein durch den jeweiligen Veranstalter bestimmt wird, konnten Jugendliche an die jeweilige Organisation herangezogen und auf sie verpflichtet werden – oft durch ein Gelübde. Lohmanns Einwand gegen die Gelübde änderte nichts.

Die erste eigenständige Jugendweihe der SPD soll im Frühjahr 1903 in Bremen gewesen sein.[138] In Bremen hatte Wilhelm Pieck, seit 1906 dort Sekretär des Sozialdemokratischen Vereins, nachhaltigen Einfluß auf die Entwicklung der sozialdemokratischen Jugendweihe genommen. In verschiedenen Städten traten Sozialdemokraten als Festredner in Jugendweihen auf. Der Vorsitzende des Zentralbildungsausschusses der SPD, Heinrich Schulz, hielt z. B. am 20. März 1909 in Bremen die Festrede. »Er nimmt 51 Jugendliche in die Reihen des kämpfenden Proletariats auf.« Die sozialdemokratischen Organisationen veranstalteten vor allem Schulentlassungsfeiern, die die Freidenker oft mit Jugendweihen verbanden. Konfliktträchtig in dieser Kooperation war, daß die Partei alle schulentlassenen Jugendlichen einladen wollte. Am 31. März 1912 betonte der sozialdemokratische Reichstagsabgeordnete Adolph Thiele auf einer Jugendweihe in Halle vor 87 Schulentlassenen »den Zusammenhang von Jugendweihe und Gewinnen der Jugendlichen für den Kampf der organisierten Arbeiterschaft«.[139] 1914 bestanden etwa in Halle die Freidenker im Gegensatz zu den Sozialdemokraten darauf, daß »die Teilnahme an der Jugendweihe von der formalen Kirchenaustrittserklärung der Eltern abhängig« sei.[140]

Die Kommunisten setzten die Jugendweihe zur Mitgliedergewinnung ein: Eine These der 1. internationalen Konferenz der Leiter der Kommunistischen Kindergruppen im September 1922 in Berlin lautete: *Die in vielen Ländern üblichen proletarischen Schulentlassungsfeiern (auch Jugendweihe u. ä. genannt) sind ein wichtiges Arbeitsfeld für die Kommunistischen Kindergruppen.*[141] Einen Monat später nannte der dritte Parteitag der KPD in Leipzig die Jugendweihe eine »Willkommensfeier« zur Aufnahme der jungen Proletarier. Und, fügte er taktisch geschickt hinzu: »Die Vorbereitungskurse sollen allen Kindern offenstehen und nicht von der formalen Kirchenaustrittserklärung der Eltern abhängig sein.« Im Februar 1925 forderte das Politbüro der KPD alle Bezirksleitungen der Partei auf, »Einfluß auf die Jugendweihe-Kurse der proletarischen Freidenker zu nehmen«.

Die *Reichszentrale der Kommunistischen Kindergruppen Deutschlands* drängte 1922 auf die Durchführung kommunistischer Jugendweihen: Die darin schon geübten SPD und USPD »haben schon jetzt die Vorbereitungen auf die kommende Schulentlassung getroffen. Wir, die kommunistische Jugend und Partei, haben auf diesem Gebiet zu wenig geleistet. Wir sind gegen die Zusammenarbeit auf diesem Gebiet mit anderen proletarischen Organisationen. Lieber eine kleine, aber wirklich revolutionäre Feier, als eine große, aber kleinbürgerliche, mit der SPD zusammen.« Eine »Konzession an die kirchliche Überlieferung« sei die Weihe nicht. Weil nach »unserer Einstellung die jungen Proletarier aus den Reihen der Kinder in die Reihen der jugendlichen Arbeiter eintreten, ist es sehr gut, wenn die beiden in Frage kommenden Organisationen, Kindergruppe und Jugend, dabei mitwirken.« Die eine Gruppe verabschiede, die andere nehme auf. Die Züge des Übergangsritus in der Partei sind deutlich. Und mit den Lehren der Partei machten die Vorbereitungskurse bekannt, die »noch wertvoller und wichtiger sind als die Jugendweihen«. Folgende Themen müßten in dem Vorbereitungskurs behandelt werden:

1. *Einführung in das Verständnis der gegenwärtigen Klassenunterschiede.*
2. *Die Klassengegensätze.*
3. *Die Klassenkämpfe in ihrer historischen Bedeutung.*
4. *Die Produktionsform als Grundlage der Gesellschaftsentwicklung.*
5. *Die Entwicklung der Gesellschaft.*
6. *Die Arbeiterklasse und ihr gegenwärtiger Kampf (Gewerkschaften, Parteien).*
7. *Die Kommunistische Internationale*
8. *Die kommunistische Jugend und ihre historische Aufgabe.*[142]

Die kommunistischen Weihen waren straff und stereotyp organisiert. 1922 fand auf Betreiben des KPD-Landtagsabgeordneten und Pädagogen Ernst Schneller (1890–1944) im erzgebirgischen Schwarzenberg eine erste kommunistische Jugendweihe statt. Schneller, der 1920 in Schwarzenberg von der SPD in die KPD gewechselt war, wollte an die Stelle der bisherigen freidenkerischen und sozialdemokratischen Jugendweihen eine kommunistische Feier setzen. Im März 1921 begann die Vorbereitung der Jugendweiheteilnehmer auf die erste kommunistische Jugendweihe im folgenden Jahr. Schneller gab dem Unterricht lebensreformerische Züge, indem er die Jugendlichen nicht nur mit der schönen Natur vertraut machte, sondern auch nicht duldete, daß auf Wanderungen geraucht oder Alkohol getrunken wurde. Die Jugendweihen fanden immer provokant parallel zu den Konfirmationen am Palmsonntag statt. Tief bewegt erinnerten sich Genossen an ihre Jugendweihe 1922 in Schwarzenberg: *Da vorher keiner der Weiheteilnehmer den Festraum betreten durfte, lag eine unbeschreibliche Feierlichkeit und Erregtheit in dem Augenblick, als sie [die Jugendweiheteilnehmer] sich einen ersten Eindruck von der Ausgestaltung des Festraumes machten. Der Gesang, gepaart mit den Eindrücken, blieb unvergessen. Sie liefen durch einen Gang von Blumen und Topfpflanzen. Die Bühne war mit Blumen, den Fahnen der KPD und*

Wimpeln des KJVD ausgeschmückt. An den Seitenwänden der Aula hingen Bilder der Arbeiterführer wie Karl Liebknecht, August Bebel und Rosa Luxemburg. Über der Bühne hing eine Losung. Die Anwesenden erhoben sich, als die Weihlinge den Raum betraten, und sangen, von Frau Schneller am Flügel begleitet, die Internationale.[143]

In der Regel war bei kommunistischen Jugendweihen der Festsaal mit revolutionären Symbolen geschmückt (rote Fahnen, Losungen, Bilder, Abzeichen usw.). Am Anfang der Feier stand immer ein *Massengesang. Es folgten die Ansprache eines Schulentlassenen an die anwesende kommunistische Jugend und die Antwort eines Mitgliedes der kommunistischen Jugend als ein Willkommensgruß zur Aufnahme der neuen Kämpfer in die Reihen des Jungproletariats. Rezitationen, Musik und manchmal auch kleine Theaterstücke leiteten über zur Festrede eines Mitgliedes der KPD. Mit einem Massengesang, meistens war es die Internationale, wurde die Feier beendet. Oft wurden den Jugendlichen kleine Geschenkbücher überreicht.*[144]

Folgenlos blieb, daß Edwin Hoernle (1883–1952), ein Mitbegründer der KPD aus Cannstadt, der als ehemaliger Pfarrer der lutherischen Landeskirche Württembergs von religiöser Sensibilität war, den Begriff »Jugendweihe« ablehnte: »Mit einer ›Weihe‹ hat die Feier nichts zu tun. Man nenne es, wie man will: Schulentlassungsfeier, Frühlingsfeier, Willkommfeier.« Der marxistischen politischen Religion blieb Hoernle dabei treu: »Der Kampf, den die Kinder selbst schon in der Kindergruppe geführt haben, und den sie von jetzt ab im Betriebe führen werden, der ist ihre Weihe.«[145] Und im März 1931 war Hoernle Festredner bei einer »Jugendweihe« in Halle.

Die Jugendweihearbeit der kommunistischen Partei hatte Erfolg: Am 25. März 1921 fand die erste Jugendweihe der kommunistischen Jugend in Berlin statt, im März 1926 veranstaltete die KPD mit den proletarischen Freidenkern Jugendweihen in 19 Bezirken Berlins. In 31 Kursen wurden »die Jungen und Mädchen auf ihr Gelöbnis vorbereitet. Die SPD organisierte neun Jugendweihen« in der Reichshauptstadt.[146] 1929 veranstaltete die Partei in allen zwanzig Bezirken Jugendweihekurse. 1930 stellte ihr Parteiorgan für Berlin fest: »Die kommunistische Jugendweihe ist die Aufnahme der Schulentlassenen in den KJVD (Kommunistischer Jugend Verband Deutschlands). Die kommunistische Jugendweihe ist die Verstärkung der revolutionären Kampffront der klassenbewußten Arbeiterschaft.«

Das Ziel der Jugendweihe war eindeutig der Übergang der Weihlinge in die proletarische »Kämpfergemeinschaft«. In der *Weiherede*, die der SPD-Funktionär Lohmann seiner Abhandlung beifügte, sind die Weihlinge als »liebe Genossinnen und liebe Genossen« angeredet. 1925 stellte Lohmann für den Dietz-Verlag ein »Weihebuch« mit dem Titel ›Zur Erinnerung an die Feierstunde deiner Jugendweihe‹ zusammen. Wie üblich, sind in ihm Passagen aus verschiedenen Büchern, wenn auch mit einer durchgehenden

Seitenzählung, zusammengestellt. Lohmann griff zurück auf Bruno Bürgels ›Taschenbuch der Arbeit‹ (1925), Jack Londons ›Die eiserne Ferse‹ (1922), Leonard Franks ›Der Mensch ist gut‹, Victor Adlers ›Aufsätze, Reden und Briefe‹ (1922) und Gustav Radbruchs ›Kulturlehre des Sozialismus‹ (1920). Letzterer stellte die »Arbeiterjugendbewegung« als »Jugendbewegung und Arbeiterbewegung« vor. Denn sie habe im Gegensatz zur zerstrittenen bürgerlichen Jugendbewegung einen »einfachen, vernunftsicheren Inhalt: den sozialistischen Gedanken. Sie will schon mitten in der Welt ein Stück Sozialismus darstellen«.[147]

Die Weihlinge wurden in der Fiktion gewogen, in der Weihe sei ein Stück Sozialismus sichtbar. Lohmann lehnte es im Heft der ›Arbeiter-Bildung‹ ab, bei der Weihe an jeden Weihling einen individuellen Erinnerungsspruch zu richten oder gemäß »dem in einigen Freireligiösen Gemeinden eingeführten Brauch ein Kind aus den Reihen der zur Weihe Vereinigten selbst Worte des Dankes an die Teilnehmer sprechen zu lassen«.[148] Zur kollektiven Weihe zwinge schon, »daß in großstädtischen Verhältnissen heute schon mit 200 und mehr Kindern bei einer einzigen Weihe zu rechnen ist.« Jetzt sei die Jugendweihe eine Alternative zu kirchlichen Veranstaltungen, schrieb er, »bis diese einst zur gemeinsamen Feier aller Volksgenossen zu werden und die kirchliche abzulösen und zu verdrängen vermag«.[149] Wer Träger der Feier ist, wenn »die Kampfgemeinschaft Volksgemeinschaft ist«, erfahren wir nicht.

In der *proletarischen Jugendweihe* ist die sozialistische Utopie für einen Moment angeblich Wirklichkeit. Hinter dieser Fiktion steht die bei Baltzer beobachtete religiöse Gewißheit, die nächste Etappe der Geschichte zu kennen, Weihlinge in sie einzuführen. An die Stelle des *ächten Menschenthums* trat nun das sozialistische Proletariat. Der Sinn der freigeistigen Feier wurde durch die Aufforderung an die Weihlinge, sich den kämpfenden Veranstaltern kollektiv anzuschließen, ins Gegenteil verkehrt: Den aufklärerisch überzeugten Theologen war es in der Neugestaltung der Konfirmationshandlung um die Würde eines jeden Konfirmanden gegenüber der Kirchenanstalt gegangen, um dessen Ich. Und nun wird der gleiche Veranstaltungsablauf im Rekrutierungskampf der Massenorganisationen eingesetzt.

Deutlich ist der Bericht des ›Vorwärts‹ vom 25. März 1929: Der »gestrige Sonntag galt als Tag der Jugendweihen der Arbeiterschaft Groß-Berlins.« Im Großen Schauspielhaus »empfingen Kinder aus dem Jahrgange 1914/15 die Weihe«. Von welcher Organisation sie geweiht wurden, wird nicht erwähnt. Wichtig ist der proletarische Charakter der Weihe, den auch die gleichzeitig stattfindende, »höchst eindrucksvolle Feier der Jugendweihe des Verbandes der Freidenker in der Volksbühne« hatte, wie im selben Artikel berichtet wird: »Die klaren Stimmen des Neuköllner Sängerchores brausten auf und rissen die letzte Verzagtheit unserer jungen Freunde hinweg. Genosse Dr. Loewenstein betonte in der Festrede nochmals das Gemeinsame, das die Arbeiter aller Länder zusammenbindet«, das Ziel der proletarischen Kampftruppe. Ein zutiefst religiöser Ton wurde im Festlied angeschlagen:

Nun weiht diese Stunde
Und heiligt diesen Ort
Im brüderlichen Bunde
Mit ernstem, treuen Wort,
Schwört auf ein neu Gebot:
Nur Dienen, Lieben, Schaffen
Sind unsere Wehr und Waffen
Im Leben bis zum Tod.

»Sinn und Endziel des Sozialismus läßt sich kaum auf eine klarere und knappere Formel bringen«, kommentiert der ›Vorwärts‹ die in ihrem Pathos unpräzisen Worte. Die veranstaltenden Freidenker waren die Vorläufer der heutigen Berliner »Humanisten«. Deren Nähe zur Sozialdemokratie, zur Arbeiterbewegung, war von Anfang an klar: 1905 hatten zwölf Sozialdemokraten in Berlin den Verein der Freidenker für Feuerbestattung (VFF) gegründet. Diese praktische Dienstleistung erklärte von Anfang an ein provokantes ideologisches Ziel: Das Wort »Feuerbestattung« war eine Neuschöpfung des 19. Jahrhunderts. Als Phänomen der Kulturgeschichte war »das verbrennen der leichen«[150] romantisch geschätzt. Freidenker forderten ihre Einführung: »Die Zivilehe nimmt der Kirche die Familie, die konfessionslose Schule die heranwachsende Generation, die Leichenverbrennung wird ihr auch die letzten Ansprüche beim Tode entreißen.«[151] In Preußen wurde 1911 das Feuerbestattungsrecht geschaffen. Auch Christen wurden feuerbestattet.

1911 hatte der auf Berlin beschränkte Verein der Freidenker 39 Mitglieder. Die Agitation für die Feuerbestattung übte keine Anziehungskraft aus. Der ursprünglich von den Mitgliedern verlangte freigeistige Kirchenaustritt war ab 1910 nicht mehr Beitrittsbedingung. Wegen der Einrichtung einer privaten Sterbeversicherung mit festen Beiträgen für die Übernahme der Feuerbestattungskosten 1910 wuchs die Mitgliederzahl. Das Interesse an dieser Finanzierungsart der Feuerbestattung überwog das ideologische freigeistige Engagement.

Das wirtschaftliche Unternehmen VFF hatte wegen dieser Serviceleistung einen unerwarteten Aufschwung. 1925 wurde Max Sievers (1887–1944) sein besoldeter Sekretär, der für die finanzielle Konsolidierung des Verbandes sorgte und die freigeistige Arbeit förderte. 1927 verband sich der VFF mit der KPD-bestimmten *Gemeinschaft proletarischer Freidenker* zum *Verband für Freidenkertum und Feuerbestattung*. Dessen Jugendweihen waren wohl die am zahlreichsten besuchten. Er verfolgte in ihnen politische Ziele, wie der Bericht im ›Saalfelder Volksblatt‹ über die Jugendweihe der Ortsgruppe des Verbandes, die am Sonntag, den 1. April 1928 parallel zum Gottesdienst um zehn Uhr begann, zeigt: *Der Gambri-*

nussaal war bis zum letzten Platz besetzt. Der Verlauf stellte in jeder Hinsicht einen feierlichen Akt dar. Das städtische Orchester und die freien Sänger brachten dem Sinne der Weihe Entsprechendes in bester Vollendung zum Vortrag und trugen damit zur Erhöhung der feierlichen Stimmung bei. Gedichte, vorgetragen von Jugendweihlingen und Angehörigen der Arbeiterjugend, waren eingeflochten. Im Mittelpunkt der Veranstaltung stand die Weiherede des Genossen Klauder, der den jungen Menschenkindern Ziel und Richtung wies. Alles in allem kann gesagt werden, daß es auch ohne Kirche geht. Es ist zu hoffen, daß durch diese Feier manchen Eltern zum Bewußtsein kommt, daß nicht der religions-, sondern der lebenskundliche Unterricht der beste geistige Hort für ihre Kinder ist.

Von enormem Zulauf zum Verein berichtete die ›Frankfurter Zeitung‹ vom 16. Juli 1928: Dem Verband gehörten 600 000 Mitglieder an, ein Zuwachs von 250 000 war »innerhalb der beiden letzten Jahre« zu verzeichnen. Seit Ende April 1930 trug er den Namen »Deutscher-Freidenker-Verband« (DFV). Freilich: »Man ziehe die Feuerbestattungsinteressenten ab, und was bleibt übrig von den vielen Freidenkergenossen?«[152] Es war ein Akt der Selbstverständlichkeit und keine überlegte Entscheidung, Kinder zur verbandseigenen Jugendweihe zu schicken. Seine sozialdemokratische Orientierung stand trotz wiederholter Erklärungen des Vorsitzenden SPD-Genossen Max Sievers über den »überparteilichen Charakter der Bewegung« außer Frage. Erfolgreich wurden kommunistische Versuche abgewehrt, die freidenkerische Arbeit in den Dienst der KPD zu stellen. Offenkundige sozialdemokratische Ausrichtung und programmatische parteipolitische Neutralität schlossen sich für Freidenker nicht aus, denn freigeistig war, wie gezeigt, in gleicher Intensität und Entschlossenheit der menschenfreundlichen Weltanschauung und je individuell gewählten politischen Überzeugungen angehangen worden. Nicht nur durch Feuerbestattungen zeichneten sich die Freidenker aus. Des Zuspruchs sicher klang die Anzeige der *Reichsarbeitsgemeinschaft der freigeistigen Verbände der deutschen Republik* 1929 in der Februarausgabe im Verbandsorgan ›Der Freidenker‹: Am 24. März um »9½ Uhr [findet] in der Berliner Volksbühne am Bülowplatz die Jugendweihe statt. Vorbereitungsunterrichte sind im Gange. Anmeldungen werden noch entgegengenommen.« Während die Kommunisten auf ausgiebiger Vorbereitung und Schulung bestanden, ist hier die Entwicklung zur »Sofortweihe« kurzfristig Angemeldeter eingeleitet, die im vereinten Deutschland für die Mehrzahl der Teilnehmer die Regel ist.

Freidenker nahmen sehr unwillig zur Kenntnis, daß auch Christen, sogar Pfarrer, Sozialdemokraten waren und oft deren linken Flügel stellten. Solche Pfarrer kritisierten etwa, daß in SPD-Zeitungen nur auf Jugendweihen, nicht auf Konfirmationen hingewiesen wurde.[153] Gustav Tschirn (1865–1931), Präsident des Deutschen Freidenkerbundes und zuvor Präsident des freireligiösen Bundes, wies in einem Leserbrief an ›Vorwärts‹ (1. Oktober 1910) auf die Genossenschaft von »Freidenkertum und Sozialdemokratie« trotz der politischen Neutralität der SPD gegenüber den Kirchen hin. Alle könnten doch einstimmen in das Lied:

Den Feind, den wir am tiefsten hassen,
der uns umlagert schwarz und dicht,
das ist der Unverstand der Massen,
Den nur des Geistes Schwert zerbricht.

Die Freidenker interessierten sich für die unterschiedlichen innerkirchlichen Entwicklungen nicht. Kirche wurde unbesehen, gerade in der Jugendweihe, pauschal als *Muckerei* verteufelt. Jeder Teilnehmer an einer Jugendweihe unterstützte, das war für die Veranstalter klar, den gesellschaftspolitischen Kampf gegen die Kirchen.

Im April 1926 hatte die *Reichsarbeitsgemeinschaft*, der der »Verein der Freidenker für Feuerbestattung« angehörte, in Berlin eine »Freigeistige Woche« durchgeführt. Selbstkritische Fragen kamen in ihr nicht zur Sprache. »Genosse Max Sievers« habe in seiner Begrüßungsansprache festgestellt, berichtete ›Vorwärts‹ am 7. April, daß »der Sieg der freigeistigen Bewegung über die Geistesknechtung verbürgt wird durch den Aufstieg der Arbeiterklasse.« Am letzten Tag forderte Walter Berendsohn aus Hamburg auf: »Schafft neue Feiern.« Es müsse etwas geschaffen werden, »was die religiösen Zeremonien ersetzt. Die weltlichen Feiern müssen den Zweck verfolgen, der Verbreitung freigeistiger Weltanschauung und dem Aufbau einer neuen Sittlichkeit zu dienen. Wenn von der freigeistigen Bewegung mehr weltliche Seelsorge getrieben werde, wird sie eine große Hilfe für die sozialistische Bewegung sein.« Deutlicher konnte die Jugendweihe nicht als *Ersatz*veranstaltung schwerlich charakterisiert werden. Es wurde gar nicht versucht, einen Originalitätscharakter der Jugendweihe zu behaupten.

Während Sievers rügte, daß »der Marxismus nicht zur Grundlage des Kulturprogramms gemacht« worden sei, warf Berendsohn die Frage auf, ob »an dem neuen Menschen der zukünftigen besseren Gesellschaft schon gearbeitet werden solle, solange« er noch nicht da sei. Es war die Frage, wie mit dem weltanschaulichen Ziel in der konkreten Arbeit umzugehen sei. Berendsohn wußte, daß »man vorher und schon jetzt vollständig an der geistigen Wandlung des Menschen arbeiten«[154] müsse. In der Volksbühne »kam zum Schluß stürmisch drängend das Treuegelöbnis aus dem Mund der jungen geweihten Kampfgenossen. Hoffentlich sind sie auf immer unseren Fahnen gewonnen.« Durch die religiös-emotionale Weihe sollten Jugendliche als *geweihte Kampfgenossen* dauerhaft an die eigene Partei gebunden werden. Mit einer reflektierten Parteimitgliedschaft hatte das nichts zu tun.

Die »Jugendweihegabe« aus dem Jahr 1933, in der Sievers die Weihlinge als »Hilfstruppen« einreihte, beginnt mit dem Lied:

Die Zukunft ist dein.
Hab keine Angst, kleiner Kamerad!
Du bist ja ein Kind unsrer kampffrohen Klasse!
Du bist ja unter Fahnen, die morgenrot brennen!
Leicht pulst in dir schon der Marschtakt der Masse!

›Seid geweiht! Ein Sprechchorspiel zur Jugendweihe von Bruno Schönlank‹ (1891–1965), das im Arbeiterjugend-Verlag Berlin 1927 erschien, endete mit Versen, die auf Jugendweihen als »Weihespruch« beliebt waren – und »zu einer festen Tradition auch der Jugendweihen in der DDR geworden«[155] sind.

Seid geweiht dem Arbeitsvolke
und der Arbeit Sturmgebet.
Seid geweiht der Feuerwolke,
die vor euren Vätern geht!
Seid geweiht der Mutter Erde,
daß sie ganz euch eigen werde.

Im Sprechchorspiel treten zwei Sprecher auf einer durch einen Vorhang geteilten Bühne auf. Hinter dem Vorhang steht der Werkchor und Gesangchor; ein »Junger Chor« wendet sich dem Vorhang zu. Alles beginnt mit einem »brausenden Orgelspiel«.

Was habt Ihr uns die Welt verhängt?
Fühlt ihr denn nicht, wie unsere Jugend drängt?

beginnt der »Junge Chor« stakkatohaft. Wie aus freireligiösen Jugendweihen gewohnt, wird zuerst der Abschied beschrieben:

Elternsorgen, / Not und Borgen / wurden Stufen euren Schritten. Schließlich werden die Berufswünsche genannt: *Tänzerin, ein großer Kaufmann oder Brückenbauer. Und du, / und du, Ihr alle, wie träumtet ihr die Welt, / Fabrikherr du / Mit vielem Arbeitsvolk, / Du Radrennfahrer, / dem die Menge zujauchzt. / und du, ein Boxer, / Du Mädchen, träumst / dir einen Putzsalon … / Genug der Zauberbilder, / Unsre Herzen schlagen wilder / Wilder nach der Wirklichkeit / Ihr seid nur Rädchen / Und seid nicht mehr, / So Bursch wie Mädchen / Im Arbeitsheer …. / Uns lohnt die Not, / Singe du heilige Flamme … / Auf, Sozialisten, schließt die Reihen.* Dem Weihespruch folgte die Internationale.

»Deutlich ist in der Gestaltung der Jugendweihen in den letzten Jahren eine vorwärtsführende Entwicklung festzustellen. Neuerdings kommt man immer mehr zu der Form geschlossener Weihehandlungen, die alle beteiligten Kräfte (Musik, Sprech- und Bewegungschor, Tanzgruppe usw.) unter einem Leitgedanken zu einer wohl abgerundeten, in sich verbundenen Feier vereinigt.« Bei den »Jugendweihen der Sozialisten, Freidenker und Gewerkschaften« werden auch eigens »für diesen Zweck hergestellte kurze Filmstreifen« gezeigt. So kommt die »Weiherede völlig in Wegfall, und an ihre Stelle tritt die Handlung des Weihespiels.« »Das Eintreten in die Reihen der kämpfenden und vorwärtsstrebenden Arbeiterschaft« wird theatralisch deutlich. Das berichtete ›Vorwärts‹ am 16. März 1932. Vermutlich nehmen sich die Berliner »Humanisten« bei ihren theatralischeren Feiern mit Musikrevuen seit 1996 die Weihespiele zum Vorbild.

Die »Gemeinschaft der proletarischen Freidenker« verstand sich als »Organisation, deren Anhänger sich in erster Linie aus einer bestimmten Schicht der Gesellschaft, dem Proletariat, rekrutieren, und zwar aus dem Teil des Proletariats, welches *den Weg zu seiner Erlösung in den Lehren der schärfsten Denker des 19. Jahrhunderts, Marx und Engels*, sieht.«[156] Die erhebende Feier von Weihen läßt außer Zweifel: Die atheistische marxistische Lehre wandelte sich folgerichtig in eine *politische Religion*.[157] Schon »in der naturwissenschaftlichen Begeisterung, die einen der besten Züge des 19. Jahrhunderts bildete, lag viel versteckte Theologie.«[158] Auf den Industrialismus reagierte die nationalstaatlich verunsicherte deutsche Gesellschaft weltfromm in einer »Religion des Atheismus«.[159]

Einer der bekanntesten Jugendbuchschriftsteller der sozialistisch orientierten Arbeiterbewegung in Deutschland war der Sozialdemokrat und Volksschullehrer Emil Sonnemann (1869–1950), der unter dem Pseudonym Jürgen Brand schrieb. 1914 erschien von ihm im Verlag der Bremer Schülerzeitung das Büchlein ›Jugendweihe. Geleitworte an die schulentlassene Jugend‹. Damit, stellte die ›CHRONIK‹ des Zentralausschusses für Jugendweihe der DDR fest, »wird eine spezielle proletarisch-sozialistische Jugendweihe-Literatur begründet«.[160] Unter dem Titel ›Das heilige Feuer‹ veröffentlichte Brand »Gesammelte Erzählungen, Aufsätze und Gedichte für die arbeitende Jugend«. Das als Weihegeschenk benutzte Buch erschien 1922 im sozialdemokratischen Dietz-Verlag in zweiter Auflage. Dem zweiten, wie eine Rede gehaltenen Beitrag *Jugendweihe* folgt eine *Predigt des Frühlings*, der 19. der 33 Texte gilt Charles Darwin (1809–1872). Typisch für die Arbeiterbewegung vor 1914 und freidenkerische Überlegungen war, daß Brand die marxistische Lehre in Begriffen Darwins verstand. In Hannover war er aus dem Volksschuldienst entlassen worden, weil er einen Vortrag über Charles Darwins ›Entstehung der Arten‹ gehalten hatte. Darwins Thesen stießen auf Resonanz auch in der deutschen Arbeiterschaft, obgleich führende deutsche Darwinisten dessen Ansichten von der sozialdemokratischen Bewegung abgrenzten, um sie von doppelter Ablehnung freizuhalten. Auch Brand übernahm den Evolutionsgedanken aus dem Darwinschen Denkmuster, in dessen Sinne er das in proletarischen Kreisen unbeliebtere Selektionsprinzip umbog. Bürgerliche Darwin-Anhänger entfalteten dieses bekanntlich sozialdarwinistisch.

Jürgen Brand begann seine Darlegung zur *Jugendweihe* mit dem freireligiös-freidenkerisch üblichen Vergleich: »Es gibt ein Wort, bei dessen Klange glühen die Wangen lebhafter; immer aufs neue weckt es in Menschenherzen Sehnsucht und Hoffnung: Frühling heißt das Wort! Ihr seid auch ein Teil des Frühlings. Ihr seid auch jung, und das ist schön. Freut euch deshalb eurer Jugend! Und wir wollen uns mitfreuen« (8 f.). Zum einen zieht Brand eine individuelle Vergleichslinie: »Und weil ihr jung seid, seid ihr nicht fertig. Ihr seid Werdende. Und darum müßt ihr weiterstreben. Eure bisherige Bildung ist Stückwerk; und daraus muß in euch das Verlangen entstehen, eine bessere, gründlichere Bildung zu erwerben. Schmiedet euch also ein Schwert, ein gutes Schwert des Geistes! Es ist nicht gleichgültig, worauf sich euer Wille richtet. Ihr müßt das Gute wollen. Übt euch im Guten! Habt brüderliche und schwesterliche Teilnahme an den Freuden und Leiden eurer Mitmenschen« (9 f.). Brands Pointe ist lebensreformerisch: »Meidet den Schund, diese Pest, die Seele und Leib vergiftet. Ein gesunder, aufstrebender Geist in einem gesunden, starken und schönen Körper, das sei euer Ziel. Wenn ihr Zeit habt, geht hinaus in die freie Natur« (10 f.). Und Brand ordnete diesen individuellen Vergleich in den des Klassenkampfes ein. Die Jugendlichen sollten »an die heimliche Krone auf eurem Haupte denken. Es gibt eine Zukunft der Arbeit. Es gibt einen großen Frühlingstag, der der ganzen Welt beschieden ist. An diesem Tage wird alle Knechtschaft, alle Fron ein Ende haben, und alle Menschen werden wieder als freie Arbeiter zur Sonne schauen. Ihr, meine jungen Freundinnen und Freunde, sollt mithelfen, dieses hehre Ziel zu erringen, jeder nach seinen Kräften. Und nun noch das letzte: Ich habe euch in dieser Stunde gleichsam an einen Scheideweg gestellt. Der eine Weg führt in ein Leben voll verführerischen Glanzes, aber er endet in Elend und Verzweiflung. Der andere Weg führt durch ein Leben voll harter Arbeit und Entbehrung zur Höhe reinen Menschentums. Welchen wollt ihr wählen?« (12 f.) In diesem Text klingt die Zusammenarbeit im Klassenkampf nur an.

Anerkennend stellte er die Lehren Darwins vor: »Was Darwin unter natürlicher Zuchtwahl versteht, werdet ihr leichter begreifen, wenn ihr euch den Zweck der künstlichen Züchtung vergegenwärtigt. Einen Teil seiner Schafe wird ein Schafzüchter rücksichtslos ausmerzen. Wer eine fette Schweinerasse züchten will, wird ungeeignete Tiere ausscheiden. Wie der menschliche Züchter die minderwertigen Tiere ausscheidet, so merzt auch die Natur unerbittlich alle Wesen aus, die nicht so ausgerüstet sind, daß sie im Kampf ums Dasein bestehen können. Der Kampf ums Dasein ist also das Züchtungsmittel der Natur« (61 f.). Die Darwinsche Lehre wirke *auf allen Gebieten geistiger Tätigkeit befruchtend und aufklärend.* Nutzlos sei der Widerstand der *Dunkelmänner, die Wut der Finsterlinge.* Hier nahm Brand das Selektionsprinzip des Sieges des Stärkeren zur Bestätigung der freigeistigen Weltsicht auf: Stärker sind die wissenschaftlich geschulten freien Geister, an deren Seite die Proletarier treten können. In deren Reihen träten die Weihlinge, ließ Brand in der Jugendweihe die Jugendlichen des *königlichen Geschlechts der Arbeiter* verstehen.

Die Selbstgewißheit, in der die »proletarischen Jugendweihen« in der Weimarer Republik vorgenommen wurden, nahm den bewußt mitgerissenen Beteiligten jede Aufmerksamkeit, um einem völkischen, politisch nicht (nur) sozialistischen Gebrauch der religiösen Weiheform zu widersprechen. »Der Formen sind viele – ewig ist der Weg, ewig das Ziel, ewig die aus unbewußten Triebhaften, dumpfen Urgrund mehr und mehr zu lichtvoller Klarheit aufsteigende Sehnsucht: Brüder zur Sonne, zur Freiheit! Brüder zum Lichte empor!«[161] Zum Kampf wurde geblasen, die Wahl der Kämpfergemeinschaft stand jedem frei. Die Abkehr von der unbeweglichen bürgerlichen Gesellschaft, die zur freigeistigen Zivilisationskritik genügte, ließ deren politische Orientierung offen. Der Mißbrauch dieser inhaltlich nicht festgelegten Zivilisationskritik anläßlich von Jugendweihen lag nahe. Wie leicht konnten etwa die Worte Gustav Radbruchs »Kulturlehre des Sozialismus«, die Lohmann in das Weihebuch ›Werde‹ 1925 aufgenommen hatte, vor und nach 1933 mißbraucht werden: Die Jugend fühle, daß zunächst der sozialistische Mensch geformt werden muß – »der Mensch in der Gemeinschaft, in der Kultur. Da ist jene prachtvolle, gesunde und einfache Gemeinschaftsethik, deren Grundpfeiler Kameradschaft, Gemeinsinn, Arbeits- und Kampfesfreude sind.«[162] »Sonnenwendfeiern« veranstalteten auch die proletarischen Freidenker etwa am 22. Dezember 1929, wie am 15. Dezember in der ›Rote[n] Fahne‹ angekündigt wurde. Wie wurde sicherzustellen versucht, daß sich die Jugendlichen nicht von jedermann den Weg zur Sonne, zur Freiheit weisen ließen oder mit völkisch Gesonnenen nicht nur eine »Sonnenwendfeier« veranstalteten?

Die bündisch-nationale Jugendweihe

Die völkische Jugendweihe

Die Eigentümlichkeit der bündisch-nationalen Jugendweihe erklärt sich aus der Eigenart der gesamten freigeistigen Bewegung. Sie wurzelte, wie zu wiederholen ist, ausschließlich in einer Negation, nämlich in der Abkehr von der kirchlich institutionalisierten Form des tradierten jüdisch-christlichen Glaubens, unter dessen Dominanz staatliches und gesellschaftliches Leben in Deutschland im 19. Jahrhundert stand. »Freie Geister« wünschten diese »dunklen Mächte« zur Hölle. Sie waren befangen von dieser Negation, denn ihre Absicht, diese Dominanz der Kirchen durch die Dominanz des freien vernünftigen Geistes zu ersetzen, blieb ohne gemeinsame politische Konkretisierung. Selbstbezeichnungen wie »Anhänger des Kulturfortschritts«[163] sind ideenpolitisch und unpräzise. Das freigeistige *Credo* war im Ansatz »politikfern«[164]. In den freigeistigen Reformbewegungen artikulierte sich das »desintegrierte Bürgertum«[165]. Die freigeistigen Organisationen zeigten in ihrem weltverändernden Ansinnen deutlich »ersatzreligiöse Züge«, wie Frank Simon-Ritz zeigt. Im Festleben der freigeistigen Ersatzwelt, zu dem die Jugendweihen gehören, ist deren ersatzreligiöser Charakter deutlich erkennbar. Die Unterschiedlichkeit der politischen Orientierungen der ersten Freireligiösen und der Nachdruck, mit dem diese sich politischen Unternehmungen anschlossen, lassen das Dilemma ihres Zusammenschlusses und das der späteren freigeistigen Bewegung klar erkennen. Ihr aber stellvertretendes stets enthusiastisches Engagement, das sie gerne durch Jugendweihen aufnahmen, konnte unterschiedlichen konkreten Zielen gelten.

So entwickelten sich im letzten Viertel des 19. Jahrhunderts parallel zu den massenwirksamen »proletarischen Jugendweihen« eher familiär-kameradschaftliche bündisch-nationale Jugendweihen. Das brachte die jeweiligen Protagonisten nicht gegeneinander auf, die gemeinsame Negation der dunklen Kirchenmacht hielt sie vielmehr freigeistig zusammen. Charakteristisch ist ein Aufsatz »Der Kampf gegen das Christentum«, den Max Henning (1861–1927), der Schriftführer des 1909 in Magdeburg konstituierten *Weimarer Kartells*, in dem 14 freigeistige Organisationen locker zusammengeschlossen waren, 1908 vorlegte: Wer es »mit seinem Volke wirklich gut meint, der muß jedes Opfer bringen, um die jüdische und christliche Mythologie verbannen zu helfen, damit Raum geschaffen werde für eine vernunftgemäße Auffassung vom Menschen und vom Leben!« Es gibt, schärfte Henning den Lesern der ›Frankfurter Monatsschrift für Fortschritt auf allen Gebieten des geistigen Lebens. Die Tat‹ ein, »nur eine Möglichkeit des Wirkens: den Kampf gegen das Christentum«[166]. Diese kategorische Forderung war Teil der freigeistigen Überzeugung, die, wie erwähnt, dogmatische Züge entwickelte. Dogmatisch erstarrte die erläuterte ideologische Stellvertretung, die in Jugendweihen behauptet wurde. In der gleichen religiösen Gewißheit, in der Freigeister im Gefolge Baltzers junge Menschen im Namen des »ächten Menschenthums (s. S. 127)« weihten, schlossen sich Freigeister unterschiedlichen politischen Überzeugungen an. Die Stellvertreter der Menschheit in Jugendweihen vertraten politische Überzeugungen, denen sie sich anschlossen, mit der gleichen religiösen Ausschließlichkeit. Sie werteten so politische Handlungsziele zu Weltanschauungsimplikaten auf.[167] Deshalb konnten, wie wir sahen, Freidenker später sich entschieden zur Sozialdemokratie bekennen und zugleich guten Gewissens behaupten, ihre Organisation stünde »über den Parteien«. Das sozialdemokratische Engagement war kein Unterfangen einer Partei neben anderen, sondern einzig denkbare freigeistige, menschheitliche Weltanschauungstat.

Bündisch-nationale Überzeugungen waren Freireligiösen wie Freigeistern nicht fremd. G. A. Wislicenus, den die Kirchenleitung im Vormärz wegen seiner freisinnigen Ansichten aus seinem Hallenser Pfarramt verwies, war wegen seiner nicht minder emanzipativen burschenschaftlichen Aktivitäten eingekerkert worden. Als Prediger der Hallenser freireligiösen Gemeinde war er wie diese entschieden »radikal« in der Abkehr von kirchlichen Gebräuchen wie der Konfirmation. Seine Gemeinde ließ sich nur als Verein, nicht als Kirche registrieren.

Leberecht Uhlich, einer der bedeutendsten *Lichtfreunde*, berichtete in seinem »Leben von ihm selbst beschrieben«, er sei als Erstsemester in Halle sogleich Mitglied einer studentischen Verbindung geworden.[168] Uhlich war wie andere Freireligiöse als Abgeordneter an den Verfassungsdebatten 1848 beteiligt. Dabei bildeten die Freireligiösen nirgendwo eine gemeinsame Fraktion, weil ihr grundsätzlicher Kampf für liberale Rechte mit unterschiedlichen Vorstellungen über deren Gestaltung verfochten wurde.

National war im deutschen Vormärz der Wunsch der Deutsch-Katholiken nach einer deutschen *Nationalkirche* als deutscher Vollendung der Reformation Luthers gewesen. Johannes Ronge hatte in der Mitte des 19. Jahrhunderts Volksaufstände im Habsburger Vielvölkerstaat unterstützt, weil sie aus religiösen Gründen notwendig seien. Gott war für ihn »exklusiver Parteiführer all der Emanzipationsbemühungen, die die Sache Gottes selbst vertreten wollten«.[169] Die Sache Gottes war für Ronge als Gesetz der Freiheit die Revolution. Der Einsatz eines jeden Deutsch-Katholiken für die liberale und nationale Revolution war für Ronge und damit die Deutschnationalen Gewissenssache.

Das völkerkundliche Interesse, das einer der berühmtesten »Vorfahren« der Freireligiösen, Johann Gottfried Herder, an den Tag gelegt hatte, war aufklärerisches Urgestein: Der religionsgeschichtlich-völkerkundlich vergleichende Blick stellte die Verbindlichkeit ortseigener kirchlich-gesellschaftlicher Ordnungen in Frage. Herder entdeckte die naturgesetzliche Vielfalt der Nationalsprachen und -kulturen im »menschlichen Geschlecht, das unmöglich eine Horde bleiben konnte.«[170] Angemahnt war der unvoreingenommene Umgang mit allen Völkern. Der Nationalismus war ursprünglich das Projekt einer kleinen Gruppe im 18. Jahrhundert. Zur Massenbewegung entwickelte er sich erst im 19. Jahrhundert, mithin in der Zeit, in der die freigeistige Bewegung aktiv war. Als die Sorge um die eigene Nation als Implikat religiöser Überzeugung autoritär zur Pflicht erklärt wurde, geriet sie unter das Diktat politischer Überzeugungen. Vielfalt und damit Gleichberechtigung der Nationen war ausgeblendet. Völkische Religion war nicht zwangsläufig illiberal und unfreiheitlich. Aus nationaler und liberaler Überzeugung und mit nationalen wie liberalen Zielen war um die Freiheit gekämpft worden. Der Nationalismus »erhält seine Dynamik aus seiner Verbindung mit der liberalen Oppositionsideologie. Er stellt[e] den internationalen und nationalen Status quo in Frage, er ist noch nicht dumpf-chauvinistisch, sondern internationalistisch. Diese Gesinnung und dies Bestreben sind modern«, schrieb der jungdeutsche Literat Heinrich Laube.[171] Nationalismus und Liberalismus gerieten erst in Konflikt, als ein Ziel zu Lasten des anderen verfochten wurde. Nationale Ziele und sozialistische egalitäre Überzeugungen verbanden sich ohne Schwierigkeiten – lange vor dem Nationalsozialismus.

Seit den antinapoleonischen Kriegen war es revolutionär, für nationale Einigung und Berücksichtigung von Volksrechten zu kämpfen. Um beim deutschen Beispiel zu bleiben: In den unzähligen Ländern auf dem Territorium des ehemaligen Heiligen Römischen Reiches Deutscher Nation hatte hinter dem Kampf gegen die triumphierende revolutionäre französische »nation une et indivisible« der emanzipative Wunsch gestanden, sich zugleich von gesellschaftlichen und kirchlichen lokalen und regionalen Unterordnungsverhältnissen zu befreien. Alle sollten unabhängig von ihrer gesellschaftlichen Stellung und konfessionellen Überzeugung, für die gemeinsame deutsche Nation sorgen. Das war das erste Ziel der Burschenschaften, das freilich bald durch antisemitische Voreingenommenheit verdeckt wurde.

Der religiös verstärkten völkischen Zielsetzung lag eine freigeistige Überzeugung zugrunde, die zivilisationskritisch nicht so abrupt von der Tradition trennte wie die marxistische Geschichtstheorie der Klassenkämpfe. Gewiß war die nationale Ablehnung der nationalen Zerrissenheit Deutschlands, dem ein anerkanntes nationales Erbe fehlte, eindeutig. Nur konnte diese Zerrissenheit in der Idee des Volkes ohne Schwierigkeiten in der »romantisch genannten Einheit von Realität und Unsichtbarkeit« des nordischen Volksganzen[172] überbrückt werden. Dies romantische Geschichtsbild ließ die deutsche Nation neben England und Frankreich nicht zerstritten ohne nationales Erbe stehen. Die spätere Aggressivität des Nationalismus war nicht die zwingende Folge des ursprünglichen Wunsches vieler Deutscher, sich ihrer nationalen Herkunft und Stellung zu vergewissern.

Die bündisch-nationalen Jugendweihen waren seltener als die proletarischen Jugendweihen. Erstere wurden vor dem »Dritten Reich« von keiner politischen Organisation eingesetzt. Sie waren Teil des Lebens in kleinen Glaubensgemeinschaften. Bevor deren freigeistigen Eigenarten geschildert werden, sei die Beschreibung einer Jugendweihe zur Illustration der heute schwer nachempfindbaren Überzeugungswelt vorangeschickt. Diese als Albernheit abzutun, verfehlte den Ernst der Beteiligten.

Die »Germanische Glaubens-Gemeinschaft« (G.G.G.), von 1911 bis 1913 Deutsch-religiöse Gemeinschaft, band das Leben ihrer Mitglieder in ein dichtes Netz religiöser Handlungen ein. Am 5. April 1909 nahm *Fahrenkrog, der Weihewart seines Hauses und der Gemeinde Barmen-Elberfeld die erste deutschreligiöse Weihehandlung, die Jugendweihe seiner ältesten Tochter, im eigenen Hause zu Barmen vor:*[173] *Wir wählten den zweiten Ostertag und schmückten die Räume mit Blumen und Bändern, zogen aus frischem Grün gewundene Girlanden durch die Zimmerdiagonale, tief herabhängend, und bald saß auch die Tochter, selber ein Sinnbild des erwachenden, fröhlichen Frühlings, inmitten munterer Gespielinnen und sinniger Freunde auf ihrem erhöhten Sitze. Kaffee und Kuchen waren bald vertan. Da jubelte das Klavier das Frühlingslied ohne Worte. …*

Columba! bis hierher brachten wir dich. Heute ist dein Tag! Wir stellen dich dir selbst zur Wahl. Vor dir der Frühling, Lenz und lachende Welt – und weinende Welt! – Erde der Arbeit und der Schmerzen – die Erde der Lust und der Ruhe.

Was Du willst, das wolle ganz, und hier nun stehen wir vor dir mit den Forderungen: werde du selbst, erkenne dich und wolle dich ganz. Denn nur in dir ruht dein Glück. Den Gott sollst du in dir finden und das Gesetz in dir achten. Und hast du dich selber erfaßt, dich selber erfüllt, so wirst du Mitarbeiterin heißen am großen Werk der Menschheit. Heute nun weihen wir Dich mit fröhlichem Frühlingsgruß: Freue dich und du wirst siegen. Willst du der Ewigkeit danken, so danke ihr, daß sie dir Arbeit gab. Arbeit befreit und Vollendung befriedigt.

Über ›Die neugermanischen Religionsgründungen der Gegenwart. Ihr Werden und Wesen‹ informiert Alfred Müller in seinem 1934 in Bonn erschienenen materialreichen Werk. Kleinere Kreise pflegten die völkisch-nationalen Überzeugungen, um ihre Zeitschriften sammelten sich größere Lesegemeinden. Es trug die Züge einer romantischen Spielerei, wenn nichtgermanische Zutaten von der deutschen Kultur getrennt wurden: Germanische Monatsnamen von Hartung bis Julmond wurden zur Datierung in Zeitschriften verwendet. Und oft datierte man die Jahreszahlen nicht »vorderasiatisch, nach Christi Geburt« oder mit »nach unserer Zeitrechnung«, sondern nach der »geschichtlichen Geburt des Germanentums« in der Teutoburger Schlacht 9 nach Christi Geburt oder in der Schlacht von Noreia, also Neumark in der Steiermark, wo die Teutonen 113 v. Chr. die Römer unter Konsul Papirius Carbo vernichtend schlugen.[174]

Eine der bedeutenderen Zeitschriften war die pädagogische Zeitschrift ›Der Volkserzieher‹, die Wilhelm Schwaner seit 1897 herausgab. 1894 war der Volksschullehrer Schwaner vom »Argwohn der Staatskirchendiener aus seinem Amte« gejagt worden, weil er seine Schüler in eine fromme »waldkultische« Hingabe an die deutsche Natur einbezogen hatte.[175] Solche nach Abkehr von den Kirchen freigelegte wilde kultische nationale Religiosität ließ eine Freundin eines Bruders von Günter de Bruyn im »Dritten Reich« dessen Familie erklären: »Ein Waldlauf sei ihr Gottesdienst«.[176] In ›Der Volkserzieher‹ veröffentlichte der Geschichtsmaler Ludwig Fahrenkrog (1867–1952), der an der Kunstschule Barmen lehrte, 1907 und 1908 zwei »Germanentempel-Aufsätze«, die zur Sammlung aller *deutsch-religiös Gesinnten* aufriefen – und führten. Deren Grundlage sollten die schon 1906 vorgelegten drei Thesen deutschen Glaubens sein: *Gott in uns - das Gesetz in uns - die Selbsterlösung*.

Einige Interessierte meldeten sich, und Fahrenkrog gründete mit ihnen einen *Bund für Persönlichkeitsstruktur*. Das freigeistige Interesse an der Emanzipation von Persönlichkeiten ist deutlich. Orientierungslose Emanzipation wäre so ziellos wie inhaltsleerer Freigeist. Daß es sich um *deutsche Persönlichkeiten* handeln solle, belegt die Umbenennung nach 1911 in »2. Deutschreligiöse Gemeinschaft«, die sich 1912 mit der in München gegründeten *Deutschreligiösen Gemeinschaft* zusammentat. Im August 1913 nannte sich diese in Thale/Harz erneut um: *Germanische Glaubensgemeinschaft* (G.G.G.).

In der »Verfassung« der G.G.G. wird im ersten Absatz deutlich auf folgendes verwiesen: *Mitglieder der Germanischen Glaubens-Gemeinschaft können nur Germanen werden.*

Verbindlich für alle ist:
1. Das Bekenntnis zum germanischen Blute,
2. Das Bekenntnis zum Germanenglauben,
3. Die Nichtzugehörigkeit zu einer anderen Religionsgemeinschaft.
Stimmberechtigt sind alle Mitglieder männlichen und weiblichen Geschlechts, die das 18. Lebensjahr vollendet haben. Ehefrauen haben eine Stimme, auch wenn sie keinen besonderen Beitrag bezahlen.

Die Gleichberechtigung der Geschlechter, Frauen erhielten erst später, nämlich in der Weimarer Republik, politisches Stimmrecht, beweist, daß die völkischen Kreise auf der Seite des fortschrittlichen Lagers der freigeistigen emanzipativen Bewegung standen. 1913 habe es rund zweihundert »›Heiden‹ germanischen Glaubens« gegeben; 1928 »bekannten sich wenige Tausend mit dem Herz und dem Mund zu uns«[177], die vor allem in Groß- und Mittelstädten gelebt haben sollen.[178] Wie klein auch immer die »Inselbildung im großen Strom deutschen Neuwerdens« war, »unser Ziel ist die Neugestaltung der Religion. Wir wollen alles oder nichts.«[179] Unbescheidenheit und Enthusiasmus waren freigeistiges Gemeingut.

Die Zahl der Ämter sowie die Auflage der Zeitschriften waren gering und verweisen somit auf einen großen Einzugsbereich der Bewegung. Die spielerischen Züge des germanischen Kostümfestes wogen in der ungeliebten Republik den Ernst der Beteiligten bei weitem nicht auf. Dieser Ernst wurde im kleineren Kreis gepflegt. Moderne Mittel der Public-relation-Arbeit wurden eingesetzt: Im Maien/Brachet 3279 (1929) wurde in der Zeitschrift ›Rig‹ unter der Überschrift *Germanische Treuschar* für das Angebot geworben, sich durch einen Brieflehrgang »ohne förmliche Bindung das Wissen anzueignen, das im Kampf für eine völkische Glaubenserneuerung unentbehrlich ist. Die Geschichte der Deutschen ist, kurz gesagt, die Geschichte der Religion in Deutschland.« »Wir dürfen nicht engherzig nach Katechismen und Priesterschulen etwa der ausgehenden Bronzezeit forschen. Man sah einst die Welt mit anderen Augen als wir, und wir werden sie bald mit anderen Augen sehen als unsere Väter.«[180] Die Germanengläubigen nahmen die freigeistige Negation der Machtstellung dunkler Kirchenmacht, deren Dogmen und Priester, auf und hielten an ihrer Religiosität fest.

Von der Religionslehre des Leipziger Philosophieprofessors und Religionsgründers Ernst Bergmann (1881–1945), der 1941 der *Gemeinschaft Deutscher Volksreligion* vorstand, hieß es in einer Festschrift zu seinem 60. Geburtstag: »Wie es für Wissenschaft und Technik nur eine Parole gibt: Vorwärts!, so auch für die Deutschreligion. Die meisten Anhänger der ›Fremdreligion‹ des Christentums bejahen diese Parole auf dem Gebiet der Technik, aber im geistigen Leben, da glauben sie fromm und tief zu sein, wenn sie donnern: ›Zurück! Zurück zu Luther! Zurück zu Christus.‹«[181] Anerkennend wurde notiert, kühn habe sich Bergmann »losgesagt von den bisherigen Größen der Philosophie, zwar mit aller Hochachtung vor ihnen, aber mit dem stolzen Bewußtsein, daß es für ihn keine Autoritäten, sondern einzig die Wahrheit gibt«.[182] Auf die von Bergmann gestalteten Jugendweihegabe von 1941 kommen wir zu sprechen.

So wie Freidenker und andere »freie Geister« an der Wahrhaftigkeit ihrer gemeinsamen freigeistigen Überzeugung nicht zweifelten, ohne sich organisatorisch einigen zu können, störten sich die Anhänger der artgemäßen germanischen Religion nicht daran, daß sie sich auf eine große Zahl von Gruppen verteilten. Umbenennungen waren kein Zeichen von Unsicherheit: »Deutsche Religion hielt niemals hartnäckig an Namen fest. Bewegung als solche zeichnet die jungen Geister aus«[183], erklärte Groh in taktisch kalkulierter, großer Liberalität. Noch wurden Machtpositionen nicht verteilt, d. h., der Moment war noch nicht erreicht, da sich die siegreiche Bewegung organisatorisch zerstritt.

Als Freireligiöse banden sich die Germanengläubigen nicht an Bekenntnisse. »Der uns Germanen eigene fesselscheuende Geist«[184] wandte sich lieber anderen Dingen zu. Zwar stellte »die deutschreligiöse Gemeinschaft ein ›deutsches Gelöbnis‹ auf, aber nur als Beispiel, nicht als Verpflichtung«[185]. Sie lagen im »Kampf gegen die kirchlich gebilligten Lügen«, lehnten »mit gutem Gewissen die These von einem ›Weltheiland‹ als widernatürlich ab«[186]. »Die Kanten und anstößigen Grundsätze der Staatsreligion mußten immer mehr Deutsche dazu zwingen, diese Religion abzulehnen«[187], schrieb Georg Groh, energischer Herausgeber eines völkischen Zweimonatsblattes. Er begrüßte den »Aufstieg der Freidenkerbewegung um 3705 (1905)«, denn man teile sich das monistische Weltbild, da die Trennung von »Diesseits« und »Jenseits« abgelehnt werde.

Diese monistische Überzeugung erinnert an den vorgestellten Deutschen Monisten Bund und dessen Jugendweihen. Wiewohl sie als *monistische* auf eine Einheit abstellt, ergeben sich aus dieser Überzeugung widersprüchliche ethische Maximen, von denen auch auf Jugendweihen die Rede war: Nach den von Ida Altmann am 19. und 26. August 1894 »besprochenen Grundsätzen der freireligiösen Gemeinde zu Berlin«, die in mehreren der undatierten Jugendweihegaben ›Zur Erinnerung‹ der Berliner Gemeinde veröffentlicht wurden, »vertritt die Gemeinde die Einheitlichkeit der Welt, den Monismus. Die Kennzeichnung von ›Gut‹ und ›Schlecht‹ ist uns nichts weiter als die Übereinstimmung oder Nichtübereinstimmung mit unserem Fühlen, Denken und Wollen. Wie in der Welt überall das Streben nach Gleichgewichts- und Dauerzuständen, nach Harmonie waltet, so streben auch wir, bewußt oder unbewußt, nach Übereinstimmung mit der Welt im kleinen und im großen.« Dem Monismus fehlt Eindeutigkeit. Aus monistischer Überzeugung lehnten auch die Völkischen die christliche Ansicht ab, daß »die Begriffe Gut und Böse über Raum und Zeit hinaus gültig sind. Sie sind darin reine Behelfsbegriffe«, heißt es in Grohs ›Geschichte der germanischen Gottgläubigkeit von der Jahrhundertwende bis etwa 3708‹ (1908).[188] Vier Jahre später präzisierte er, indem er die Frage in einem Beitrag beantwortete: »Was ist die neugermanische Glaubenslehre?«: Mit dem »Sprecher der ›Deutschgläubigen Gemeinschaft‹ O.S. Reuter, völkisches Fühlen, Denken und Wollen: Wir nennen gut, was ein wahrhaftiges Deutsches Leben bezeugt und fördert; böse, was ihm feind ist. Ebenso kann ein Norweger sagen ›norwegisch‹, ja, ein Japaner ›japanisch‹«, stellte Groh – wir würden heute sagen: multikulturell – fest.[189] Belege für ihre Annahme führte keine der beiden zitierten freigeistigen monistischen Bewegungen an. Unbelegt war auch der Hinweis Grohs auf »die Blutuntersuchungen«, die zeigten, »daß der Verbrecher tatsächlich eine andere Blutzusammenstellung hat als der seiner Verantwortung stets bewußte Rechtschaffene«[190]. »Zur kapitalistischen und sozialen Frage« verwies Groh auf die üblen Einflüsse der Hochfinanz, die Verstädterung, des Internationalismus.[191] Groh schob nicht völkisch Juden die Schuld zu: »Gewiß versteht der Jude vortrefflich, sich das Geldwesen zunutze zu machen. Wir denken nicht daran, ihn weißzuwaschen, doch bleibt es Tatsache, daß echte Arier kein geringeres Talent entwickeln, Goldbarren auf Goldbarren zu türmen.«[192]

Über die völkischen Jugendweihen liegen kaum Berichte vor, weil sie Familienangelegenheit waren; Kameraden der Weihlinge, deren Familien nahmen an ihnen teil. Im Unterschied zu den zeitgleichen proletarischen Jugendweihen, dienten sie nicht der Einordnung der Weihlinge in eine bestehende, Generationen übergreifende Kampftruppe, die politische Ziele verfolgte. Der militärisch-appellative Ton proletarischer Weihespiele war ihnen fremd. Sie waren gemütvoller und persönlicher, da der unpersönliche, werbewirksame öffentliche Rahmen nicht gesucht wurde. Die öffentlichen proletarischen Jugendweihen waren als Rekrutierungsveranstaltungen viel besser besucht als die völkischen. Der Bezug auf den biographischen Übergang war in den letzteren Jugendweihen deutlicher als in den proletarischen, in denen die organisatorische Eingliederung unter die Proletarier hervorgehoben wurde. In den völkisch-germanischen Weihen ging es deutlicher um den biographischen Schritt in die Welt des eigenen Volkes, wenngleich die Reden ihn schnell in kosmischen Bezügen verschmolzen. Keine wiederkehrenden, öffentlich deutsch-religiösen Weiheveranstaltungen lösten die Weihe aus den überschaubaren Familien- und Kameradenkreisen. Die »Arteigenheit« der völkischen Religion maß sich an einem numinosen Gefühlsbezug. Ihr Inhalt war nicht definierbar. Ob der Weihling durch einen Unterricht vorbereitet wurde, stand im Ermessen des Vaters, des Weihewartes. Der Gemeinschaftsbezug mußte familiär vermittelt werden.

Der religiöse Charakter der Weihefeierlichkeit war herausgekehrt. Der verbreitete Unwillen an der bürgerlich-wilhelminischen Welt, an der »methodischen Lebensführung« im Kapitalismus (Max Weber), war Reaktion auf die ernüchternden Enttäuschungen nach den gewaltigen Hoffnungen, die aufklärerisch im »ruchlosen« Fortschrittsoptimismus (Nietzsche) des 19. Jahrhunderts geschürt worden waren. Gesetzt worden war auf menschliche Fähigkeiten. Das Schwinden der Religion aus der bürgerlichen Welt schuf auch in ihr einen Bedarf an »Ersatzreligionen«. Organisierte Proletarier hatten früher nach einer »Ersatzreligion« verlangt, um sich sozial und politisch im Kampf für Anerkennung und Gleichberechtigung zu vergemeinschaften. In der Bohème, nicht nur in München um Klages (1872–1956), Alfred Schuler und Wolfskehl (1869–1941), verstand sich mancher als »Religionsstifter«, Weihefeste gehörten zum gebräuchlichen Ritualgut. Von der für Kulthandlungen, Mythen und religiöse Symbole begeisterten Jugendbewegung schließlich war die Jugendweihe, wie gesagt, nicht als gemeinsamer Übergangsritus aufgenommen. Die Jugendbewegung suchte ihren Lebensstil in Opposition zu der bürgerlichen oder proletarischen Erwachsenenwelt. Als Selbständigkeitsfeier der Jugend taugte die wie auch immer von Erwachsenen organisierte und mit Eltern gefeierte Jugendweihe nicht.

Die Jugendleite im nationalsozialistischen Deutschland

Zwar schöpften die Nazis auch vorkritisch aus germanischer deutscher Traditionsverbundenheit, sie fanden aber in ihr kein klares Verhältnis zu der germanengläubigen völkischen Bewegung in Deutschland, die die geringe Zahl ihrer Mitglieder durch »Freundeskreise« ihrer Organisationen vergrößerte. Durch Überzeugungstiefe gaben letztere ihrer Bewegung Bedeutung. Die meisten von ihnen setzten in die neuen Machthaber 1933 große Hoffnungen. Um so ernüchternder war es, daß »in der Zeit vom Februar bis zum 23. Juni 1933 die 149 Ortsgemeinden des *Volksbund*[es] *für Geistesfreiheit* (VfG), der 1924 aus dem Zusammenschluß von Freireligiösen und Freidenkern entstanden war, 56 Beschlagnahmungen, 53 Verbote von Religionsunterricht, elf Verbote von geplanten Jugendweihen und elf Tätigkeitsverbote für Ortsgemeinden erlebten.«[193] Delikat für den VfG, dessen Gründungsväter für eine *Zeit-Vernunft-Kirche* gegen Kirche und Staat gestritten hatten, war die Frage, ob man mit der Zeit und somit der revolutionären nationalsozialistischen Bewegung gehen solle. Was unterschied Freigeist und Relativismus? War Grohs Einwand als Plädoyer für freigeistigen Pluralismus nicht überzeugend, daß der sogenannte Missionsbefehl Jesu im Matthäusevangelium verpflichte, »alle ›die armen Heiden‹« zur christlichen Weisheit zu führen: »Wir aber lehnen diese Anmaßung ab aus der Ehrfurcht vor der Göttlichkeit der Schöpfung, die die Vielfältigkeit wollte und will«?[194] Ein freigeistiges Argument sprach nicht gegen diese freigeistige Überlegung des Nordischen Deutschen Georg Groh.

1932 gehörten zwei Millionen Deutsche keiner christlichen Religionsgemeinschaft an, und »die Mitgliederzahlen aller freigeistigen Organisationen stiegen steil an«,[195] berichtete ein freireligiöser Landessprecher, der

1959 bedauerte: »Leider hatten sich die kirchenfreien Kräfte im völkischen und nationalsozialistischen Lager kaum je den Gruppen des Volksbund[es] für Geistesfreiheit angeschlossen, sondern eigene Organisationen gebildet.«

Ein späterer VfG-Geschäftsführer klassifizierte in den letzten Jahren der Weimarer Republik »Veränderungen einer großen Emanzipationsbewegung«: Nach seiner Meinung wurden manche freigeistige »Entwicklungsstufen von Kräften und Bünden außerhalb unserer Organisation beeinflußt«[196]. Während der Volksbund trotz Vereinigung 1924 aus dem Zentrum der freigeistigen Bewegung geriet, war die Attraktion seiner attraktivsten Feier, der Jugendweihe, ungebrochen. Sie fand sich in vielen, auch in selbständigen Gruppen. Im Kreis der Kirchenfernen wurde die gemeinschaftsbildende Kraft dieser religiösen Feier bei der Verfolgung unterschiedlicher zeitgemäßer Ziele geschätzt.

Ein großer Teil der Freireligiösen sah in freigeistiger Zusammenarbeit mit völkischen Gruppierungen kein Hindernis, auch wenn diese sich nationalsozialistisch orientierten. Den VfG-Gemeinden war freigestellt, sich auch »deutsch-katholisch« zu nennen. Die Freireligiöse (deutsch-katholische) Gemeinde zu Leipzig teilte in ihrem Gemeindeblatt im Oktober 1933 mit, der Name erkläre sich daraus, daß Ronge für »die deutsche allgemeine Kirche mit dogmenfreier Lehre« gekämpft habe: *Der Name deutsch-katholisch bedeutet also deutsch-allgemein und steht im Gegensatz zu römisch-katholisch (= allgemein) und griechisch-katholisch. In unserem Namen offenbart sich deutsche Herkunft und deutscher Wille. Deutsche Religion, deutscher Glaube darf deshalb Anspruch auf die Achtung jedes andersgläubigen Deutschen erheben.*[197]

Konflikte in der Zusammenarbeit der Gruppierungen entstanden, weil die Nazis sich mit dem marxistischen Teil des VfG, den ehemaligen Freidenkern, nicht abfinden wollten. Deshalb wurden dessen Jugendweihen verboten. Die Jugendweihen des sozialistisch gesonnenen Deutschen Freidenker-Verband[es] (DFV) Max Sievers' entfielen, weil dieser 1933 sogleich als angeblich hochverräterische Organisation zur »Neuen Deutsche[n] Bestattungskasse (Erd-, Feuerbestattung)« auf die ursprüngliche Dienstleistungsfunktion reduziert worden war. Die Verbote waren gegen die Organisationen politischer Feinde gerichtet. An der Jugendweihe als Fest zur Lebenswende hatten die Nazis nichts auszusetzen. Die NSDAP hatte sich ihrer freilich nie bedient.

Das Verhältnis der an die Macht geratenen nationalsozialistischen »Glaubensbewegung« (Hagen Schulze)[198] zu den Deutschgläubigen verriet in hohem Maße Unsicherheit, wie nicht zuletzt der Umgang mit der Jugendweihehandlung zeigt. Am bekanntesten sind die Aktivitäten des Tübinger Professors für Indologie und vergleichende Religionswissenschaft, Jakob Wilhelm Hauer (1881–1962), der kein NSDAP-Mitglied war und der im Juni 1933 in der philosophischen Fakultät gegen die Verleihung der Ehrendoktorwürde an Adolf Hitler stimmte: Jugendbewegte und

Völkische, so war der Plan des Professors, sollten nicht auf der Grundlage eines Bekenntnisses, sondern im Protest gegen christliches Spießertum national, naturfromm und antikapitalistisch als wirklich Glaubende in einer lockeren, dogmenfreien »Deutschen Glaubensbewegung« gesammelt werden.

Hauer stammte aus dem evangelischen *Bund der Köngener*, in dem viele mit ihrer Kirche unzufriedene Pfarrer und aus der Kirche Ausgetretene mitarbeiteten. In ihm war die Idee Hauers, eine »Arbeitsgemeinschaft Deutsche Glaubensbewegung« zu bilden, gewachsen. Dieser Bund führte seit 1924 jedes Jahr Anfang Januar Arbeitswochen durch, um sich ein bestimmtes Thema zu erarbeiten. 1931 war das Thema in Comburg »Der Mensch als Maßstab der Geschichte«. Eingeladen waren u. a. der jüdische Wissenschaftler Martin Buber und der KPD-Abgeordnete Ernst Schneller. Im Januar 1933 wurde in Kassel über »die religiösen und geistigen Grundlagen einer völkischen Bewegung« gestritten. Eingeladen wurde nach Absage des NS-Ideologen Alfred Rosenberg der württembergische NS-Parteileiter Christian Mergenthaler. Er verweigerte sich, weil Martin Buber erneut referierte. Die Arbeitswoche fand ohne Nationalsozialisten statt.

Der Religionsbegriff Hauers war eigenartig. Der ehemalige Missionar entstammte der freigeistigen Theologie. Froh über die erkämpfte Gewissensfreiheit wollte er die Reformation Luthers fortsetzen, indem neben den Glaubenssätzen betont Freiraum für persönliche Erfahrung gelassen würde. Jeder solle in sich hineinschauen, um den Willen Gottes zu erlauschen, schrieb er 1934.[199] Anarchisch war der Stachel des Spiritualismus. Schon Hauers Lehrfach verbot ihm teutonische Engstirnigkeit. Die Einladung Bubers erklärte Hauer einem Köngener, der Nationalsozialist geworden war: »Der innerste Kern von Martin Buber ist durchaus wesentlich und hat die Natur des innersten Kerns seines eigenen Seins. Das ist Gottesergriffenheit. Und was sich empirisch darum herumlegt, ist jüdisch und mir in vieler Hinsicht widerwärtig oder jedenfalls fremd.«[200] Diese sehr dehnbare, relativistische »liberale« Religionsvorstellung der Gottergriffenheit war trotz allem unvereinbar mit der nazistischen Ideologie, die jeder Religion die nationalsozialistischen Rassegesetze vorordnete.

Aus verständlichen Gründen – die Zahl der Christen in Deutschland überwog die der Nichtchristen bekanntlich deutlich, und weltweite Verbindungen der Christen ließen ausländische Staatsleute auf das Schicksal der Christen im nationalsozialistischen Deutschland achten – wahrten die Nazis in den ersten Jahren des »Dritten Reiches« Distanz gegenüber kirchenfeindlich gestrickten religiösen Unternehmungen, auch wenn diese ideologisch völkisch-national orientiert waren. Demonstrativ veranlaßte Wiedereintritte, »Massentrauungen« und »Massenkonfirmationen« stärkten 1933 die Stellung der nationalsozialistisch gesonnenen »Deutschen Christen« in der evangelischen Kirche. Die »Deutschen Christen« bekannten sich natürlich zur Konfirmation und lehnten freigeistige Jugendweihen ab.[201] War das der Entscheid der Nazis gegen die deutschreligiösen Kräfte und deren völkische Jugendweihen? Verängstigt öffneten sich völkische religiöse Gruppen Hauers Bündigungsunternehmung. Hauer wollte der Jugendweihe in ihr als Übung völkischer Gruppen Platz geben, weil er deren religiösen Sinn zu erkennen glaubte.

»Die Schwierigkeiten, die uns umdrängen, sind groß. Wenn wir aber alle bereit sind zu Opfer und Dienst, wird der in uns drängende Schöpferwille unseres Volkes, den wir als Gottes Willen erkennen, sie meistern.«[202] In diesen Worten endet ein von Hauer entworfener Aufruf »An die Männer und Frauen einer germanisch-deutschen Glaubensbewegung« von Ende Mai 1933. Ihn unterschrieben neben Hauer NSDAP-Mitglied Ernst Bergmann (1881–1945) von der Leipziger »Nationalkirche« und Hans Fuchs aus Darmstadt, der Initiator der »Deutschen Kirche« (DK). Diese hänge nach Fuchs' Feststellung nicht dem »Erlösungsgedanken der christlichen Mittelmeervölker« an. In ihr solle »das nationale religiöse Gefühl wieder aufleben«, das »nach den revolutionären Jahren von 1848« leider schnell versunken sei. »In der großen Weltenwende, in der wir stehen, erkennen wir das heraufsteigende Zeitalter einer neuen Weltkultur; ihr Vorkämpfer ist der neue deutsche Geist.« Die Deutsche Kirche habe »keine Bischöfe, kein Dogma, keine Anmaßung geistlicher Gewalt«. Ein Freigeist verlangt nichts mehr. Da die »Germanen in Hainen die unerforschliche Macht anbeteten«, wird für die »Deutsche Kirche« ein »schlichtes Weihe-Haus« errichtet. »Zur Klärung aller schwebenden Fragen wird eine Konferenz einberufen«, hatte Fuchs am 22. Mai 1933 geschrieben.[203]

Ausdrücklich ordnete Fuchs sich in die Geschichte des Freigeistes ein, um die aufklärerische Kritik am »dogmatischen Gebäude der christlichen Religion« fortzuführen. Der Aufruf wurde nicht nur von diesen drei kirchenführerähnlichen Personen unterschrieben, sondern auch von sieben Predigern und Repräsentanten sowohl des »Volksbundes für Geistesfreiheit« als auch des südwestdeutschen »Verbandes freireligiöser Gemeinden«, die sich 1924 nicht wie die anderen freireligiösen Gemeinden mit den Freidenkern zum »Volksbund für Geistesfreiheit« verbunden hatten. Den Südwestdeutschen, erinnern wir uns an die Bundesversammlung von 1885 (s. S. 148), lag an einer unpolitischen religiösen Arbeit. Das verband sie mit den Unitariern, deren »Jugendleiten« vorgestellt werden. Ihre Jugendweihen wurden zumeist nicht verboten. Hauer war die Mitarbeit des »Volksbunds« in der Arbeitsgemeinschaft wichtig. Er versuchte einerseits, die Bedenken der Nazis zu beseitigen, und andererseits im »Volksbund« Verständnis für Maßnahmen gegen dessen »Marxisten« zu wecken. Hauer wie Bergmann trieb der Wille, das Proletariat religiös zu erziehen, die vom Marxismus fehlgeleiteten deutschen Arbeiter für das Religiöse »zurückzugewinnen«. Bedürfnis nach deutsch-religiösen Jugendweihen statt proletarischen sollte geweckt werden. Hilfreich dafür war nach ihrer Meinung die Vorarbeit der Freireligiösen, die die mit ihnen verbundenen Proletarier einen Sinn für religiöse Feierformen entwickeln ließen.[204]

Jugendweihefeiern sollten von der *Deutschen Glaubensbewegung* (DG) durchgeführt werden. Sie trat am 18. Mai 1934 an die Stelle der sie vorbereitenden »Arbeitsgemeinschaft Deutsche Glaubensbewegung« (ADG), die auf Betreiben Hauers am 30. Juli 1933 in Eisenach im Anschluß an eine Tagung der germanisch-deutschen Glaubensgemeinschaft mit Bergmann und Fahrenkrog gegründet worden war. Von 1933 bis Juni 1934 wirkte Hauer auch als gewählter Bundesvorsitzender des *Volksbundes*. Auf seine Bitte hin habe der Reichsinnenminister die Durchführung der Jugendweihen am 15. März 1934 gestattet. Trotzdem seien sie in einigen Orten verboten worden.[205] Diese Weihen dürfte der bekannte Stil bestimmt haben: Reden vom Frühlingsfest, das nach deutsch-religiöser Manier mit pathetischen Wendungen nationaler Dichter in Bezug zum Kosmos gesetzt wurde, dessen winziger Teil der Mensch sei. Nicht viel anders hatten die erwähnten Gemeinschaftsideale Radbruchs in dem Buch zur proletarischen Jugendweihe geklungen. Es half nichts, die Nazis duldeten Marxisten im »Unterschlupf« des *Volksbundes* nicht, obwohl ein NSDAP-Mitglied, Ernst Bergmann, Hauer als dessen Bundesvorsitzender gefolgt war. Nach einer Auflösungsverfügung durch die Geheime Staatspolizei löste sich der *Volksbund*, der im Juni 1934 auf seinem Bundestag in Leipzig den alten Namen »Bund freireligiöser Gemeinden Deutschlands« wieder angenommen hatte, am 15. April 1935 selbst auf. Bergmann richtete im August 1937 als freireligiöse Nachfolgeorganisation die *Gemeinschaft Deutsche Volksreligion e. V.* (GDV) ein. »Die Möglichkeit und Notwendigkeit einheitlichen Wirkens geistesverwandter Bestrebungen« müsse im Auge behalten werden, »unbeschadet ihrer einzelnen Sonderziele«, lautete die alte, für die freigeistige Bewegung charakteristische kämpferische Forderung.[206]

Die eigenständige *Deutsche Glaubensgemeinschaft* unter der Führerschaft Hauers behagte den Nazis nicht; Hauer mußte 1936 sein Führeramt niederlegen. Sein »adeliger Ton« [207] mißfiel den Nazis. Im Geleitwort zur Broschüre über ›Deutsche Weihestunden. Die Hoch-Zeiten des Lebens‹ kam Hauer ausführlich auf die *Jugendweihe* zu sprechen. *Diese Feier geht das Volk ebenso an wie Familie und Sippe. Der junge Mensch tritt nun aus dem Kreis der Familie und der Sippe hinaus in ein Leben, wo ihn die Wirklichkeit Volk in spürbarer und sichtbarer Weise bestimmt als bisher. Diese Tatsache muß die Feier mitformen, und die Volksgemeinschaft muß irgendwie an ihr mitteilnehmen. Das Ziel muß unbedingt sein, daß diese Jugendweihen im Zusammenhang mit der einen Gesamtjugend des deutschen Volkes gehalten werden. Der reife Mann darf dabei nicht fehlen, denn Jugendweihe ist auch* ***Jugendleite****, d. h. Wegleitung in die Aufgaben der Volksgemeinschaft und des Werdens der Persönlichkeit. Die Lebenserfahrung unserer Besten hat sich in dem religiös-sittlichen Weistum unseres Volkes zu gültiger Gestalt verdichtet. Darum ist es im germanischen und im gesamten indogermanischen Bereiche von alters her der Brauch gewesen, daß die Alten die Jungen »eingeweiht« haben. Tiefgang fehle der Ju-*

gendweihe, wo nicht reife Menschen lebendiges Sinnbild und Mittler des Weistums eines Volkes sind.[208]

In der Broschüre ist der Jugendleite auch ein Kapitel von Hildulf Flurschütz gewidmet. In der Verbandszeitschrift der Deutschen Glaubensbewegung ›Deutscher Glaube‹ war es im Februar/Hornung 1935 unter dem Titel: *Feier und Brauchtum. Zur Jungvolkweihe* erschienen[209]: »Es handelt sich um eine Zeit des Übergangs, da ein Lebensabschnitt endet und ein neuer anhebt. Das Neue ist meist ungewiß und ungesichert; wo aber Gewißheit und Sicherheit aufhören, da beginnt das Reich der Unberechenbarkeit. Da hilft dann dem Menschen sein Glaube als ein unversiegbarer Quell der Kraft.«

Im Frühling, zur »Zeit der Knospung«, fänden Jugendweihen von alters her statt. »Außer der Einweisung in die Pflichten und Aufgaben der Erwachsenen ist damit immer auch eine Einweihung in die religiösen Heilsgewißheiten des Stammes oder Volkes verbunden. Heute sei ihr Sinn nicht mehr offen für solche Kultgebräuche. …

Im Zentrum der Feier steht eine Flamme, die immer aufwärts strebt. Auf der einen Seite stehen die Freunde und Führer der Zukunft, auf der anderen Seite die Gespielen der Kindheit und die Eltern; ist *dann die Flamme umschritten und durchsprungen, der Wandel vom Gewesenen zum Kommenden vollzogen, dann wünschen und winken die Gesippen Glück und Gedeihen, der neue Mensch betritt neue Wege.*«[210]

Es folgt im ›Deutschen Glauben‹ die detaillierte Beschreibung einer *Jungmädelfeier*, in deren langen Textpassagen das Geschehen deutlich in die deutsche Geschichte eingebettet ist, an deren erfreulichen Fortsetzung die Weihlinge stünden. Aus den angeborenen »religiösen« völkischen Bindungen konnte das Kind nicht nach freiem Willen heraustreten, etwa in eine internationale Kirchengemeinschaft oder das weltweite Proletariat. Lothar Stengel-von Rutkowski schrieb von der Namensweihe –, der völkischen wie heute als »Namensfeier« freidenkerisch-humanistischen Form der christlichen Taufe –, was für die Jugendweihe nach deutsch-religiöser Überzeugung auch galt: Das Kind sei »eingespannt in den ewigen Strom des Blutes, dessen Hüter und Träger es ist«[211]. Die religiöse Handlung unterstellt, daß die Weihlinge blutmäßig in eine vorgegebene unveränderbare Gemeinschaft im Grunde schon vor der Weihe eingebunden sind.

1938 gab die Nachfolgeorganisation des »Volksbunds für Geistesfreiheit«, die »Gemeinschaft Deutsche Volksreligion« (GDV), in Leipzig ›Richtlinien für den deutschreligiösen Jugendweihe-Vorbereitungsunterricht‹ von Ernst Bergmann heraus.[212] Diese »Versittlichungsreligion« der Gemeinschaft war nach Bergmanns Worten der »Diesseitswelt« zugekehrt. Die Nationalsozialisten hatten nichts daran auszusetzen, daß »im Zentrum aller deutschreligiösen Bildung immer das Willensmäßige, das Charakterliche stehen« müsse, denn die Gemeinschaft wandte sich »nicht an ein egoistisches Heilsbedürfnis, sondern an den heldischen Willen«.

In der Zeit nach Weihnachten werden die Gemeinden der GDV mit dem Jugendweihe-Vorbereitungsunterricht beginnen müssen, damit die zu Ostern von der Schule abgehenden Kinder, soweit sie unserer Religionsgemeinschaft angehören, ihre deutschreligiöse Jugendweihe erhalten können, hieß es in den »Richtlinien«. Weil diese feierliche Aufnahme in den Kreis derer, »die sich mit Bewußtsein und Stolz ›deutschreligiös‹ nennen können«, Kenntnis über *Art und Beschaffenheit ihrer deutschreligiösen Überzeugung* voraussetzte, sei der Unterricht nötig. Er sei, schreibt Bergmann, *am besten auf den Sonntag-Vormittag zu verlegen*, die Weihe solle an einem Sonntag vor Ende des Schuljahres stattfinden.

Die 31 Seiten in der Broschüre lassen einen Blick werfen auf die »Religion« Bergmanns und dessen Meinung über den Vorbereitungsunterricht, die er mit Zitaten Goethes, Meister Eckarts und Kants schmückte. Ob und inwieweit sie den Vorbereitungsunterricht bestimmten, ist unbekannt. Die Gegenwartsmenschen pflegten eine »Religion der Heiligung des Lebens«[213], schrieb Bergmann. Sie hätten eine »hohe Verantwortung von der Natur übernommen«[214], »sorgten dafür, daß kein erbkrankes Leben mehr geboren wird (Sterilisationsgesetz)«[215]. »Wir umgeben die beiden wichtigen Augenblicke des Lebens, Geburt und Beerdigung, *mit Weihestimmung.*«[216] »Der Ausdruck ›freireligiös‹ ist nicht mehr aktuell, unsere Religion ist eine wirkliche, eine ›positive‹ Religion.«[217] Die Bezeichnung *positiv* lag nahe, weil die NSDAP in ihrem Programm »den Standpunkt eines positiven Christentums« vertrat.[218]

Unter dem Titel ›Büchlein von der rechten Lebensführung‹ stellte Bergmann 1941 eine Jugendweihegabe für die Weihlinge der Gemeinschaft zusammen. Der 1881 in Colditz i. S. geborene Sohn eines Pfarrers formulierte einen seiner Leitsätze, »Wille kann Berge versetzen«, in charakteristischer Verfremdung des Wortes Jesu: Die Jünger könnten, »wenn Ihr Glauben habt und nicht zweifelt, zu dem Berg sagen, hebe Dich auf und wirf Dich ins Meer. So wird's geschehen« (Mt 21, 21). Bergmann präzisierte auch, wohin die Weihlinge auf dem »Weg ins ›Heiligtum Leben‹« Berge versetzen sollten: »Das Leben ist das höchste Heilige, was es für dich gibt, denn es ist Voraussetzung für alles andere Heilige in deinem Leben, für deine Pflichterfüllung im Dienste am Volk und Staat, für deinen Kampf um die höchsten Zwecke, für das Opfer, das du vielleicht in deinem Leben bringen mußt, für den Sieg, den du vielleicht erringen wirst.«[219] »Illegal« wirken diese Worte nicht. In ›Wege ohne Dogma‹, einer Schrift zum 125jährigen Bestehen des Bundes freireligiöser Gemeinden, wurde 1959 die Illegalität der Vereinsarbeit Bergmanns behauptet.

In einem totalitären Staat kann eine Veranstaltung, an der sehr viele Jugendliche teilnehmen, nicht auf Dauer in der Zuständigkeit einer nichtstaatlichen »privaten« Organisation bleiben – unabhängig davon, wie diese ideologisch orientiert ist. Sehr unwillig nahmen die Nazis die staatskirchenvertraglich gesicherte Eigenständigkeit der Kirchen hin, die sie in den von ihnen eroberten »konkordatsfreien« Gebieten nicht einführten. Es verstand sich von selbst, daß die Nazis nach der Etablierung ihres Staates die Verantwortung für die Jugendweihen in ihre staatliche Verantwortung übernahmen. Auch die Kommunisten waren eigennützig aus der Arbeiterbewegung ausgeschieden und hatten ihre Partei die Verantwortung für proletarische Jugendweihen übernehmen lassen. Hauers Hinweis, die Jugendweihe solle *im Zusammenhang mit der Gesamtjugend des deutschen Volkes* stehen, sowie seine Hoffnung auf die Bildung einer *religiösen Arbeitsgemeinschaft Deutsche Nation* erzwangen staatliche Reaktionen. Einen staats- und weltanschauungsfreien Raum gab es nicht mehr. Überdies störte die Nazis, daß die »Szene der völkischen Gruppen zerklüftet, widersprüchlich, sektiererisch war, voller persönlicher Feindschaften«.[220] Das war ein ärgerlicher Störfaktor im mühsam über alle konfessionellen, gesellschaftlichen und föderalistischen Grenzen hinweg geeinten nationalsozialistischen Staat.

Aus Angst vor Zersplitterung der völkischen Einheit verbot Goebbels am 31. Juli 1941 »die Durchführung besonderer Feiern für gottgläubige Volks- und Parteigenossen«.[221] Der nationalsozialistische Staat, der in den Worten Robert Leys, seit 1934 Reichsorganisationsleiter der NSDAP, »als Erziehungsstaat den Menschen nicht losläßt«[222], ertrug in seinen Grenzen keine Religion. Hauer hingegen glaubte, daß die religiöse Revolution Voraussetzung für die politische sei. Die so behauptete Abhängigkeit von eigenständigen religiösen Entwicklungen konnten die herrschenden Nazis unmöglich eingestehen. Die linken Nationalsozialisten, die zugestimmt hätten, daß die treibende Kraft der Revolution nicht die politische sei, waren am 30. Juni 1934 ermordet worden. Drohte den arteigenen »Germanen« ein solches Ende?

Nach Meinung Hitlers war die Revolution 1934 beendet. Dem auf »Führerbefehl« von Nicht-Parteimitglied Leni Riefenstahl gedrehten Film über den »Reichsparteitag des Sieges« der NSDAP im Herbst 1933 hatte er vor der Uraufführung am 1. Dezember 1933 den Titel *Sieg des Glaubens* gegeben. Auf dem Nürnberger Parteitag im September 1934 nannte er die Kostümgermanen »jene Rückwärtse, die meinen, eine ›deutsche Kunst‹ aus der krausen Welt ihrer romantischen Vorstellungen der nationalsozialistischen Revolution als ihr verpflichtendes Erbe für die Zukunft mitgeben zu können«. In den Händen von »Rückwärtsen« konnte die Fest- und Feierarbeit nicht bleiben. Denn die war, wie die Nazis wußten, für die emotionale Lenkung der Menschen wichtig. Also: Jugendweihe mußte Sache der HJ werden. 1934 bis 1936 machten die Nazis »die völkische Szene platt« (Justus H. Ulbricht).

Der Streit unter nationalsozialistischen Funktionären über die Zuständigkeit für die »nationalsozialistische Feiergestaltung« verzögerte die Verstaatlichung der religiösen Jugendweihen durch Einbindung in die Hitlerjugend. Und nicht alle stimmte die Übernahme religiöser Handlungen glücklich. So tadelte Himmler einen SS-Sturmbannführer, weil der bei einer SS-Hochzeit eine SS-Eheweihe vorgenommen hatte: »Pfaffe ist, wer berufsmäßig bei Geburt, Hochzeit und Tod sowie bei Feierstunden als Redner auftritt.« Der Sturmbannführer, der ordentlich rede, habe »in spätestens 10, 20 oder 30 Jahren einen neuen Beruf entwickelt und dem deutschen Volk, wenn wir vielleicht glücklich die christlichen Pfaffen los sein werden, neue, nämlich SS- oder Parteipfaffen auf diese Art begründet«[223].

Martin Bormann wandte sich wegen der »Richtlinien und Vorschläge zur Gestaltung der Lebensfeiern« 1941 an den »Beauftragten des Führers für die Überwachung der gesamten geistigen und weltanschaulichen Schulung und Erziehung der NSDAP« Alfred Rosenberg, einen ehemaligen Völkischen. Beide meinten, »dass wir sehr vorsichtig bei der Einführung neuen Brauchtums sein müssen, um zu verhindern, dass durch starre Formen die organische Entwicklung der Feiern schon im Anfangsstadium verkümmert. Die Ablehnung des Pfaffentums« sei selbstverständlich.[224] In einer *vertraulichen Verfügung zur „Nationalsozialistischen Feiergestaltung"* erwähnte Bormann »Feiern des Lebenskreises: Namensgebung, Hochzeit, Totenfeier usw.«[225].

In den ersten Jahren des »Dritten Reiches« habe es an den Schulen eine nationalsozialistische »Feierinflation« zur Indoktrinierung der Schüler gegeben. Das wurde 1940 in der Zeitschrift des NS-Lehrerbundes ›Die deutsche Schulfeier‹ eingeräumt. Diese Inflation habe etwa 1938 zu einer »Feiermüdigkeit« geführt, hieß es weiter.[226] Der NS-Lehrerbund mußte sich eingestehen, daß er bei dem Versuch, die Schule als zentrale bündelnde Kraft im Erziehungsfeld zu erweisen, gescheitert war.[227] 1938 hatte sich die Zeitschrift ›Die deutsche Schulfeier‹ des NS-Lehrerbundes ausführlich mit der »Schulentlaßfeier« befaßt: Sie »ist eine Angelegenheit der ganzen Gemeinde am Sonntag morgen vor dem Jahresende. [Es] ist mehr als eine traditionelle Unterhaltung im Rahmen der ganzen Schulgemeinde. Erzieher, führt die Schulentlassungsfeier durch als Aufnahmeakt ins arbeitende Volk. Aus dem Sinn der Feierstunde ergibt sich von selbst, daß nur der aufgenommen werden kann, der von der Schule freigesprochen wird und mit einem Gelöbnis verspricht, sein Leben im Dienst für das Volk einzusetzen. – *Freispruch der Schule, Gelöbnis der Jugend, Aufnahme in das schaffende Volk sind der Gestaltungsschritt der Entlaßfeier*. Erzieher, verbindet grundsätzlich mit der Sonntagmorgen-Feier vorerst kein Spiel, auf gar keinen Fall ein geselliges Beisammensein.«[228] Diese Feier habe nichts mit der »behördlich angeordneten Schulschlußfeier« zu tun, auf der die Gespräche vornehmlich dem Schulleben und weniger der Ideologie galten.

Helmut Fuchs erläuterte in derselben Zeitschrift die »Schulentlassung als Feier des Lebenskreises«: »Jugendweihe« wurde sie im Beitrag Karl Spieths »Die Schulentlaßfeier im Sinne nationalsozialistischer Gemeindebildung« genannt: »Unveränderlicher Kern« der Feier sei »die Gestalt der Jugendweihe«, zu der »eine veränderliche, den örtlichen Verhältnissen Rechnung tragende Rahmenhandlung« träte, *Symbol der Tatsache der lebensgesetzlichen Jugendweihe* sei die *Flamme. Der Anruf der Flamme der Jugend müsse von der Jugend ausgehen, weshalb auch hierfür Angehörige der HJ gebeten werden sollten.* Die Feier werde »durch einen feierlichen Handschlag des Leiters der Gemeinde« abgeschlossen.[229]

Die Feier der Jugendweihe wird deutlich als politisches Instrument begriffen, um alle Jugendlichen nach Abschluß der Volksschule zu erfassen. Die angebliche *Lebenswende* ist eine unverfängliche, freigeistige Erklärung der Maßnahme. Eine Befreiung von Schülern, die nicht teilnehmen wollen, wird nicht erwähnt. Dieser Zugriff der nationalsozialistischen Organisation ist nötig, weil die nationalsozialistische Gestaltung des Schullebens offenkundig auf schulisch bedingte Grenzen stieß. Ein anderes Mittel der Indoktrination waren die von der Reichspropagandaleitung verbreiteten »Wochensprüche«. Wie die Herrnhuter Pietisten mit ihren gelosten Bibelsprüchen (»Losungen«) Menschen jeden Tag eine biblische Orientierung geben wollen, indoktrinierten diese ausgesuchten ideologischen »Wochensprüche« die Schüler klassenweise.[230]

Auf die Mitwirkung von Angehörigen der HJ an der Jugendweihe zur Schulentlassung lenkte der NS-Lehrerbund die Aufmerksamkeit, weil diesem »jüngsten politischen Willensträger der Partei« Zugang zu möglichst vielen Kindern eröffnet werden sollte. Wie den Vorschlägen des Lehrerbundes gefolgt wurde, ist nicht statistisch erfaßt. Die Klagen von 1940 lassen Reserven vermuten. Ein Dilemma war überdies, daß nicht alle Schüler ihre Schule gleichzeitig verlassen. Zum Zeitpunkt der angeblichen Lebenswende im 14. Lebensjahr fand in der HJ der Wechsel vom *Jungvolk* der *Pimpfe* in die *Hitlerjugend* statt. Dieser Übergang wurde gefeiert. Die Feier fiel zumeist in das gleiche Vierteljahr wie Schulentlassung, Jugendweihen und Konfirmation.

Verfolgen wir ein Beispiel im norddeutschen Heide: Am 7. März 1937 traten 20 junge Menschen in der Aula der Bäuerlichen Werkschule in Heide *im Beisein ihrer Eltern vor ihren Bannführer, um ihm das Gelöbnis in die Hand zu geben, in ihrem ganzen Leben stets nur für den Führer zu kämpfen und zu marschieren. Sie gaben sich freiwillig ganz dem Glauben an den Führer hin*, kommentierte der ›Heider Anzeiger‹.

Der Ablauf dieser »Verpflichtungsfeier von Hitler-Jungen«, die auch »Verpflichtung der Jugend« genannt wurde, ähnelte dem freigeistiger Jugendweihen. Bei den proletarischen wurden nur andere Uniformen getragen und andere Reden gehalten: *Durch ein Ehrenspalier der SA, SS, des NSKK, der PL und HJ, das vom Eingang der Werkschule bis hinauf zur Aula stand, marschierten 20 junge Menschen, einheitlich in die Uniform der HJ gekleidet, geschlossen zur Aula, wo bereits Eltern und Angehörige der zu Verpflichtenden saßen.*

Der Würde der Feier entsprechend war die Aula mit Hakenkreuzfahnen und einem prachtvollen Gemälde geschmückt, das den Kampf der Dithmarscher im Jahre 1500 darstellte. Neben den Eltern saßen fast alle Führer der Bewegung aus Dithmarschen. Andachtsvolle Stille herrschte in der überfüllten Aula, als Angehörige der SA-Standartenkapelle die Feierstunde mit der Andante aus der 5. Symphonie von Beethoven einleiteten.

Als sich anschließend alle Teilnehmer von den Sitzen erhoben hatten, trug ein Hitler-Junge einen Kernspruch vor. Und dann erklang, gemeinsam gesungen, das Lied ›Heilig Vaterland‹.

Wotans Abschied und der Feuerzauber von Richard Wagner leitete über zu der Ansprache des Bannführers Hausfeldt, der zunächst Worte des Führers zur Verlesung brachte ... Weiter sagte der Bannführer: »Schwer wird Euer Lebensweg auch in der Zukunft sein, aber ihr werdet ihn meistern, denn ihr seid ausgerichtet für diesen Kampf. Ihr seid aufgewachsen in der Gemeinschaft der Hitler-Jugend ... wenn ihr so in Zukunft mit euren Eltern den neuen Lebensweg beschreitet, dann wird er euch nicht schwer fallen.«

Kollektiv begangene Feiern zu *Lebenswenden* geben prinzipiell Anlaß zu diesem Dreiklang: Ihr werdet vor Problemen stehen, liebe Weihlinge, aber Ihr werdet sie meistern. Strengt Euch an und sucht mit Euren Eltern und Lehrern einen würdigen Weg. Das ideologische Beiwerk wechselt je nach Veranstalter. Deshalb erkannten die Nazis die Brauchbarkeit der freigeistigen Weihehandlung. Der Bericht aus Heide schloß:

Während dann leise Musikklänge durch die Aula hallten, nahm der Bannführer die feierliche Verpflichtung der Jugend vor. Stolzen Hauptes traten die zu Verpflichtenden einzeln vor ihren Führer, legten ihre Hand auf die Fahne der HJ, während der Bannführer einem jeden Kameraden einen markigen Ausspruch großer Deutscher mit auf den Lebensweg gab. Ein kräftiger Händedruck und ein neuer Lebensabschnitt vieler junger Deutscher begann. Die Feier schloß mit dem trutzigen Liede der deutschen Jugend.[231]

Die HJ gab den Feiern in Konkurrenz mit den Konfirmationen den religiösen Charme von Jugendweihen. Die Benennung wechselte, weil möglichst viele, auch christliche Schulabgänger einbezogen werden mußten, und die Völkisch-Religiösen durften nicht verprellt werden. Einen genauen Überblick über alle Veranstaltungen gibt es nicht. Am 19. Mai 1938 wurde vom Oberkirchenrat in Oldenburg notiert: Am Sonntag, dem 15. Mai, habe »in der Gemeinde Schortens eine nationalsozialistische Feierstunde durch den Kreisleiter Flügel stattgefunden, in der elf Kinder, die keiner Konfession angehörten, feierlichst in die Blut- und Rassegemeinschaft aufgenommen wurden«[232].

Und der Evangelische Oberkirchenrat in Berlin wollte in einem Brief an das Reichsministerium für kirchliche Angelegenheiten deutschgläubige Jugendweihen »als solche« nicht beanstanden: »Wenn sie aber in Parteistellen und in Parteiräumen veranstaltet wird, muß im Volk der Glaube entstehen, die Partei fördere eine eigene gegen das Christentum gerichtete Religion im Sinne der deutschen Glaubensbewegung.«[233] In einem beigefügten Brief des Pfarramtes Genthin hieß es, die HJ meide die Bezeichnung Jugendweihe, nenne die Feier statt dessen *eidliche Verpflichtung*. In Württemberg führte die NSDAP wohl Jugendweihen durch. Nach einem parteiamtlichen Schreiben des Stuttgarter Kreisleiters sollte für die den

Konfirmandenunterricht nicht besuchenden Kinder von der Partei ein Unterricht und als Abschluß eine Jugendweihe durchgeführt werden.[234] Offenkundig versuchte die NSDAP durch ihre Gliederungen die Jugendweihen der völkisch Religiösen etwa durch Raumvergabe, die Abordnung von Rednern, unter ihre Fittiche zu nehmen.

Am Palmsonntag 1939 wurde »zu gleicher Stunde mit der Konfirmation erstmalig in Stein in der Turnhalle die Feier der Lebenswende abgehalten, für zwei Mädchen, deren Eltern aus der Kirche ausgetreten sind« (das teilte das Landeskirchenamt in München der Berliner Kirchenkanzlei am 13. Juni 1939 mit).[235] In Einsiedel gab es am 18. März 1940 eine »Feierstunde der Lebenswende für zwei Schulentlassene«, die als Weihegeschenk Hitlers »Mein Kampf« erhielten. Am gleichen Tag wurden 110 Kinder konfirmiert.[236]

Ultimativ forderte der Ortsgruppenleiter in Rodewich/Vogtland Anfang 1939 in einem Brief an die »lieben Eltern« auf: »Bitte lesen Sie die nachstehenden Zeilen Konfirmation oder Lebenswende aufmerksam durch. Heil Hitler! Die kirchliche Feier mag ihre Berechtigung gehabt haben. Es war keine große einigende völkische Idee vorhanden, es war nichts da, was dieser Wende im Leben junger deutscher Menschen diesen Übergang vom Kind zum Erwachsenen Form und Inhalt gegeben hätte.«[237]

Am 16. Februar 1940 hatte eine Vorschrift an die HJ Klarheit geschaffen: *Die bisherigen Lebenswendefeiern, die in einer Anzahl von Gauen unter Leitung von Hoheitsträgern veranstaltet wurden, sind mit den Überweisungsfeiern der Hitlerjugend zusammenzulegen. Die Veranstaltungen führen die Bezeichnung:* ***Verpflichtung der Hitlerjugend.***[238] Der Text stimmt wörtlich mit Bormanns Anordnung A12/40 »Betrifft: Verpflichtung der Hitlerjugend am 31.3.1940« vom 5. Februar überein. In dieser Anordnung wird einleitend festgestellt: »Da konfessionelle Gruppen und die verschiedenartigen Sekten gerade auf diesem Gebiet sehr aktiv sind, ist eine einheitliche Gestaltung der von der Partei und ihren Gliederungen aus diesem Anlaß (der angeblichen Lebenswende) veranstalteten Feiern notwendig.«[239] Die *Verpflichtung* sei »auf das Sorgfältigste nach den von der Reichspropagandaleitung der NSDAP und der Reichsjugendführung der NSDAP erlassenen Anweisungen vorzubereiten. Größter Wert ist auf eine möglichst zahlreiche Beteiligung der Eltern und weiteren Angehörigen der Jungen und Mädel zu legen. Eine Beteiligung der Partei und ihrer Gliederungen an den Schulentlassungsfeiern ist mit Rücksicht auf die einheitliche Wirkung der von der Partei veranstalteten Feier nicht vorzusehen.«[240]

Der Weg der NSDAP zur Erfassung aller Jugendlichen hatte mit dem Versuch begonnen, die Schulfeier entsprechend zu gestalten. Als auch die Ergänzung der Schulfeier durch eine nationalsozialistische *Schulentlaßfeier* nicht die gewünschte Wirkung zeigte, wurde die Jugendweihe anläßlich der Schulentlassung als parteieigene Veranstaltung eingeführt. Der letzte Schritt war damit noch nicht getan. Die NSDAP konnte sich nun, ihrer Macht in Deutschland relativ sicher, ehrlichere Töne auch gegenüber ihren germanengläubigen Bündnisgenossen erlauben. Der Krieg erzwang bedingungslose Solidarität aller mit dem obersten Feldherren, dem »Führer«. Die Nazis wußten, daß ihre *Überweisungsfeiern der HJ* genannten Jugendweihen wie »Gautage, Kreistage, Sonnenwendfeiern und sonntägliche Morgenfeiern nur einen Teil der Bewegung und der Gesamtbevölkerung erfassen. [Zu den] Feiern, die die ganze Bewegung mit der Gesamtbevölkerung durchführt, [gehörten hingegen] die Feier des Parteigründungstages, des 1. Mai, des Reichsparteitages, des Erntedanktages und des 9. November.«[241] Die Jugendweihe stand in diesem Parteitext in einer Reihe von Parteiveranstaltungen auf regionaler Ebene und völkisch religiösen Feiern der NSDAP. Das Verhältnis der Nazis zu letzteren blieb unsicher, weil ihr politischer Umgang mit religiösen Bedürfnissen prinzipiell nicht zuließ, daß religiöse Erwartungen und Forderungen gegen den uneingeschränkten Autoritätsanspruch der Partei in Anschlag gebracht wurden. Deshalb war der Leiter der Parteizentrale irritiert, der am 16. Juni 1941 in einem Rundschreiben notierte: »Aus Berichten einiger Gauleiter über die Feiergestaltung geht hervor, daß bei manchen weltanschaulich nicht gefestigten Parteigenossen immer noch eine krankhafte Sucht besteht, für kirchliche Veranstaltungen Ersatz in nationalsozialistischen Feiern zu schaffen.« Das Ziel der Nazis war, daß alle Deutschen als Parteigenossen an der Jugendweihe der Partei teilnahmen. Erst nach dem *Endsieg* hätten die rechtlich unabhängigen Institutionen auf Reichsebene, die christlichen Kirchen, unterworfen werden können.

Am 12. Juli 1941 gab Bormann bekannt: »Die Bezeichnung für die Feier ist nunmehr endgültig: *Verpflichtung der Jugend*. Alle übrigen Bezeichnungen wie *Überweisungsfeier, Lebenswendefeier, Jugendweihe* usw. fallen fort.«[242] Diese engagierte »Bekanntgabe« war vermutlich deshalb nötig, weil die Jugendweihe selbständig, vielleicht sogar auf Billigung von Parteigenossen an abgelegenen Orten weiterhin Jugendweihe oder Lebenswendefeier genannt wurde. Die nächste *Verpflichtungsfeier*, hieß es weiter in der »Bekanntgabe«, finde am 22. März 1942 statt. Bis zum 25. März 1945 fanden diese umbenannten Jugendweihen am vorletzten Sonntag des März statt. Die Konkurrenz zu christlichen Gottesdiensten verstand sich von selbst.

Diese kategorische Umbenennung der Jugendweihefeier 1942 schloß die insgesamt langwierige Inbesitznahme der Weihe durch die nationalsozialistische Bewegung ab. Am 13. Januar 1942 veröffentlichte Bormann »Entwürfe für die Ansprachen des Hoheitsträgers und des Lehrers für die Feier der Verpflichtung der Jugend am 22. März 1942« und »Richtlinien für die Vorbereitung der Durchführung« im ›Reichsverfügungsblatt‹:[243]

In den *Richtlinien* wird die *Verpflichtung* neben zwei andere »besondere Ereignisse [gerückt], die jeden Jungen und jedes Mädel persönlich betreffen. Es sind dies die Feiertage der Jugend:

1. Die Aufnahme der 10-jährigen in das deutsche Jungvolk bzw. in den Jungmädelbund,

2. Verpflichtung der 14-jährigen, damit zusammenfallend die Schulentlassung und der Berufseintritt,

3. Die Überweisung der 18-jährigen in die NSDAP. Die Vorrangstellung unter den drei Feiertagen nimmt die *Verpflichtung der Jugend* ein« (4). Bormann wies zugleich darauf hin, daß »dieser Lebensabschnitt bisher für den jungen Deutschen noch eine Anzahl anderer Feiern brachte«. Die Nationalsozialisten fühlten sich jetzt so stark, daß die anderen Feiern wie etwa die Konfirmation nicht genannt wurden. Wunschdenken ließ die Konkurrenzveranstaltungen verschweigen, denn am 9. Dezember 1943 teilte der Chef der Sicherheitspolizei mit: Alle Berichte über die nationalsozialistischen Lebensfeiern zeigten »die heute noch unbeschränkte Alleinherrschaft der christlichen Kirchen«.[244]

Bormann hatte im März 1942 weiter geschrieben: »Das Nebeneinander und Durcheinander anderer Feiern (zum Lebensabschnitt) hat den bisherigen Bemühungen der nationalsozialistischen Bewegung, die *Verpflichtung der Jugend* zur entscheidenden und alleinigen Feier im Lebensabschnitt der 14jährigen zu erheben, Abbruch getan.« Dagegen setzte er das Ziel mit Worten, als wäre dies erreicht: »Entsprechend ihrer autoritären Stellung in den Fragen der Menschenführung kann und darf die nationalsozialistische Bewegung unter keinen Umständen darauf verzichten, die von ihr geschaffene Feier zur ›Verpflichtung der Jugend zur führenden und alleinigen Feier für den 14-jährigen Deutschen‹ zu machen«, heißt es mit Absicht nur teilweise gesperrt gedruckt. Einige Absätze später wird eingeräumt, daß »die überragende Stellung und Bedeutung der *Verpflichtung der Jugend* sich nicht in ein bis zwei Jahren erreichen läßt, sondern nur – abgesehen von der Ablösung bzw. vom Verbot anderer Feiern dieses Lebensabschnittes – durch eine langsame Umgewöhnung der Elternschaft, der Jugend.«[245] Die nationalsozialistische Bewegung setzte sich mithin 1942 das hohe Ziel, bis 1944 die Jugendweihe als Pflichtübung für alle, d. h. als »Brauchtum« (5) einzurichten.

Auf die »Heraushebung« des eigentlichen Höhepunktes dieser Feier, nämlich der Verpflichtung, haben Musik und Wort hinzuführen. »Der Verpflichtung geht eine weltanschauliche Vorbereitung voraus, die zum Pflichtdienst erklärt wird« (5). Dann folgen die Richtlinien über die »Vorbereitungen für die *Verpflichtung der Jugend*«. Die Frage war nun zu beantworten, wer an ihr teilnimmt. Zwar gibt es nur den Abschnitt »1. In der Hitlerjugend«, der in sieben Unterabschnitten erläutert wird (5), ein 2. Abschnitt folgt nicht. »Die Jugendlichen, die zuletzt vom Jungvolk nicht mehr bzw. noch nicht erfaßt wurden«, also diejenigen, die nicht HJ-Mitglieder waren, wurden formal in die HJ eingemeindet, denn auf sie geht der erste Unterabschnitt ein: Sie »gehören zu den 13-jährigen, deren Heimnachmittage entsprechend ihrem Winterdienstplan im Zeichen der Vorbereitung auf die Verpflichtungsfeiern stehen.« (5) Es folgt die Aufforderung, daß diese Jugendlichen »von den Dienststellen der HJ in Zusammenarbeit mit den Hoheitsträgern besonders aufzufordern sind, sich ab Januar 1942 einer weltanschaulichen Vorbereitung auf die Verpflichtungsfeiern zu unterziehen« (5). Um der HJ freie Hand zu lassen, wurde nicht festgelegt, wie, d. h. mit welchem Nachdruck die Nichtmitglieder der HJ aufzufordern waren, wie diese sich anmelden mußten. Die Richtlinie rechtfertigte keine Zwangsmaßnahmen, schloß sie aber auch nicht aus.

Weil »jedesmal neu die innere Beteiligung der feiernden Gemeinschaft erreicht werden sollte, darf der organisatorische Rahmen eines Stammes (der kleinsten HJ-Einheit am Ort) auf keinen Fall überschritten werden. Sofern noch Platz vorhanden ist, können außer den Eltern auch die nächsten Verwandten an der *Verpflichtungsfeier der Jugend* teilnehmen« (5). Der kleine überschaubare Rahmen der Feier sollte ausschließen, daß die Teilnehmer durch feierfremde Geschehnisse von der inneren Beteiligung abgelenkt wurden. Der gleiche Grund hatte neben die vom schulischen Geschehen bestimmte Schulschlußfeier, die nationalsozialistische *Schulentlaßfeier* stellen lassen. Die Nazis maßen der Jugendweihe, die sie recht spät in ihre Zuständigkeit nahmen, große Bedeutung bei. Auf jeden Fall wurden die HJ-Bannführer aufgefordert, »mit örtlichen Konzertdirektionen, Konzertsaalvermietern und Orchesterleitern Absprachen zu treffen, wonach für den Vorabend der Verpflichtungsfeiern am Sonnabend, dem 21. März 1942, festliche Aufführungen festzulegen sind« (5). Um auch »den entferntest wohnenden Eltern und zur Verpflichtung gelangenden Jugendlichen eine Einstimmung in den Tag der Verpflichtung« zu geben, übertrage der Großdeutsche Rundfunk am 21. März 1942 um 18 Uhr »eine musikalische Feierstunde für die Elternschaft und die Jugend« (6). Am Tag darauf werde »ein Ausschnitt aus der Hauptveranstaltung in Berlin mit einer Ansprache des Reichsjugendführers Arthur Axmann übertragen« (6). Es folgen die ausführlichen Angaben zur »Feierfolge« (6 f.). Hier werden die bündigeren »Hinweise zur Gestaltung von Feierstunden zur Verpflichtung der Jugend am 28. März 1943« zitiert:

Die Verpflichtungsfeiern werden von der Hitler-Jugend ausgestaltet.

Die zur Verpflichtung gelangenden Jungen und Mädchen begeben sich einzeln gemeinsam mit ihren Eltern und Angehörigen zur Verpflichtungsfeier; während diese im Feierraum Platz nehmen, versammeln sich die zu Verpflichtenden in einem besonderen Raum; dort erfolgt die Feststellung der Anwesenheit. Bei Beginn der Feier rücken sie geschlossen unter Vorantritt der Fahne der Hitler-Jugend ein.

Im Mittelpunkt der Feiern steht die Verpflichtung auf den Führer.

Nach der Verabschiedung der Schulentlassenen durch den Vertreter der Schule spricht der Hoheitsträger oder ein Beauftragter von ihm zu den Jungen und Mädeln über den Sinn der Verpflichtung. Der Redner muß sich die Worte und Gedanken der Ansprache zu seinem geistigen Eigentum gemacht haben, damit die Rede nicht nur ein bloßes Vorlesen wird.

Anschließend erfolgt die Übernahme in die Hitler-Jugend und Bund Deutscher Mädel und die Verpflichtung durch den Führer der Hitler-Jugend.

Nach der Verpflichtung erfolgt die Verleihung der Gedenkblätter. Diese Handlung kann durch verhaltene Feiermusik gesteigert werden. Die Übergabe der Gedenkblätter mit persönlichem Namensaufruf soll allerdings nur in solchen Feiern erfolgen, in denen nicht mehr als vierzig Jugendliche zur Verpflichtung gelangen. Bei größeren Feiern wird das Gedenkblatt nicht in der Verpflichtungsfeier selbst, sondern durch den Zellen- oder Blockleiter bzw. durch einen geeigneten Vertreter des Hoheitsträgers bei einem persönlichen Besuch der Eltern im Rahmen der Familienfeier überreicht. Die Schulentlassung erfolgt seit 1942 in der Form einer persönlichen Verabschiedung des Lehrers von seiner Klasse bzw. seinen Schülern durch Hinweis auf die stattfindende Verpflichtung der Jugend.

Der Berufseintritt erfolgt nur durch eine interne Begrüßung im Rahmen des Betriebes.

Die verbindlichen Richtlinien sind den Dienststellen mit der Sonderlieferung 1/43 des ›Kulturpolitischen Mitteilungsblattes‹ zugegangen.[246]

Der im einzelnen nicht bekannte Umgang mit dieser Feierform war großzügiger, als in einem totalitären Staat zu erwarten ist. Im Ermessen der jeweils Verantwortlichen stand es, die Mitglieder des Jungvolkes und die Nichtmitglieder, Konfirmierte und Nichtkonfirmierte unterschiedlich zu behandeln, zu diskriminieren. Davon wird aus Oschatz, einer Kreisstadt bei Leipzig, von Hans-Jürgen Wegener in einem Leserbrief an die FAZ (22. Februar 1994) berichtet: »Wir sind ›jugendgeweiht‹ worden«, schrieb er, »in der Aula einer Schule in Jungvolk-Uniform 1943. Erste Sitzreihe beim Festakt die Jugendlichen, die nicht konfirmiert worden waren, zweite und dritte Reihe Angehörige im Sonntagsstaat. Dahinter – soweit ich mich erinnere, ohne Angehörige – die überwiegende Menge des Jahrganges, der ja gerade konfirmiert worden war. Wir Konfirmanden bekamen jedenfalls keinen Händedruck [vom Festleiter in Parteiuniform] und auch nicht ›Mein Kampf‹ als Geschenk.« Diese Veranstaltung in Oschatz wurde, das zeigen die Anführungsstriche, *Jugendweihe* genannt. Es mag sein, daß die offizielle Bezeichnung *Verpflichtungsfeier der Jugend* im Wortschatz der Teilnehmer den gewohnten Begriff Jugendweihe nicht verdrängen konnte. Dies wäre vergleichbar mit der offiziellen Bezeichnung der gegenwärtigen JugendFEIER der »Humanisten«, die als »alternative/andere Jugendweihe« offiziell angekündigt wird. In den Erzählungen der meisten Teilnehmer heißt sie »Jugendweihe«.

Die, wenn auch im ganzen nicht erfolgreiche Umbenennung der Jugendweihe wurde von den Nazis in den Kriegsjahren mit großem Nachdruck betrieben, nachdem sie entdeckt hatten, wie gut durch diese ersatzreligiöse Feierform Jugendliche erfaßt und rekrutiert werden konnten.

Schließlich gaben sie ihr ein nationalsozialistisches Gesicht, das sich von den proletarischen Massenveranstaltungen durch die überschaubare Zahl der Teilnehmer abhob. Wiederholt sei, daß sich der Ablauf keiner Jugendweihe von der rationalistisch konzipierten Konfirmationsordnung unterscheidet. Aus totalitärem Selbstbewußtsein ließen die Nazis nicht zu, daß ihre nationalsozialistische Feier denselben Namen trug wie die von den »Sekten« und Sozialisten in der verhaßten Weimarer Republik durchgeführten Veranstaltungen. »Nomen est omen«, stellt ein Sprichwort fest und warnt, die Macht dessen geringzuschätzen, der einen Menschen, eine Institution benennt. In den Festansprachen der Hauptverpflichtungsveranstaltung, die im ›Völkischen Beobachter‹ abgedruckt wurden, benutzten alle Redner unbefangen den religiösen Begriff »Weihe«, sei es auch nur, daß die Väter an der Front »den Versprechen ihrer Kinder eine ernste und mahnende Weihe geben«.[247]

Die falsche Behauptung der ostdeutschen Jugendweiheveranstalter, daß es im »Dritten Reich« keine Jugendweihe gegeben habe, die schon in der DDR die Erinnerung an diese nationalsozialistischen Jugendweihen tabuisierte, bestätigt unsere Beobachtung, daß ostdeutsche Jugendweihearbeit den Rückblick und die Kritik an der DDR gezielt ausblendet. Wichtig war den Nazis und ab 1955, wie gezeigt wird, den Ausschüssen in der DDR, das Gelöbnis in den Jugendweihen, auf das die Feiern zuliefen. Dieser »Höhepunkt« sollte erregen, denn es kam beim Gelöbnis nur »auf die Disziplinierung zur Stärkung der Kampfkraft durch Vermittlung der Suggestion von Unbesiegbarkeit an. Sie sollte wirksam werden durch die Entfernung von aller Traditionsgebundenheit und durch die Idealisierung des Führers, welcher sich im übrigen auch als Leitbild für die Sublimation der Sexualität anbot.«[248] Nicht zufällig betonen Erwachsene, meist mit leuchtenden Augen, noch heute, Jugendliche wollten zur Jugendweihe, weil sie einen »Höhepunkt« erleben wollten. Inzwischen fehlt den Jugendweihen ein Identifikationsobjekt, wie es der idealisierte »Führer« im »Dritten Reich« war. Aber gehofft wird weiterhin, daß die Jugendweihe/JugendFEIER ihre Kinder restlos erfüllt.

Die deutsch-unitarische Jugendweihe

Durch den Zusammenbruch des nationalsozialistischen Staates wurden auch dessen Organisationen vernichtet, im März 1945 fanden die letzten nationalsozialistischen Jugendweihe statt. Aber Erinnerungen an die nationalsozialistischen und völkisch-bündischen Jugendweihen blieben bei Teilnehmern und Veranstaltern lebendig. Die völkisch-religiöse Bewegung brach 1945 nicht einfach ab, so wie auch realsozialistische Überzeugungsmuster durch die Selbstentleibung der DDR nicht abstarben.

Der nordrhein-westfälische »Humanist« Stöckel zählte (s. o. S. 65), in ›diesseits‹ 10/1990 die Unitarier zu der freigeistig-humanistischen Bewegung. Auch in diese gegenwärtig in Deutschland etwa 72000 Mitglieder zählende religiöse Gemeinschaft kämen diejenigen nicht, die der Kirche den Rücken kehrten, klagte er. Ob das an Mängeln der eigenen Organisation liegt, erwog er nicht. Die Kirchenaustrittsbewegung zu Beginn des Jahrhunderts, die »freie Geister« propagierten, führte nicht zu einem Mitgliederzuwachs der Freigeistigen, weil nicht deren Attraktivität für die Austritte entscheidend war, sondern »die wachsende Gleichgültigkeit in religiös-weltanschaulichen Fragen,«[249] die also Kirchen wie Freigeister traf. Mit den Kirchen im selben religiösen Boot zu sitzen, ist indes unvereinbar mit der der freireligiösen Doktrin. Deshalb warf Stöckel das Thema nicht zur Erklärung auf.

Die Unitarier haben ihren Ursprung im individualistischen, hierarchiekritischen protestantischen Aufbegehren gegen die katholische Gesamtkultur. Dogmatische Meinungsverschiedenheiten ließen die Unitarier schnell an den oppositionellen Rand der evangelischen Christen rücken. In Siebenbürgen, den angelsächsischen Ländern und in Deutschland entwickelten sie sich unterschiedlich. In Deutschland kehrten die Unitarier ihre Ablehnung aller Dogmen nach der Aufklärung heraus, weil alle wissenschaftlichen Erkenntnisgewinne gegen Dogmen sprächen. Die unitarische Gemeinschaft hält ein starker menschlicher Optimismus zusammen. Christlich-biblische Vorstellungen von der Sündhaftigkeit aller Menschen lehnen die Unitarier freireligiös ab. Sie haben keine Geistlichen und kennen keine Gottesdienste, weil Voraussetzung dazu wäre, daß ein Gott vom Himmel her, »nur von außen stieße« (Goethe). »Denn wir haben nach unserem Glauben unmittelbar an der Gottheit teil, mag das Maß auch noch so unendlich bescheiden sein.« Die Pointe dieser von H.-D. Kahl geschilderten unitarischen Überzeugung[250] ist klar: »Wir sprechen so viel davon, daß *Gottesdienst* für uns nicht nur die Zeit sonntags von 9–11 Uhr sein soll, sondern, so gut es geht, das ganze Leben.« Für Christen versteht es sich indes von selbst, daß ihr Leben ein Gottesdienst ist. Es ist die große Leistung Luthers und anderer Reformatoren, die Formen des Gottesdienstes fein zu scheiden. Gottesdienst in der Kirche, im jeweiligen Beruf, im Alltag und im jeweiligen Liebesleben hat verschiedene Zeiten und sehr unterschiedliche Gesichter.

Unitarier haben in ihrem umfassenden Entwurf der »All-Einen Wirklichkeit«, in der Gott und Welt in eins gesetzt sind, keinen Platz für solche lebensnahen Unterscheidungen, d. h. keinen Platz für die Differenziertheit unserer Lebenswirklichkeit. Klassisch für die evangelischen Unterscheidungen des Gottesdienstes ist die Lehre von den Zwei Reichen, in denen sich jeder Christ unterschiedlich verhalten muß, um dem jeweiligen Reich – durchaus immer angesichts Gottes – gerecht zu werden. So läßt die von den Unitariern verweigerte Unterscheidung des Gottesdienstes – diese unitarische Weigerung erinnert an Baltzer, nach dem »Staatsgesetze nur Früchte sind, die am Baum des religiösen Volksgeistes wachsen«[251], so daß eine Trennung von Staat und Kirche eigentlich überflüssig sei – der

Unterschiedlichkeit der konkreten menschlichen Lebenszusammenhänge Rechnung zu tragen.

Die *Unitarische Freie Religionsgemeinde* (UFR) in Deutschland vereint ohne Schwierigkeiten »freie Christen, Pantheisten, Panentheisten und religiöse Humanisten«.[252] 1927 hatten freireligiöse Gemeinden wie die südwestdeutschen Gemeinden im *Verband Freireligiöser Gemeinden Süd- und Westdeutschlands* zum Erhalt ihrer religiösen Orientierung den erwähnten Zusammenschluß mit den Freidenkern im *Volksbund für Geistesfreiheit* nicht eingehen wollen. Sie schlossen sich im *Deutschen Unitarierbund* zusammen. Wiewohl die Nationalsozialisten diesen Bund verboten hatten, stießen nach seiner Neugründung 1949 viele religiös heimatlos gewordene Mitglieder der ehemaligen *Deutschen Glaubensbewegung* dazu.

Die Unitarier bieten ihren Mitgliedern an bestimmten biographischen Daten *Lebensfeiern* an. Jede soll dem Betreffenden ein »kurzer Ruhepunkt seiner Entwicklung und Augenblick echter Einkehr«[253] sein. Es handelt sich nicht um »Weihen«, denn diese sind in der Welt der Unitarier nicht vorstellbar. Bewußt ist die Bezeichnung ***Leiten*** gewählt. »Als Religionsgemeinschaft wollen wir ihm [dem Teilnehmer] dazu verhelfen, wollen ihm in dieser Stunde sagen, daß wir ihm Geleit geben mit der ganzen Kraft unseres Herzens. Das ist der Sinn der Leiten in unserer Religionsgemeinschaft.« Das erinnert an die Erklärung der Jugendweihen durch Hauer.

Hier interessiert die zweite der vier Lebensfeiern Lebensleite, Jugendleite, Eheleite und Todesleite. Der Jugendleite geht ein ausführlicher Unterricht voraus, der oft über ein Jahr dauert. Dieser »Jugendleitegespräch« geheißene Vorbereitungskurs behandelt in kleinen Gruppen das Menschenbild der jüngsten Naturwissenschaften, erörtert ein den wissenschaftlichen Fortschritten angemessenes Verständnis der Welt. In freigeistigem Stolz wird über den jahrhundertelangen Kampf gegen kirchliche Muckerei um Gewissensfreiheit gesprochen. An Beispielen wird auch »die religiöse Erfahrung heutiger Menschen mit der Vernunft« thematisiert.[254] Die Jugendleite führt nicht in die Gemeinde, in die erst im Alter von 18 Jahren eingetreten werden kann. Die unionistische Sichtweise der Welt als das All-Eine Gottes mystifiziert den Vorgang der Jugendleite. Das Bemühen soll sie tragen, »Herz und Sinn zu öffnen für das ehrfürchtige Erleben des Urschöpferischen«. Von diesem Urschöpferischen sehen die Unitarier eine Macht ausgehen, es ist die »Quelle letzter Geborgenheit und Selbstbehauptung« und »Richtweiser des Willens zur Lebensgestaltung«. Der Ablauf der Jugendleitefeiern entspricht dem der Jugendweihen: Einzug der Jugendlichen, zumeist klassische Musik, Ansprache etwa zum Thema »Abhängigkeit oder Selbstverwirklichung? Zur Problematik der Jugendsekten«, Vortrag von Leitsprüchen, die die Jugendlichen selbst auswählen konnten, Verleihung der Urkunden durch den Gemeindeleiter, gemeinsames Lied zum Abschluß.

Die Jugendweihe in der DDR: »Das frohe Familienfest unseres Volkes«

Der freigeistige Ritus im Griff der Staatspartei

In der am 7. Oktober 1949 gegründeten DDR war die Feier von Jugendweihen ein Politikum. Ein an der Spitze der Machthierarchie entscheidendes Organ, das Sekretariat des ZK der SED, beschloß am 13. Februar 1950: *1. Von der Partei, den Gewerkschaften, von der FDJ usw. sollen Jugendweihen im Sinne der früheren Freidenkerverbände nicht durchgeführt werden. Insbesondere ist jeder sogenannte »weltanschauliche Unterricht«, wie er von einzelnen Parteiorganisationen zur Vorbereitung solcher Jugendweihen in den Wintermonaten erteilt wird, zu unterlassen. 2. Statt dessen sind von der FDJ in Verbindung mit den Volksbildungsämtern Schulentlassungsfeiern durchzuführen, die stärkstens durch die Parteiorganisationen, den FDGB, den Kulturbund und den Deutschen Frauenbund unterstützt werden sollen.* Den Abteilungen Kultur und Erziehung wurde aufgetragen, dies allen unteren Parteieinheiten bekanntzugeben und den Vollzug zu kontrollieren[255]. Wir verfolgen nun den Weg dahin, daß in der DDR sieben Millionen junge Ostdeutsche die Jugendweihe besuchten. Sprach sich die SED 1950 grundsätzlich gegen die Weihe aus?

Die Auflistung »Gewerkschaften, FDJ usw.« galt den von der SED beherrschten gesellschaftlichen Organisationen in der DDR. Hatten dergleichen Organisationen vor 1950 Jugendweihen durchgeführt? Die Frage nach dem Fortbestand der Freidenker ist gegebenenfalls zu erweitern um die nach der Unabhängigkeit der Freidenkerverbände in der DDR. Präziser war das Verbot des Sekretariats formuliert, daß Parteiorganisationen den bisher erteilten Unterricht zur Vorbereitung von Jugendweihen künftig zu unterlassen haben. Es sollte also eine Änderung erfolgen. Eindeutig war schließlich die Aufforderung, daß künftighin die SED-Jugendorganisation FDJ in Zusammenarbeit mit staatlichen Schulämtern »Schulentlassungsfeiern« durchführt, an denen andere Organisationen der SED zu beteiligen waren. Diese nicht behördlich anzuordnenden Feiern sollten den Charakter freiwillig besuchter Veranstaltungen tragen. Diese Aufforderung entsprach der des nationalsozialistischen Lehrerbundes (NSLB) 1938, »deutsche Schulentlaßfeiern« durchzuführen, die mit der »behördlich angeordneten Schulschlußfeier nichts zu tun haben«[256]. Der Beschluß wurde in einer Zeit gefaßt, als die unangefochtene Machtstellung der SED in der DDR noch nicht etabliert war. Es muß angenommen werden, daß nicht alle SED-Genossen über den von der Parteiführung angestrebten totalitären Charakter ihrer Partei im klaren waren. Die von der Parteispitze vorgesehenen »Schulschlußfeiern« waren ein Mittel, um möglichst viele junge Menschen in der DDR am Ende ihrer Schulzeit, wenn wichtige Entscheidungen anstehen, durch Organisationen der SED beratend und kontrollierend zu erfassen.

Der Sekretariatsbeschluß vom 13. Februar 1950 war eine der grundlegenden Maßnahmen der SED, um ihre alleinige Dominanz in der ostdeutschen Gesellschaft zu sichern und die spätere SED-DDR zu gestalten. Offenkundig stellten die Jugendweihen nach Meinung der Parteiführung dabei eine politische Gefahr dar. Es hatte in der SBZ/DDR wie Jugendweihen mancherorts auch Schulschlußfeiern gegeben, die von Anfang an als Alternative zur Jugendweihe begriffen worden waren. Ein im Landesverband Sachsen der SED für die Abteilung Kultur und Erziehung zuständiger Funktionär hatte 1949 die Wichtigkeit von Schulentlassungsfeiern, der sogenannten »demokratischen Jugendfeiern« erläutert, die zwangsläufig alle Kinder erfaßten. Erfolgreich seien sie 1948 erstmals in Sachsen »in allen Schulgemeinden« veranstaltet worden, schrieb Fritz Brumm in seinem Beitrag *Jugendweihe oder demokratische Jugendfeier?*, der im ›Parteiarbeiter Sachsens‹ erschien: »Die SED ist der Auffassung, daß weltanschauliche Unterschiede keinen Anlaß geben, die verschiedenen Richtungen der aufbauenden Kräfte gegeneinander auszuspielen ... Im politischen Kampf geht es nicht um Christentum oder Marxismus, die Entscheidung heißt vielmehr: Krieg oder Frieden.« Brumm referierte Argumente für die Jugendweihe. »Letztes Argument, wonach die Ablehnung der Jugendweihe die Jugend geradezu in die Arme der Kirche treibe, wird am besten mit der Feststellung entkräftet, was die Kirche bereits hat, kann man ihr nicht mehr in die Arme treiben. Allein siebzig oder achtzig, mancherorts neunzig Prozent unserer Mitglieder sind heute noch konfessionell gebunden. Die demokratische Jugendfeier ist weder ein Ersatz für die Jugendweihe noch ein Gegengewicht zur Konfirmation. Auf dem Boden der neuen antifaschistisch-demokratischen Ordnung stehend, dient sie vornehmlich dem Zweck, die Jugend am Tage der Schulentlassung als Mitarbeiter in die Reihen der fortschrittlich-demokratischen Kräfte aufzunehmen.«[257] Die Veranstaltung der Jugendweihe, vorstellbar in der SBZ nur als durch die SED staatlich autorisierte Handlung, hing somit ausschließlich von der machtpolitischen Überlegung ab, wie die SED am besten unter den zahlreichen Christen in Ostdeutschland gesellschaftlich und politisch Fuß fassen konnte.

Brumm schrieb am 13. September 1949 im Namen der Abteilung Kultur und Erziehung des Landesvorstandes der SED einen »Bericht über die Durchführung der demokratischen Jugendfeiern 1949«. Die Schulkommission des Landesvorstandes habe »vom Sekretariat gebilligte Richtlinien für einen besonderen vorbereitenden Unterricht« vorgelegt, der »bereits im April begann. Der Schwerpunkt dieses Unterrichts lag in den Gesprächen mit der FDJ.« Die Themen reichten von den Fragen »Warum organisiert sich die Jugend? Was will die FDJ?« bis zu den »Berichten eines Reichsbahn-Aktivisten über seine Arbeit«. Die Feier der 30. Grundschule in Dresden habe in der Scheibenfabrik stattgefunden. Deren Belegschaft »leistete an diesem Sonntag eine Sonderschicht zu Ehren der Schulentlassenen. Zu Beginn der eigentlichen Feier schaltete ein Betriebsarbeiter die Maschinen aus und eröffnete mit schlichten einfachen Worten die Feier. Es sprachen der Genosse Buchwitz, ein Betriebsarbeiter und ein Vertreter der FDJ. Am Abschluß der Feier schaltete einer der Schulentlassenen die Maschinen wieder ein; und die Belegschaft setzte ihre Sonderschicht fort.«[258] Die Wahl des Termins für diese Entlassungsfeier war ein Affront gegen die christlichen Schüler.

Die Pointe der Berichte Brumms war, daß sich die Schulfeiern als Mittel zur Erfassung von Jugendlichen besser eignen als Jugendweihen. Aber die SED-Führung mußte ihr machtpolitisches Kalkül gegen die Jugendweihen in den eigenen Reihen durchsetzen, die noch nicht fest geschlossen waren. Der Beschluß vom 13. Februar 1950 bezweckte auch, unkontrollierbarn Wirkungen lokal guten Gewissens in Eigenregie veranstalteter proletarischer Jugendweihen vorzubeugen. In den Akten der SED finden sich viele Belege dafür, daß in der SBZ und vor Februar 1950 Jugendliche auch von Funktionären der SED geweiht wurden. Offenkundig verfolgte die Parteileitung diese Aktivitäten mit mißmutiger Neugier. Ob sie sich einige Zeit unsicher war, wie sie sich dazu verhalten sollte?

Auf den 11. Februar 1948 datierte die Abteilung Parteischulung, Kultur und Erziehung des ZK der SED ihr »Material für eine Jugendweihe, enthaltend eine Vortragsdisposition, einen Programmvorschlag« und Gedichte. Der Programmvorschlag lautete:

Jugendchor: Wir sind die Jungen	*(Walter Rohde)*
Klaviertrio op. 1 Nr. 3 c-Moll	*(Beethoven)*
Rezitation: An die Jugend	*Henschell*
Ansprache	
Weiheansprache	
Aushändigung der Gedenkblätter	
Klavier-Trio op. 70 Nr. 1 D-Dur	*(Beethoven)*
Rezitation: Nicht betteln, nicht bitten	*(Hoffmann von Fallersleben)*
Jugendchor: Beherzigung	*(Goethe)*[259]

Und unter den Gedichten wurde der bereits erwähnte Weihespruch Schönlanks (1891–1965) *Seid geweiht dem Arbeitervolke* aufgeführt. In der Vortragsdisposition wurde die Weihe als »eine Stunde der Besinnung am ersten großen Wendepunkt in unserem Leben« verstanden. Hingewiesen wird auf die FDJ, »in der sich Schulentlassene zusammenfinden, um in großer Aussprache« Probleme zu erörtern[260]. Der Beschluß vom 13. Februar 1950 war also ein Rückzug der SED aus den Jugendweihen.

Offenbar versuchte die SED 1949, den Veranstaltungseifer unterer Parteiorgane auf die Feiern der Jugend bzw. Jugendfeiern bei der Schulentlassung umzulenken. Am 1. Juni 1949 bezog sich der SED-Landesverband Sachsen-Anhalt in einem Brief an das ZK der SED auf »Euer Schreiben vom 9.5.1949 zur Jugendweihe«: Der Landesverband habe »mit (dem) Ministerium für Volksbildung vereinbart, in den kommenden Jahren keine

Jugendweihen wieder durchzuführen, sondern wir werden unsere ganze Aufmerksamkeit der guten Durchführung von Schulentlassungsfeiern widmen«[261]. Der Landesvorstand der SED Groß-Berlin stellte am 3. Mai 1949 fest: »Wir haben festgestellt, daß die Feiern der Jugend teils ungenügend vorbereitet, teils wenig propagiert wurden.«[262] Er mahnte eine bessere Organisierung der Feiern, Werbemaßnahmen durch Lehrer und FDJ an – Adressat dieses Briefes einer Partei waren neben Parteiinstanzen »Hauptschulräte« der staatlichen Schulverwaltung. Deutlich kündigte sich die »Herrschaft der vereinigten Exekutiven von Partei, Staat und einigen Massenorganisationen«[263] an. Die Feiern, schrieb der Landesvorstand, sollten »allen Kindern offenstehen«.

Die 1989 in der DDR zusammengestellte ›CHRONIK‹ berichtet S. 59, daß am 22. April 1949 »Kreisvorstand der FDJ und das Kreisschulamt von Berlin-Treptow alle Jugendlichen aufrief, unabhängig von der parteipolitischen oder konfessionellen Bildung (gemeint ist wohl Bindung, A.M.) ihrer Eltern, im Juni an der ›Feier der Jugend‹ teilzunehmen – unter dem Motto ›So wünschen wir uns den Schulabschluß‹. Bei den Werbeveranstaltungen für ›Feiern der Jugend‹ (wurde) darauf hingewiesen, daß die Jugendweihe veraltet wäre und es nun darauf ankäme, das die ganze Jugend Vereinende in den Vordergrund zu rücken.« Der Magistrat von Groß-Berlin teilte dem ZK der SED am 9. Juni 1949 mit, am Sonntag, dem 3. Juli 1949, werde in der Staatsoper Unter den Linden »eine Abschlußfeier im Rahmen der Feier der Jugend stattfinden. Diese wird für die Teilnehmer aus den Westsektoren durchgeführt«.[264] Treffend für die grotesken Verhältnisse teilte ein staatliches Amt der Partei mit, es führe eine außerschulische Veranstaltung werbewirksam für Kinder aus der »Besonderen Politischen Einheit Westberlin« durch. Da weder die ›CHRONIK‹ noch eine West-Berliner Tageszeitung von der Feier am 3. Juli berichteten, fand sie wohl nicht statt. Der »Zentralausschuß für Jugendweihe«, den der wie berichtet in Kreuzberg gegründete Deutsche Freidenker-Verband (DFV) im Dezember 1946 gebildet hatte, führte nach Mitteilung der ›CHRONIK‹ am 19. und 26. Juni 1949 im Marmorpalast am Kurfürstendamm Jugendweihen für 185 Jugendliche aus den westlichen Bezirken Charlottenburg und Neukölln sowie den östlichen Bezirken Friedrichshain und Köpenick durch. Diese Jugendweihen in West-Berlin mißfielen der SED wahrscheinlich.

In der DDR-Provinz agierten »Vorbereitende Komitees der Jugendweihe« ungestört weiter. In den Beständen der Abteilung Volksbildung des ZK der SED findet sich der Programmzettel einer Jugendweihe, die am Sonntag, dem 10. April 1949, im Kleinen Haus der Bühnen der Stadt Gera stattfand.[265] Auf der Titelseite steht »Beherzigung Johann Gottlieb Fichtes: *Und handeln sollst Du so, als hinge von Dir und Deinem Tun allein das Schicksal ab der deutschen Dinge und die Verantwortung wäre Dein*«. Sie gehört zum Zitatenschatz freireligiöser Gemeinden. Auf Nähe der Mitglieder des »Vorbereitenden Komitees der Jugendweihe« zur SED läßt schließen, daß die FDJ lobend im Programm erwähnt wurde. Freilich lag die Weihe vor dem III. Parlament der FDJ Anfang 1949 in Leipzig, auf dem durch Abschaffung der geheimen Wahlen der Massenorganisation totalitärer Charakter gegeben wurde. Den »Lieben Jungen, lieben Mädeln« wurde mitgeteilt: »Mit eurem Eintritt in die Gemeinschaft der Werktätigen nehmt ihr auch starken Anteil an ihren Sorgen und Zielen. Die tausendjährige Predigt von der Heiligkeit des Menschenlebens hat das Morden nicht verhindert.« Der Hinweis auf den biographischen Schritt wurde überlagert von der Vorstellung, daß dieser Schritt in die »Gemeinschaft der Werktätigen« führe. Und deren einziger Wortführer war in der DDR die SED.

Aufschlußreich ist ein Zettel, der an »Liebe Eltern, Jugendweihe 1949« gerichtet war. Für Schulentlassene war ein »Vorbereitungsunterricht« angeboten, an dessen Ende die Jugendweihe stand. Alle angezeigten Veranstaltungen fanden in städtischen Schulen statt; die erste Unterrichtsstunde für Mädchen war für den 18. Februar 1949 angekündigt, für Jungen am 9. Februar.[266] Anfang April fand die für Jungen und Mädchen gemeinsame Jugendweihe statt. Der Rhythmus der Feier war schlicht:

Symphonie Nr. 41	*(W. A. Mozart)*
An die neue Jugend	*Sprecher: W. Jacob*
Serenade »Eine kleine Nachtmusik«	*(W. A. Mozart)*
Ansprache	*(Hermann Schröder)*
Namensaufruf der Kinder	
Weihespruch von Bruno Schönlank	
Das Gelöbnis!	
Weltjugendlied	*(Kinderchor)*
Ausklang Ouvertüre 1948	*(Gerster)*[267]

Wie gesagt, der Sekretariatsbeschluß vom 13. Februar 1950 war innerhalb der SED eine klarstellende Kehrtwendung. Die ›CHRONIK‹ erwähnt diesen Beschluß nicht – ein weiterer Beleg dafür, daß die Reformmaßnahmen, innerhalb derer die ›CHRONIK‹ 1989 erstellt wurde (s. o. S. 25), nicht weit reichen durften.

Da 1950 die Autorität der SED in der DDR noch nicht unangefochten war, war die Auseinandersetzung mit den Freireligiösen, die sich in der DDR formierten, noch durch kein Diktat der SED zu vermeiden. Im Archivbestand der SED sind Jugendweihen der Freireligiösen nicht bezeugt; die vom Zentralausschuß für Jugendweihe in der DDR 1989 herausgegebene ›CHRONIK‹ berichtet, daß die »Freireligiöse Gemeinde Leipzigs« im dortigen Filmtheater »Capitol« am 2. April 1950 eine Jugendweihe von achtzig Jugendlichen durchgeführt habe. Carl Peter (1874–1958), der Vorsitzende der Gemeinde, habe die Festrede gehalten. Dieser Mitstreiter Ernst Bergmanns in der *Gemeinschaft Deutsche Volksreligion* im »Dritten Reich« hatte sich auf seine freireligiöse Herkunft zurückbesonnen. Um ihn hatte sich eine Gemeinde geschart, in die durch Jugendweihen eingeführt wurde. Der neugegründete freireligiöse Bund kam wegen seiner Jugendweihe in Konflikt mit der SED. Peters beschwerte sich wegen Behinderungen der freireligiösen Weihen in der DDR. In deren Verfassung vom 7. Oktober 1949 standen die Artikel 41 bis 48 »Religion und Religionsgemeinschaften«. Sie setzten ein mit der Feststellung: »Jeder Bürger genießt volle Glaubens- und Gewissensfreiheit. Die ungestörte Religionsausübung steht unter dem Schutz der Republik.« In der Formulierung war der »Bezug auf die Weimarer Verfassung« deutlich, der in den damaligen deutschlandpolitischen Kundgebungen der SED hergestellt worden war – um »eine Konsensgrundlage mit den Westalliierten herzustellen«, wie der SED-Historiker Rolf Badstübner 1991 behauptete.[268]

Da sich Peters über die Verletzung der Glaubens- und Gewissensfreiheit beschwerte, mußte sich das Sekretariat des ZK der SED nach verschiedenen, zum Teil sich widersprechenden Bescheiden auf Landesebene, mit dem Bund befassen, der in Ostdeutschland 25 000 Mitglieder hatte[269]. Als die Freireligiösen in einem Schriftstück des ZK der SED *sektiererische Genossen* genannt wurden, war klar, wie die Entscheidung ausfallen mußte. Sektiererei bezeichnete im Sprachgebrauch der SED keine religiöse Verhaltensweise. Der Begriff war in der SED politisch verstanden – Verwendung religiöser Begrifflichkeit im politischen Kontext war ein Merkmal für die politische Religion des SED-Sozialismus. Schon die KPD hatte vor der Vereinigung mit der SPD zur SED scharf gegen *Sektiererei* in den eigenen Reihen gewettert. Anfänglich wurde der Begriff »Sektierer« vor allem verwandt, um die zu kritisieren, die durch eine »enge« bzw. »dogmatische« Interpretation des Marxismus-Leninismus den Führungsanspruch der KPD/SED, d. h. innerhalb der Partei den der Parteileitung, in Frage stellten. In dem Maße, in dem der SED der Aufbau der DDR gelang, wurden mit dem Begriff alle charakterisiert, die an ihrer von der einheitlichen Staatsführung abweichenden Überzeugung festhielten. Nach Meinung der SED-Führung zählten die Freireligiösen dazu.

Die erwähnte Weihe vom 2. April 1950 in Leipzig fand trotz der Vorbehalte aus Berlin vermutlich statt, weil der SED 1950 noch eine straffe Organisation fehlte und die freireligiös organisierten Genossen guten Gewissens handelten. Undatiert ist die Abschrift eines Briefes, den eine Schülerin aus Magdeburg/Sudenburg an Ministerpräsident Walter Pieck richtete: *Lieber Walter Pieck! Wir sind in Magdeburg 400 Kinder, die der freireligiösen Gemeinde angehören und am 6. Mai Jugendweihe haben sollten. Jetzt, drei Wochen vor dem 6. Mai, wird uns und unseren Eltern gesagt, daß dieselbe nicht stattfinden darf.*

Ich habe schon zwei Jahre am freireligiösen Unterricht teilgenommen. Stets wurden wir zum Guten und Wahren und vor allem zum Frieden angehalten. Laß uns in diesem Jahr noch einmal die Jugendweihe abhalten, die hat ja auch kürzlich in Leipzig, Biederitz und vielen anderen Orten unserer Deutschen Demokratischen Republik stattgefunden[270]. Ob der

Brief im April 1950 oder 1951 geschrieben wurde, ist offen, 1951 fiel der 6. Mai auf einen Sonntag, 1950 auf einen Sonnabend. Indem die SED den Hinweis, daß nichts an der freireligiösen Weihe den Zielen der SED widersprach, überging, bewies sie ihren Autoritätsgewinn. Die Enttäuschung der Freireligiösen konnte hingenommen werden. Anderthalb Monate nach dem Verbot der Jugendweihe durch die SED, am 31. März 1950, erläuterte der Leiter der Abteilung Kultur und Erziehung im ZK der SED, Stefan Heymann, im ›Neuen Deutschland‹ *Warum keine Jugendweihe?* Den Unwillen vieler Genossen über die unerwartete Entscheidung nahm der erste Satz auf: *Manche Parteimitglieder können sich noch nicht recht mit dem Beschluß befreunden, wonach keine Jugendweihen mehr durchgeführt werden sollen. Besonders solche Genossen, die lange Jahre in der Freidenkerbewegung standen, verstehen offenbar noch nicht die politische Bedeutung dieses Beschlusses. Darum scheint es notwendig, klar und unmißverständlich zu erklären, daß die Durchführung von Jugendweihen nach der Schaffung der Deutschen Demokratischen Republik politisch falsch wäre und von daher abzulehnen ist.*

Aus welchen Gründen wurden vor 1933 proletarische oder sozialistische Jugendweihen durchgeführt? Es waren wohl im wesentlichen zwei Gründe dafür maßgebend:

1. Die kämpferische Einstellung gegenüber den Kirchen,

2. der Wunsch, die von der Schule ins Leben gehenden jungen Menschen durch einen feierlichen Akt in die Gemeinschaft der kämpfenden Arbeiterklasse aufzunehmen.

Was ist heute unsere Stellung zu diesen beiden Problemen?

Wenn wir auch die Klassengegensätze in der Deutschen Demokratischen Republik noch nicht beseitigt haben, so wird doch kein Mensch die heutigen Verhältnisse mit denen vor 1933 vergleichen können. Die Arbeiterklasse ist heute zur führenden Macht unseres Volkes geworden, in der nationalen Front des demokratischen Deutschland sind alle Kräfte zum gemeinsamen Kampf für die Einheit Deutschlands auf demokratischer Grundlage, für den Frieden und für den Fortschritt vereinigt. Nicht wenige kirchliche Vertreter nehmen aktiven Anteil an diesem Existenzkampf des deutschen Volkes. Und die Kirchen stehen in einem loyalen Verhältnis zur Deutschen Demokratischen Republik, was in den Erklärungen des Bischofs Dibelius zum Ausdruck kommt, der versicherte, daß die evangelische Kirche bei uns keinerlei Beschränkungen unterliege und daher mit dem heutigen Staat gut zusammenarbeite. Daher können wir nicht dieselbe Stellung zur Kirche wie vor 1933 einnehmen.

Unsere Genossen, die eine ideologische Auseinandersetzung, auch mit dem Mittel der Jugendweihe, wünschen, unterstützen unbewußt den Standpunkt der Reaktion, nur von der Gegenseite her gesehen. Auch darum sind Jugendweihen heute abzulehnen. Alle Kraft müssen wir auf die Ausgestaltung der Schulentlassungsfeiern am 30. Juli richten. Diese Feiern müssen den jungen Menschen zeigen, daß sie in eine neue Gemeinschaft treten, in die Kampfgemeinschaft aller patriotischen Kräfte, die in der nationalen Front des Demokratischen Deutschland für die Existenz unseres Volkes kämpfen.

Dem gegenüber steht die klare politische Erkenntnis, daß heute die Jugendweihen keine Berechtigung mehr haben. Das ist die richtige Anwendung der Grundsätze des Marxismus-Leninismus auf die heutige konkrete Situation. Dieser Beschluß wird uns wesentlich erleichtern, die führende Rolle der Arbeiterklasse im Kampf unseres ganzen Volkes um Frieden, Einheit und Fortschritt zu verwirklichen.

Eingaben untergeordneter Organe, von dieser Parteidoktrin abzuweichen und Jugendweihen zuzulassen, zeigen, daß die Erinnerung an die Jugendweihen tief saß. Der SED-Kreisverband Zerbst teilte der Abteilung Kultur und Erziehung des ZK der SED am 5. Februar 1951 mit[271], »dass die Eltern gewillt sind, ihre Kinder zur ›Christenlehre‹ zu schicken und konfirmieren zu lassen, wenn keine Jugendweihe stattfindet«.

Durch »Sektiererei«, so die Parteileitung, durfte die allerorten proklamierte Einheit des Arbeiter- und Bauernstaates nicht gespalten werden. Und weil von Jugendweihen genau das befürchtet wurde, galten sie parteioffiziell als »sektiererische Handlungen«. Die selbstgewisse marxistische Ideologie ließ nur zu, daß die Parteiführung einen einmal gefaßten Beschluß offiziell rückgängig machte, wenn »Selbstkritik« geübt wurde. Und die war der SED aus verschiedenen Gründen zu unbequem. Unerwartet kam die erneute Kehrtwendung der SED zur Jugendweihe als Massenfest der DDR. Vier Jahre nach dem Verbot stand die Angelegenheit unvermittelt auf der Tagesordnung des Politbüros des ZK der SED, ohne daß der einschlägige Beschluß vom Februar 1950 erwähnt worden wäre. Am 14. März 1954 »wird eine vorgelegte ›Stellungnahme zur Tätigkeit der Kirche‹ angenommen«[272]. In Anlage 6 ging es um »Politik der Partei in Kirchenfragen«. Sie galt vor allem dem Kampf gegen die überaus lebendigen »Jungen Gemeinden« der evangelischen Kirche in Ostdeutschland. Bis zu sechzig Prozent der Oberschüler waren deren Mitglieder. Besorgt stellte die Abteilung Kirchenfragen der SED am 10.10.1955 fest: »in der Zeit vom 1.6.52 bis 1.6.55 stieg die Mitgliederzahl auf 125 000«.[273] Der besorgniserregende Anteil ließ Honecker, den damaligen Vorsitzenden der FDJ, von »getarnten Agenten« sprechen. Damit alle Fronten klar waren, beschloß das Politbüro: »Alle Reste sektiererischen Verhaltens gegenüber religiös gebundenen Jugendlichen und Angehörigen der ›Jungen Gemeinde‹ sind zu beseitigen. Die kulturelle Massenarbeit muß dabei zum entscheidenden Mittel zur Heranführung christlicher Jugendlicher an die FDJ werden.«

Das Politbüro des ZK der SED beschloß am 14. März 1954 als »Aufgabe der Massenorganisationen« unter »Maßnahmen der Partei im Kampf um die Durchführung einer fortschrittlichen Kirchenpolitik« nach dem Hinweis zur Verstärkung des »ideologischen Kampfes der FDJ unter der Jugend«: *Gegenwärtig werden von vielen Eltern, die keine innere Bin-*

dung zur Kirche haben, Kinder in die Kurse zur Vorbereitung der Konfirmation und der Kommunion geschickt, da keine andere Einrichtung zur feierlichen Einführung der Kinder in den neuen Abschnitt ihres Lebens nach dem Verlassen der Grundschule vorhanden ist. Um diesen Zustand zu beenden, wird im Interesse der Verstärkung der staatsbürgerlichen Erziehung schon in diesem Jahr mit der Vorbereitung und Durchführung von Jugendweihen ab 1955 begonnen. Der konkrete Plan zur Durchführung der Jugendweihen ist bis zum 15. April 1954 im Politbüro vorzulegen. Es folgten Ausführungen über das Verhältnis »Staat und Kirche«, die am Gespräch anknüpfen, das kurz vor dem 17. Juni 1953 mit Vertretern der Evangelischen Kirche über die »Jungen Gemeinden« geführt worden war.

Das Politbüro wollte ab 1955 Jugendweihen »zur Einführung der Kinder in den neuen Abschnitt ihres Lebens« und zur »Verstärkung ihrer staatsbürgerlichen Erziehung« veranstalten lassen. Über die Veranstalter der Weihen wurde nichts gesagt. Es war allen Beteiligten selbstverständlich, daß die Verantwortung für Weihen bei der SED lag. Die pauschal formulierten Ziele der Weihen erlaubten belehrenden und disziplinierenden Zugriff der SED auf die Weihlinge. Kein Wort wurde zur Begründung des abrupten Kurswechsels verloren; der Beschluß des Politbüros wurde nicht publik. Das Politbüro faßte ihn wahrscheinlich in der Annahme, daß die Durchführung von Jugendweihen in Ostdeutschland auf keinen Widerstand stoßen werde, wie die zentral nicht geplanten Jugendweihen gezeigt hatten.

Am 6. Juli 1954 stimmte das Politbüro einem Arbeitsprogramm *Zur Vorbereitung und Durchführung von Jugendweihen ab 1955 im Gebiet der DDR und dem demokratischen Sektor Groß-Berlins zu, mit der Maßgabe, daß zunächst nur intern literarische Vorbereitungen zu treffen sind. Der Beginn der festgelegten Maßnahmen erfolgt am 18. Oktober.*[274] Somit war klar, daß den Weihen 1955 eine im Oktober 1954 beginnende Vorbereitung vorausging. Es handelte sich um eine SED-Spielart des im Februar 1950 erwähnten »weltanschaulichen Unterrichts«. Weiterhin beauftragte das Politbüro den Pädagogen Wilhelm Schneller, damals noch persönlicher Referent des Staatssekretärs im Ministerium für Volksbildung, Hans-Joachim Laabs, »einen Zentralausschuß zur Vorbereitung der Jugendweihen« zu bilden. Dieser habe die Aufgabe, »Richtlinien für die Jugendweihen« herauszugeben, die Jugendweihe »durch Veröffentlichungen in Presse und Rundfunk zu popularisieren«, Beschlüsse über den Vorbereitungsunterricht und dessen Lehrplan zu fassen. In jedem Ort, in dem Jugendweihen durchgeführt werden sollen, wird ein »Arbeitsausschuß in Größe von fünf bis neun Personen gebildet«[275]. »Popularisierung« der Jugendweihen war geboten, weil die meisten Eltern ihr Interesse an den Jugendweihen noch nicht kannten. Dem Protokoll liegt als »Anlage 3« eine Aufstellung der benötigten »finanziellen Mittel« bei: Das Gehalt des Sekretärs von monatlich 1200 Mark, jährlich also 14 400, eine Sachbearbeiterin verdiene monatlich 600, eine Stenotypistin 350 M. Zu diesen Personalausgaben in Höhe von 23 600 Mark kamen als Sachausgaben 14 000 Mark. Es wurde damit gerechnet, daß im kommenden Jahr 100 000 Achtkläßler an der Weihe teilnehmen, das sind 31,5 Prozent der 315 000 gleichaltrigen Schüler. Für die Jugendweihefeier wurden drei Mark pro Teilnehmer berechnet, acht Mark pro Geschenkbuch, also 1 100 000 Mark für die Weihen. Elternbeiträge waren nicht vorgesehen, die Veranstaltung wurde wie eine staatliche Sozialmaßnahme den Bürgern gratis angeboten.

Der von Schneller gebildete Ausschuß traf sich am 8. November 1954 im Konferenzsaal des Ministeriums für Kultur am Molkenmarkt in Berlin-Mitte unter Leitung des dortigen Abteilungsleiters Rudolf Hartig. Neun Teilnehmer waren dauernd anwesend und beschlossen am 9. November den *Aufruf Jugendweihe 1955*. Es stand als »Entwurf« bereits im Arbeitsprotokoll der Politbürositzung vom 6. Juli.[276] Ihn unterschrieben neben den Ausschußmitgliedern ranghohe Vertreter der ostdeutschen Kultur wie Anna Seghers, Stefan Hermlin und Johannes Becher. Auch die Leitfigur der Aktivistenbewegung, Adolf Hennecke, unterschrieb, aber die proletarischen Jugendweihen wurden nicht erwähnt.

Zur Einführung der Jugendweihe konnte es kommen, weil, so die DDR-Geschichtsschreibung, durch erfolgreichen Abschluß des ersten Fünfjahresplanes in der »Übergangsperiode vom Kapitalismus zum Sozialismus« entscheidende Schritte in der Entwicklung des gesellschaftlichen Systems zur Schaffung des Sozialismus auf deutschem Boden getan waren. Auf diesen gesellschaftlichen Grundlagen, die die omnipotente Stellung der SED als »Partei neuen Typs« sicherte, hatte die II. Parteikonferenz der SED im Juli 1952 »den planmäßigen Aufbau des Sozialismus« beschlossen. Daher konnte die Parteiführung der SED »erstmalig der Schule in der DDR ein sozialistisches Erziehungsziel stellen: ›Die deutsche demokratische Schule hat die Aufgabe, Patrioten zu erziehen, die ihrer Heimat, dem Volke, der Arbeiterklasse und der Regierung treu ergeben sind‹.«[277] So lautete der Beschluß des Politbüros des ZK der SED vom 29. Juli 1952 »zur Erhöhung des wissenschaftlichen Niveaus des Unterrichts und zur Verbesserung der Parteiarbeit in den allgemeinbildenden Schulen«. Nicht die in Angelegenheiten der staatlichen Bildungspolitik zuständige Regierung faßte diesen Beschluß. So seien Voraussetzungen dafür geschaffen, daß die Jugendweihe »ein gesellschaftliches Anliegen« wurde, resümierte die ›CHRONIK‹.[278]

Kennzeichnend für die DDR war eine Virtualität, die östlich der Staatsgrenze West aufgebaut wurde. Die ideologischen Phrasen der SED und die täglich erfahrbare Wirklichkeit, die Welt des Scheins und die Welt des Seins klafften weit auseinander. Die Zensurmaßnahmen galten dem Schutz der Scheinwelt. Rudolf Herrnstadt (1903–1966), seit 1950 Mitglied des ZK der SED und »Kandidat des Politbüros«, benannte nach einer Sitzung des Politbüros am 6. Juni 1953, als über die von sowjetischer Partei- und Staatsführung verlangten »Maßnahmen zur Gesundung der politischen Lage in der Deutschen Demokratischen Republik«, das sogenannte »Neue-Kurs-Buch«, beraten worden war, das Problem der phraseologisch inszenierten Wirklichkeit: »Mit 450 000 Republikflüchtlingen, der Notlage breiter werktätiger Massen als einer Dauererscheinung (siehe das ständige Chaos in der Lebensmittelversorgung) konnten wir uns abfinden« und den gelungenen »Aufbau des Sozialismus« behaupten[279]. Die ständig wiederholten Phrasen ermöglichten den Aufbau Potemkinscher Dörfer, in denen sich gesellschaftspolitischer Optimismus entfaltete. Diese optimistische Stimmungslage ließ die SED wähnen, sich als Partei neuen Typs konstituiert zu haben. Im »Bierlied« der FDJ hieß es: »Komm, Genosse, setz dich her / Und trink mit uns den Humpen leer! / Wir trinken bis zum Morgenrot / die kleinen falschen Zweifel tot.« Dieser Optimismus ermutigte 1954 die Parteileitung, der Jugendweihe neues Leben zu geben. »Sektiererischen Abspaltungen« in Partei und Gesellschaft beugte sie durch einheitliche Organisation der Weihen vor. In der Losung ihres V. Parteitages 1958 war sich die DDR sicher: »Der Sozialismus siegt.«

Nach der Veröffentlichung des Aufrufs vom 9. November 1954 erwies sich die Agitprop-Kompetenz der SED, die in allen ostdeutschen Zeitungen erläuternde Artikel erscheinen ließ, um die Eltern zur Anmeldung ihrer Kinder zu ermutigen. Jedes Jahr gab es solche »literarischen Vorbereitungen«. Im ›Organ des Ministeriums für Volksbildung und der Gewerkschaft Unterricht und Erziehung Deutsche Lehrerzeitung‹ führte Wilhelm Schneller am 24. November 1954 eine im Aufruf nicht genannte Überlegung zur Funktion der Jugendweihe an: Die Befürworter der Jugendweihe wüßten, »daß der Charakter unserer Jugendweihe ein anderer (als der der proletarischen Jugendweihe im Kaiserreich und in der Weimarer Republik) sein muß. Unsere Jugendlichen können optimistisch in die Zukunft schauen. Unser Arbeiter-und-Bauern-Staat garantiert ihnen eine sorgenfreie, glückliche Zukunft. Deshalb wird unsere Jugendweihe nicht den Charakter der Opposition tragen, sondern den der Bereitschaft und Verpflichtung, am Aufbau des Lebens, der Gesellschaft und des Staates bewußt mitzuarbeiten.«

Der eigentliche Sinn einer Weihe, nämlich die Änderung des Geweihten, trat völlig zurück hinter den unter der eschatologischen Zusicherung einer *sorgenfreien, glücklichen Zukunft*, weitgesteckten, von der SED diktierten Zielen der Weihlinge: »Aufbau des Lebens« kann alles heißen, »Aufbau von Gesellschaft und Staat« hieß, in die Gefolgschaft der SED zu treten. Die Potsdamer SED-Bezirkszeitung ›Märkische Volksstimme‹ veröffentlichte am 24. November »Gedanken zur Jugendweihe in der DDR. Den Schritt ins Leben feierlich begehen«. Nachdem die Jugendweihen der Freidenker, der KPD und SPD geschildert waren, stellte die Zeitung »mit aller Klarheit fest, daß die getrennten und auf Parteibasis durchgeführten Jugendweihen vor 1933 die Spaltung innerhalb der Arbeiterjugend vertieften und zu einer gewissen Isolierung der fortschrittlichen Kräfte führten. Es war deshalb durchaus richtig, daß nicht sofort ab 1945 Jugendweihen zugelassen wurden. Inzwischen hat sich aber das Bewußtsein unserer Arbeiterklasse aufgrund der ökonomischen und gesellschaftlichen Veränderungen sowie durch die beständige und beharrliche Erziehungsarbeit gewaltig verändert.«

Im »Diskussions- und Referentenmaterial« vom 20. Dezember 1954 erläuterte der Zentrale Ausschuß für Jugendweihe die Aufgabe der Jugendweihe: Es sei eine »öffentliche Veranstaltung, in der im Namen des ganzen Volkes die feierliche Aufnahme in das aktive gesellschaftliche Leben vollzogen wird. Man kann sagen, die demokratischen Kräfte in der Gesellschaft erklären in gegenseitiger, verpflichtender Weise den jungen Menschen: Wir nehmen dich in unsere Reihen auf, helfend, schützend, entwickelnd, und du gelobst, deine Kraft zum Fortschritt der menschlichen Gesellschaft zu verwenden. Die Jugendweihe soll dies Gelöbnis besiegeln.«[280] Nach der Jugendweihe erwarte die Weihlinge ein »fröhliches Leben«, und das veranlasse, die Jugendweihe im Geist der DDR neu zu gestalten: *Es geht um die Eigenschaften, die den neuen Menschen erkennen lassen:*

Die Liebe zur Heimat,
den Willen zur aktiven Teilnahme am Aufbau,
Bereitschaft zum Wettbewerb und zur Steigerung der Arbeitsproduktivität,
die Bejahung des Neuen gegen das reaktionäre Alte,
das Vertrauen in die fortschreitende Entwicklung,
den Willen zum Kampf für den Frieden und zur Verteidigung der demokratischen Errungenschaften Ehrlichkeit, Kameradschaftlichkeit.

Dann wurde eine naheliegende Frage aufgeworfen: »Ist das auch das Ziel der Schule? Selbstverständlich. Das Entscheidende ist, daß die Fragen des Lebens, der Natur und Gesellschaft aus der besonderen Lebenssituation des Jugendlichen, die durch das Verlassen eines Lebensabschnittes und den Eintritt in einen neuen gegeben ist, gesehen und besprochen werden. Es gibt wohl keine Zeit im Leben eines Menschen, in der so sehr nach Vertrauen und Freundschaft verlangt wird, um in solcher Atmosphäre fragen zu können und Antworten zu erhalten. Die Gesellschaft muß Gelegenheit dazu schaffen.«

Sozialistische Jugendweihe und sozialistische Schule waren eng aufeinander bezogen; geschlossen geweiht wurden achte Klassen, und sehr oft waren Lehrer Festredner. Die Gewerkschaft Unterricht und Erziehung veröffentlichte unter der Überschrift *Wie unterstützt die Gewerkschaft Unterricht und Erziehung die Jugendweihe als Bestandteil der sozialistischen Erziehung?* das Referat ihres Bezirksvorstandes Leipzig: Die Jugendweihe sei »Bestandteil der sozialistischen Erziehung«, weil sie wie die Schule auf das Leben im Sozialismus vorbereite. Die Jugendweihe »ist dazu berufen, bestimmte Versäumnisse der Schule für die Vorbereitung auf das sozialistische Leben rasch nachzuholen«[281].

Teil des sozialistischen Lebens in der DDR war die wiederholt bei den Jugendweihen zugesicherte *sorgenfreie, glückliche Zukunft*, die sich an eine glückliche Kindheit anschloß. Die Jugendweihe diente als biographisches Bindeglied innerhalb der ideologisch inszenierten sozialistischen Scheinwelt. »Das Bild des Kindes ist in der DDR benutzt und mißbraucht worden«, berichtet die ehemalige Kindererzieherin in der DDR, Renate Elmenreich: »Nicht in Frage gestellt wurde dabei das Klischee von der ›glücklichen Kindheit‹, das wohl am ehesten den Wunschtraum der oft aus kleinbürgerlichen Verhältnissen stammenden Machthaber entsprang. Sie benutzten dasselbe Bild, um dem Volk vorzuführen, wie es sich am besten verhalten solle – wie ein braves, unschuldiges und vertrauensvolles Kind.«[282] Bekannt ist das dichte Netz der Kindereinrichtungen, die in den Worten Elmenreichs »die Arbeitskraft der Frauen ausbeuten und die nächste Generation besser zu widerstandslosen Untertanen formen ließen«.

Wohl Ende Dezember 1954 wandte sich der Zentrale Ausschuß für Jugendweihe (ZAJ) brieflich an alle Orts- und Kreisausschüsse, um mitzuteilen, daß die Musterprogramme für die Jugendweihe bis zum 1. Februar 1955 vorliegen. Bis zum selben Tag müsse Termin und Ort sowie das Programm der Weihefeier festgelegt werden. Er stelle den Kreisausschüssen »einen Betrag von 500 Mark zur Verfügung. Zur Bestreitung der Kosten empfehlen wir, mit Betrieben und befreundeten Organisationen Patenschaften für die Jugendweihe abzuschließen und sie zu veranlassen, daß sie zu den Kosten beitragen. Einen eigenen Beitrag der Eltern und Jugendlichen empfehlen wir nicht«[283].

Der ZAJ hatte den Termin der Jugendweihen in der DDR festgelegt. In seinem Diskussionsmaterial hieß es: In den Beratungen »bildete die Rücksichtnahme auf die im Juli stattfindende Schulentlassungsfeier das ausschlaggebende Moment. Es ist deshalb der April gewählt worden, wobei für die Auswahl des betreffenden freien Sonntagvormittags der Ortsausschuß verantwortlich sein soll.« Häufung der Feiern, Schulentlassung und Jugendweihe, hätte die Eltern finanziell überfordert. Offenbar hätte die Jugendweihe zu jedem gewünschten Termin veranstaltet werden können. Durch die Festlegung des Termins auf Sonntagvormittag war die Kollision mit Gottesdiensten vorgegeben. 1968 teilte der Bezirksausschuß für Jugendweihe Frankfurt/Oder der Bezirksleitung mit, die Weihe fände weiter sonntags statt: »Sonnabends sind noch relativ viele Werktätige berufstätig, andererseits finden sonntags die meisten Veranstaltungen der Kirchen und religiösen Gemeinschaften statt.«[284] Offenbar verstand sich der Bezirksausschuß als konkurrierende religiöse Gemeinschaft.

Der Konflikt mit beiden großen Kirchen, vor allem der evangelischen, war unvermeidlich. Diese verweigerten den Kindern, die zur Jugendweihe gingen, Konfirmation oder Firmung. Dieses schroffe Entweder-Oder war natürlich Wasser auf die Propagandamühlen der SED: Die Kirchen spalteten die Bevölkerung. Den Eltern empfahl der ZAJ, wenn auf sie kirchlicher Druck ausgeübt werde, *sich an der Allgemeinfeier nicht zu beteiligen*, sollten sie sich auf ihr Teilnehmerrecht berufen. *Zusammenfassend ergibt sich: Bei der Jugendweihe tritt der umfassendste Organismus in Erscheinung, den es gibt: die Gesellschaft, das Volk. Sie ist eine gesellschaftliche Einrichtung. Es verbietet sich damit, was Inhalt und Ziel betrifft, jeder Vergleich mit Einrichtungen früherer und jetziger Zeit. Es wäre sektiererisch, wenn wir die Teilnahme nicht allen Jugendlichen ermöglichen würden.* [285] In den Artikeln vieler Zeitungen wiederholte sich vor und nach dem Anmeldeschluß zu den vorbereitenden Jugendstunden am 25. Januar 1955 inhaltlich der Satz *An der Jugendweihe kann jeder teilnehmen*, so die ›Berliner Zeitung‹ am 17. Februar 1955: »Die Jugendweihen von heute sind nicht gegen die religiösen Gefühle gläubiger Menschen gerichtet, sondern vom Geist der Toleranz getragen.« Am 8. Januar 1955 brachte das Zentralorgan der SED, ›Neues Deutschland‹, die Rede auf das von der SED auch in der Jugendweihe propagierte Gemeinschaftsideal: »Alle Jugendlichen können an der Jugendweihe teilnehmen, ungeachtet ihrer Weltanschauung und ihrer religiösen Einstellung. Die Jugendweihe soll die Jugendlichen zusammenführen.« Die ›Freie Erde‹ nannte am 4. Februar 1955 die Jugendweihe »eine gesellschaftliche Notwendigkeit«: »Sie soll keine Gegensätze schaffen, sondern die Menschen noch enger zusammenbringen. Die Kinder sind eingereiht in die große Gemeinschaft der Werktätigen.« Der Horizont der Weihe war freigeistig einladend weit formuliert. Er war wie in den 1950 angeordneten »Schulentlassungsfeiern« beherrscht von der Eingliederung in die »Gemeinschaft der Werktätigen«, d. h. in die Truppen der SED. Diese Kollektivierung der Jugendlichen ergab sich wie eine Selbstverständlichkeit aus der inszenierten Vorstellung, daß der SED-Staat »in der Funktion der Übermutter, des Übervaters, der die Versorgung übernimmt, Grundbedürfnisse befriedigt, die richtigen Lebensentscheidungen für jeden trifft«[286].

In der DDR wurde allen in der Jugendweihe die *Brücke ins Leben* zugänglich gemacht, wie am 11. Oktober 1956 in Karl-Marx-Stadt die ›Volksstimme‹, am 9. November ›Freies Wort‹ und am 13. November in Potsdam die ›Märkische Stimme‹ ihre nicht identischen Artikel überschrieben. Die Jugendweihe wurde als »Familienfest unseres Volkes« inszeniert und den Ostdeutschen als Familienmitgliedern aufgezwungen. Im Mittelpunkt der Feier und deshalb im Mittelpunkt der Aufmerksamkeit der Veranstalter stand das Gelöbnis. Am 17. Februar 1955 veröffentlichte der Zentrale Ausschuß das Gelöbnis, und kein Teilnehmer hätte daran öffentlich zu zweifeln gewagt:

Liebe junge Freunde!
Seid ihr bereit, alle Eure Kräfte für ein glückliches Leben der werktätigen Menschen und für den Fortschritt in Wirtschaft, Wissenschaft und Kunst einzusetzen?
Ja, das geloben wir!

Seid ihr bereit, alle eure Kräfte für ein einheitliches, friedliebendes, demokratisches und unabhängiges Deutschland einzusetzen?

Ja, das geloben wir!

Seid ihr bereit, im Geiste der Völkerfreundschaft zu leben und alle eure Kräfte einzusetzen, um gemeinsam mit allen friedliebenden Menschen den Frieden bis aufs äußerste zu verteidigen und zu sichern?

Ja, das geloben wir!

Wir haben euer Gelöbnis vernommen! Ihr habt euch ein hohes Ziel gesetzt. Wir, die Gemeinschaft aller Werktätigen, versprechen euch dabei Förderung, Schutz und Hilfe. Mit vereinten Kräften vorwärts!

In der seit 1955 jährlich erfolgenden statistischen Auswertung der Jugendweihen durch die Bezirksausschüsse ist typisch die Feststellung des Bezirksausschusses Frankfurt/Oder am 29. Juni 1970: »Von den 11 143 Jugendlichen sprachen 1970 9 970 das Gelöbnis«[287] – dies junge Beispiel wurde gewählt, weil die Archivunterlagen sowohl des Zentralausschusses für Jugendweihe als auch vieler Bezirksausschüsse nur bruchstückhaft erhalten wurden.

Ohne viel Aufhebens wurde der Höhepunkt der Jugendweihe, das Gelöbnis, dreimal geändert, »weil sich die Gesellschaft änderte«. Dem ersten Gelöbnis von 1955 ließ der Zentrale Ausschuß Jugendweihe im Dezember 1957 ein neues folgen:

Liebe junge Freunde!
Seid ihr bereit, als treue Söhne und Töchter unseres Arbeiter- und Bauernstaates für ein glückliches Leben des ganzen deutschen Volkes zu arbeiten und zu kämpfen, so antwortet mir:

Ja, das geloben wir!

Seid ihr bereit, mit uns gemeinsam Eure ganze Kraft für die große und edle Sache des Sozialismus einzusetzen, so antwortet mir:

Ja, das geloben wir!

Seid ihr bereit, für die Freundschaft der Völker einzutreten und mit der Sowjetunion und allen friedliebenden Menschen der Welt den Frieden zu sichern und zu verteidigen, so antwortet mir:

Ja, das geloben wir!

Wir haben Euer Gelöbnis vernommen. Ihr habt Euch ein hohes und edles Ziel gesetzt. Ihr habt Euch eingereiht in die Millionenschar der Menschen, die für Frieden und Sozialismus arbeiten und kämpfen. Feierlich nehmen wir Euch in die Gemeinschaft aller Werktätigen in unserer Deutschen Demokratischen Republik auf und versprechen Euch Unterstützung, Schutz und Hilfe. Mit vereinten Kräften – vorwärts![288]

Es ist konkreter als das erste, die Weihlinge wurden als »treue Söhne und Töchter des Arbeiter-und-Bauern-Staates« angesprochen, die sich nicht nur wie 1955 »einsetzten«, sondern »arbeiten und kämpfen«. Erstmals ist vom »Sozialismus« explizit die Rede. Elf Jahre später, am 21. November 1968, legte der Zentralausschuß das bis zum Ende der DDR gültige Gelöbnis vor:

Liebe junge Freunde!
Seid ihr bereit, als junge Bürger unserer Deutschen Demokratischen Republik mit uns gemeinsam, getreu der Verfassung, für die große und edle Sache des Sozialismus zu arbeiten und zu kämpfen und das revolutionäre Erbe des Volkes in Ehren zu halten, so antwortet:

Ja, das geloben wir!

Seid ihr bereit, als treue Söhne und Töchter unseres Arbeiter-und-Bauern-Staates nach hoher Bildung und Kultur zu streben, Meister Eures Faches zu werden, unentwegt zu lernen und all Euer Wissen und Können für die Verwirklichung unserer großen humanistischen Ideale einzusetzen, so antwortet mir:

Ja, das geloben wir!

Seid Ihr bereit, als würdige Mitglieder der sozialistischen Gemeinschaft stets in kameradschaftlicher Zusammenarbeit, gegenseitiger Achtung und Hilfe zu handeln und Euren Weg zum persönlichen Glück immer mit dem Kampf für das Glück des Volkes zu vereinen, so antwortet:

Ja, das geloben wir!

Seid ihr bereit, als wahre Patrioten die feste Freundschaft mit der Sowjetunion weiter zu vertiefen, den Bruderbund mit den sozialistischen Ländern zu stärken, im Geiste des proletarischen Internationalismus zu kämpfen, den Frieden zu schützen und den Sozialismus gegen jeden imperialistischen Angriff zu verteidigen, so antwortet:

Ja, das geloben wir!

Wir haben Euer Gelöbnis vernommen. Ihr habt Euch ein großes und edles Ziel gesetzt. Feierlich nehmen wir Euch auf in die große Gemeinschaft des werktätigen Volkes, das unter Führung der Arbeiterklasse und ihrer revolutionären Partei, einig im Willen und im Handeln, die entwickelte sozialistische Gesellschaft in der DDR errichtet. Wir übertragen Euch eine hohe Verantwortung. Jederzeit werden wir Euch mit Rat und Tat helfen, die sozialistische Zukunft schöpferisch zu gestalten.[289]

Erstmals wurden *unsere großen humanistischen Ideale* angeführt. Die Ausschüsse, die im Gelöbnis den bombastischen Ausdruck »großer humanistischer Ideale« wählten - was sind kleine? –, wußten sich wie die Demonstranten am 1. Mai 1978 auf der Karl-Marx-Allee in Berlin optimistisch »in der langen humanistischen Tradition, symbolisiert durch die Konterfeis Leibniz', Hegels, Schlüters, Scharnhorsts, Einsteins, Kollwitz', Brechts und Weinerts«[290]. In diesen Jahren zog die Vorstellung ein, die Jugendweihe sei »humanistisch«.

Wie eingangs erwähnt, ersetzte der Zentralausschuß nach der Öffnung der Staatsgrenze West das Gelöbnis durch »Unser Wort zur Jugendweihe« (s. o. S. 27). Nach mündlichen Auskünften Egon Freyers am 27. September 1996 hatte der Zentralausschuß seit 1988 die Absicht, 1990 alle Vorsitzenden der örtlichen Ausschüsse in Karl-Marx-Stadt zu einer Konferenz einzuladen, auf der erstens die Änderungen des Jugendstundenprogramms und zweitens die Herausgabe eines neuen Geschenkbuches beraten werden sollten. Zur Vorbereitung hatte der Zentralausschuß die ›CHRONIK zur Geschichte der Jugendweihe‹ zusammenstellen lassen. Sie liegt nur broschiert vor, weil die analysierenden Aufsätze, die sie in einem Buch ergänzen sollten, nicht mehr geschrieben wurden. Drittens sollte in Karl-Marx-Stadt beschlossen werden, ob das Gelöbnis geändert oder aufgegeben werden solle. Zur Konferenz kam es nicht.

Die Jugendweihefeiern begannen am 20. März 1955. Bei den ersten in Berlin am 27. März war Erich Honecker in Rahnsdorf Festredner. Am 16. Mai erschien das vom Zentralausschuß herausgegebene Mitteilungsblatt ›JUGENDWEIHE‹. Am 10. Juni 1955 tagte der Zentralausschuß, um die Jugendweihe 1955 auf der Grundlage der Berichte der Bezirksausschüsse zu »analysieren«. Die »Arbeitsweise aller Ausschüsse für Jugendweihe richtet sich nach den in unserem Staat üblichen Prinzipien der Leitung und Planung«. Das Modell des »demokratischen Zentralismus« fand Anwendung[291]. 1955 wurden in 1120 Weiheveranstaltungen 52 322 Jugendliche geweiht – vor 450 000 Gästen, deren Anwesenheit bei der sozialistischen Erziehungsmaßnahme wichtig war.[292] 17,7 Prozent des Altersjahrgangs ließen sich weihen; dies war deutlich weniger als die im Juli 1954 angenommenen 100 000 (31,5 Prozent). Wegen der »nur wenigen Wochen Vorbereitungszeit« verbucht die ›CHRONIK‹ von 1989 dies als »beeindruckendes Ergebnis«. Die Teilnehmerzahl von 17,7 Prozent ist jedoch auch an dem ideologischen Anspruch zu messen, es ginge um eine *Allgemeinfeier*. Wir lasen, daß nach Auskunft des Zentralen Ausschusses »in der Jugendweihe der umfassendste Organismus in Erscheinung tritt, den es gibt: Die Gesellschaft, das Volk«[293]. Wollten 82,3 Prozent der Teilnahmeberechtigten demonstrativ ihre Zugehörigkeit zum Volk in der DDR leugnen?

Nach den »Empfehlungen für die Jugendweihe« des Zentralhaus für Kulturarbeit der DDR ›Offen steht das Tor des Lebens‹, die nach 1969 erschienen, »haben sich seit 1955 einige Programmelemente, Bausteine herausgebildet, ohne die es heute sozusagen nicht mehr geht. Sie sind für die politische Aussage der Feiern maßgeblich: Es ist ein Auftakt, der die Jugendlichen in den Mittelpunkt rückt, die Festrede, das Gelöbnis, die Gratulation des Festredners mit der Übergabe der Geschenkbücher, Verfassungen und Urkunden an die namentlich aufgerufenen Mädchen und Jungen, schließlich die Danksagung der Jugendlichen. Das sind selbst in dieser Reihenfolge feststehende Programmteile, die in sich mehr oder weniger variiert in jeder Feier vorkommen. Sie ergeben zusammen den Rohbau der Feier.«[294] Das hätte unverändert 1989 geschrieben werden können. Die Feiergestaltung, die der Zentrale Ausschuß im Juni 1955 in einer Broschüre ›Jugendweihe – Aufklärung‹ empfahl, war orientiert an der Jugendweihe desselben Jahres in Reichenbach:

Einzug der Jugendlichen	
Ouvertüre zu „Egmont"	*Ludwig van Beethoven*
Begrüßungsspruch	*Hermann Claudius*
Air aus der Orchester-Suite D-Dur	*Joh. S. Bach*
Ansprache: Festredner E. Hartsch, Kreissekretär für Jugendweihe und Betriebsleiter des Volkskunstverlages VEB Reichenbach	
Gelöbnis	
Schlußsatz aus der V. Sinfonie c-Moll	*L. van Beethoven*
Übergabe der Geschenkbücher und Jugendweiheurkunden	
Geleitspruch	
»Wach-auf-Chor« aus »Die Meistersinger von Nürnberg«	*Richard Wagner*
Friede der Welt	*Tulikow*
Nationalhymne	
Mitwirkende:	*Kreiskulturorchester* *Herr Markgraf vom Stadttheater Greiz*

Gemischter Chor der VEB Druckwerke und der Feintuch- und Kleiderstoffwerke Reichenbach sowie des VEB Vereinigte Kammgarnspinnereien Westsachsen[295]

Wichtiger als die Jugendweihefeier war den ostdeutschen Machthabern vermutlich der *Jugendweihealltag*. Der beginnt, heißt es in ›Offen steht die Tür des Lebens‹ »mit der feierlichen Eröffnung (noch eine Feier) der Jugendstunden zu Anfang des 8. Schuljahres. Es sind 10 Stunden (weniger im zeitlichen Sinne) mit verbindlicher Thematik, die das Gelöbnis der Jugendlichen vorbereiten helfen. Dieses Gelöbnis, das Ziel der Jugendstunden, legen die Jugendlichen während der Feier – dem Höhepunkt der Jugendstunden – vor der demokratischen Öffentlichkeit ab. Das Gelöbnis zur Jugendweihe ist sowohl Mitte als auch Ziel der Bildungs- und Erziehungsarbeit der Jugendweihe. Es entspricht mit seinem Inhalt den Forderungen, die die entwickelte sozialistische Gesellschaft in der DDR objektiv an die klassenmäßige, insbesondere weltanschauliche und politisch-ideologische Bildung und Erziehung unserer 14-jährigen stellt. Eine wichtige Besonderheit der Jugendweihe ist ihre Freiwilligkeit.«[296]

Kennzeichnend ist, daß die Jugendweihe in der DDR in einer juristischen Grauzone gehalten wurde. Auf Beschluß der SED gegründet, mit verschiedenen Ministerien dadurch verknüpft, daß diese durch einen Mitarbeiter im Zentralen Ausschuß vertreten waren, als Bildungsorgan mit dem Ministerium für Volksbildung eng verbunden und durch »Patenschaften« Betrieben und Gewerkschaften zugeordnet, waren die Ausschüsse für Jugendweihe formal selbständig. Sie wurden in einem einzigen *Gesetz* erwähnt, nämlich dem *über die Teilnahme der Jugend an der Gestaltung der entwickelten sozialistischen Gesellschaft und über ihre allseitige Förderung in der Deutschen Demokratischen Republik* vom 28. Januar 1974. In dessen drittem Kapitel heißt es in Paragraph 19 unter der Überschrift »Bildung und Erziehung der Schuljugend« im zweiten Absatz: »Die staatlichen Organe, die Direktoren der Schulen, die Lehrer und Vorstände unterstützen die Ausschüsse für Jugendweihe und die FDJ-Grundorganisationen der Schulen bei der Verwirklichung des Jugendstundenprogramms und bei der würdigen Gestaltung der Jugendweihefeiern.« Unter der Überschrift »Offene Worte« stellte sich Gerhart Eisler in ›Junge Welt‹ Nr. 10 B vom 11./12. Januar 1964 die Frage: »Jugendweihe – gesetzliche Pflicht?« Kein Gesetz erwähnte die Jugendweihe, und, schrieb Eisler, »es gibt auch keinen Gesetzentwurf, es gibt überhaupt keine Absicht, daran etwas zu ändern«.

Da im Gesetz »nur« die Zur-Verfügung-Stellung von Räumen erwähnt ist, kein Gesetz Zulaß zur Jugendweihe, die Veranstaltung und deren vorbereitende Jugendstunden regelte, wurde die Freiwilligkeit der Teilnahme behauptet. Gewiß sei einigen Jugendweiheverweigerern der Zutritt in die Erweiterte Oberschule (EOS) verweigert worden, aber das gälte auch für Weihlinge, weil in den ersten Jahren der DDR nur 15 Prozent der Klassenmitglieder in die Oberschule zugelassen wurden. Egon Freyer, der seit 1983 bis zur Auflösung des Zentralausschusses für Jugendweihe dessen Vorsitzender war, versicherte im September 1996, ihm sei niemand bekanntgeworden, dessen Bildungs- und Berufsgang wegen der Nichtteilnahme an der Jugendweihe behindert wurde. Kirchen hätten diesen Vorwurf immer wieder pauschal vorgetragen, aber nie Roß und Reiter genannt. Freyer versteht auch nicht, warum seine ehemaligen Mitstreiter in den Ausschüssen die Archivunterlagen des Zentralausschusses zum großen Teil vernichteten, bevor viele von ihnen in die »Interessenvereinigung für humanistische Jugendarbeit und Jugendweihe« oder zu den »Humanisten« wechselten: »Bei uns war alles offen, bekannt.« Die im vereinten Deutschland in der Jugendweihearbeit weiter tätigen ehemaligen Ausschußmitglieder sind offenbar anderer Meinung, sonst hätten sie die Archive nicht vernichtet, und sonst wäre ihr Hinweis nicht so nachdrücklich, daß die Teilnahme an der Jugendweihe im vereinten Deutschland freiwillig sei. Die Freiwilligkeit der Teilnahme an der Jugendweihe in der DDR wird sich von der Freiwilligkeit der Teilnahme an den dortigen Wahlen nicht unterschieden haben. Zitiert sei hier zur Kennzeichnung der Art und Weise, in der um Jugendliche geworben wurde, ein Brief des Ausschusses für Jugendweihe Mittelschule Vieselbach, der am 29. Dezember 1957 an eine Achtkläßlerin, Margit, gerichtet wurde[297]:

Liebe Margit!
Die Vieselbacher Teilnehmer an der Jugendweihe 1958 fahren am 3. Jan. 1958 nach Bleicherode im Harz, um dort das Kaliwerk »Karl Liebknecht« zu besichtigen. Unsere Jugendweiheteilnehmer hatten vor einigen Wochen Gelegenheit, die Maxhütte in Unterwellenborn zu besuchen. Diese Reise wurde allen Teilnehmern zu einem unvergeßlichen Erlebnis. Wir sind überzeugt, daß die Fahrt nach Bleicherode, mit der wir noch einen kleinen Ausflug in die winterliche Harzlandschaft verbinden wollen, ebenso herrlich wird.

Wir wissen zwar noch nicht genau, ob Du in die Mittelschule aufgenommen wirst. Über Deinen Antrag wird in Kürze die Kommission entscheiden. Dabei wird die Kommission keine sehr leichte Aufgabe haben, denn es liegen weit mehr Anträge vor, als Plätze vorhanden sind.

Von den Antragstellern aus Kerpsleben wissen wir, daß sie alle an der Jugendweihe teilnehmen werden. Wir nehmen an, daß auch Du Dir über diese wichtige Frage schon Gedanken gemacht hast und Dich mit Deinen Eltern beraten hast. Ob Du Dich schon zur Jugendweihe angemeldet hast, ist uns leider nicht bekannt. Vieles von dem, was wir in den Jugendstunden lernen, werden wir sicher auch im Unterricht der nächsten Schuljahre sehr gut gebrauchen können. Es ist uns deshalb sehr viel daran gelegen, daß alle unsere künftigen Schüler der 9ten Klasse an den Jugendstunden und an der Jugendweihe selbst teilnehmen.

Ungeachtet dessen, ob Du Dich schon angemeldet hast oder nicht, laden wir Dich ein, an unserer Fahrt nach Bleicherode teilzunehmen. Die Fahrt ist wie alle Veranstaltungen im Rahmen der Jugendstunde für Euch kostenlos. Ein warmes Essen werden wir dort auch bekommen. Du müßtest nur für Deine Verpflegung während der Fahrt selbst sorgen.

Wir fahren mit dem Omnibus pünktlich am Freitag, dem 3. Januar um 6.30 Uhr von der Schule Vieselbach ab. Gegen 19.00 Uhr werden wir voraussichtlich wieder in Vieselbach sein.

Zum Schluß habe ich noch eine Bitte. Ich muß spätestens am 2. Januar früh genau wissen, wer mitfährt. Ich bitte Dich deshalb unbedingt um Mitteilung, ob Du mitfährst oder nicht. Ich bitte Dich, bis spätestens 2. Januar 9.00 Uhr Frau Schmidt im Bürgermeisteramt Niederzimmern Bescheid zu geben. Frau Schmidt wird mir die Teilnehmer dann telefonisch durchsagen.

Ich hoffe, daß wir uns am 3. Januar persönlich kennen lernen und gemeinsam einen sehr schönen Tag verleben werden.

Zum Jahreswechsel wünsche ich Dir und Deinen Eltern alles Gute, Glück, Gesundheit und viel Erfolg im Jahre 1958!

gez. Kinzel

Über das Phänomen der Jugendweihe in der DDR zwischen Freiwilligkeit und Zwang wird noch zu sprechen sein.

»Allein bei der Themenwahl für die Jugendstunden, der Gestaltung des

Geschenkbuches und dem Inhalt des Gelöbnisses gab es Veränderungen« an der Jugendweihe in der DDR.[298] Die Neufassungen des Programms der Jugendstunden in der Jugendweihegeschichte der DDR spiegeln die politischen Richtungsvorgaben, denen die Jugendweihe im Dienste der SED zu folgen hatte:

Nach Mitteilung des Zentralen Ausschusses in der ›Deutschen Lehrerzeitung‹ vom 30. Dezember 1954 lauteten die »Kernprobleme«, die in den zehn Jugendstunden behandelt werden sollten:

1. Jugendstunde*: Aufbau und Entwicklungsgeschichte des Weltalls und der Erde.*

2. Jugendstunde*: Entstehung des Lebens auf der Erde.*

3. Jugendstunde*: Vom Werden des Menschen in Gesellschaft und Arbeit.*

4. Jugendstunde*: Von der Beherrschung der Natur durch den Menschen. Die Entwicklung der Naturwissenschaften und der Technik.*

5. Jugendstunde*: Die Entwicklung der menschlichen Gesellschaft.*

6. Jugendstunde*: Die schöpferischen Kräfte der Volksmassen und ihr Kampf um den gesellschaftlichen Fortschritt.*

7. Jugendstunde*: Die neue Ära in der Geschichte der Gesellschaft.*

8. Jugendstunde*: Die Beziehungen der Menschen untereinander, insbesondere die Stellung der Frau in der Gesellschaft.*

9. Jugendstunde*: Die Bedeutung der Kunst im Leben unseres Volkes.*

10. Jugendstunde*: Zusammenfassung und Vorbereitung auf die Jugendweihe.*

Im Blick auf die Vorbereitungen der Jugendweihen, die jeweils im Spätsommer des Vorjahres begannen, stellte der Zentralausschuß auch Überlegungen an, ob das Themenprogramm der Jugendstunden geändert werden solle. Am 8. Juni 1956 beschloß er, den Themenplan für die Jugendstunden unter der Bezeichnung »Programm der Jugendstunden« zusammenzufassen[299]. Das am 20. Juni 1956 verabschiedete Programm hatte stärker als das erste das soziale Umfeld der Weihlinge im Blick[300]. In den »Vorschlägen zur Überarbeitung des Programms der Jugendstunden und der Materialien« des Zentralen Ausschusses vom 6. Februar 1957 war das Programm der zehn Stunden in vier Themenkreisen gegliedert:

1. Jugendstunde: *Der Schritt ins Leben, gestern, heute, morgen*
Themenkreis I (2., 3. und 4. Jugendstunde)
Die Arbeit ist die Quelle all unseres Reichtums, unseres Wohlstandes, unseres Glücks.

Themenkreis II (5. und 6. Jugendstunde)
Die wissenschaftliche Erkenntnis der Welt hilft uns, im Kampf gegen Geister- und Aberglauben die Natur zu beherrschen und sie zum Wohle der Menschen dienstbar zu machen.

Themenkreis III (7. und 9. Jugendstunde)

Mensch zu sein, wie stolz das klingt! Die Gestaltung eines glücklichen persönlichen Lebens im Rahmen der häuslichen und nationalen Gemeinschaft.

Themenkreis IV (10. Jugendstunde)
Wir kämpfen dafür, daß unser Vaterland in der Gemeinschaft friedliebender, fortschrittlicher Völker glücklich ist.[301]

Den »Vorschlägen« entsprechend wurde verfahren. Erstmals dezidiert in Auswertung der Dokumente eines Parteitages der SED, nämlich des fünften, stellte der Zentrale Ausschuß am 12. Juli 1959 zehn Themen zusammen, die in den 16 Jugendstunden vorzubereiten waren – und vorbereitet wurden:

- *Vom Glutball zum belebten Planeten.*
- *Woher kommt das Leben auf der Erde und welche Formen nimmt es an?*
- *Wie der Mensch zum Riesen wurde.*
- *Einen zuverlässigen Wegweiser braucht jeder Mensch -- brauchst auch Du!*
- *Die Sowjetmenschen – Erbauer des Kommunismus – beste Freunde des deutschen Volkes.*
- *»Brüder, seht die rote Fahne« ...*
- *Der Sozialismus siegt!*
- *Das neue Leben erfordert neue Menschen.*
- *Wir wollen von allem Wahren und Schönen Besitz ergreifen und kulturvoll leben.*
- *Der Krieg ist kein Gesetz der Natur, und der Frieden ist kein Geschenk.*[302]

Wie im Laufe der Jahre die Konzentration auf die naturwissenschaftlich-weltanschaulichen Probleme in den Jugendstunden einer gezielteren staatsbürgerlichen Erziehung Platz machte, wurden diese unterhaltsamer. Denn viele Jugendstundenleiter bezogen die Weihlinge bei der Vorbereitung der Jugendstunden mit ein, jede der Gruppen fertigte eine »Jugendweihe-Chronik« an. Die Jugendstunden fanden nicht mehr nur in den Schulräumen statt, »Besuche von Theatern und Museen, Gespräche mit Arbeitern und Künstlern, Reisen und Exkursionen. 137 800 ehrenamtliche Helfer sorgen dafür, daß die Jugendstunden immer interessant, lehrreich und kurzweilig werden«, berichtete das ›Neue Deutschland‹ am 11. Dezember 1976.

Die Weihlinge erhielten ein *Teilnehmerheft*, in dem auf einer Seite »meine Jugendstunden« einzutragen waren. So wurden im Heft 1982/83 die vom Zentralen Ausschuß am 12. November 1981 beschlossenen selbständigen Themen des Jugendstundenprogramms auf einer Seite über Zeilen aufgeführt, in denen »Ort« und »Datum« einzutragen waren.[303]

Die Jugendstunden wurden in der Regel ohne großen Widerwillen besucht; in dem Bildungs- und Sozialwesen der DDR war der Besuch dergleichen freiwilligen Pflichtveranstaltungen üblich. In den Jugendstunden wurde nach Grundsätzen der in der DDR üblichen *Gewohnheitspädagogik* verfahren. Die Verantwortlichen hofften, durch stete Wiederholung ideologischer Phrasen diese und die so inszenierte Wirklichkeit den Weihlingen einzuprägen. So wurde das Sprachmuster allen eingeprägt, das die nicht verließen, die in der DDR »konforme Abweichungen« riskierten (Beck). Trotz aller Erfolgsmeldungen aus der Jugendweihearbeit konnten die Verantwortlichen nicht leugnen, daß manche Weihlinge den Jugendstunden sehr desinteressiert begegneten, oft fernblieben. Arnold Pinther vom Zentralinstitut für Jugendforschung in Leipzig befragte 1967, unterstützt von der Abteilung Staatsbürgerkunde an der Universität Halle, Jugendliche angeblich repräsentativ und anonym, »warum sie sich an der Jugendweihe beteiligen«, ob sie »regelmäßig an den Jugendstunden teilgenommen« haben, ob ihnen die Jugendweihefeierstunde gefallen habe. Die Frage, *ob* er sich überhaupt an der Jugendweihe beteiligt habe, wurde niemandem gestellt. Es galt als selbstverständlich für alle, an der gesellschaftlichen Einrichtung Jugendweihe teilzunehmen. Obwohl »die Mitarbeiter der Jugendweihe auf das Geleistete mit Stolz zurückschauen können, wiesen die Ergebnisse (der Befragung) auch auf manche erzieherische Reserve hin«, schrieb Pinther. Nur 75,5 Prozent der Befragten nahmen an den Jugendstunden regelmäßig teil. »An erster Stelle des Mißfallens (an der Jugendweihe) stehen Kritiken an langatmigen, nicht jugendhaften Festreden.« Durch Vergleich der Ergebnisse wußte Pinther: »Je mehr die Teilnahmeentscheidung (an Jugendweihe und Jugendstunden) subjektiv zentriert ist, um so weniger eindeutig ist auch die Staatsverbundenheit.«[304] Subjektivität, Individualität widersprach der Kollektivierung der Weihlinge in die Gemeinschaft der Werktätigen.

Über die Jugendstundenarbeit berichtet illustrativ eine *Jugendweihe-Chronik* 1986, hergestellt von der Klasse 8c der Polytechnischen Oberschule (POS) Friedrich Engels in Frankfurt/Oder. Sie zählte 18 Schüler und Weihlinge. In einem Ringbuch im DIN-A 4-Format sind alle Jugendstunden beschrieben, ergänzt durch einige Bilder: Die erste Jugendstunde *Unser sozialistisches Vaterland* fand am 4. Dezember 1985 im Rathaus statt. Den Kindern wurde die Bauplanung der Oderstadt vorgestellt: »So sollen 1990 alle Bürger eine schöne Wohnung haben.« Die zweite Jugendstunde *Wir erfüllen das revolutionäre Vermächtnis* führte am 8. Januar 1986 in eine FDJ-Versammlung zum Thema »Wehrunterricht«. Die Reihenfolge der Stunden war offenkundig nicht festgelegt, die dritte Jugendstunde *Freundschaft zum Lande Lenins – Herzenssache unseres Volkes,* »die Jugendstunde der DSF-Aufnahme«, hatte am 18. November 1985 stattgefunden. Die Schüler erhielten Ausweise dieser deutsch-sowjetischen Freundschaftsorganisation. In der vierten Jugendstunde am 5. März 1986 wurde den Kindern über die »Rote Kapelle« berichtet. Zur fünften Jugendstunde ist nur das Thema *Wissenschaftlich-technischer*

Fortschritt – Herausforderung an Dich angegeben, sie führte am 3. Dezember 1985 in das Informationszentrum des Halbleiterwerks Frankfurt/Oder. Die sechste Jugendstunde *Die Welt veränderte sich* ließ am 19. Dezember 1985 in Berlin das Pergamonmuseum besuchen, weil das Geschichtsmuseum im Zeughaus geschlossen hatte. Die siebte Jugendstunde *Deine Arbeit wird gebraucht* fand als Betriebsbesichtigung statt, und zur achten Jugendstunde *Kultur und Kunst machen unser Leben sicher und schöner* ist eine Broschüre der Kleist-Gedenk-und-Forschungsstätte Frankfurt/Oder beigefügt. Dahingestellt sei, warum über die neunte und zehnte Jugendstunde nicht berichtet wurde.

Im Zuge der SED-loyalen Reformschritte 1988/89 wurden die Jugendstunden thematisch umgewidmet. Am 17. Mai 1989 stellte Egon Freyer vor dem Zentralausschuß bedauernd fest, daß »Jugendstunden nicht programmgemäß verlaufen«. In anderen Jugendstunden sei es gelungen, »aus der Geschichte für das Heute zu lernen. Aktivisten verstanden es, solche Fragen wie ›Warum gibt es Westberlin?‹, ›Warum wurde 1961 in Berlin die ‚Mauer' gebaut?‹ zu beantworten.« Und, betonte der Vorsitzende veränderungsfreudig, manche Gruppen hätten die »zehn verbindlichen Jugendstunden ergänzt um die Besprechung ›solcher Themen, für die bei den Mädchen und Jungen großes Interesse vorhanden ist‹, z. B. ›Was ist Liebe?‹, ›Wie ernähre ich mich gesund?‹, ›Was tun wir zur Erhaltung unserer natürlichen Umwelt?‹. Wir werden diese Erscheinung verfolgen und am Ende des nächsten Jahres einen Standpunkt dazu erarbeiten müssen.«[305]

Bald nach 1955 bestimmte das *gesellschaftliche Ereignis Jugendweihe* mit gewohnheitspädagogischer Wirkung auch den ostdeutschen Kalender. Neben das bürgerliche Jahr trat das *Jugendweihejahr*. Am Mittwoch, dem 26. September 1958, wurde in der thüringischen Bezirksstadt Suhl der Beginn des Jahres durch die Eröffnung der Jugendstunden festlich begangen. »Mehr als 1000 Schülerinnen und Schüler erlebten nach einer machtvollen Demonstration auf dem Hauptmarkt im festlich geschmückten Kultursaal des Ernst-Thälmann-Werkes ein mitreißendes Programm. Dann sprach, lebhaft begrüßt, Professor Kurt Hager.« Seit 1954 war dieser 1912 im württembergischen Bietigheim geborene Philosophieprofessor im ZK der SED und seit 1955 dessen Sekretär für Wissenschaft und Kultur. Er erklärte den Kindern in Suhl, »daß der Sozialismus neue Menschen braucht. Er erläuterte die zehn Gebote der sozialistischen Moral und sagte: ›Das sind auch die Gesetze, die ihr euch bei der Vorbereitung auf die Jugendweihe einprägen müßt, um danach in eurem Leben zu handeln.‹ Die feierliche Verpflichtung von rund zwanzig Jugendstundenleitern bildete den Schluß der Veranstaltung.«[306] Der religiöse Horizont der Jugendweihearbeit klang überall an, wenn den Jugendweihlingen eine friedliche, angenehme Zukunft für alle Menschen in der DDR angekündigt wurde. Grund für diese Behauptung kann nur eschatologische Gewißheit, also religiöse Überzeugung, sein. Am 30. September 1952 hatte

Walter Ulbricht, der erste Sekretär der SED, vor der Volkskammer erklärt: »Das Reich des Menschen ist gekommen.« Die erwähnte Interpretation der freigeistigen marxistischen Ideologie als »politischer Religion« hat hierin einen Beleg.

Und dieses »Reich des Menschen« hatte seinen sorgfältig ausgearbeiteten Kalender, der sich wie der Kirchenkalender von Weihnachten über Ostern bis Pfingsten durch das bürgerliche Jahr zog. Die vielen Feier- und Gedenktage, vom Tag des Chemiearbeiters über den Luxemburg-Liebknecht-Gedenktag, dem Tag der Jugendbrigaden bis zum Tag der Volkspolizei, ähneln religiösen Heiligentagen. Die Zählung nach Jugendweihejahren ergänzte als Ritualisierung des Jahres in der DDR diese Ringe von Feier- und Gedenktagen, Ehrentagen für Berufsgruppen, Festen im Naturzyklus. Die SED hatte das Jahr der Ostdeutschen ritualisiert, um deren Lebensrhythmus zu bestimmen. Der virtuelle Puls der DDR schlug jeweils am 7. Oktober in Dezennien: 1959 blickte von den Plakaten ein Mädchen, das wie die DDR zehn Jahre alt war, 1969 stand »Ich bin 20« unter dem Photo junger Leute, 1979 stellten erwachsene Arbeiter mit Blauhelmen die Sicherer des kollektiven Wohnungsbauprogrammes dar. So alterte das Land in seiner Selbstdarstellung wie ein Mensch, die DDR machte sich mit dem System der Dezennien einen »anthropologisch erklärbaren Zäsurbedarf zu eigen« (Rainer Gries). Dazu paßte es, daß Ostdeutsche zu Geburtstagen ihrer Republik aufgefordert wurden, dieser »den Tisch zu decken«. Dieser einem auf Effizienz bedachten Industriestaat so fremde anthropologische Inszenierung entspricht die gewohnheitspädagogisch eingehämmerte Vorstellung, daß die Jugendweihe ein gesellschaftliches Familienfest sei.

Monumentale Veranstaltungen zur Eröffnung des Jugendweihejahres wie die beschriebene in Suhl waren eine Ausnahme; in der Regel war die Gruppe der Weihlinge mit ihren Eltern und einigen Besuchern Gast der Eröffnungsveranstaltung. Sie hatte familiären Charakter: Eltern bewirteten mit Kaffee und Kuchen, vielerorts übergab die letzte Jugendweihegruppe den neuen Weihlingen feierlich ihre Jugendweihe-Chronik. Es wurde begrüßt, wenn bei dieser Gelegenheit der Festredner der kommenden Jugendweihefeier die Ansprache hielt und Kontakt mit den Weihlingen knüpfte. Er konnte, mußte aber nicht mit dem Jugendstundenleiter identisch sein. Trotz allem blieb dieses Jugendweihejahr, eingerahmt von sogenannten *gesellschaftlichen Höhepunkten*, die immer wieder zur allgemeinen Begeisterung im sozialistischen »Territorium« anregen sollten, eine künstliche Einrichtung.

Nach der Analyse des abgeschlossenen Jugendweihejahres im Anschluß an die Jugendfeiern beschloß der Zentrale Ausschuß für Jugendweihe, wie gesagt, sein Arbeitsprogramm für das kommende Jugendweihejahr. So sprach am 17. Mai 1989 der Vorsitzende des Zentralen Ausschusses, Egon Freyer, zur Eröffnung des 34. Jugendweihejahrgangs 1989/90 über »Aufgaben der Jugendweihe zur Vorbereitung des XII. Parteitages der SED im Jugendweihejahr 1989/90«. Das Jugendweihejahr war inhaltlich deutlich in die Dienste der Partei neuen Typs und deren Programmatik gerückt. Eindeutig hatte es 1989 in einer Veröffentlichung des Zentralen Ausschusses ›Zehn Fragen, zehn Antworten zur Jugendweihe. Material für Mitarbeiter, Helfer‹ geheißen: *Die Jugendstunden werden den Mädchen und Jungen helfen, die wissenschaftlich begründete Politik der SED, unserer Regierung und der Nationalen Front des demokratischen Deutschlands zu verstehen.*«[307] Ausnahmsweise war hier neben der SED die Nationale Front, d. h. der Zusammenschluß aller in der DDR zugelassenen »demokratischen Parteien«, erwähnt. Sie täuschte einen Mehrparteienstaat vor; faktisch stand die Jugendweihe unter dem Diktat der SED. Und nur mit dieser sahen sich die Jugendweiheausschüsse verbunden, wie die Jugendarbeit in der DDR ausschließlich von der SED-Jugendorganisation FDJ betrieben worden ist. Am 29. Juni 1970 notierte etwa der Bezirksausschuß Frankfurt/Oder in seiner »Abschlußanalyse des Jugendstundenjahres 1969/70«, er habe »sich das Ziel gesteckt gehabt, im Jugendstundenjahr 1969/70 durch eine vorbildliche Erfüllung der Beschlüsse der Partei und der übergeordneten Leitung einen würdigen Beitrag zur vielseitigen Stärkung der DDR zu leisten«[308]. Unerreicht dürfte ein Extrem an SED-Loyalität in den »Aufgaben im Jugendstundenjahr 1980/81« geblieben sein, die der Zentrale Ausschuß am 6. Mai 1980 beschloß: »Zur weiteren Verwirklichung der Beschlüsse des IX. Parteitages der SED sind alle Ausschüsse für Jugendweihe aufgefordert, ihren Beitrag zur kommunistischen Erziehung der Mädchen und Jungen zu erhöhen.« Weil »Inhalt und Verlauf des Jugendstundenjahres 1980/81 geprägt werden durch die umfassende Vorbereitung auf den X. Parteitag der SED«, wurde der Blick vom IX. Parteitag gelöst.[309]

Wichtiger Bestandteil der Jugendweihen ist das Geschenkbuch. Horst Adam, Mitglied im Zentralausschuß bis zu dessen Selbstauflösung am 9. Juni 1990, schrieb im Rundbrief 2/94 der Arbeitsgemeinschaft Bildungspolitik der PDS im März 1994 seine »Gedanken zur Jugendweihe« nieder: *Verleumdet, behindert - und sie bewegt sich doch*. Die *Geschenkbücher* zeigten, daß »in der Zielstellung der Jugendweihe in der DDR eindeutig ethische Orientierungen im Vordergrund standen. 1955 der Titel ›Weltall – Erde – Mensch‹, entsprechend einer stärkeren Betonung des Nationalen hatte der Ausschuß für Jugendweihe 1957 für ein Jahr den Titel ›Unser Deutschland‹ herausgegeben, 1958 bot man als Austauschband ›Unsere Welt von morgen‹ an. Im Zusammenhang mit der gesellschaftlichen Entwicklung wurden in den folgenden Jahren die Orientierungsgrundlagen (Jugendstundenprogramm, Geschenkbuch, Gelöbnis) mehrfach präzisiert und verändert«, schrieb Adam. Es bleibe dahingestellt, ob die präzisierenden Änderungen die Aktualität der »Orientierungsgrundlagen« wahrten oder die Orientierungslosigkeit dieser Grundlagen gegenüber Änderungen unter Beweis stellten.

Charakteristisch für die ungebrochene Loyalität zum demokratischen sozialistischen Staat unter den Ausschußmitgliedern wie für den Umgang mit der Geschichte der DDR in der PDS ist Adams Darstellung: 1957 sei ›Unsere Welt‹ »für ein Jahr« als Geschenkbuch eingeführt worden. Über diese Einführung gab es einen heftigen Konflikt, nicht in den Ausschüssen, sondern im ZK der SED: In dessen 33. Plenum vom 16. bis 19. Oktober 1957 rügte Ulbricht scharf den für die Herausgabe Verantwortlichen, den 1905 in Mannheim geborenen, 1949 bis 1952 ersten Minister für Volksbildung der DDR, Paul Wandel: Der gehöre zu den »Genossen, die auf dem bisherigen Stand stehenbleiben, weil es so unbequem ist, einen Schritt vorwärts zu gehen«. Er, Ulbricht, habe gewollt, »daß wir unsere Linie der besonderen Betonung der wissenschaftlichen Erziehung, der Erziehung in den Fragen des Sozialismus und der Naturwissenschaften bei der Jugendweihe besonders unterstreichen, damit unsere Kinder ideologisch zu selbstbewußten Menschen erzogen werden«. Mit der westlich gesteuerten Kampagne gegen ›Weltall – Erde – Mensch‹ habe man rechnen müssen. »Genosse Wandel hat als Konkurrenz zu ›Weltall – Erde – Mensch‹ ein Buch ›Unser Deutschland‹ herausgegeben. Ich hatte keine Ahnung davon. Ich habe sofort protestiert und gesagt: Wenn ich Zeit habe, gehe ich gerne im Wald spazieren, aber daß man die Erziehung zur Jugendweihe zur Frage von Wald und Wiese macht, das ist nicht richtig. Hier ist einfach ein Nachgeben gegenüber dem Druck der Gegner. Genosse Wandel hat das auch gewußt, daß wir nicht einverstanden sind und deswegen das so geschickt gemacht, daß man das Buch erst sah, als es fertig ausgedruckt war. Inzwischen ist, wie ich gehört habe, aufgrund des Gegendrucks von uns beschlossen worden, daß man das Buch im Buchhandel verkauft und nicht in der Jugendweihe ausgibt.«[310]

›Weltall – Erde – Mensch‹ wurde weiter überreicht. Unter gleichbleibendem Titel wechselten in dem Buch, von dem in 22 Auflagen vier Millionen Exemplare gedruckt wurden, Autoren. Themen wurden geändert, wie schon ein Blick in das Inhaltsverzeichnis zeigt[311]. Wegen der »empörenden« Nachgiebigkeit Wandels gegenüber den angeblich »westlich gesteuerten« kirchlichen Protesten wurde Wandel gleich im 33. Plenum »wegen ungenügender Härte bei der Durchsetzung der kulturpolitischen Linie der SED-Führung« von seiner Funktion als Sekretär des Sekretariats der SED entbunden. 1958 bis 1961 war er Botschafter der DDR in der Volksrepublik China.[312] Irreführend ist natürlich auch die DDR-Diktion Adams, die Geschenkbücher seien »angeboten« worden. Sie wurden allen verteilt.

Die Selbständigkeit der Ausschüsse für Jugendweihe reichte in der DDR nicht weiter, als die SED zuließ. Erzählt wurde, wie der Zentralausschuß allein in Verantwortung der SED gebildet worden ist. Obgleich ständig behauptet wurde, die Jugendweihe sei »von fortschrittlichen Bürgern angeregt« worden und habe »das rege Interesse der ganzen Bevölkerung gefunden«[313], »auch bei uns seien die in ganz Deutschland beliebten Jugendweihen eingeführt«[314], baute die Organisation der Ausschüsse nirgendwo auf Anregungen zur Organisation der Jugendweihen »im Territorium«, d. h. in der DDR, auf. Der Aufbau der Ausschüsse wurde verfügt und von der Zentrale kontrolliert. Im organisatorischen Bereich wurde dabei keine Ausgabe gescheut. Es kann nicht einheitlich gesagt werden, wer von den Mitgliedern dieser Ausschüsse haupt- und ehrenamtlich arbeitete. Rückblickend wird erklärt, zwar habe man sich an das »Gehaltsregulativ für Massenorganisationen II« bei der Bezahlung halten müssen; wenn auf die Mitarbeit einer Person großer Wert gelegt wurde, seien indes »Kompromisse« möglich gewesen. Nur der Vorsitzende des Zentralausschusses, seine Stellvertreter, der Vorsitzende der Zentralen Revisionskommission und die Vorsitzenden der Bezirksausschüsse waren regulär hauptamtlich tätig. Manche Mitglieder des Zentralausschusses seien von der sie entsendenden Institution für ihre Mitgliedstätigkeit entlohnt worden. Notfalls seien »leerstehende« Lehrerplanstellen mit Unterstützung des Ministeriums für Volksbildung zur Finanzierung von Mitarbeitern genutzt worden. Ehrenamtlich arbeiteten die »Gesprächspartner«, 1989 waren es 80 000, die 5200 örtlichen Ausschüssen zur Verfügung standen.[315] Spendeneinnahmen waren als Haushaltsmittel von den Ausschüssen eingeplant. Im »Abschlußbericht Jugendweihe«, den der Bezirksausschuß für Jugendweihe im Bezirk Frankfurt/Oder im Juli 1968 wie jedes Jahr dem Sekretariat der SED-Bezirksleitung vorlegte, ist festgestellt: »Besonders in den Kreisen Eberswalde, Beeskow, Fürstenwalde und Freienwalde ist das Betriebsspendenaufkommen zu garantieren.«[316] Die Organisation der Jugendweiheausschüsse war eine der Massenorganisationen der SED, eines derer gesellschaftlichen Herrschaftsinstrumente. In der *agitpropagandistischen* Arbeit der Ausschüsse war »das größte Augenmerk auf die weitere Vertiefung der gemeinsamen Handlung der Haupterziehungsträger, FDGB, Volksbildung, FDJ sowie RLN und staatlichen Organe« zu legen.[317] Am 17. Mai 1989 stellte der Vorsitzende des Zentralausschusses freilich ernüchtert fest: »Hier und da stehen Ausschüsse nur auf dem Papier, der Vorsitzende, der Finanzbearbeiter und die Jugendstundenleiter haben keine Helfer an ihrer Seite.«[318]

Die jährlichen Abschlußanalysen der Ausschüsse waren sehr genau. Die letzte Rubrik in den Finanzanalysen des Zentralausschusses, »Veruntreuung« überschrieben, war häufiger ausgefüllt. Für alle Ausschüsse arbeiteten ihrerseits überprüfte Revisionskommissionen. Alle die eingeleiteten Leitungs- und Kontrollmaßnahmen waren indessen Interna, und die unsauberen und bisweilen betrügerischen Finanzierungsmaßnahmen blieben der Öffentlichkeit unbekannt. Nach außen bot sich die Jugendweihe als aufblühender Teil des florierenden sozialistischen Bildungssystems.

»Ermittlung« der Teilnehmer an der Jugendweihe

Außer Betracht können die energischen Bemühungen der SED nicht bleiben, daß möglichst alle Achtkläßler an den Jugendweihen teilnahmen und das Gelöbnis sprachen. In der DDR konnte sich niemand daran stören, daß dergleichen Bemühungen der behaupteten Freiwilligkeit des Besuchs der angeblichen »Familienfeier unseres Volkes« widersprachen, denn damit wäre der Widerspruch zwischen der ideologisch inszenierten SED-Welt und der Lebenswirklichkeit in der DDR benannt worden. Seit 1955 registrierten die Ausschüsse in ihren Arbeitsberichten für die SED die Zahl der Teilnehmer lokal bis auf Ortsebene differenziert. An ihr meinte die SED ablesen zu können, wie viele Ostdeutsche sich in einem erkennbaren Lebensakt zu ihrer inszenierten Scheinwelt bekannten. In vier Jahrzehnten wurde Zu- und Abnahme der Teilnehmerzahlen mehrfach im Jahr ermittelt – und es wurde von den Ausschüssen mit Organen der SED erörtert, warum sich die Teilnehmerzahlen verändert hatten. Unter »Anleitung und Kontrolle« wurden in den Abschlußberichten vor allem *operative Werbemaßnahmen* in genau benannten Gebieten angeführt. So beschloß der Zentrale Ausschuß in *Arbeitsplan 1956/57*, »die Werbung in den industriellen und ländlichen Gebieten differenziert durchzuführen, so daß die Aufklärung in den schwachen Gebieten (Neubrandenburg, Schwerin, Cottbus, Frankfurt/Oder) auf die Darlegung der *Erziehungs- und Berufshilfe* (der Jugendweihe wohlgemerkt, A. M.), in den industriellen Gebieten auf die stärkere Vermittlung der naturwissenschaftlichen Kenntnisse beruht«[319]. Den Eltern der Weihlinge sollten geraten werden, ihre Familienfeier dem sozialistischen Anlaß gemäß zu gestalten.

Am 3. Oktober 1956 beriet das Zentralkomitee der SED auf der Grundlage der vom Zentralausschuß ermittelten Zahlen als Anlage eingereichte »Politische Richtlinien für die Parteiorganisation zur Vorbereitung und Durchführung der Jugendweihe 1957«[320]. Die Jugendweihe 1956 sei »ein bedeutender Erfolg«. Die Zahl der Teilnehmer hatte sich von 52 722 auf 64 343, die Zahl der Feiern von 1120 auf 1359 und die der Gäste binnen Jahresfrist von 460 000 auf 562 000 erhöht.[321] Die Jugendweihefeier sei *aus unserem gesellschaftlichen Leben nicht mehr wegzudenken*. Für die Jugendweihe 1957 rechnete die Vorlage wohl wegen der Anmeldungen exakt mit 76 817 Kindern. Tatsächlich nahmen 64 666 teil.[322] Hohe Teilnehmerquoten wiesen Magdeburg (51,2 Prozent), Leipzig (51 Prozent) und Gera (40,7 Prozent) auf, im ländlichen Gebiet 21,2 Prozent in Neustrelitz, 30,8 Prozent in Gera-Land. Vor »Mängel und Schwierigkeiten« stellten die Teilnehmerziffern in Görlitz (11,1 Prozent), Calbe (9 Prozent) und Güstrow (10,5 Prozent).[323]

Die Entwicklung der Teilnehmerzahlen wurde genau verfolgt und interpretiert. Das Parteigremium stellte 1956 erfreut fest, daß »durch weitere Überwindung der sektiererischen Auffassungen erreicht werden konnte, daß sich bereits in diesem Jahr viele kirchlich eingesegnete Jugendliche an der Jugendweihe beteiligten«. Die SED-Instanz legte die »Aufgabe« fest, daß »zur Schulentlassung kommende Jugendliche, welche die Jugendstunde nicht besuchen, ebenfalls die Möglichkeit haben sollen, an der Jugendweihe teilzunehmen«. Im Umgang mit Genossen, die ihre Kinder nicht an der Jugendweihe teilnehmen lassen, »gilt das Prinzip der Überzeugung und größten Duldsamkeit. Immer mehr wird die Jugendweihe zu einem traditionellen feierlichen Ereignis unserer Gesellschaft und zu einem frohen Familienfest unseres Volkes.«[324]

Alle Ausschüsse setzten 41 Jahre lang ihre Mühe daran, *alle* Familienmitglieder des Volkes im Familienfest zusammenzuführen. »Es sollte jedem Menschen möglich sein, an dem Erlebnis einer Jugendweihefeier teilzunehmen«, erzählte Egon Freyer rückblickend im September 1996. Das Jugendweihejahr 1958/59 wurde in Suhl auch deshalb festlich eröffnet, damit »auch die restlichen 25 Prozent der Schulabgänger gewonnen werden«, schrieb die ›Deutsche Lehrerzeitung‹ am 26. September 1958.

Um Jahre im voraus die Teilnahme am Familienfest sicherzustellen und den Teilnehmern die Weihe und das Gelöbnis in steter Erinnerung halten zu können, wurde sehr genau »analysiert«: Im Jugendweihejahrgang 1969/70 sprachen im Bezirk Frankfurt/Oder »von 11 143 Jugendlichen 9 970 das Gelöbnis, gleich 89,5 Prozent, schrieb der Bezirksausschuß Jugendweihe Frankfurt/Oder. Das prozentuale Ergebnis stieg von 1965 bis 1970 um sechs Prozent an, die absolute Teilnehmerzahl um 2 139 Jugendliche«.[325] Alle Vierteljahr und häufiger legte dieser Bezirksausschuß »vertraulich« *Informationen über den Stand der Anmeldung zur Jugendweihe* nicht nur im Jahr der Erstellung der Information, sondern auch in den beiden kommenden Jahren vor. Verglichen wurden etwa am 5. Oktober 1970 kreisweise die Zahl der Mitte Dezember 1969 Angemeldeten mit der Zahl der Schüler des achten Schuljahres. In zwei weiteren Spalten wurde die Zahl der Schüler des siebten und sechsten Schuljahrganges, deren Jugendweihe in den folgenden Jahren anstand, prozentual ins Verhältnis zu den 1970 aktuellen Zahlen gesetzt. Bereits Sechstkläßler wurden gebeten, sich schriftlich zur Jugendweihe anzumelden. Auf diese pädagogische Planung kommen wir zurück. Die Informationen des Bezirksausschusses verraten das innere Engagement der Verfasser, die sich im sozialistischen Wettkampf wußten: Die zwölf Kreise des Bezirkes Frankfurt/Oder standen übereinander, je höher der prozentuale Anteil der Weihlinge an den Altersgenossen war, desto besser war der Kreis plaziert.

Nun, der Bezirk Frankfurt/Oder hatte in der DDR nicht die besten Verhältniszahlen aufzuweisen. Im weiten Oderbruch verweigerten viele christliche Familienmitglieder die Teilnahme am »Familienfest des Volkes Jugendweihe«. 1970 beteiligten sich in der DDR 235 142 Jugendliche an 6 381 Feiern, also 92,2 Prozent des Jahrganges. 1975 waren es in 6 794 Feiern 279 725 Jugendliche (96,8 Prozent), 1980 ließen sich 265 447 (97,7 Prozent) in 6 963 Feiern weihen, 1985 sank die Zahl auf 224 636 (97,4 Prozent ihres Jahrgangs) in 6 746 Feiern. 1988 waren es 97,3 Prozent der Achtkläßler, nämlich 168 424 Jugendliche in 5 959 Feiern.[326] Zahlenmäßig ein klarer Erfolg der Weihe im sozialistischen Bildungswesen.

Aber mit dem Erfolg gab man sich nicht zufrieden, sondern *alle* sollten zum Familienfest kommen. Bezeichnend ist die Wortwahl: Es ging nicht um *Werbung für die Jugendweihe*, sondern um *Aufklärung* über die Feier. Es konnte auch von *Gewinnung der Eltern* gesprochen werden. Wie erging es den aus eigenem Willen nicht Aufgeklärten? In der *Finanzanalyse des Jugendweihejahres 1985/86 des Zentralausschusses für Jugendweihe* wurde vermerkt, daß sich »97,7 Prozent der Gesamtschülerzahl des achten Schuljahres unter der Losung ›Eine gute Vorbereitung der Mädchen und Jungen auf ein sinnerfülltes Leben im Sozialismus – ein Beitrag zum XI. Parteitag der SED auf die Jugendweihe vorbereitet‹ haben«[327]. Diese Analyse »nur für den Dienstgebrauch« differenzierte genau: »Die Sekretariate der Bezirksausschüsse konzentrieren sich in Auswertung der Analyse verstärkt auf eine realere Planung der Teilnehmer. Nur durch diese zielstrebige Führungstätigkeit konnte die *Differenz zwischen geplanten und tatsächlichen Teilnehmern* mit 1041 abgebaut werden.« Die Ausschüsse der Bezirke, in denen die Differenz zwischen geplanten und tatsächlichen Teilnehmern größer ausfiel, Berlin, Karl-Marx-Stadt, Leipzig, Rostock, »schätzten ein, daß die Ursachen für so hohe Abweichungen in mangelnder Leitungstätigkeit zu suchen sind. Nicht immer wurde mit selber Konsequenz in der Ermittlung der Teilnehmer vorangegangen.«[328]

Jugendliche waren also nicht für die Teilnahme an der Jugendweihe zu gewinnen, sondern zu »ermitteln«. Das lag in der Logik der Jugendweihe von Anfang an: 1958 wurde der Satz Rudolf Alts, eines Mitglieds im Zentralausschuß von 1954 an, zitiert: *Die Jugendweihe erfaßt und formt alle Seiten des Menschen. Sie will ihn zum richtigen Verhalten in allen Bereichen seines künftigen Lebens erziehen. Konfirmation verhält sich zur Jugendweihe etwa so wie Religionsunterricht zu Allgemeinbildung.* Deshalb, fuhr der Referent fort, »sind wir einverstanden, wenn Professor Alt im Zentralen Ausschuß für Jugendweihe das Ziel stellt, daß a l l e Kinder an der Jugendweihe teilnehmen werden«[329]. Alt argumentierte im Sinn der inszenierten SED-Wirklichkeit. In ihr war verdeckt, daß Kinder zwar aus verantwortbaren Gründen zur Teilnahme an Familienfeiern genötigt werden können, wenn die verantwortlichen Eltern die Folgen für Kind und Feier akzeptieren, Staaten und Völker aber keine Familien sind. Alle Dokumente zeigen, daß die Jugendweihe keine DDR-Familienfeier, sondern eine Feier zu Ehren der SED war. So teilte der letzte Vorsitzende des Zentralausschusses mit, daß die Termine für die Jugendweihefeiern 1990 »kurz vor dem XII. Parteitag der SED (liegen). Daraus erwächst unsere Verantwortung für die Qualität jeder einzelnen Feier, denn sie sollen Ausdruck des Vertrauensverhältnisses zwischen SED und Volk sein«[330]

Als die DDR östlicher Teil der Bundesrepublik wurde, war die Teilnahme an der Jugendweihe, die 1955 von mehr als 80 Prozent der Ostdeutschen verweigert wurde, den meisten ostdeutschen Jugendlichen zur Selbstverständlichkeit geworden. Werbung war im letzten Jahrzehnt der DDR eigentlich überflüssig geworden. Am 2. April 1975 führte Sonja Müller, die Vorgängerin Freyers als Vorsitzende des Zentralen Ausschusses für Jugendweihe, ein Gespräch mit Werner Wünschmann von der CDU zur Kontaktpflege und zum Informationsaustausch. Im Mai 1975 wollte der Zentralausschuß das Programm für das Jugendweihejahr 1975/76 beschließen, dessen »erzieherische Schwerpunkte der IX. Parteitag der SED und der dreißigste Jahrestag der SED sowie der dreißigste Jahrestag der FDJ« waren. »Die Teilnahme erreicht 1975 rd. 97 Prozent. Mehr als 98 Prozent sei nicht erreichbar. Dabei stehen die Kreise Worbis und Mühlhausen noch bei 30 Prozent. Noch immer sei in Einzelfällen (bei christlichen Eltern) unklar, daß die Jugendweihe ein politisches Bekenntnis zum Sozialismus sei, also ›nichts Besonderes‹, sondern lediglich eine Entscheidung der Jugendlichen für das, was die Eltern wollen und tun.«[331] Wiewohl innerhalb der Nationalen Front intern Realismus anklang, weil nicht wie offiziell hundertprozentige Teilnahme erwartet wurde, ist der total vereinnahmende Anspruch in den Worten der 1923 in Weimar geborenen Lehrerin, die seit 1963 Mitglied der »Zentralen Revisionskommission der SED« war, unverkennbar. Selbstverständlich war ihr, daß alle Eltern in der DDR unterschiedslos in das Bekenntnis zum Sozialismus einpflichteten.

Im hier zitierten Gespräch wurde über Freiwilligkeit der Teilnahme nicht gesprochen. Sicher stand für die SED-Funktionäre die Freiwilligkeit der Teilnahme außer Frage. Zwischen Selbstverständlichkeit und Freiwilligkeit der Teilnahme muß auch durchaus kein Widerspruch liegen. Im gesellschaftlichen Verhalten aber prinzipiell keinen Widerspruch zwischen Selbstverständlichkeit und Freiwilligkeit zu sehen, ist charakteristisch für urtümliche, vormoderne Völker. Biographische Feiern wie die vorab geschilderten Übergangsriten sind in ihnen selbstverständliche gesellschaftliche Handlungen, weil durch sie in die Gemeinschaft eingeführt wird, wie diese deutlich in einer gemeinsamen Handlung bestätigt. Für dergleichen Handlungen wird nicht geworben. Werbung, die emotional oder intellektuell zu überreden sucht, ist urtümlichen Völkern fremd, zumindest soweit es um Handlungen geht, die ihnen gemeinschaftlich selbstverständliche Übung sind. Der religiöse Charakter der in steter Wiederholung eingeübten Riten rechtfertigt deren Selbstverständlichkeit in der Gemeinschaft.

Als die Teilnahme an der Jugendweihe in der DDR für eine große Mehrheit der 14jährigen Ostdeutschen üblich wurde, tat man es im modernen DDR-»Territorium« den vormodernen Gesellschaften gleich, in denen selbstverständliche Handlungen ohne Diskussion vollzogen werden. Weil dadurch indessen eine aufklärerische Errungenschaft der Moderne, die Würde der Individuen in ihren freien Entscheidungen, geleugnet wäre, betonte die SED als Merkmal der Jugendweihe nicht nur deren verlangte Selbstverständlichkeit, sondern auch die angebliche Freiwilligkeit der Teilnahme an ihr. Gewaltsam wurde hier Widersprüchliches mit Hilfe der marxistischen Denkfigur des *dialektischen Widerspruchs* zusammengezwängt. Wäre die Teilnahme an der Jugendweihe in der DDR freiwillig gewesen, hätten Gründe für und gegen sie öffentlich erörtert werden müssen. Dann wären die Nichtteilnehmer nicht oft bei der Versetzung in die Oberschulen, bei ihrer Berufswahl und bei vergleichbaren Anlässen eindeutig benachteiligt worden. Der Einschätzung tut kein Abbruch, daß es in der DDR Unterschiede an Verständnisbereitschaft unter Lehrern, Funktionären, Menschen insgesamt gab, die über das Fortkommen junger Ostdeutscher entschieden.

Um die Zahl der »Ungeweihten« gering zu halten, wurde Jahre vor der Jugendweihe zur Teilnahme aufgefordert. »Lobend« begrüßte 1970 der Bezirksausschuß Frankfurt/Oder 1970 die »Vorlaufarbeit« in einigen Kreisen. Denn durch sie »kann rechtzeitig, lange bevor andere Kräfte Eltern und Schüler massiert beeinflussen, die *Erziehungsarbeit* beginnen. Der Zeitpunkt des Beginns der konzentrierten und systematischen Gewinnungsarbeit ist in den Kreisen unterschiedlich. In Seelow und Eisenhüttenstadt-Land ab 1. Klasse, in Bernau, Fürstenwalde und Strausberg ab 3. bzw. 5. Klasse.«[332] In Kauf genommen wurde, daß durch dieses »rechtzeitige Beginnen der Anteil jener Jugendlichen, der erst nach Beginn der Jugendstunden gewonnen wurde, geringer geworden ist«. 1966/67 habe er im Bezirk Frankfurt/Oder um 5,1 Prozent, 1967/68 um 4,1 Prozent abgenommen.

Die demütigende Behandlung der Nichtteilnehmer begann republikweit spätestens damit, daß Sechstkläßler aufgefordert wurden, schriftlich ihre Teilnahme an der Jugendweihe zu erklären. Lehrer hatten reichlich Gelegenheit, im Unterricht in aller Höflichkeit nicht angemeldete Schüler zu fragen, sie seien doch sicher nicht *gegen den Frieden in der Welt und gegen unsere humanistische DDR*? Bei renitenten Eltern wurden oft die Betriebsgruppenleitungen an deren Arbeitsplatz beauftragt, mit den Eltern »Überzeugungsgespräche« zu führen. Entscheidend war die Angst, die sich verbreitete, weil alle wußten, daß Nichtteilnehmer wegen ihrer Nichtteilnahme und/oder ihres christlichen Glaubens in ihrem Lebensgang benachteiligt wurden. Und dieses Gefühl wog schwer, weil die Entscheidungen der Schule in der DDR sowenig wie die der sozialistischen Staatsorgane überhaupt anfechtbar waren. Ohne Anpassung konnten in der DDR daher nur wenige leben. Der Hinweis Freyers, die Kirche habe bei ihren Beschwerden über Benachteiligungen nie die Namen der betroffenen Schüler genannt, übergeht, daß hier genannte Schüler in der DDR in zusätzliche Gefahr gebracht worden wären. Weil die meisten ihrem Arbeiter-und-Bauern-Staat Benachteiligungen zutrauten, zogen viele es vor, sich verlangten Selbstverständlichkeiten widerspruchslos anzupassen.

Mit Bedacht ließen die Machthaber die Veranstalter der Jugendweihe in einer schon genannten juristischen Grauzone agieren. Wie die Aufzählung der *Haupterziehungsträger, FDGB, Volksbildung, FDJ und RLN* zeigt, wurde aller Wert darauf gelegt, die Jugendweihe als »ein demokratisches Gemeinschaftswerk«[333] zu inszenieren, wie Jochen Chowanski 1989 betonte, ein 1941 in Berlin geborener Lehrer, der nach Arbeit für die Pionierorganisation »Ernst Thälmann« seit 1982 stellvertretender Vorsitzender des Zentralen Ausschusses war. Im Eifer für die Demokratie standen sich staatliche und gesellschaftliche Kräfte, beide gesteuert von der SED, in der DDR nicht nach. Sie sahen sich vor der pädagogischen Aufgabe, alle für das *demokratische Gemeinschaftswerk*, die *Familienfeier Jugendweihe* zu gewinnen. Die Propagierung der Jugendweihe in der DDR wirkte wie sozialpädagogischer Übereifer, bei dem je nach Beteiligten über den Einsatz pädagogischer Zuchtmittel vom Verweis bis zur Prügelstrafe entschieden wurde.

Die ursprünglich weltfromm freigeistige Jugendweihe wurde zum Fest der DDR, weil die Verantwortung für die Weihe bei einem Organ der Staatspartei lag, die sich der phylogenetischen Autorität im angeblichen Initiationsritus gern bediente. Die Jugendweihe bot eine gute Gelegenheit, die unter dem Diktat der SED erfolgte Vereinigung der gesellschaftlichen und staatlichen Organe der DDR durch die lebendige Teilnahme an den Jugendweihen zu rechtfertigen, denn diese Organe sicherten die Durchführung dieser Weihen. Zur Stützung solcher erzwungener angeblicher »gesellschaftlicher Gemeinschaftswerke« hatte die SED von Anfang an in ihrer Jugendarbeit »moralische Kategorien wie Liebe und Haß, Freund, Feind, Vertrauen usw. zur Beschreibung normgerechten Verhaltens und der gesellschaftlichen Wirklichkeit benutzt«[334]. Die Kategorien des menschlichen Umgangs waren so beschränkt auf Freundschaft/Liebe und Feindschaft/Haß. Die Jugendweihe führte in den Kreis der Freunde. Mit thematisch bedingten politischen Meinungsverschiedenheiten konnte in diesem Begriffsraster nicht umgegangen werden. Die Jugendweihen wurden eingesetzt als Mittel im Dienst der systematisch betriebenen Verschmelzung menschlicher, gesellschaftlicher und staatlicher Verhaltensmuster, die den paternalistischen Sozialismus rechtfertigte. Nicht zum Leben bereiteten die Jugendweihen vor, sondern zum Leben in der »sozialistischen Gesellschaft«.

»Die überwiegende Mehrheit der Eltern erkannte die Jugendweihe als gesellschaftliche Notwendigkeit an und gab sofort ihre Zustimmung. Trotzdem muß noch mit ca. 25 Prozent der Familien abermals ein intensives Gespräch unter Einbeziehung vieler gesellschaftlicher Kräfte wie Schule, Betrieb, Partei usw. geführt werden. Dabei werden noch ca. 10 Prozent gewonnen«, bilanzierte ein Bezirksausschuß.[335] Auch hier wieder das undurchschaubare und deshalb unanfechtbare Ineinander der allesamt von der SED abhängigen Verantwortlichen für die Jugendweihe in der DDR. So wurde ein immenser pädagogischer Druck zur »Orientierung« der Ostdeutschen ausgeübt, damit diese *freiwillig* Jugendweihen zur *Selbstverständlichkeit* werden ließen.

Durch die Jugendweihe wurden vornehmlich evangelische Jugendliche in schwere Gewissenskonflikte gestürzt, weil die Jugendweihe seit ihrer Einführung durch die freien protestantischen Gemeinden parallel zur Konfirmation konkurrierend in der Osterzeit stattfindet. An die in der Kaiserzeit und in der Weimarer Republik veranstalteten Herbstweihen wurde in der DDR nicht angeknüpft. Die in den ersten Jahren der SBZ/DDR anstelle der Jugendweihen gefeierten Schulentlassungsfeiern/demokratischen Jugendfeiern lagen am Ende des Schuljahres. Wenn rechtfertigend weiterhin in der DDR behauptet wurde, *Jugendweihe - ein Festtag für alle Schulabgänger*[336], so wurde die ideologische Scheinwirklichkeit gegen die Realität gekehrt, denn der Termin lag deutlich vor dem Schuljahresschluß, und nicht alle Teilnehmer gingen von der Schule ab. Wegen der bewußten Kollision mit der Konfirmation und der Verwendung des religiösen Weihebegriffs nahmen evangelische und katholische Kirche sogleich dezidiert Stellung. Die Leitung der Evangelischen Kirche in Berlin-Brandenburg verlangte am 30. November 1954, »zwischen der kirchlichen Konfirmation und der weltlichen Jugendweihe klar zu unterscheiden. Eltern und Kinder müssen wissen, daß sich das Bekenntnis zum evangelischen Glauben nicht mit der Teilnahme an der Jugendweihe in Einklang bringen läßt. Daher bestimmt die Ordnung des kirchlichen Lebens der Evangelischen Kirche in Berlin-Brandenburg von 1954 folgendes: *Kinder, die sich einer Handlung unterziehen, die im Gegensatz zur Konfirmation steht (Jugendweihe oder dgl.), können nicht konfirmiert werden.*«[337] Nicht minder eindeutig stellten die katholischen Bischöfe die katholischen Jugendlichen am 26. Dezember 1954 vor die Alternative: »Die jetzt geplanten ›Jugendweihen‹ können für einen katholischen Christen niemals in Frage kommen; sie haben als Grundlage eine materialistische Weltanschauung und wollen die Belehrung im materialistischen Geist, die die religionslose Schule begonnen hat, fortsetzen und mit einer Feier krönen. Ich frage Euch: Kann man ein Bekenntnis zu Gott ablegen und zugleich auch ein Bekenntnis zur Gottlosigkeit?«[338]

Während die katholische Kirche auf diesem Entweder-Oder beharrte, ließ seelsorgerliche Rücksichtnahme in evangelischen Landeskirchen seit den sechziger Jahren geweihte Jugendliche zur Konfirmation zu, wenn diese sich von der Jugendweihe klar distanzierten. Sicher trugen die ostdeutschen Kinder sehr schwer an dem Konflikt, in den sie die für viele ihrer Altersgenossen selbstverständliche Jugendweihe stürzte. Aber in der Regel standen sie nicht allein, denn ihre Eltern trugen ihre Entscheidung und deren Folgen zumeist mit. Es ist verständlich, daß unter dem geschickt inszenierten gesellschaftlichen Druck nicht jeder Pfarrer immer die seelsorgerische Contenance bewahren konnte.

Die seit den sechziger Jahren über 80 Prozent liegenden Teilnehmerzahlen erlauben es, die Jugendweihe ein Fest der DDR zu nennen. Im geeinten Deutschland machten Veranstalter, Freunde und Befürworter der Jugendweihe bislang keine Anstalten, den gravierenden Kurswechsel der SED zu erklären, die 1950 die Jugendweihe ablehnte und 1954 lakonisch »Durchführung von Jugendweihen ab 1955« ankündigte. Warum fehlt ihnen in ihrer stolzen Rede von der über hundertjährigen Tradition der Jugendweihe diese Erklärung nicht?

Horst Adam erklärt in seinen erwähnten »Gedanken zur Jugendweihe« in dem PDS-Rundbrief Nr. 2/94 den Kurswechsel der SED nicht, indem er das Verbot vom 13. Februar 1950 verschweigt. Die vom Zentralen Ausschuß für Jugendweihe 1989 herausgegebene ›CHRONIK‹ berichtete nicht von dem Beschluß, referierte aber Heymanns Artikel im ›Neuen Deutschland‹ vom 31. März 1950. Anschließend vermerkte sie, »im Ergebnis der antifaschistischen demokratischen Umwälzung, der Schaffung wichtiger Grundlagen des Sozialismus, sind 1954 wesentliche Voraussetzungen dafür gegeben, landesweit Ausschüsse für Jugendweihe einzurichten, die als einheitliche Organisation Vorbereitung und Durchführung der Jugendweihe als ein gesellschaftliches Anliegen übernehmen«[339].

Das überraschende Verbot der Jugendweihe im Februar 1950 konnte die SED ideologisch reinen Herzens beschließen, denn es entsprach ihrer wissenschaftlichen Überzeugung. Gleichwohl wird es vielen ihrer Funktionäre, die in ihrer Jugend geweiht worden waren, nicht einfach gefallen sein. Der Aufbau eines sozialistischen Staats nach untrüglichen wissenschaftlichen Gesetzen vertrug sich nicht damit, daß manche Genossen, die durchaus ernsthaft bei der revolutionären Sache waren, Mitglied der freireligiösen Gemeinden waren. Sie ließen nämlich der Religion auch in Form der Jugendweihe einen Platz in ihrem Leben. So führten am 6. April 1951 SED-Genossen eine »Aussprache mit dem Ältestenrat der Freireligiösen Gemeinde im Haus der Einheit« in Sachsen-Anhalt. Nur Genossen saßen sich gegenüber. Genosse Kuske beharrte darauf, er »lasse sich von niemandem in meine Privatangelegenheiten hineinreden und in meine Zugehörigkeit zur Freireligiösen Gemeinde, ihr tut das bei anderen auch nicht«. Genosse Rienecker wies ihn zurecht: »Du sprichst immer von wir und ihr. Wenn wir innerhalb unserer Partei sind, dann sprechen wir von uns allen.« Aber Genosse Kuske blieb dabei: »Ich darf nach der Verfassung in dieser Religionsgemeinschaft bleiben, und ich gehe davon auch nicht ab. Ich stehe auf dem Standpunkt, die Jugendweihe durchzuführen.« Genosse Göhler, Mitglied des Ältestenrates, erzählte von einer Begegnung mit dem Genossen Lenin. Der teilte den Standpunkt der SED sicher nicht: »Laßt in diesem Jahre die Jugendweihe so wie sie aufgezogen werden sollte und legt uns da keine Daumenschrauben an. Soviel müßt ihr doch als Partei in euch haben, daß wir als Freidenker Kämpfer waren. Wir waren eine Vorschule für den Sozialismus in der vergangenen Zeit.« Dreist war diese Behauptung, denn sie stellte die freie Religionsgemeinschaft in Konkurrenz mit der Partei, die »Schulen des Sozialismus« organisierte. Die nichtfreigeistigen SED-Genossen klärten die Gemeindemitglieder auf: »Gerade der Marxismus-Leninismus lehrt uns, daß man alles in der Entwicklung zu sehen hat. Gerade der Genosse Lenin sagte: Morgens sagt man A, mittags B und abends wieder A.« Die Genossin Menzel aus dem Ältestenrat stellte resignierend fest: »Wir haben bis jetzt auf dem Standpunkt gestanden, daß die Auffassung über Jugendweihe richtig ist, und wir sind aber durch die Partei zu der Auffassung gekommen, daß diese Auffassung nicht mehr richtig ist.«[340]

Der Hinweis der Genossen aus dem Ältestenrat auf »Privatangelegenheiten« war grundsätzlich gefährlich. Das verrät der unfreundliche Unterton, in dem die Beauftragten der Partei sie als Mitteilung über »Deine Häuslichkeit« zur Kenntnis nahmen. Solche Sektiererei drohte die SED zu spalten. Sie bekämpfte von ihr unabhängige Instanzen, weil sie ihr Organisationsmonopol nicht in Gefahr gebracht wissen wollte. Die großen Kirchen waren schon wegen ihrer hohen Mitgliederzahl und als Bündnisgenossen im Kampf gegen das »Dritte Reich« widerwillig in Kauf genommen. Freilich ließ die SED sie ihren Unwillen bis zum Ende der DDR spüren. Grausame Züge nahm er in den Jahren nach dem Verbot der Jugendweihe an, es war die Zeit der Stalinisierung der DDR. Allein »von Januar bis April 1953 verhaftete der Staatssicherheitsdienst etwa 50 Geistliche, Laienhelfer und Diakone. 300 Oberschüler wurden wegen ihrer Zugehörigkeit zur ›Jungen Gemeinde‹ von den Schulen relegiert.«[341] Kurz nachdem die 2. Parteikonferenz der SED im Juli 1952 die »planmäßige Errichtung der Grundlagen des Sozialismus in der DDR« beschlossen hatte, wurde am 23. Juli 1952 das »Territorium« in straff zentral gegliederte 14 Bezirke und 217 Kreise gegliedert. Ulbrichts SED etablierte ihre Diktatur. Am 15. Dezember 1952 wurde der aus Hildesheim stammende Minister für Handel und Verkehr, Karl Hamann (LDPD), verhaftet. Genau einen Monat später traf das gleiche Los den 1902 in Berlin geborenen Außenminister und stellvertretenden CDU-Vorsitzenden Georg Dertinger. Im Machtkampf innerhalb der SED zogen Wilhelm Zaisser, der Minister für Staatssicherheit war, und Rudolf Herrnstadt, Chefredakteur des SED-Zentralorgans ›Neues Deutschland‹, in ihrem Aufbegehren gegen Ulbricht 1953 den kürzeren. Am 16. Juli 1953 wurde Justizminister Max Fechner (SED) verhaftet.

Während in der DDR-Geschichtsschreibung der achtziger Jahre eingeräumt wurde, daß die unter Ulbricht 1952 beschlossene vorrangige Entwicklung der Stahlindustrie das Wachstum in der DDR »verringerte«, fühlte die SED 1953, daß ein »Aufbaufieber« die Menschen gepackt habe, die einem »herrlichen Ziel entgegengehen«[342]. Unter sowjetischem Druck beschloß die SED Anfang Juni 1953 den »Neuen Kurs«. Das Politbüro des ZK der SED räumte ein, »in der Vergangenheit eine Reihe von Fehlern begangen« zu haben. Da es bei der Erhöhung der Arbeitsnormen in Bauwirtschaft und Industrie blieb, eskalierte der Unmut der Proletarier in der

Volkserhebung vom 17. Juni 1953. Sie konnte nur durch die selbstverständliche sowjetische Hilfe niedergeschlagen werden.

Offenkundig, das zeigt dieser Exkurs in die Geschichte der DDR, verhärtete sich die SED-Führung Anfang der fünfziger Jahre im realitätsfremden ideologischen Übereifer. Und die Rechnung machte ihr niemand anders als das ZK der KPdSU Ende Mai 1953 auf: Anfang Juni 1953 wurde einer SED-Delegation mit Walter Ulbricht der Beschluß übergeben, von dem die Öffentlichkeit erst Ende 1989 erfuhr: *Über die Maßnahmen zur Gesundung der politischen Lage in der Deutschen Demokratischen Republik*. Nach Meinung der Partei des sowjetischen Bruderstaates war »infolge der Durchführung einer fehlerhaften politischen Linie in der Deutschen Demokratischen Republik eine äußerst unbefriedigende politische und wirtschaftliche Lage entstanden. Das kommt am deutlichsten in der massenhaften Flucht der Einwohner der DDR nach Westdeutschland zum Ausdruck. Einen bedeutenden Teil der Geflüchteten machen werktätige Elemente aus. Es fällt auf, daß sich unter den innerhalb der vier Monate (des Jahres) 1953 nach Westdeutschland Geflüchteten 2718 Mitglieder und Kandidaten der SED und 2610 Mitglieder der FDJ befinden. Als Hauptursache der entstandenen Lage ist anzuerkennen, daß gemäß den Beschlüssen der Zweiten Parteikonferenz der SED fälschlicherweise der Kurs auf einen beschleunigten Aufbau des Sozialismus in Ostdeutschland genommen worden war ohne Vorhandensein der dafür notwendigen realen sowohl innen- als auch außenpolitischen Voraussetzungen.« Die Präzisierung dieses Vorwurfs interessiert hier nicht, auffällig ist die Kritik am Übereifer der SED, etwa der »übereilten Schaffung der landwirtschaftlichen Produktionsgenossenschaften«. Wichtig ist der Hinweis darauf, daß »die politische und ideologische Arbeit, geführt unter der Lenkung der SED, nicht den Aufgaben der Stärkung der Deutschen Demokratischen Republik entspricht. Insbesondere wurden erste Fehler in bezug auf die Geistlichen begangen, die in einer Unterschätzung des Einflusses der Kirche unter den breiten Massen der Bevölkerung in groben Administrierungsmaßnahmen und Repressalien ihren Ausdruck fanden.«

Es folgt eine lange Liste von *Maßnahmen*, die die Bruderpartei vorschlug. Etwa sei der »Fünfjahrplan der Entwicklung der Volkswirtschaft der DDR« zu revidieren in der Richtung einer Lockerung des überspannten Tempos der Entwicklung der Schwerindustrie. Und Maßnahmen zur Stärkung der Gesetzlichkeit und Gewährung der Bürgerrechte seien »zu treffen, von harten Strafmaßnahmen, die durch Notwendigkeit nicht hervorgerufen werden, (ist) abzusehen.

Eine breite Entfaltung der politischen Arbeit unter allen Volksschichten bei entscheidender Ausrottung der Elemente von nackter Administrierung ist als eine der wichtigsten Aufgaben der SED zu betrachten. (Mit) einem nackten Administrieren in bezug auf die Geistlichen ist Schluß zu machen, und die schädliche Praxis der groben Einmischung der Behörden in die Angelegenheiten der Kirche ist einzustellen. Alle Maßnahmen, die direkte Interessen der Kirche und der Geistlichen einengen, sind aufzuheben. Die Verfolgung der einfachen Teilnehmer der kirchlichen Jugendorganisation ›Junge Gemeinde‹ ist einzustellen und die politische Arbeit unter ihnen zum Schwerpunkt zu machen. Es ist im Auge zu halten, daß Repressalien gegenüber der Kirche und den Geistlichen nur dazu beitragen können, den religiösen Fanatismus der rückständigen Schichten der Bevölkerung zu stärken und ihre Unzufriedenheit zu vergrößern. Darum muß das Hauptkampfmittel gegen den reaktionären Einfluß der Kirche und der Geistlichen eine tüchtig durchdachte Aufklärungs- und Kulturarbeit sein. Als die Grundform der antireligiösen Propaganda ist eine weite Verbreitung der wissenschaftlichen und politischen Kenntnisse unter der Bevölkerung anzustreben.«[343]

Energisch wies das starke sowjetische Brudervolk, vertreten durch das Politbüro des ZK der KPdSU, die ungestümen deutschen Jungrevolutionäre 1953 knapp drei Monate nach Stalins Tod an, ihre Politik von der gemeinsamen marxistisch-leninistischen Ideologie in den spezifischen Bedingungen der DDR bestimmt sein zu lassen. So energisch fiel der Tadel aus, daß der vollständige Beschluß, den die SED nie veröffentlichte, vermutlich nicht einmal allen Mitgliedern des ZK der SED bekanntgemacht wurde. Es war unmöglich, die von der KPdSU detailliert aufgezählten Krisenphänomene an Ort und Stelle weiter in Aufbruchstimmung euphorisch zu leugnen, wozu viele SED-Funktionäre insgeheim wohl neigten.

Ein Vertreter des Kreml saß seit langem im Politbüro des ZK der SED am Tisch. Die Aussagen in den Prozessen gegen hohe SED-Funktionäre nach 1990 lassen am Weisungscharakter Moskauer Empfehlungen an Ost-Berlin keinen Zweifel. Empfohlen war der SED, Beschlüsse zu »revidieren«. Die KPdSU verlangte, daß die ostdeutsche Bruderpartei Selbstkritik, tragende Säule der marxistisch-leninistischen Ideologie, übe. Da die SED-Spitze noch im Schwung der 2. Parteikonferenz vom Juli 1952 stand, als trotz der miserablen wirtschaftlichen Lage der Aufbau der Grundlagen des Sozialismus verkündigt worden war, reagierte sie auf die Mahnung aus Moskau zögernd und schlitterte in den seit Wochen durch die Berichte des MfS abzusehenden Volksaufstand am 17. Juni. Die Staatspartei mußte von sowjetischen Soldaten herausgehauen werden.

Einzigartig waren die Verhältnisse in der DDR in der sozialistischen Völkerfamilie, weil hier ein Mehrparteiensystem simuliert wurde und weil ein Arrangement mit den beiden starken Kirchen, der evangelischen und der katholischen, auf der Grundlage des tradierten deutschen Staatskirchenrechts getroffen war: Es gab in der DDR in den ersten Jahren staatlich erhobene Kirchensteuer, Religionsunterricht an staatlichen Schulen und – bis 1990 – theologische Fakultäten an staatlichen Universitäten. Gewiß waren die Kirchen und ihre Mitglieder in der DDR sehr bedrängt, aber sie hatten unter den wenigen nicht von der SED abhängigen Organisationen den größten Bewegungsspielraum. Im Oktober 1955 räumte die SED intern ein, daß »der Staatsapparat sich bis Anfang 1954 in der Defensive gegenüber den reaktionären Angriffen und Forderungen der Kirche befand. Die Ignorierung der Existenz der Kirchen, das ›Sektierertum‹ in der Partei und die mangelhaften Erfahrungen unserer jungen Funktionäre« habe die Stellung der SED geschwächt und der CDU Möglichkeiten eröffnet.[344] Zwangsläufig standen die Kirchen in der Nähe der Christlich-Demokratischen Union, die von der SED wie alle »bürgerlichen« Parteien fest in den *demokratischen Block*, die *Nationale Front* eingebunden war. Wollte die SED aufgrund der genannten Anweisung aus Moskau Beschlüsse umstoßen, mußte sie Fragen gewärtigen, weil alle Beschlüsse von den »demokratischen« Parteien gemeinsam gefaßt worden waren. Diese decouvrierende Situation war besser zu vermeiden. Dies alles erklärt, warum die SED auf den Moskauer Rüffel langsam reagierte, indem sie sich nur ihrer Massenorganisationen bediente. Diese nahmen sich wie die kleineren gesellschaftlichen Organisationen in erster Linie unpolitischen, sozialen, beruflichen, sportlichen, musischen und anderen Interessen und Aktivitäten der Ostdeutschen an. Sie waren organisatorisch fest in der Hand der SED, die zumeist deren Vorsitzenden und/oder Sekretäre stellte. In diesen »Schulen des Sozialismus« wurden so Kader rekrutiert und Vertretung der Interessen der Verbandsmitglieder simuliert.

Durch eine Massenorganisation, die zwangsläufig mit anderen im Sinne der SED zusammenarbeitete, war der von der KPdSU gewünschte belehrende Zugriff auf die Massen am leichtesten möglich. Den wirtschaftspolitischen Empfehlungen war schnell genügt. Nur war so kein Herz zu gewinnen. Um die eigene Stellung dauerhaft zu sichern, mußten, argumentativ gesellschaftspolitisch beeinflußt, Verstand und Herzen gewonnen werden. Aus gutem Grund hatte die KPdSU auf den Umgang des atheistischen Staates mit den »reaktionären Kirchen« eigens abgehoben.

Wie parteiliche Kritik und Selbstkritik aussehen konnte, war in Moskau nach dem Tod Stalins zu studieren. Später, am 19. November 1954, veröffentlichte das ›Neue Deutschland‹ einen *Beschluß des ZK der KPdSU bei der Durchführung der wissenschaftlich-atheistischen Propaganda* vom 10. November. Die Diktion war eindeutig, ohne daß von der eigenen atheistischen Ideologie ein Millimeter abgerückt worden wäre: »Das ZK der KPdSU hält es für falsch, daß viele Parteiorganisationen sich von der täglichen Leitung der wissenschaftlich-atheistischen Propaganda fernhalten und nicht für eine sorgfältige Auswahl der Propagandistenkader sorgen. Das ZK der KPdSU beschließt, die Gebiets- und Regionskomitees der KPdSU, die ZK der Kommunistischen Partei der Unionsrepubliken und alle Parteiorganisationen zu verpflichten, die Fehler in der atheistischen Propaganda entschieden zu beseitigen und in Zukunft in keinem Falle irgendwelche Verletzung der Gefühle der Gläubigen und der Geistlichen sowie keine administrative Einmischung in die Tätigkeit der Kirche zuzulassen. Die Beseitigung der Fehler, die in der antireligiösen Propaganda begangen wurden, darf nicht zu einer Schwächung der wissenschaftlichen atheistischen Propaganda führen, die ein Bestandteil der kommunistischen Erziehung der Werktätigen ist.

Wenn die Religion in bezug auf den Staat Privatangelegenheit und die Kirche deswegen vom Staat getrennt ist, so kann die kommunistische Partei, die sich auf die einzig richtige wissenschaftliche Weltanschauung stützt, sich nicht teilnahmslos und neutral der Religion gegenüber verhalten, als einer Ideologie, die mit der Wissenschaft nichts gemein hat.«

Diese spätere Selbstkritik erhellt, wie der Rüffel vom Mai 1953 verstanden war: Der SED war, ohne daß die eigene atheistische Ideologie geleugnet wurde, erklärt worden, daß es »die Grundform der antireligiösen Propaganda ist, eine weite Verbreitung der wissenschaftlichen und politischen Kenntnisse unter der Bevölkerung anzustreben«. Im Rüffel war die Ermutigung der SED deutlich: Durch intensive ideologische Belehrung kehrten sich die Gläubigen von ihrem rückschrittlichen Glauben ab, die nach Vorgaben der marxistischen Ideologie bestimmte »wissenschaftliche Weltsicht« werde ihnen selbstverständlich. Die vehemente ideologische Kritik im Beschluß von 1953 darf nicht übersehen werden: Die in Revolutionsangelegenheiten eingeübten Sowjets warfen den Deutschen vor, daß deren Übereifer den nach wissenschaftlichen Gesichtspunkten sicher eintretenden Erfolg gefährde. Diese ideologische Hektik war deutlich ein Zweifel an der wissenschaftlich verbrieften eschatologischen marxistisch-leninistischen Zuversicht, daß nach Überwindung der Klassenkämpfe auf die Menschheit eine glückliche Zukunft warte: Die ideologisch überzeugten Massen gäben den Kirchen den Laufpaß. Die Macht der Partei dürfe nicht gefährdet werden. Es bot sich der SED an, zur Erreichung dieses Zieles, d. h. zur Absicherung ihrer Machtstellung, im März 1954 zur »Politik der Partei in Kirchenfragen«[345] einen Beschluß zu fassen: Einleitend wurde festgestellt, vor der Partei, vor den Massenorganisationen und dem Staatsapparat stünde die »Aufgabe, eine systematische Aufklärungsarbeit unter der gesamten christlichen Bevölkerung zu leisten. Unter Anleitung und Kontrolle der Partei ist die populärwissenschaftliche Aufklärungsarbeit in der Partei und unter den Massen zu verstärken.« Als »Aufgabe der Massenorganisationen« wurde die »Vorbereitung und Durchführung der Jugendweihe« angekündigt – als Maßnahme der Politik der SED in Kirchenfragen. Das wurde in den Publikationen in der DDR über die Jugendweihe verschwiegen. Und heutige Veranstalter sind nicht mitteilsamer.

Der kirchliche Zusammenhang verwies eindeutig auf die religiöse und auf die ideologische Brisanz des Beschlusses. Er wurde in der Zeit der »inneren Staatsgründung« der DDR gefaßt. Die Niederwerfung des Aufbegehrens des Volkes der Proletarier gegen den Arbeiter-und-Bauern-Staat am 17. Juni 1953 war keine Grundlage für eine erfolgversprechende innere Konstituierung der DDR. Mittel mußten gefunden werden, um die Ostdeutschen an ihre Heimat DDR zu binden. Insbesondere war nötig, die Kurswechsel der SED gerade für Genossen nicht zur unerträglichen psychologischen Belastung werden zu lassen. Viele trugen schwer daran, daß die nach 1945 in der SBZ und DDR wiederaufgebauten Länder 1952 in Bezirke zerschlagen wurden. Über ein Jahrzehnt stand auf offiziellem Papier der Räte der Bezirke unter deren Bezeichnung in kleinerer Schrift in Klammern das frühere Land – wie ein nostalgischer Trost wirkt es, auch wenn es offiziell damit erklärt wurde, daß im geeinten sozialistischen Deutschland wieder Länder bestünden. Schmerzlicher für viele war, daß durch die gewaltsame Gründung der Landwirtschaftlichen Produktionsgenossenschaften (LPG) Bauern Land entwunden wurde, das auf dem Wege der Enteignung der »Junkerhand« genommen worden war. Genossen mußten diese Vorgänge als zwangsläufige Selbstverständlichkeit begreifen: Die regelmäßig wiederkehrenden feierlichen »Höhepunkte« im ideologischen Kalendarium der DDR halfen, Zuversicht zu vermitteln, abzulenken. Da damals offiziell aus weltpolitischen Erwägungen an der Wiedervereinigungsdevise festgehalten wurde, mußte ein weiteres Mittel gefunden werden, propagandistisch deutsch zu bleiben und sich doch von den Westdeutschen abzusetzen. Die Staats- und Parteiführung hatte von Anfang an den Begriff »Deutschland« für ihre tägliche Propagandaarbeit genutzt. Während sie Ostdeutschland sowjetisierte, wurden Farben und Symbole der deutschen Nationalbewegung für die politisch-ideologischen Ziele der SBZ/DDR eingesetzt. Dies illustrierte die Ausstellung »Parteiauftrag: Ein neues Deutschland« des Deutschen Historischen Museums in Berlin 1997 auch am Schnitt der Militäruniformen. Die Jugendweihe war ein Mittel, die Ostdeutschen in der DDR Heimatgefühle entwickeln zu lassen.

Zu den meisten Beschlüssen des Politbüros der SED fehlen die vorbereitenden Unterlagen. Wie der Beschluß vom 14. März 1954 über die »Politik der Partei in Kirchenfragen« zustandekam, wissen wir deshalb nicht. Es entsprach einer vom Politbüro des ZK der KPdSU empfohlenen Maßnahme, daß in der DDR »im Interesse der Verstärkung der staatsbürgerlichen Erziehung mit der Durchführung der Jugendweihen begonnen wird«. Die SED beschloß, ohne in Form von Weisungen klare Verantwortlichkeiten festzulegen. Der Vergleich im »Aufruf Jugendweihe 1955« vom 9. November, daß in der DDR »Jugendweihen, wie sie in ganz Deutschland stattfinden«, durchgeführt werden, war das vereinigungspolitische Lockmittel: deutsche Einheit im Sinne der DDR. Der unbegründete Vergleich war leicht zu riskieren, denn auf logische Schlüssigkeit kam es bei der inneren Staatsgründung in der DDR sowenig wie auf klare Verteilung der Kompetenzen an. Jede Form von Transparenz hätte Fragen und Kontrollen Tür und Tor geöffnet. Alle Ostdeutschen hatten permanent zu erfahren, daß die durch die SED und ihre Massenorganisationen vertretene Arbeitermacht in der neu geschaffenen Gesellschaftsordnung erfolgreich an der Arbeit war und alle Ostdeutschen umsorgte.

Welche Gründe für und gegen den Rückgriff auf ein weiteres deutsches Spezifikum, die Jugendweihe, vorgebracht wurden, ist unbekannt. Freigeistige Überzeugung stand hinter der ideologischen Gewißheit, die die KPdSU empfehlen ließ, das rückständige Volk ordentlich zu belehren und durch diese Erziehungsmaßnahme zur wissenschaftlichen Weltlichkeit zu bekehren. Die SED-Funktionäre erinnerten sich mit Sicherheit an die eindrückliche weihevolle Eingliederung in die Kampfgemeinschaft der Proletarier, die die meisten von ihnen in einer proletarischen Jugendweihe erlebt hatten. Marxistische Überzeugungen von der Beglückung der Menschheit nach der Beendigung der Klassenkämpfe paßten in den menschheitlich universellen utopischen Horizont der feierlichen Weihehandlung. Leicht war sie der gegen den Staat gekehrten Züge der proletarischen Jugendweihen entkleidet. Die »faschistische« deutsche Vergangenheit und der »klerikal-imperialistische« Adenauerstaat boten genügend Reibungspunkte, die statt dessen negativ abgrenzten und in der ideologisch inszenierten DDR alle emanzipatorisch zusammenstehen ließ. *Jugendweihe - einender Gedanke* (›Märkische Volksstimme‹, 12. Februar 1956), *ihr werdet nie allein sein. Die Partei der Arbeiterklasse, alle Werktätigen stehen an eurer Seite*, erklärte der 1. Sekretär der SED-Bezirksleitung Schwerins auf einer Jugendweihe (›Schweriner Volkszeitung‹, 16. April 1956). Im Namen dieser Gemeinschaft wurden die Weihlinge in die Gemeinschaft eingereiht, die *jungen Menschen unserer Republik*, wie es oft hieß.

In der DDR wurde realisiert, was Richard Lohmann in den zwanziger Jahren in der ›Schriftenreihe des Zentralausschusses der Sozialdemokratischen Partei Deutschlands‹ angekündigt hatte: Die Jugendweihe entwickelte sich von der Tradition der Arbeiterklasse zur Tradition des Volkes. Um eine solche handele es sich, sagte Klara Schürmann 1964 zum zehnten Jahrestag der Gründung des Zentralen Ausschusses für Jugendweihe.[346]

Die SED vermied es, von »Einführung« der Jugendweihe in der DDR zu sprechen. Sie stellte stets nur fest, daß zu einem bestimmten Zeitpunkt Jugendweihen stattfänden. Über das dafür verantwortliche Gremium, über dessen Entstehung, Kompetenzen und Zusammensetzung, verlautete nichts. Dieses Halbdunkel der Verantwortlichkeit, die Undurchschaubarkeit des Vorgangs, verdunkelte wie die gesetzliche Grauzone, in der die »Familienfeier des Volkes« gehalten wurde, den Blick auf die Allmacht der SED. Das staatlich-gesellschaftliche Machtinstrumentarium der Arbeiterbewegung war um eine *Massenorganisation*, die Jugendweiheausschüsse, erweitert worden. Damit war die erzieherische Arbeit in zuverlässige Hände gelegt. Die Vorsitzenden des Zentral- und der Bezirksausschüsse und die Stellvertreter des ersteren gehörten satzungsgemäß als Leiter zum Nomenklaturkader der SED.

Maßgeblich waren nicht der Zentral-, die Bezirks-, Kreis-, Stadt- und Stadtbezirksausschuß für Jugendweihe, sondern deren kleinere Sekretariate – ein Spiegelbild des Aufbaus der SED. In dem fast hundertköpfigen Zentralausschuß, der sich meist zweimal jährlich traf, waren Kulturschaffende unterschiedlicher Herkunft vertreten, während das Sekretariat von SED-Funktionären bestimmt war. Das Sekretariat war zwischen den Tagungen der Ausschüsse für Erläuterung, Durchführung und Kontrolle der Beschlüsse verantwortlich und organisierte die Zusammenarbeit mit staatlichen Organen, die von Anfang an für die Jugendweihe, deren Propagierung und Vorbereitungsstunden als weltanschauliche Schulungsmaßnahme ausschlaggebend waren.

Die Jugendweihe wurde nicht nur aus nostalgischer Erinnerung an die eigenen Jugendweihen reaktiviert. »Die Jugendstunden sind so zu gestalten, daß Verstand und Gefühl der Teilnehmer angesprochen werden.«[347] Marxistische Wissenschaftlichkeit, die nach ihrer Definition alles berechnend vor dem Forum des Verstandes erklären läßt, bedurfte der Ergänzung, um das Gefühl und dadurch die dauerhafte Zustimmung der Ostdeutschen zum neuen Staat DDR total zu gewinnen. Und da die Staatsbürger umfassend zu ergreifen waren, mußte neben den Kirchen zwangsläufig eine religiöse Ersatzhandlung eingerichtet werden, für die möglichst alle zu mobilisieren waren. Bezeichnenderweise blieb die DDR bis 1990 unsicher im Umgang mit den trotz aller Erwartung widerstandsfähigen Christen, unter denen nur eine geringe Zahl »positiv« zu orientieren war. Diese von der SED eingeräumte »Unsicherheit in der Durchführung einer prinzipiellen Kirchenpolitik«[348] führte unter anderem dazu, daß die für den Umgang mit Kirchen zuständigen staatlichen Organe in der DDR mehrfach wechselten.

1954 galt es, allen Ostdeutschen die »wissenschaftliche« Ideologie Selbstverständlichkeit in jeder Lebenslage werden zu lassen. Die Jugendweihe in der DDR wurde sofort jeder Vorbedingung, die Differenzierungen geschaffen hätte, entledigt. Eine solche erwähnte der Bericht Brumms »über die Durchführung der demokratischen Jugendfeiern« vom 13. September 1949: Zufrieden mit diesen Schulentlassungsfeiern, beschloß Brumm den Abschnitt »Vorbereitung« vor dem über »Maßnahmen der Partei« mit dem Hinweis: »Die Landesregierung wurde beauftragt, ein Schmuckblatt herauszugeben und mit Hilfe der ›Freunde der Schule‹ und der FDJ die Möglichkeit zu schaffen, den besten Schülern und Schülerinnen eine Buchprämie zu überreichen.«[349] Dem wurde nicht entsprochen, denn Ehrung (nur) der Besten schüfe wie eine Zulassung zur Jugendweihe Unterschiede.

Die ›Volkswacht‹ schrieb am 14. Dezember 1954 über *Jugendweihe – Festtage unserer Gesellschaft*: »Der Träger der Jugendweihe, an der nur Schüler teilnehmen, die ihrer Grundschulpflicht genügt haben, ist die ganze Gesellschaft.« Dieser Bedingung, an die vielleicht am Anfang gedacht wurde, mußten Weihlinge in der DDR nicht genügen. Es gab nie eine Zulassung zur Jugendweihe, alle waren zugelassen, ohne eine Leistung erbringen zu müssen. Die Jugendweihe sollte für alle ein selbstverständlicher Akt werden. Überredungsmittel waren subtil bis perfid: Weihlinge erhielten etwa 1956 in Neubrandenburg demonstrativ in der Weihe ihre

Lehrverträge, vielerorts wurden Zeugnisse dabei übergeben. Staatliche Behörden bereicherten den Geschenketisch. Wenn man Geschenke neben die in den Jugendstunden vermittelten Kenntnisse stelle, »kann man erst den hohen Wert dieser Einrichtung (Jugendweihe) ermessen«, schloß die ›Lausitzer Rundschau‹ in ihrer Ausgabe Liebenswerda am 19. März 1955 eine Meldung über die vom Ortsausschuß den Weihlingen geschenkte »Garnitur Unterwäsche für jedes Mädchen und eine Armbanduhr für jeden Jungen«.

Damit endlich »in den Kreisen einheitlich verfahren wird, wenn Jugendweihen an einem Sonntag veranstaltet werden müssen – was immer der Fall war, A. M. – habe ich entschieden«, teilte die Ministerin für Volksbildung, Margot Honecker, am 22. November 1976 mit, »daß dann die Jugendweihlinge am darauffolgenden Montag vom Unterricht befreit sind«.[350] Ob der Hinweis der Veranstalter, »daß die familiäre Feier nach der Jugendfeier nicht losgelöst von den Besonderheiten sein kann, die wir für die offizielle Feier besprochen haben«[351], Gehör fand? Die Besucher wurden gemahnt, mit Geschenken zu erziehen. Der Kauf der Geschenke dürfe »keine Disproportionen in Ihr Portemonnaie« reißen. Selbst in der wohlorganisierten DDR störten sie sich an »Zeitungsinseraten mit Geschenkangeboten bis zum Werte von 1500 Mark. Sie sind nicht geeignet, den Erziehungsprozeß zum bewußten sozialistischen Staatsbürger zu fördern. Wenden Sie sich also bewußt gegen eine miese ›Je-teurer-je-besser‹-Tendenz.«[352]

Obwohl bei weitem nicht alle Weihlinge Mitglieder der Thälmann-Pioniere waren und in die FDJ eintraten, wurde in vielen Festreden die Mitgliedschaft unterstellt. Nach dem ›Handbuch zur Jugendweihe‹ »bereiten sich, vom Jugendstundenleiter politisch-pädagogisch geführt, die Mädchen und Jungen weitgehend in ihren FDJ-Kollektiven auf die Jugendweihe vor«. Denn »in der FDJ sind die Jugendlichen der DDR politisch organisiert«.[353] Mitgliedschaft in der FDJ wurde so überzeugt von allen erwartet, daß die Erwartung in den Texten vielleicht sogar im Einzelfall unbeabsichtigt zur vorgetäuschten Realität selbstverständlicher FDJ-Mitgliedschaft wurde. Selbstverständlich war auf Betreiben der SED in der atheistischen DDR, an der Jugendweihe teilzunehmen. An diesem »Bestandteil des sozialistischen Bildungs- und Erziehungsprozesses«[354] vorbei war ein Weg nicht einfach zu finden. Wie sollte ihr ausgewichen werden? Das Interesse, »mit Hilfe der sozialistischen Staatsmacht die Geburt, die Eheschließung und den Tod feierlich als Ereignisse des Lebens der werdenden sozialistischen Gesellschaft zu würdigen«[355], erlosch hingegen, nachdem diese Feiern in den fünfziger Jahren propagiert worden waren. Vermutlich scheuten die Funktionäre den größeren Aufwand und die geringere Breitenwirkung als beim Massenfest Jugendweihe.

Es mag sein, daß die Jugendweiheausschüsse mit der inneren Teilnahmslosigkeit haderten, die proportional mit der Zunahme der äußeren Beteiligung an den Weihen wohl anwuchs. Zu vermeiden war dies auf keinen Fall, solange die Jugendweihearbeit von dem Wunsch beherrscht war, *alle* Jugendlichen an der Weihe teilhaben zu lassen. Ein Mittel, die Weihlinge zeigen zu lassen, daß es ihnen »mit der Erfüllung ihres Gelöbnisses ernst ist, waren beispielsweise Verpflichtungen in der Art, als Soldat auf Zeit zu dienen, wie z. B. Jungen der Ernst-Schneller-Oberschule in Peuschen, Kreis Pößneck, oder sich durch höchste Lernergebnisse auf die Arbeit in volkswirtschaftlichen Schwerpunkten gut vorzubereiten«.[356]

Der Erfolg der SED, die Selbstverständlichkeit der Jugendweihe, bemaß sich nicht nur an der Zahl der Teilnehmer an der Jugendweihe. Als die SED 1954 letztlich in Reaktion auf den Rüffel der KPdSU mitteilte, daß 1955 Jugendweihen stattfinden, hatte sie das mit den anderen Blockparteien nicht abgesprochen. Ihr Erfolg bemaß sich auch an der erzwungenen Einwilligung der anderen Blockparteien. Am 14. Dezember 1954 stellte im Hauptvorstand der CDU deren 1922 geborener Generalsekretär Gerald Götting fest: »Ich bedaure es außerordentlich, daß unsere Partei keine Informationen über die Jugendweihe hatte. Klar ist, daß die Jugendweihe nicht das zum Inhalt hat, was man früher unter Jugendweihe verstand. Es besteht kein Zweifel, daß angesichts der Erfahrungen in unserem Volk über diesen Begriff es zweifellos nicht unseren Mitgliedern und Funktionären zu empfehlen ist, sich an diesen Ausschüssen zu beteiligen.«[357] Mit den von der SED geschaffenen Machtverhältnissen in der DDR war die Ankündigung Göttings unvereinbar: »Unsere Partei kann sich nicht mit betätigen oder bei Maßnahmen mit beteiligen, die sie grundsätzlich ablehnt, und die der CDU nicht würdig sind.« Freilich blieb dies Protokoll intern, in der Parteizeitung ›Neue Zeit‹ am 22. Dezember wurden Göttings Worte mild zusammengefaßt: »Die Mitarbeit in den Ausschüssen für Jugendweihe und die Teilnahme an der Jugendweihe ist völlig freiwillig. Wir erwarten, daß sich die Mitglieder unserer Partei diesen Bestrebungen gegenüber tolerant verhalten. Mir ist nicht bekannt, daß Mitglieder in den Ausschüssen mitarbeiten.«

Nicht lange hätte das Bündnis der demokratischen Parteien mit der SED freilich zusammengehalten, hätten die CDU-Gremien aus ihren internen Äußerungen die einzig denkbare Konsequenz gezogen. Für diese Regierungspartei war die Jugendweihe ein Affront. Mußte deshalb nicht die Behauptung der SED angezweifelt werden, Vertreter des ganzen ostdeutschen Volkes zu sein? In der zweiten Dezemberhälfte 1954 formulierte das Präsidium des Hauptvorstandes der CDU eine »Stellungnahme zu Fragen der Jugendweihe«: Der Aufruf, Ausschüsse für die Jugendweihe zu bilden, spreche von der »Freiwilligkeit der Teilnahme an der Jugendweihe«. »Zuständige Stellen« hätten dem Hauptvorstand versichert, daß an diesem Prinzip nicht gerüttelt werden solle. Dem Hauptvorstand seien nur zwei Fälle bekannt, daß sich Parteimitglieder »an der Arbeit dieser Ausschüsse beteiligt haben oder beteiligen. Diese Haltung unserer Mitglieder wird von dem Präsidium des Hauptvorstandes als richtig anerkannt. Prinzipielle Gründe sprechen gegen die Teilnahme von CDU-Mitgliedern an der Arbeit dieser Ausschüsse für Jugendweihe.« Der Hauptvorstand warnt davor, in der Einrichtung der Jugendweiheausschüsse den Grund für einen Kulturkampf zu sehen. Er will das antifaschistische Bündnis der Parteien nicht durch einen solchen »Kulturkampf« in Gefahr gebracht sehen. Er lenke nämlich nur ab »von den Gefahren des deutschen Militarismus. Ihm gilt der Kampf aller kulturtragenden und kulturbildenden Kräfte, vor allem der Marxisten und Christen. Theoretische Fragen, die notwendigerweise von beiden nicht auf einen Nenner gebracht werden können, dürfen aber nicht zum Versagen im gemeinsamen praktischen Abwehrkampf gegen die Feinde des Friedens führen.«[358] Offenkundig war der CDU-Führung ihr eigener Widerspruch nicht geheuer, denn sie rückte ihn deutlich hinter die gesamtpolitischen Ziele der marxistisch-christlichen Koalition. Wäre nicht der SED vorzuwerfen gewesen, sie habe durch ihren unabgesprochenen Beschluß den Kulturkampf eröffnet? Interessant ist der Versuch, die Einigung der Blockparteien im Feindbild gegen die Unterschiedlichkeit in der Gesellschaftspolitik zu setzen. Das war 1954 noch möglich. Nicht zuletzt die Etablierung der Jugendweihe durch die SED schloß dies später aus.

Den CDU-Vorstand erreichten erbitterte und empörte Mitteilungen aus den Ortsgruppen und Kreisverbänden. Besonderem Druck waren Lehrer ausgesetzt, die der CDU angehörten. Aus Borna etwa berichtete ein Grundschulleiter über Konferenzen aller Leiter der Schulen des Kreises, auf deren Tagesordnung »Jugendweihe« stand. Der Direktor der Dinterschule in Borna habe enttäuscht berichtet, daß es »an seiner Schule zu keiner einheitlichen Haltung der Lehrer hinsichtlich der Jugendweihe gekommen sei, da zwei Kollegen (CDU) und ein parteiloser Lehrer ihre Mitwirkung versagten«[359]. Die betroffenen Kollegen hätten dies mit der Freiwilligkeit der Jugendweihe und dem Beschluß des Hauptvorstandes der CDU begründet. Der Direktor »bezeichnete diese Haltung der Lehrer als nicht hinnehmbar, verlangte seitens des Staatsapparates geeignete Maßnahmen, um alle Lehrer zur Mitwirkung verpflichten zu können«. Der Direktor einer Oberschule in Borna habe »die Haltung der CDU in dieser Frage als antidemokratisch bezeichnet«. In einem »Bericht über die Diskussionen in unserer Mitgliedschaft und der weiteren christlichen Bevölkerung zur Jugendweihe« vom 13. Oktober 1955 ist die Furcht christlicher Eltern notiert, »daß die Frage der Beteiligung an der Jugendweihe nicht mehr auf der Basis der Freiwilligkeit gelöst wird, sondern die Durchführung in die Zuständigkeit der Organe der Volksbildung übergeht und damit gesetzliche Pflicht wird. Vielfach wird davon gesprochen, daß versucht wird, Eltern, Lehrer und Schüler unter Druck zu setzen. Fast täglich rufen Lehrer die Kreissekretariate um Rat und Hilfe in dieser Sache an.« Der Kreisverband verweise auf die Entschließung des Hauptvorstandes, erkennt es aber als eine Schwierigkeit, »wenn die Lehrer als Staatsfunktionäre sich diesen Standpunkt in Form einer Nichtbeteiligung zu eigen machen«.

Die von der SED installierte Lebensordnung bewies im Umgang mit direkt staatlichen Bediensteten ihre Eigenart. Das in der Aufklärung autoritären Staaten und Staatskirchen abgetrotzte Schutzrecht weltanschaulicher Neutralität wurde in der DDR ins Gegenteil verkehrt: Nach Feststellung Paul Wandels vor Lehrern des Bezirks Erfurt »ist kein Lehrer durch die Verfassung verpflichtet, weltanschaulich neutral zu sein«, kein Schüler hat folglich in der DDR ein Recht darauf, weltanschaulich neutralen Unterricht zu erwarten.[360] Die CDU schloß ihren genannten Bericht mit dem Hinweis, daß »die große Mehrzahl unserer Mitglieder sowie die gesamte christliche Bevölkerung einschließlich der kirchlich eingestellten Lehrerschaft der Jugendweihe völlig passiv und ablehnend gegenübersteht. Aber im allgemeinen sehen sich die Christen in einer Zwickmühle. Auf der einen Seite tragen sie Befürchtungen hinsichtlich der schulischen und beruflichen Entwicklung ihrer Kinder, wenn diese nicht an der Jugendweihe teilnehmen, andererseits lehnen sie die Teilnahme aus Gewissensgründen ab.« Inzwischen habe sich die Atmosphäre verschärft, im Kreis Kamenz sei ein CDU-Mitglied aus dem Schuldienst fristlos entlassen worden. »Der Entlassungsgrund soll sich hauptsächlich darauf stützen, daß Unionsfreund Dietrich es abgelehnt hat, die Schulkinder zum Haß gegen die Imperialisten und Kapitalisten einschließlich Adenauer zu erziehen.« Auch in das gemeinsame Feindbild schob sich die gesellschaftspolitische Unterschiedlichkeit, denn offenkundig wollten CDU und SED gegen den Feind verschiedene Waffen einsetzen.

Der Parteivorsitzende Otto Nuschke (1882–1957) räumte brieflich ein, in welchen grundsätzlichen Konflikt die Veranstaltung der Jugendweihe die CDU und die Nationale Front bringe: »Es gibt unüberbrückbare Unterschiede zwischen Christentum und Marxismus. Meine Mittlerrolle sehe ich darin, daß der Gegensatz von Institutionen, der unfruchtbar ist, reduziert wird auf die schöpferische Auseinandersetzung zwischen geistigen Strömungen. Ich habe nach beiden Seiten den Vorwurf der Unduldsamkeit gemacht«.[361] Brieflich wurde Nuschke am 7. Oktober 1956 aus Gera berichtet, daß in offiziellen Klassenelternabenden nachdrücklich für die Jugendweihe geworben werde. Der Briefschreiber stellt die Überlegung an, daß zwar »formal gesehen Veranstalter der Jugendweihe nicht unser Staat oder seine Organe sind«, aber »seitens ihrer Verfechter ist doch weithin in Verhalten und Äußerungen bewußt der Eindruck erweckt worden, als sei die Jugendweihe eine Art Staatsakt und die Nichtbeteiligung das Zeichen einer antidemokratischen Einstellung«.[362] Deutlicher konnte der Charakter der SED-Jugendweihe nicht benannt werden. Die Nachricht aus Gera entsprach den Erfahrungen in vielen ostdeutschen Orten. Beispielsweise berichtetet die CDU-Kreisvorsitzende in Bad Freienwalde von einer Sitzung der Ständigen Kommission für die Volksbildung und Kultur, in die sie eingeladen worden war. Diese staatliche Kommission habe sich den »Auftrag gestellt, den Stand der Betreuung für die Jugendweihe zu kontrollieren und selbst für die Jugendweihe zu werben. Mir ist nicht klar, ob das Aufgabe der Ständigen Kommission für Volksbildung und Kultur sein kann.«[363]

Eingeschnürt in das Bündnis mit der SED und bedroht von deren Stärke, beharrte die CDU trotz der erhitzten Stimmung unbeweglich auf ihrem Standpunkt, sich »nach wie vor nicht an der Arbeit der Ausschüsse für Jugendweihe zu beteiligen«. Sie betonte, »daß eine Teilnahme an der Jugendweihe Sache der Gewissensentscheidung des Einzelnen ist«[364]. Eine Empfehlung in dem CDU-Kreisverband Wolgast läßt Naivität und Hilflosigkeit der Partei erkennen: »In einer Kreisschulung wurde dem Kreisvorstand empfohlen, dem Kreisausschuß für Jugendweihe den Vorschlag zu unterbreiten, an christliche Teilnehmer der Jugendweihe christliche Bücher zu schenken.«[365] Den CDU-Vorstand erreichten auch Vorschläge, wie mit der Jugendweihe als staatsbürgerlicher Veranstaltung konstruktiv ohne christliche Gewissensbelastung umgegangen werden könne. »Eine sehr einfache Lösung stelle ich mir so vor, daß der Termin der Jugendweihe auf den naturgegebenen Zeitpunkt verlegt wird, nämlich auf den Schulabgang. Nirgends in der Welt wird eine Tatsache drei Monate vor ihrer Verwirklichung gefeiert. Die Abschlußfeier in der Schule als ›Tag der Jugend‹ kann dann genauso feierlich gestaltet werden wie bisher. Ich schlage vor die Bezeichnung ›Jugendfeier‹«.[366]

Die Jugendweihe wurde gewiß von SED-Organisationen auf vielen Sitzungen des demokratischen Blocks zum Thema gemacht, um im Namen dieses Zusammenschlusses aller Parteien und Organisationen die Kirchen wegen ihrer unnachgiebigen Haltung gegenüber Teilnehmern an der Jugendweihe zu beschimpfen. Hauptsächlich Generalsekretär Götting versuchte, im Gespräch mit der SED Möglichkeiten zu finden, um die Jugendweihe kompromißfähig zu gestalten. Paul Wandel aus dem ZK der SED hatte Götting am 22. Dezember 1954 in einer Besprechung erläutert, »daß die Diskussion über die Jugendweihe in erster Linie in den Reihen seiner Partei selbst geführt werde, jedoch nicht in der Nationalen Front zur Diskussion gestellt und auch nicht im (Demokratischen) Block behandelt werde. Es sei in erster Linie eine Angelegenheit der Partei selbst, und jeder Genosse müsse sich selbst Klarheit über seine Stellungnahme dazu verschaffen.«[367] Nach Wandels Meinung »sei es vollkommen richtig, daß sich die CDU nicht daran beteilige, was auch dem Sinn der Jugendweihe entspräche«. Wandels zurückhaltende Meinung entspricht der Beobachtung, daß die Jugendweihe eine Einrichtung ausschließlich der SED war. Mit der proklamierten Selbstverständlichkeit der Feier für alle ostdeutschen Jugendlichen ist sie freilich nur auf der Grundlage des allmächtigen Führungsanspruchs der SED in Einklang zu bringen. Vielleicht sprach Wandel verunsichert über den unerwarteten Widerspruch der CDU. Auf jeden Fall drang Götting nicht darauf, daß die SED die Sachlage klarstellte, indem sie die Jugendweihe zu einer SED-Parteiveranstaltung erklärte. Götting ließ wie der Vorstand der CDU die Dinge treiben. In einem Brief an das Politbüro des ZK der SED im Oktober 1956 griff er die Gründe auf, die christliche Eltern gegen die Jugendweihe anführten: »Begriff und Akt der Weihe enthalten sakrale, religiöse Elemente, das Buch ›Weltall – Erde – Mensch‹ enthält Äußerungen gegen die Religion, wie sie sich aus der Philosophie des dialektischen Materialismus ergeben, der Termin der Jugendweihe liegt im allgemeinen in der Nähe der evangelischen Konfirmation.« Verständigungsgrundlage könnte sein, vermutete Götting, daß es »dem Ausschuß für Jugendweihe um die allseitige patriotische Erziehung der ***gesamten*** Jugend geht. Ein solches Bestreben, unsere Jugend mit Patriotismus zu erfüllen und sie zu bewußten Staatsbürgern zu erziehen, halte ich für richtig, da das der erprobten Praxis unserer politischen Arbeit im Demokratischen Block und in der Nationalen Front entspricht. Wir können nicht genug dafür tun, unsere ganze Jugend für unseren neuen demokratischen Staat und damit für ein Deutschland des Friedens, der Demokratie und des Sozialismus zu gewinnen. Um die Voraussetzungen dafür in der Tat zu schaffen«, unterbreitete Götting seine Vorschläge:

»1. Die Kinder, die das 8. Schuljahr besuchen, bereiten sich auf die ›*Jugendfeier*‹ vor. Alle demokratischen Organisationen und hervorragenden Persönlichkeiten sollten die Gewinnung der Kinder der Abschlußklasse für die Teilnahme an den Jugendfeiern und ihre Durchführung tatkräftig unterstützen.

2. In der Vorbereitung auf die Jugendfeier werden von angesehenen Bürgern Vorträge über allgemein interessierende Fragen gehalten. In diesen Vorträgen sollen die Kinder in der Liebe zu ihrem Volke gefestigt und mit literarischen, historischen, technischen und heimatkundlichen Fragen vertraut gemacht werden, ohne von ihnen in weltanschaulichen Fragen Bekenntnisse zu fordern.

Weiterhin bitte ich zu überlegen, ob es nicht zweckmäßig wäre, die Termine der Jugendfeier so zu gestalten, daß sie mehr in die Nähe der Schulentlassung kommen.«[368]

Antworten auf die Briefe Göttings sind nicht bekannt. Die SED ging auf keine der ihr unterbreiteten kompromißbereiten Überlegungen ein. Das Schweigen der Partei der Arbeiterklasse verwundert nicht, denn durch die Vorschläge, die sich auf offizielle Äußerungen der Partei zur Jugendweihe stützten, stand deren Stichhaltigkeit zur Debatte. Darüber wollte die SED so ungern ein Gespräch anfangen wie über die Freiwilligkeit der Wahlentscheidungen in der DDR. Zweifel an der ideologisch inszenierten SED-Welt gefährdeten die SED-DDR.

Als die SED merkte, daß ihr Organisationsmonopol in der DDR griff und die Jugendweihe nach ihren Vorstellungen gegebenenfalls gnadenlos veranstaltet wurde, erübrigte sich, die Vorschläge und Überlegungen aus der ohnmächtigen CDU ernst zu nehmen. Schon im Februar 1958 berichtete der Bezirksvorsitzende der CDU Schwerins dem Generalsekretär des Hauptvorstandes, Günther Wirth, über ein Gespräch, das er mit einem Genossen aus der Bezirksleitung der SED geführt habe. Dem Genossen habe er berichtet, daß der »Entwicklungsprozeß der beiden letzten Jahre zu einer ziemlichen Veränderung der Meinung unserer Mitglieder geführt hat«. Er habe ihm »bewiesen, daß heute die Mehrzahl der Mitglieder unserer Partei durchaus für die Jugendweihe ist und nicht mit dem kirchlichen Entweder-Oder einverstanden« ist.[369] Die Teilnehmerzahlen an den Jugendweihen in der DDR schließen aus, daß die Entwicklung in Schwerin eine Ausnahme war.

Dieser Rückgang der Ablehnung der Jugendweihe ist in den Akten des Ministeriums für Staatsicherheit (MfS) aus dem Konsistorium der pommerschen Kirche in Greifswald, also auch aus dem Norden der DDR, bezeugt (ZA, MfS 1377/62, AIM Bastler). Hans Joachim Weber (1913–1969) war Gesellschaftlicher Mitarbeiter (GM) (»Bastler«) des MfS, bevor er 1957 Jurist des Konsistoriums Greifswald wurde. Schon bald teilt er in seinen regelmäßigen Berichten an das MfS mit, daß sich in der Landeskirche der Widerstand gegen Jugendweihen abschwäche – zum Verdruß des Bischofs Friedrich-Wilhelm Krummacher. Dessen Bestand im Greifswalder Landeskirchlichen Archiv dokumentiert dies Zerbröckeln der kirchlichen Einheit: Konfrontiert mit dem Problem, daß viele Konfirmanden ihre Teilnahme an einer Jugendweihe ihrem Pfarrer verheimlichten, reagierten einige Gemeinden ohne Rücksprache mit dem Bischof und ohne Achtung bindender Synodenbeschlüsse, nach denen sich die Teilnahme an beiden Veranstaltungen ausschloß. So wurde in Stralsund 1959 die Konfirmationshandlung in zwei Handlungen gegliedert: Der Konfirmationsunterricht wurde durch einen Gottesdienst am 15. März abgeschlossen. Alle so Entlassenen wurden zu einer »nach Ostern beginnenden Sakramentsunterweisung eingeladen, die nach Pfingsten mit der Konfirmation und der Feier des Abendmahls abschließt«. Die Einladung galt »auch den Jugendlichen, die ihrer eigenen Überzeugung zuwider oder unter Nachgeben gegenüber einem auf sie ausgeübten Druck sich einer atheistischen Weihehandlung unterzogen haben«, hieß es in einer Kanzelankündigung am 18. Januar 1959. Südlich Stralsund, in Demmin, wurde ähnlich verfahren; ein Geistlicher erklärte dem Bischof, daß manche Jugendliche sich der Jugendweihe unterzögen, um sich Berufsmöglichkeiten nicht zu verbauen. Sie begriffen aber entsprechend der offiziellen Version Jugendweihe als neutrale Angelegenheit und nähmen das Gelöbnis nicht ernst. Natürlich waren diese Meinungsunterschiede in der Kirche Wasser auf die Mühlen des GM »Bastler«, der angewiesen war, »Widersprüche unter den Superintendenten und Pfarrern gegenüber der Kirchenleitung zum Zwecke der Differenzierung« zu nutzen.

Vielleicht als Zeichen ihrer Eigenständigkeit hielt die CDU bis 1987, zwei Jahre vor der Öffnung der Mauer, daran fest, in den Ausschüssen für Jugendweihe nicht vertreten zu sein. Am 19. Juni 1987 schrieb der damalige Vorsitzende des Zentralausschusses für Jugendweihe, Egon Freyer, dem stellvertretenden CDU-Vorsitzenden Wolfgang Heyl, daß »die Berufung der Kollegin Ingrid Höhn mit Einstimmigkeit vollzogen worden ist«. Diese Kollegin stammte aus der Abteilung Kultur im Sekretariat des Hauptvorstandes der CDU. Mit dieser Berufung seien, schrieb Freyer, »erstmalig alle im Demokratischen Block vereinten Parteien der DDR im Zentralen Ausschuß für Jugendweihe vertreten. Die Vorsitzenden der Bezirksausschüsse betrachten diese zentrale Entscheidung als indirekte Aufforderung, gleiches zu tun.«[370]

Vielleicht langsamer, vielleicht schneller, aber insgesamt vergleichbar mit dem Entwicklungsprozeß innerhalb der CDU wird sich unter den Ostdeutschen die ablehnende Zurückhaltung vieler gegenüber der Jugendweihe der SED zur mehrheitlichen Zustimmung gewandelt haben. Die SED zählte diese Entwicklung zu ihren großen gesellschaftspolitischen Erfolgen. Um dies zu erreichen, setzte sie alle Mittel ihrer nicht immer menschenfreundlichen Staatsführung ein. Insgesamt am stärksten dürfte der psychologische Druck gewirkt haben, ohne Fragen an einer im Land selbstverständlichen Feier teilzunehmen. Die 1954 als Mittel der Identifikation mit der justament erschütterten jungen DDR gewählte traditionelle freigeistige Jugendweihefeier tat ihre Dienste. Jeder kannte sie, die meisten schätzten sie, aber nie wurde über die Jugendweihe ernsthaft diskutiert. Die Ausschüsse mieden öffentliche Gesprächsrunden über die Jugendweihe, weil bei dieser Gelegenheit jeder Teilnehmer Beurteilungs- und Meinungsfreiheit gehabt hätte. Deshalb gab es auch über die Freiwilligkeit der Wahlen keine Gespräche. Unter den Dokumenten der Abteilung Inneres des Rats des Bezirks Frankfurt/Oder findet sich die Mitteilung des dortigen Bezirksausschusses für Jugendweihe, daß aus einigen Orten bekannt geworden sei, »daß die Ortspfarrer unsere Lehrer und Direktoren zu Aussprachen über die Jugendweihe auffordern. In Neuzelle sollte eine solche Aussprache auf Wunsch einiger Lehrer stattfinden, nachdem im Religionsunterricht gegen den wissenschaftlichen Charakter des Schulunterrichts Stellung genommen wurde. Der Bezirksausschuß für Jugendweihe hat dringend davon abgeraten.«[371] In Klammern gab der Ausschuß den Stand der Anmeldungen zur Jugendweihe in Prozenten an. Indem die Teilnehmerziffern Jahre im voraus, wie geschildert, »ermittelt« wurden, konnte eben auch Jahre im voraus den Nichtteilnehmern, Verweigerern Aufmerksamkeit geschenkt werden. Am 16. Juli 1968 schrieb der Frankfurter Bezirksausschuß der SED-Bezirksleitung, daß die »soziale Gliederung der Eltern der Nichtteilnehmer des Jahrgangs 1969/70 zur Grundlage weiterer Aufklärungsarbeit gemacht wird«[372]. Ein Meinungsaustausch mit den Betroffenen, »Aufklärung« im Sinne des Wortes, war damit auf keinen Fall gemeint.

»Aufklärung« hieß in der DDR-Gewohnheitspädagogik in politischen Zusammenhängen, daß Ostdeutsche an gesellschaftliche Einrichtungen gewöhnt wurden. Genaueres Interesse an dem höchstens in groben Zügen erkennbaren Zusammenspiel diverser gesellschaftlicher und staatlicher Kräfte sollte nicht entstehen. Diese Zusammenarbeit sicherte den Bestand dieser Einrichtungen, beglich etwa die entstehenden Kosten, sorgte für

Personal und Material. Wir wissen inzwischen, daß das Ministerium für Staatssicherheit als »Schild und Schwert der SED« die »Partner des politisch-operativen Zusammenwirkens« (POZW) auch im Umgang mit Jugendlichen steuerte.[373]

Einrichtungen galten in der DDR als »demokratische«, weil Einsatz für sie selbstverständlich war. Ehrensache des permanent mit Lieferproblemen kämpfenden Lebensmittelhandels war etwa eine in der DDR durchaus auffällige Annehmlichkeit: Zur Zeit der Jugendweihen war das beste Fleisch, »Kernfleisch«, vorrätig. Ein Vertreter des Ministeriums für Handel und Versorgung war deshalb Mitglied im Zentralausschuß für Jugendweihe. Das war um der Sache willen nicht nötig, Annehmlichkeiten in der Mangelwirtschaft sind in funktionierenden Wirtschaftssystemen in der Regel Selbstverständlichkeiten. Die Vertretung im Jugendweiheausschuß, die in Bezirks- und Kreisausschüssen Parallelen hatte, war ein Teil der inszenierten sozialistischen Demokratie. Von außen kaum erkennbar, liefen alle Fäden bei der SED zusammen. Die Ostdeutschen konnten sich darauf verlassen, daß dies Zusammenspiel – zu den Verantwortlichen zählten Ministerien, Massenorganisationen und viele andere mehr – die Wiederkehr der Jugendweihen, die Selbstverständlichkeit dieser Familienfeier garantierte. Umgekehrt war durch das System bezweckt, daß der gute Besuch der Familienfeier, die bis 1989 nach Auskunft des FDJ-»Pionierleiters« 3/89 66 Millionen Gäste hatte, das Ineinander der Verantwortlichen und damit die marxistisch-leninistische Ideologie bestätigte. Diese Ideologie, selbstverständlich nur in der Auslegung der SED, band die Verantwortlichen zusammen, begründete deren Verantwortlichkeit. Für die ideologisch inszenierte SED-Welt war eine gesetzliche Basis des *Allgemeinfestes* überflüssig.

Die marxistisch-leninistische Ideologie unterscheidet von Religionen, daß sie auf existentielle menschliche Fragen Antworten ausschließlich im Kontext und nur in den Grenzen der gesellschaftlichen Entwicklung gibt, deren künftiger Verlauf ihr angeblich bekannt ist. Wie paradiesisch die erwarteten Zustände aussahen, zeigt die Erzählung Ursula Werner-Böhnkes »Wenn die Tränen ins Meer marschieren« im ersten Mai-Heft 1970 (Nr. 9/70) der Kinderzeitschrift ›Bummi‹: Im Kommunismus werden alle Kinder lieb und brav sein, denn es gibt keinen Krieg, keine Tränen, keine Trauer mehr. Die Jugendweihe mußte von allen Beteiligten als ein Schritt auf dies Paradies zu verstanden werden. Der Marxismus-Leninismus war in der DDR eine *politische Religion*: *Politisch* stand für die SED außer Frage, in welche Form sich die nach dem Volksaufstand 1953 mit Nachdruck geschaffene neue Gesellschaft entwickelte. Und – das ist der unübersehbare *religiöse* Teil – in diesen vorgegebenen kollektiven Rahmen mußten sich die neuen Menschen begeistert einpassen. Orientierungsdienste leistete die Jugendweihe als Fest der politischen Religion. Der Rüffel aus Moskau hatte Erfolg getragen: Zum neuen Staat wurde 1954/55 ein neues Fest geschaffen, das möglichst alle eingliederte. In der »verspäteten Nation« Deutschland lag nahe, sich der freigeistigen Weiheform zu bedienen, um junge Menschen verheißungsvoll *mit Verstand und Gefühl* in das neue politische Staatswesen einzubinden.

Dies inhaltsleere freigeistige Muster kam der politischen Religion, die die SED den Ostdeutschen aufzwang, zupaß: Die Jugendweihe hatte nun die Aufgabe, möglichst viele Ostdeutsche im Namen des siegreichen Marxismus-Leninismus nicht auf die Wirklichkeit, sondern auf die ideologisch inszenierte SED-Wirklichkeit weihevoll feierlich einzuschwören. Die Jugendweihen waren so ein wichtiges Mittel, um die Weltlichkeit in der DDR im Sinne der ideologischen Vorgaben ganz ohne Gott und Transzendenz zu sakralisieren. Sakralisiertes, Heiliggesprochenes ist kein Gesprächsstoff, Streitgegenstand. Es ist Selbstverständlichkeit – wie die festgelegten Wahlergebnisse. So war auch die sozialistische Jugendweihe zu akzeptieren, bei deren Gestaltung redete kein Teilnehmer mit, durch Weihen und Gelöbnisse wurde die Staatsideologie akzeptiert.

Die politische Religion hinter der Jugendweihe in der DDR ist nicht mit der DDR verschwunden. Die Veranstalter im geeinten Deutschland scheuen jedes Gespräch über die Jugendweihe in der DDR. Wichtiger als der Wunsch, über eigene Mitverantwortlichkeiten nicht zu sprechen, ist die Absicht, die Jugendweihe in der DDR auch im nachhinein im Dunkel des Sakralen zu lassen. Deswegen auch kein Wort heutiger Veranstalter über den erfolgreichen Kampf der Ostdeutschen gegen den SED-Staat zur Demontage der Scheinwelt. Kein Wort dazu auch in dem 1998 im Berliner Eulenspiegelverlag vorgelegten ›Jugendweihe-Album‹. Es sei »erstmalig« und »begleite mit Bildern und Texten den Festtag des Jugendweihlings heiter und besinnlich«. Viel Platz ist für Erinnerungen und Bilder freigelassen. Es wird großes Kaufinteresse erwartet. Der durch Fragen ungestörte Fortbestand der besinnlichen Familienfeier »rechnet sich«.

Züge des Geheimnisvollen, des Magischen, haften der Durchführung dieser in selbstverständlicher Form wiederkehrenden Feier Jugendweihe/JugendFEIER weiter an, wie wir im ersten Kapitel sahen. Nichts an diesem Geheimnis schreckt ab, ungeschmälert bleibt der anziehende Charakter der Geschenkefeier, den die SED ihrer Feier mitgab. Läßt im geeinten Deutschland der Druck des Gewohnten Ostdeutsche die Jugendweihen in den Worten einer Ausstellung in Waren/Müritz vom Sommer 1996 als Teil des **D**eutschen **D**ekorativen **R**estbestands in der **B**unten **R**epublik **D**eutschland auf Dauer kultivieren?

Anmerkungen

[1] Johannes Ronge: Gebete, Gesänge und Betrachtungen für die frei-reformierten und frei-protestantischen Gemeinden (Freie Deutsche Nationalkirche), Darmstadt 1877, S. 20. Das folgende Zitat steht S. III.

[2] Der Text dieses massenhaft, auch als Reclam-Büchlein, vertriebenen Sendschreibens ist abgedruckt bei Friedrich Wilhelm Graf: Die Politisierung des religiösen Bewußtseins, Stuttgart 1978, S. 196–199.

[3] Ernst Troeltsch: Die Bedeutung des Protestantismus für die Entstehung der modernen Welt, München/Berlin 1925, S. 13, dann wird S. 10 zitiert.

[4] Reinhart Koselleck: Aufklärung und Grenzen ihrer Toleranz, in: Trutz Rendorff (Hg.): Glaube und Toleranz. Das theologische Erbe der Aufklärung, Gütersloh 1982, S. 269.

[5] Marx-Engels Studienausgabe, Bd. 1, Frankfurt a. M. 1978, S. 18.

[6] Johann Salomo Semler: Der Versuch einer freien theologischen Lehrart, Halle 1777, S. 181.

[7] J.S. Semler: Letztes Glaubensbekenntniß über natürliche und christliche Religion, Königsberg 1792, S. 137.

[8] Ulrich im Hof: Das Europa der Aufklärung, München 1993, S. 151.

[9] Walter Sparn: Vernünftiges Christentum, in: Rudolf Vierhaus (Hg.): Wissenschaften im Zeitalter der Aufklärung, Göttingen 1985, S. 41. Aus dieser kundigen Einführung ist dann S. 39 zitiert.

[10] Hermann Greive: Die Juden. Grundzüge ihrer Geschichte im mittelalterlichen und neuzeitlichen Europa, Darmstadt 1992, S. 147.

[11] Das schrieb G. Ephraim Lessing an seinen Bruder Karl am 20. März 1777 (Sämtliche Schriften Lessings, Bd. 18, Leipzig 1907, S. 327).

[12] G.E. Lessing: Anti-Goetze, Schriften Lessings, Bd. 2, Frankfurt a. M. 1967, S. 505.

[13] Bo Hallberg: Die Jugendweihe, Göttingen 1979, S. 31.

[14] Daniel Jenisch: Über Gottesverehrung und kirchliche Reformen, mit besonderer Hinsicht auf die von Friedrich Wilhelm III. dem preußischen Ober-Consistorium abgeforderten Vorschläge zur Bildung eines ächt-religieusen Volkssinns, Berlin 1803, S. 29, dann folgen Zitate aus den Seiten 36 f.

[15] Jenisch, S. 69, dann 45, 40.

[16] Jenisch, S. 115, 117 f., 133 und 75.

[17] Martin Luther: De captivitate Babylonica ecclesiae praeludium (1520), in: Luthers Werke. Auswahl, O. Clemen (Hg.), I, S. 485.25–486.28.

[18] Amy Nelson Burnett: Confirmation and Christian Fellowship: Martin Buber on commitment to the Church, in: Church History, Vol. 64, June 1995, S. 21.

[19] Johann Friedrich Bachmann: Die Geschichte der Einführung der Konfirmation innerhalb der evangelischen Kirche, Berlin 1852, S. 1 f.

[20] Der ehedem in Merseburg aufbewahrte Text befindet sich jetzt im Geheimen Staatsarchiv, Berlin-Dahlem, unter der Signatur I 76 alt, I Abt. A Generalia 59. Zitiert werden die Blätter 2, 3r und 8v.

[21] Der Entschluß befindet sich im selben Aktendeckel auf den Blättern 19 ff.

[22] Karl Marchionini: Der Oberhofprediger als Freidenker, Leipzig 1926, S. 4; das nächste Zitat stammt von S. 23.

[23] Johann Gottfried Herder: Auch eine Philosophie der Geschichte zur Bildung der Menschheit, Stuttgart 1992, S. 42, 44.

[24] Der Text der Konfirmation befindet sich in Herders ›Sämtlichen Werken‹, Bd. 21, S. 561–593. Ihm sind alle folgenden Zitate entnommen.
[25] Ebd., S. 573.36.
[26] Dieser poetische Versuch Herders steht in dessen ›Sämtlichen Werken‹, Bd. 29, S. 659 f.
[27] Aus Heinrich Gottlieb Tschirners ›Das Reaktionssystem, dargestellt, geprüft‹, Leipzig 1824, S. 58, wurde nach Mitteilung von Trutz Rendtorff: Christentum im Nachschlagewerk Geschichtliche Grundbegriffe zitiert.
[28] Heinrich Heine: Zur Geschichte der Religion und Philosophie in Deutschland, Erstes Buch der zweiten Auflage, S. 181, in: H. Heine: Werke in fünf Bänden, Bd. 3, Köln 1995.
[29] Franz Schnabel: Deutsche Geschichte im 19. Jahrhundert, Bd. IV Die religiösen Kräfte, München 1987, S. 146. Hier ist auch der Brief von Bunsens vom 12. Juni 1824 zitiert.
[30] Karl Gutzkow: Verteidigung gegen Menzel und Berichtigung einiger Urtheile im Publikum, Mannheim 1835, S. 34.
[31] Zit. nach Theobald Zieglers Biographie ›David Friedrich Strauß‹, 1908, S. 334.
[32] So in Bd. IV, S. 387, von Strauß' Gesammelte Schriften, von Eduard Zeller mit erklärenden Nachweisen versehen, 1876 f.
[33] Kirchliche Reform, September 1847, S. 40.
[34] Gutzkows Nekrolog auf Schleiermacher ist hier nach Friedrich Wilhelm Kanzenbach: Biedermeier, Junges Deutschland, Vormärz, S. 139, in Heft 2 der ›Zeitschrift für Religions- und Geistesgeschichte‹ 1985 zitiert.
[35] Diese Angabe macht Friedrich Wilhelm Graf: Die Politisierung des religiösen Bewußtseins: Die bürgerlichen Religionsparteien im deutschen Vormärz, das Beispiel des Deutschkatholizismus, Stuttgart 1978, S. 66.
[36] Ottomar Behnsch referiert in: Für Christkatholisches Leben. Materialien, Bd. IV, Breslau 1847, S. 116.
[37] Frank Simon-Ritz: Die Organisation einer Weltanschauung. Die freigeistige Bewegung im Wilhelminischen Deutschland, Gütersloh 1997, S. 16.
[38] Es wurde in Frankfurt am Main 1914 im Auftrag des Weimarer Kartells von Max Henning herausgegeben. Zitiert ist S. 125.
[39] Die ›Allerhöchste Kabinetsorder betreffend die Bildung neuer Religionsgesellschaften‹ vom 30. März 1847 und das Toleranzpatent vom gleichen Tag liegt als Bl. 1–7 im Evangelischen Zentralarchiv Berlin im Bestand 7/3445. Die Instruktion vom 18. Januar 1848 ist abgedruckt als Beilage zur Berliner Allgemeinen Kirchenzeitung, Nr. 9, vom 2. Februar 1848, Sp. 89–92.
[40] So August Forel in: Der Monismus, 3. Jg., Nr. 27/1908, S. 354.
[41] Manfred Isemeyer: 100 Jahre proletarische Jugendweihe in Deutschland, S. 13, in: M.I./Klaus Sühl (Hg.): Feste der Arbeiterbewegung: 100 Jahre Jugendweihe, Berlin 1989. Krapp stellt in seinem Buch die Behauptung S. 216 auf.
[42] Dies schrieb ein Amtsbruder Baltzers in Ingenheim bei Landau, Friedrich Theodor Frantz: Die Kirche und die Zukunft, in: Freie Allgemeine Kirchenzeitung, Nr. 6/Januar 1846, S. 41.
[43] Das notierte David Friedrich Strauß in Der politische und theologische Liberalismus, erstmals in Wislicenus' ›Reform‹, die später ›Kirchliche Reform‹ hieß, 1843. 1848 erschien in Halle die genannte Broschüre.
[44] Dieser Bericht liegt unter den Akten des Innenministeriums Betreff die religiösen Aufregungen auf protestantischem Gebiete in GStA I Rep. 77 Tit 343a Nr. 69 (in Klammern sind die jeweiligen Blätter angegeben).

[45] Ebenfalls in der Akte des Innenministeriums betreffend religiöse Aufregungen auf protestantischem Gebiete 1844–1847 im Dahlemer Geheimen Staatsarchiv (I Rep 77 Tit 343a Nr. 69) befindet sich auf Blatt 81 von Eichhorns Schreiben vom 19. 12. 1846. Das vom 2. 1. 1847 ist auf Blatt 74r zitiert.

[46] Zitiert nach Heinrich Heine: Eduard Baltzer, S. 324 f. in: Mitteldeutsche Lebensbilder, Bd. IV, Magdeburg 1929.

[47] Das berichtet die Geschichte der freien evangelisch-katholischen Gemeinde zu Königsberg i. Preußen, 1895, S. 23 f., dann wird S. 20 zit.

[48] Ebd., S. 73.

[49] Zit. nach Ferdinand Kampe: Geschichte der religiösen Bewegung der neueren Zeit, Bd. II, Leipzig 1854, S. 229.

[50] G.A. Wislicenus: Kurze Nachricht über die freie Gemeinde in Halle, Kirchliche Reform, März 1847, S. 18.

[51] Die Zahl der Mitglieder steht im ›Sonntags-Blatt‹ vom 3. 3. 1850, S. 88, und vom 6. 3. 1859, S. 40.

[52] Der Solidaritätsbrief vom 12. Februar 1847 ist nach Sylvia Paletschek: Frauen im Dissens, Göttingen 1990, S. 36, zitiert.

[53] Heinrich Heine: Eduard Baltzer, in: Mitteldeutsche Lebensbilder, Bd. IV, Magdeburg 1929, S. 334.

[54] Offenes Glaubens-Bekenntniß der deutsch-katholischen Gemeinde in Berlin, Berlin 1845, S. 6.

[55] Sonntags-Blatt, 19. Oktober 1851, S. 167 f.

[56] Ottomar Behnsch berichtet von dieser Feier in Band II der ›Materialien für christkatholisches Leben‹, Breslau 1847, S. 339–342. Die deutsch-katholische Konfirmation in Heidelberg im Frühjahr 1849 schildert J. D. C. Brugger: Der Deutschkatholizismus in seiner Entwicklung, dargestellt in der Geschichte der deutschkatholischen Gemeinde zu Heidelberg, Bd. II, Heidelberg 1852, S. 227.

[57] Gedruckte Konfirmationshandlung, Palmsonntag 1846, zit. nach Walter Breywisch: Uhlich und die Bewegung der Lichtfreunde, in: Sachsen und Anhalt, Bd. 2, 1926, S. 189.

[58] Eduard Baltzer: Erinnerungen. Bilder aus meinem Leben, Frankfurt a. M. 1910, S. 45, dann wird S. 90 zit.

[59] Sonntags-Blatt, 13. Jg., 4. Mai 1862, S. 72.

[60] Neue Reform, Juni 1851, Sp. 333 f.

[61] Neue Reform, Nr. 18, 1850, Sp. 127.

[62] Neue Reform, Februar 1851, Sp. 13 f.

[63] Das stellte Oberkirchenrath Kapf aus Stuttgart in seinem Vortrag Die »Innere Mission« unter Geistlichen am 19. September 1851 in Bielefeld fest (EZA 7/3520, Bl. 12 f.).

[64] Verhandlungen bei Schließung des Bundes freireligiöser Gemeinden. Gotha, 16. und 17. Juni 1859. Im Auftrage der Versammlung herausgegeben von L. Uhlich, Magdeburg 1859, S. 41. Die weiterhin zitierten Seiten werden im Text in Klammern angegeben.

[65] Das erwähnt Martin Greschat in: Das Zeitalter der industriellen Revolution, Stuttgart 1980, S. 71.

[66] diesseits 33/1985.

[67] So auf der Versammlung der norddeutschen Gemeinden in Berlin im Juni 1861 (Sonntags-Blatt, 23. Juni 1861, S. 98).

[68] Sonntags-Blatt, 19. Jg., 6. Dezember 1868, S. 194.

[69] Ferdinand Kampe: Geschichte der religiösen Bewegung …, II, S. 166.

70 Gotthold Krapp: Monumenta paedagogica XVII, Ost-Berlin 1977, S. 216.
71 Das teilte Baltzer in: Kirchliche Reform, Februar 1847, S. 30 f., mit.
72 Ebd., S. 30.
73 Das Argument beschreibt Manfred Greschrat in: Das Zeitalter …, S. 82.
74 So heißt es in ›Die freie Gemeinde zu Nordhausen, ein Zeugniß aus ihr und über sie zum 4. Stiftungsfeste am 5. 1. 1850 von deren Sprecher Baltzer‹, Nordhausen 1850, S. 12; vgl. S. 9.
75 Am 28. Februar 1847 sprach Baltzer über die Frage »Was ist Religion?«. Zitiert wird aus der Sammlung ›Das Verhältniß der freien Gemeinde zu den alten Religionen, besonders zu dem Christenthume, in seinen Grundzügen dargestellt von Eduard Baltzer‹, Nordhausen 1850, S. 34.
76 Helmuth Plessner: Die verspätete Nation. Über die Verführbarkeit des bürgerlichen Geistes, S. 89, in: Plessners Gesammelte Schriften, IV, Frankfurt 1982. Der Satz Uhlichs stammt aus ›Sonntags-Blatt‹, 19. Jg., 8. November 1868, S. 178.
77 Der Dissident. Organ für Licht und Wahrheit, Nr. 3, 18. Januar 1856, S. 2.
78 So L. Uhlich unter der Überschrift Im Prinzip einverstanden – aber, in: Sonntags-Blatt, 18. Jg., 21. Juli 1967, S. 114.
79 Diesen Satz nahm die Freie Protestantische Gemeinde an ihrem Gründungstag in ihre Grundsätze auf. Das berichtet Ferdinand Kampe in Bd. II seiner Geschichte der religiösen Bewegung der neueren Zeit, Leipzig 1853, S. 229; dann werden die Seiten 231 und 244 zitiert.
80 Simon-Ritz: Die Organisation einer Weltanschauung, S. 227.
81 Die Reden der Herren Prediger Baltzer und Wislicenus bei der Gründung der Freien Gemeinde zu Leipzig, Leipzig 1850, werden aus den Seiten 7, 9 und 10 zitiert. Stets hat Baltzer das Wort.
82 Baltzers Vortrag Was ist Religion? am 28. Februar 1847, a. a. O., S. 35. Dann wird ›Neue Reform‹, Nr. 8 vom 23. 2. 1850, Sp. 123, zitiert.
83 Dies ist die Charakterisierung einer Frauenvertreterin, die auf einen Artikel Baltzers antwortete, der alle freigeistigen Unternehmungen, hier die Frauenvereine, in den Dienst der freien Gemeinde gestellt sehen wollte, in: ›Neue Reform‹ vom Februar 1851, S. 4.
84 Georg Bollenbeck: Bildung und Kultur. Glanz und Elend eines deutschen Deutungsmusters, Frankfurt a. M. 1996, S. 150. Mit dem folgenden Zitat ist auf S. 148 ein Unterkapitel unterschrieben.
85 August Buck: Humanismus. Seine europäische Entwickung in Dokumenten und Darstellungen, Freiburg i. Br. 1987, S. 386.
86 August Buck: Humanismus, S. 369.
87 August Buck, a. a. O., S. 374, 377.
88 Georg Bollenbeck: Bildung und Kultur, S. 133.
89 Georg Bollenbeck: Bildung und Kultur, S. 107.
90 Sonntags-Blatt, 18. Jg., Nr. 24, 16. Juni 1867, S. 93.
91 Sonntags-Blatt, 18. Jg., Nr. 21, 26. April 1867, S. 84, berichtet von diesem Antrag Dr. Schraders.
92 Steffen Rink: Wege ohne Dogma? 150 Jahre freireligiöse Gemeinden in Deutschland, in: diesseits 1/1996, S. 25.
93 Helmuth Plessner: Die verspätete Nation …, S. 61.
94 Freireligiöses Sonntags-Blatt, Magdeburg, Nr. 19, 1886, S. 8.
95 Aus Georg Welkers ›Freireligiöse Predigten‹, Bd. 1, Wiesbaden 1901, ist aus den Seiten 185–200 zitiert.
96 Die freie Gemeinde …, 1. Jg., Nr. 3, 16. April 1905, S. 10 f.

[97] Zu lesen in ›Sonntags-Blatt‹, 12. Jg., Nr. 17, 28. April 1861, S. 68.

[98] Nach Verhandlungen, a. a. O. (No. 64), S. 36, erhielt Baltzer 30, Uhlich 24, Albrecht 22, Ender 21 und Bulla 20 Stimmen.

[99] Simon-Ritz, a. a. O., S. 227.

[100] Der Text ist aus einem undatierten und nicht paginierten Sammelband ›Zur Erinnerung an die Feier der Jugendaufnahme in der freireligiösen Gemeinde zu Berlin‹ zitiert. Da der älteste datierte Text des Bandes aus dem Jahr 1910 stammt, erschien der Band frühestens in diesem Jahr.

[101] Zu dieser Bezeichnung griff Baltzer am 21. Februar 1847 in seinem Vortrag »Weltentzweiung und Weltversöhnung«, a. a. O. (No. 75), S. 21.

[102] Die Mitgliederzahlen stammen aus dem 1914 in Frankfurt am Main erschienenen ›Handbuch der freigeistigen Bewegung Deutschlands, Österreichs und der Schweiz‹, S. 132. Die Angabe über die Bevölkerung Deutschlands steht in Wilhelm Treue: Gesellschaft, Wirtschaft und Technik Deutschlands im 19. Jahrhundert, München 1975, S. 12.

[103] Karl Acham: Die »kulturelle« Krise der Gesellschaft um 1900 und die Genese der Sozialwissenschaften, S. 43, in: Volker Drehsen/Walter Sparn: Vom Weltbildwandel zur Weltanschauungsanalyse, Berlin 1996.

[104] Helmuth Plessner, a. a. O., S. 76

[105] Georg Bollenbeck: Bildung und Kultur. Über Glanz und Elend eines deutschen Deutungsmusters, stw 2570, Frankfurt a. M. 1996, S. 140.

[106] Dies stellt Reinhart Koselleck in ›Kritik und Krise‹, stw 36, 1979, S. 11, fest. Zuvor werden Beobachtungen einer der Leitfiguren des Liberalismus in Deutschland, Friedrich Naumann, zitiert. Dessen Aufsatz ›Liberalismus und Protestantismus‹ erschien in: Geist und Glaube, Berlin 1911, S. 11–44.

[107] So Baltzer am 28. Februar 1847, a. a. O., S. 30.

[108] E. Baltzer: Weltentzweiung und Weltversöhnung in Verhältniß der freien Gemeinde zu den alten Religionen, besonders zum Christentum, Nordhausen 1850, S. 27.

[109] Simon-Ritz: Die Organisation einer Weltanschauung, S. 207.

[110] Eduard Baltzer: Bilder aus meinem Leben, Frankfurt am Main 1907, S. 88.

[111] Hermann Lübbe: Politische Philosophie in Deutschland. Studium zu ihrer Geschichte, Basel 1963, S. 23.

[112] Der Zusammenschluß freier Geister, in: Das freie Wort, VI. Jg., Nr. 5/1906, S. 170. Da kein Verfasser genannt ist, wird der Herausgeber Max Henning den Artikel geschrieben haben.

[113] Gustav Tschirn: Zur 60jährigen Geschichte der freireligiösen Bewegung, Bamberg 1904, S. 163–168.

[114] Sonntags-Blatt, 19. Jg., Nr. 20, 17. Mai 1868, S. 79.

[115] Sonntags-Blatt, 19. Jg., Nr. 34, 23. August 1868, S. 134.

[116] Das zitierte Baltzer empört in: ›Der Plan zum ewigen Frieden‹, Nordhausen 1875², S. 35.

[117] S. 139 in: Handbuch der freigeistigen Bewegung … (s. Nr. 38).

[118] Ernst Haeckel: Der Monistenbund, in: Das freie Wort, 4 (1904/5), S. 489.

[119] Volker Drehsen/Helmut Zander: Rationale Weltveränderung durch ›naturwissenschaftliche‹ Weltinterpretation? Der Monistenbund – eine Religion der Fortschrittsgläubigkeit, in: Drehsen/Sparn (Hg.): Vom Weltbildwandel zur Weltanschauungsanalyse, Berlin 1969, S. 223. Im Text werden in Klammern die zitierten Seiten angegeben.

[120] Max Weber ist zitiert aus: Die ›Objektivität‹ sozialwissenschaftlicher und sozial-

politischer Erkenntnis (1904), in: Gesammelte Aufsätze zur Wissenschaftslehre, Tübingen 1988, S. 146–214.

121 Simon-Ritz, a. a. O.; S. 16.

122 Hermann Hesse: Ein neuer Kultus?, in: ›Der Monismus‹, III, Nr. 25/1908, S. 299 f.

123 Ernst Horneffer: Die Jugendweihe, in: ›Die Tat‹, IV. Jg., H. 6/1912, S. 256.

124 Die Veranstaltungsliste findet sich bei Isemeyer/Sühl: Feste der Arbeiterbewegung: 100 Jahre Jugendweihe, S. 41. Dort steht auch der Festvortrag.

125 Tschirn, Geschichte ... S. 188.

126 Manfred Isemeyer: 100 Jahre proletarische Jugendweihe in Deutschland, S. 18, in: Sühl/Isemeyer (Hg.): Feste der Arbeiterbewegung: 100 Jahre Jugendweihe, Berlin 1989.

127 Schrieb der Historiograph der freireligiösen Bewegung, Ferdinand Kampe: Geschichte Bd. IV, S. 124.

128 Richard Lohmann: Die Jugendweihe. Grundsätzliches und Kritisches, Nr. 5 der Arbeiter-Bildung. Schriftenreihe des Zentralbildungsausschusses der SPD, Berlin SW 68, Lindenstr. 3, nach Chronik zur Geschichte der Jugendweihe, hgg. vom Zentralen Ausschuß für Jugendweihe der DDR, 1989, S. 39, im Mai 1924 erschienen. In Klammern sind die zitierten Seiten der Broschüre angegeben.

129 Ulbrichts Rede steht in ›Junge Welt‹ vom 1. 12. 1957.

130 Willi Jannasch: Statt Kirchen – Volksheime!, in: Das freie Wort, 13. Jg., Nr. 19/1914, S. 748 f.

131 Kirche und Kulturtempel, in: Das freie Wort, VII. Jg., Nr. 19/1908, S. 727.

132 Gustav Tschirn: 60 Jahre Geschichte der Freireligiösen, S. 147.

133 Das referiert G. Tschirn: Zur 60jährigen Geschichte der freireligiösen Bewegung, 1904/05, S. 165.

134 Vogtherr laut Protokoll in: Bundesblätter, H. 93/1891, S. 123 f.

135 G. Tschirn, a. a. O., S. 164.

136 Bruno Wille: Freidenkertum, Sozialismus, Anarchismus, in: Der Freidenker, 11, 1903, S. 159.

137 Ebd., S. 162.

138 CHRONIK zur Geschichte der Jugendweihe, S. 13, dann 14. Die folgenden Worte Schulz' stammen von S. 18.

139 ›CHRONIK‹, 1989, S. 21.

140 Das teilt die ›CHRONIK‹ des Zentralausschusses, 1989, S. 23, mit. S. 33 erwähnt sie die erste Jugendweihe der kommunistischen Jugend 1921 in Berlin.

141 Das proletarische Kind, 2. Jg. 1922, Nr. 11.

142 Das proletarische Kind, 2. Jg. 1922, H. 2, S. 17.

143 Diese Feiern beschreibt Bärbel Splettstößer: Das Wirken Ernst Schnellers für die Herausbildung und Entwicklung kommunistischer Jugendweihen, in: Jahrbuch zur Erziehungs- und Schulgeschichte, Jg. 22/1982, S. 86 ff.

144 So beschreibt Wolfgang Billerbeck den Ablauf der Jugendweihen in den ersten Jahren der Weimarer Republik, in: Die Jugendweihe – eine revolutionäre Tradition der deutschen Arbeiterklasse, Pädagogik, 17. Jg. 1963, S. 261.

145 Das proletarische Kind, 2. Jg. 1922, H. 1, S. 16 f.

146 ›CHRONIK‹, S. 42, dann 49 f.

147 ›Werde‹, von Richard Lohmann für den Dietz-Verlag zusammengestelltes Weihebuch, Berlin 1925, S. 61.

148 Richard Lohmann: Die Jugendweihe, S. 13.

149 Ebd., S. 2.

[150] So die Überschrift eines Vortrags, den Jacob Grimm 1849 hielt. Zu finden in den ›Kleinere Schriften‹, Berlin 1865, Bd. II, S. 211–313.
[151] Das stellte eine internationale Freimaurer- und Freidenkerkonferenz, das Antivaticanum in Neapel am 8. Dezember 1869 fest. Zit. nach Jochen-Christoph Kaiser: Arbeiterbewegung und organisierte Religionskritik, Stuttgart 1981, S. 59.
[152] Das fragte der religiöse Sozialist Paul Piechowski in: Zeitschrift für Religion und Sozialismus 1931, S. 412 f.
[153] Etwa Piechowski in: Das evangelische Berlin, Nr. 41, 13. 10. 1929. Die ›Berliner Börsenzeitung‹ veröffentlichte die Zeilen am 29. 10. 1929 unter der Überschrift: Die SPD im Schlepptau der Freidenker.
[154] Das Programm der Freigeistigen Woche vom 6. 4.–8. 4. 1926 ist eine Anzeige im ›Vorwärts‹ vom 4. 4. 1926. Sievers ist zitiert nach: Vorwärts 7. 4., Berendsohn erst nach: Vorwärts, 9. 4. und dann der ›Berliner Volkszeitung‹ dieses Tages.
[155] Billerbeck, a. a. O., S. 264.
[156] So ›Wege und Ziele der freigeistigen Verbände in der deutschen Republik‹, hg. vom Verein der Freidenker für Feuerbestattung, o. J., S. 3.
[157] Diese Diagnose (nicht nur des Marxismus) entfalteten Eric Voegelin: Die politischen Religionen, Wien 1938, neu aufgelegt München 1993, und Raymond Aron u. a.: D'une sainte famille à l'autre: Essais sur les marxismes imaginaires, Paris 1969.
[158] Ernst Jünger im Tagebuch Hütte im Weinberg am 13. März 1947 in: Strahlungen II, 1995, S. 636.
[159] Martin Greschat: Das Zeitalter der industriellen Revolution, S. 82.
[160] ›CHRONIK‹, S. 23. Aus ›Das heilige Feuer‹ wird zitiert, indem in Klammern die jeweiligen Seiten genannt werden. Biographisch wird Brand vorgestellt im ›Lexikon der Kinder- und Jugendliteratur‹, Ergänzungsband, Weinheim und Basel 1980/81, S. 95.
[161] Paul Kriesche: Gemeinschaftskunde – Stoffdarbietung zur Einführung und Unterricht für Eltern, Lehrer und Jugendliche sozialistischer und freigeistiger Kreise, 1923, S. XIV.
[162] Gustav Radbruch: Die neue Jugend (Auszug aus G. R.: Kulturlehre des Sozialismus, Stuttgart 1929, in: Werde. Zur Erinnerung an die Feierstunde Deiner Jugendweihe, von R. Lohmann zusammengestelltes Weihebuch, Berlin 1925.
[163] So Max Henning, der 1912 das »Handbuch der freigeistigen Bewegung Deutschlands, Österreichs und der Schweiz« in Frankfurt am Main herausgab, in der von ihm herausgegebenen Zeitschrift ›Das freie Wort‹, 7. Jg., Nr. 20, 1908, S. 762.
[164] Frank Simon Ritz: Die Organisation einer Weltanschauung …, Gütersloh 1997, S. 74.
[165] Hermann Lübbe: Politische Philosophie in Deutschland …, Basel 1963, S. 25.
[166] Die Tat, VII. Jg., Nr. 20, 1908, S. 765 f.
[167] Dies zeigte Friedrich-Wilhelm Graf: Die Politisierung des religiösen Bewußtseins. Die bürgerlichen Religionsparteien im deutschen Vormärz, Stuttgart 1978.
[168] Leberecht Uhlich: Sein Leben von ihm selbst beschrieben. Uhlichs letztes Werk, Gera 1872^2, S. 7.
[169] Friedrich Wilhelm Graf, a. a. O., S. 141.
[170] Johann Gottfried Herder: Abhandlung über den Ursprung der Sprache auf Befehl der Akademie in Berlin 1778 herausgegeben, Stuttgart 1966, S. 104.
[171] Georg Bollenbeck: Bildung und Kultur, S. 216.
[172] Helmuth Plessner: Die verspätete Nation, S. 63.
[173] Das erwähnt ›Die deutsche Bibel‹, S. 86: Zur Geschichte der G.G.G.
[174] Das germanische Jahr wird in: Das Deutsche Buch, hgg. von der Germanischen-

Glaubens-Gemeinschaft (G.G.G.), Berlin-Steglitz 1921, 2. Auflage, S. 80 ff., vorgestellt.

175 Georg Groh schildert den Leidensweg Schwanders in: Geschichte der germanischen Gottgläubigkeit. Von der Jahrhundertwende bis etwa 3708 (1908), S. 128, in: ›Rig‹, 3. Jg., H. 5, Scheidung/Gilbhart 3728/1928.

176 Günter de Bruyn: Zwischenbilanz. Eine Jugend in Berlin, Frankfurt am Main 1994, S. 124.

177 So in den völkisch-antichristlichen ›Rig. Blätter für germanisches Weistum‹, 3. Jg., H. 5, Scheidung/Gilbhart 3727/1928, S. 114, deren Herausgeber Georg Groh.

178 Ulrich Nanko: Die deutsche Glaubensbewegung. Eine historische und soziologische Untersuchung, Marburg 1993, S. 43.

179 Betonte Groh a. a. O. unter der Überschrift »Wir fordern ein Jahrtausend in die Schranken«, S. 114 f.

180 Georg Groh: Beiträge zu einer Geschichte der deutschen Religion, Rig, 2. Jg., H. 6, S. 172.

181 Franz Wurm: Die Religionsphilosophie Bergmanns, S. 22, in: Carl Peter (Hg.): Ernst Bergmann und seine Lehre, Leipzig 1941.

182 Kramer: Ernst Bergmanns Philosophie, ebd., S. 1.

183 Georg Groh: Geschichte der germanischen Gottgläubigkeit …, a. a. O.,(A. 175), S. 122, 126.

184 Georg Groh, ebd., S. 126.

185 Georg Groh: Geschichte der germanischen Gottgläubigkeit. Etwa von 3708 (1908) bis zum Weltkrieg, Rig, 3. Jg., H. 6, Neblung/Jul 3728 (1928), S. 152.

186 G. Groh, a. a. O., vgl. A. 142, S. 123.

187 G. Groh, a. a. O., Rig, 3. Jg., H. 6, 3728 (1928), S. 146.

188 in: Rig, 3. Jg., H. 5, S. 124.

189 in: Rig, 7. Jg., H. 1, Hartung/Hornung 3732 (1932), S. 8.

190 ebd., S. 5.

191 Grohs Aufsatz erschien in: Rig, 2. Jg., H. 3, Julmond/Harding 3726/3727, S. 41 ff. Hier zitiert ist S. 45.

192 Ebd., S. 42.

193 Ulrich Nanko: Die deutsche Glaubensbewegung, S. 122.

194 Das stellte schon fünf Jahre vor der Machtübernahme der nordische Deutsche Groh in Rig, 3. Jg., H. 5, Scheidung/Gilbhart 3728/1928, S. 117, fest.

195 Das teilt der langjährige Landessprecher der freireligiösen Landesgemeinschaft Niedersachsen, Dietrich Bronder, in: Die Geschichte des Bundes Freireligiöser Gemeinden bis 1945, S. 79, in: Die Freireligiöse Bewegung – Wesen und Auftrag, Mainz 1959, mit. Dann wird S. 84 zitiert.

196 Albert Heuer, seit 1949 VfG-Geschäftsführer: Die Organisationsformen der freigeistigen Bewegung Deutschlands und ihr soziologischer Aufbau, S. 276 und 274 in Die Freireligiöse Bewegung – Wesen und Auftrag.

197 Zitiert nach Margarete Dierks: Jakob Wilhelm Hauer 1881–1962, Heidelberg 1986, S. 230, Anm. 40.

198 Über den Aufstieg einer Glaubensbewegung, nämlich der NSDAP, berichtet der Historiker Hagen Schulze in: Weimar. Deutschland 1917–1933, Berlin (1982), S. 328 ff.

199 in: Deutsche Gottesschau. Grundzüge eines deutschen Glaubens, Stuttgart 1934, S. 134.

200 Hauer schrieb dies nach der ›Comburger Woche‹ am 21. Januar 1931. Hier zitiert nach U. Nanko, a. a. O., S. 89.

[201] Die Wiedereintrittsbewegung schildert Kurt Meier: Der evangelische Kirchenkampf, Göttingen 1984, Bd. I, S. 125.
[202] Zitiert nach Nanko, S. 130.
[203] Das steht im siebenseitigen 2. Rundschreiben Deutsche Kirche Hans Fuchs' vom 25. Mai 1933. Da ihn auch Hauer empfing, liegt ein Exemplar in dessen Nachlaß im Bundesarchiv (N 1131/52, Bl. 109 ff.).
[204] Äußerungen zur missionarischen Aufgabe der Glaubensbewegung stellt Nanko, S. 184, vor.
[205] Teilte Hauer in: Deutscher Glaube 1934, S. 185, mit.
[206] Der Freidenker Bruno Wille erhob sie 1906 in Stettin, Ostsee-Zeitung, 11.10.1906.
[207] Das schrieb Lindenschmidt am 24.7.1935 warnend an Hauer (BA Hauer 220, zit. nach Nanko, a. a. O.).
[208] Hauer in: Deutsche Weihestunden, Dritter Band: Die Hoch-Zeiten des Lebens, hgg. von Paul Zapp, Berlin 1940^2, S. 8.
[209] Deutsche Weihestunden Bd. 2, S. 36 f., und ›Deutscher Glaube‹, Hornung 1935, S. 77 f.
[210] Ebd., S. 37 f. bzw. 77 f.
[211] Stengel-von Rutkowski: Sinn und Form einer deutschen Namensweihe, in: Deutscher Glaube II, 1935, S. 516 ff.
[212] Ernst Bergmann: Richtlinien für den deutschreligiösen Jugendweih-Vorbereitungs-Unterricht, hgg. von der Gemeinschaft Deutsche Volksreligion e. V., Leipzig 1938.
[213] Ebd., S. 10.
[214] Ebd., S. 14.
[215] Ebd., S. 26.
[216] Ebd., S. 13.
[217] Ebd., S. 31.
[218] Nr. 24 im Programm der NSDAP von 1920, in: Der Aufstieg der NSDAP: in Augenzeugenberichten, München 1974, S. 111.
[219] S. 20 und 25 in: Franz Wurm: Die Religionslehre Bergmanns, in: Carl Peter (Hg.): Ernst Bergmann und seine Lehre, Leipzig 1941.
[220] Hubert Cancik: Neuheiden und totaler Staat, in: H.C. (Hg.), Religionsgeschichte und Geistesgeschichte der Weimarer Republik, Darmstadt 1982, S. 203.
[221] IfZ, MR 666, Bl. 2734.
[222] Ley in: Der Deutsche. Zeitung der Deutschen Arbeiterfront, 13. März 1933.
[223] Himmlers Brief vom 17. April 1940, IfZ, MR 398, Bl. 39978.
[224] Brief Bormanns vom 2. April 1941, IfZ, MR 544, Bl. 304.
[225] NSDAP Verfügungsblatt Ausgabe A 8/40, Anordnung A 60/40 vom 20. Mai 1940.
[226] Das deutsche Schulspiel 5, 1940, S. 98, zitiert nach Harald Scholtz: Von der Feiermanie zum Verpflichtungsritual, S. 117, in: Normative Ästhetik im Nationalsozialismus, 31. Beiheft der Zeitschrift für Pädagogik, 1993.
[227] Harald Scholtz, ebd., S. 117.
[228] Karl Seibold: Sinn und Gehalt der deutschen Schulentlaßfeier, in: Die Deutsche Schulfeier, 1938, S. 2–3.
[229] Karl Spieth: Die Schulentlaßfeier im Sinne nationalsozialistischer Gemeindebildung, in: Die Deutsche Schulfeier. Amtliche Zeitschrift für die Spiel-, Feier- und Freizeitgestaltung der deutschen Schulen und Schulgemeinden. Hrsg. Reichsverwaltung des NS-Lehrerbundes, 1938, S. 5 f.
[230] Bernd Soesemann: Die Macht der allgegenwärtigen Suggestion – Die ›Wochen-

sprüche der NSDAP‹ als Propagandamittel, S. 245, in: Berliner Wissenschaftliche Gesellschaft (Hg.): Jahrbuch 1989.

231 Deutsche Jugend – deutscher Glaube, in: Heider Anzeiger, Nr. 56 vom 8. März 1937.

232 EZA I C 3/225 betr. Kulthandlungen (Partei und Staat).

233 EZA, ebd., Brief vom 26. Oktober 1938.

234 Brief des Oberkirchenrats Stuttgart vom 17. Januar 1939, ebd.

235 EZA, ebd.

236 Meldung im ›Einsiedeler Wochenblatt‹ vom 18. März 1940.

237 Der Brief liegt als sechster einem Brief an das Reichsministerium vom 4. Juli 1939 bei, die von Organen der NSDAP veranstaltete Ersatzfeiern für die Konfirmation (»weltanschauliche Morgenfeier« usw.) belegen (EZA, ebd.).

238 Vorschriftenhandbuch der HJ, 1. Ausgabe vom 1. Januar 1942, Bd. II, 3 II B, S. 218.

239 Anordnung A12/40 des Stabsleiters des Stellvertreters des Führers M. Bormann vom 5. Februar 1940, S. 15.

240 Ebd., S. 16.

241 Das teilte Bormann in Anordnung A60/40 vom 7. Mai 1940 Betrifft: Nationalsozialistische Feiergestaltung im ›Reichsverfügungsblatt‹, Ausgabe A8/40, 20. 5. 1940, S. 25, mit.

242 Bekanntgabe B25/41 Betreff: Verpflichtung der Jugend 1942, in: Reichsverfügungsblatt 32/41 vom 19. 7. 1941, S. 83.

243 ›Reichsverfügungsblatt‹, Ausgabe A2/42, 13. Januar 1942, S. 3–10. In Klammern werden die zitierten Seiten genannt.

244 Zitiert nach Bo Hallberg: Die Jugendweihe, S. 124.

245 ›Reichsverfügungsblatt‹, Ausgabe A2/42 vom 13. 1. 1942, S. 4. In Klammern sind die weiteren zitierten Seiten angeführt.

246 Die neue Gemeinschaft, IX, 1943, H. 2, S. 121 f.

247 Verpflichtung der Jugend, in: VB, 22. 3. 1942, S. 2.

248 Harald Schwarz: Von der Feiermanie zum Verpflichtungsritual. Zur totalitären Gestaltung von Feiern für Vierzehnjährige, S. 121, in: Normative Ästhetik im Nationalsozialismus, 31. Beiheft der Zeitschrift für Pädagogik, 1993.

249 Simon-Ritz: Die Organisation einer Weltanschauung, S. 91.

250 Kahl: Grundfragen religiösen Gemeinschaftslebens, Glaube und Tat 1950, H. 2, S. 6.

251 Eduard Baltzer: Der Plan des religiösen Friedens, Nordhausen 1875^2, S. 19.

252 Unitarier in: Handbuch religiöse Gemeinschaften, hgg. von Horst Reller, Gütersloh 1993^4, S. 374.

253 H. Soltsien: Feiern im Lebenslauf, ›Glaube und Tat‹ 1957, H. 8, S. 275.

254 Zit. nach Wolfgang Seibert: Deutsche Unitarier Religionsgemeinschaft, Stuttgart 1969, S. 154 ff.

255 Bl. 7 des Protokolls der Sekretariatssitzung vom 13.2.1950, in den Archivbeständen der Stiftung Partei- und Massenorganisationen in der DDR im Bundesarchiv (SAPMO): 2/3/084.

256 Karl Seibold: Die deutsche Schulentlaßfeier, S. 3, in: Die deutsche Schulfeier. Zeitschrift des NSLB (1938)‹.

257 S. 11 im zweiten Heft des ›Parteiarbeiter Sachsens‹ 1949 und S. 11 im Manuskript in SAPMO D IV 2/905/136.

258 Der Bericht der Abt. Kultur und Erziehung vom 13. 9. 1949 ist nach Bl. 46 f. in SAPMO IV 2/905/136 zitiert.

259 Bl. 1 in SAPMO D IV 2/905/136.

260 Ebd., Bl. 4.

[261] Der Brief ist Bl. 30 in SAPMO D IV 2/905/136.
[262] Der Brief vom 3. Mai 1949 ist ebd., Bl. 28.
[263] G. Meyer: Bürokratischer Sozialismus, Stuttgart/Bad Cannstatt 1977, S. 33.
[264] Der Brief des Magistrats vom 9. 6. 1949 in SAPMO D IV 2/905/136, Bl. 32.
[265] Bl. 22 f. in SAPMO D IV 2/905/136.
[266] Ebd., Bl. 25.
[267] Ebd., Bl. 23.
[268] Rolf Badstübner: Zum Problem der historischen Alternativen im ersten Nachkriegsjahrzehnt, BzG 5/91, S. 580.
[269] Hermann Wentker beschreibt diesen Streit S. 143 in Die Einführung der Jugendweihe in der DDR: Hintergründe, Motive und Probleme, in: Von der SBZ zu der DDR, hg. von Hartmut Mehringer.
[270] Die Abschrift des Briefes der Schülerin liegt als Bl. 85 in SAPMO D IV/2/905/136.
[271] Der Brief des Kreisverbandes Zerbst ist Bl. 108 in SAPMO D IV/2/905/136.
[272] Anlage 6 zum Protokoll Nr. 15/54 der Sitzung des Politbüros des ZK der SED vom 14. 3. 1954, Bl. 1, in: SAPMO J IV 2/2-353.
[273] »Analyse über die Tätigkeit der Kirchen beider Konfessionen auf dem Gebiet der DDR vom 10. 10. 1955«, S. 22, SAPMO DY 30 IV/2, Bl. 136.
[274] TOP 10 des Protokolls der Politbürositzung vom 6. 7. 1954 in SAPMO DY30/JIV 2/2/371.
[275] Anlage 5 des genannten Protokolls, S. 1.
[276] Das Arbeitsprotokoll der Sitzung des Politbüros vom 6. 7. 1954 liegt SAPMO DY 30/J IV 2/2A-363.
[277] Karl-Heinz Günther/Gottfried Uhlig: Geschichte der Schule in der DDR 1945–1971, Berlin 1969, S. 108.
[278] ›CHRONIK‹, S. 60.
[279] Die Stellungnahme Herrnstadts ist zitiert nach BzG 5/91, S. 671 und 673.
[280] Diskussions- und Referentenmaterial des Zentralausschusses vom 20. 12. 1954, in: SAPMO DY 21/1, Bl. 21.
[281] S. 6 der Broschüre des Zentralvorstandes der Gewerkschaft Unterricht und Erziehung: Wie unterstützt die Gewerkschaft Unterricht und Erziehung die Jugendweihe als Bestandteil der sozialistischen Erziehung?, Februar 1958.
[282] Renate Elmenreich: Das Bild vom Kind – Spiegel einer Gesellschaft, S. 115 in: J. Mothes (Hg.): Beschädigte Seelen. DDR-Jugend und Staatssicherheit, Rostock 1996. Es folgt ein Zitat aus S. 116.
[283] Abschrift dieses Briefes ohne Datum liegt bei ACDP VII-013-871.
[284] Vorlage des Bezirksausschusses für das Sekretariat der SED-Bezirksleitung Frankfurt/Oder ›Abschlußbericht Jugendweihe‹ vom 16. 7. 1968, in: BLHA Rep. 601–8257.
[285] Diskussions- und Referentenmaterial des Zentralen Ausschusses vom 20. 12. 1954, in: SAPMO DY 21/1.
[286] Renate Elmenreich, a. a. O., S. 118.
[287] BLHA Bez. FfO Rep. 601 Nr. 8257 Bl. 5 der Abschlußanalyse.
[288] ›CHRONIK‹, S. 74.
[289] Offen steht das Tor des Lebens, Zentralhaus für Kulturarbeit der DDR, Leipzig, o. J. S. 11.
[290] ND, 2. Mai 1978.
[291] SAPMO DY 21/12.
[292] Zahlen nach ›CHRONIK‹, S. 67.
[293] Diskussions- und Referentenmaterial, SAPMO DY 21/1, Bl. 5.

294 Offen steht das Tor des Lebens, Leipzig, S.18.
295 ›CHRONIK‹, S. 67.
296 Offen steht das Tor des Lebens, S. 6.
297 Der Brief aus Vieselbach liegt ACDP VII-013-1534.
298 S. 245 in: Kudella/Paetz/Tenorth: Die Politisierung des Schulalltags in der DDR, Abschlußbericht für das Ministerium für Bildung, Jugend und Sport (MBJS), Potsdam 1994.
299 ›CHRONIK‹, S. 69.
300 Udo Rößling: Jugendweihe in der Deutschen Demokratischen Republik, S. 120, in: Isemeyer/Sühl: Feste der Arbeiterbewegung: 100 Jahre Jugendweihe, Berlin 1989.
301 »Vorschläge zur Überarbeitung des Programms der Jugendstunden und der Materialien« des Zentralen Ausschusses vom 6. 2. 1957, in: SAPMO DY 21/12.
302 Ebd., S. 81.
303 Teilnehmerheft 1982/83 im Stadtarchiv FfO, Nr. 4899.
304 Arnold Pinther: Über Bedingungen und Maßnahmen zur Effektivitätssteigerung der Jugendweihe, in: Jugendforschung, H. 9, 1969, S. 27–39.
305 Freyers Rede vom 17. 5. 1989, in: JUGENDWEIHE, H. 4/1989, S. 4.
306 ›Deutsche Lehrerzeitung‹, 26. September 1958.
307 Zehn Fragen, zehn Antworten zur Jugendweihe, 1980, S. 10.
308 Abschlußanalyse des Bezirksausschusses Jugendweihe Frankfurt/Oder, in: BLHA Bez. FfO, Rep. 601, Nr. 8257, Bl. 1.
309 Die Aufgaben im Jugendstundenseminar 1980/81, SAPMO DY 21/68.
310 S. 98 in Heft IV des Protokolls des 33. Plenums des ZK der SED, in: SAPMO J IV 2/1/187.
311 Eine Synopse der Inhaltsverzeichnisse der 1., 5., 10., 15. und 20. Auflage von ›Weltall – Erde – Mensch‹ findet sich bei Detlef Urban, Hans-Willi Weinzen: Jugend ohne Bekenntnis?, Berlin 1984, S. 76 f.
312 S. 340 in: Günther Buch: Namen und Daten wichtiger Personen in der DDR, Berlin 1987.
313 So etwa der ›Neue Tag‹/Frankfurt/Oder am 18. 3. 1955.
314 Märkische Volksstimme/Potsdam, am 24. 11. 1954.
315 Aus dem Referat Egon Freyers, in: JUGENDWEIHE, H. 4/89, S. 5, 6.
316 S. 5 der Vorlage des Bezirksausschusses vom 16. Juli 1968, BLHA Rep. 601–8257.
317 Das schrieb der Bezirksausschuß Frankfurt/Oder in seiner Analyse der Jugendweihe 1970 am 29. Juli 1970 in der Anlage ›Agitatorische/Propagandistische Arbeit‹, S. 1, BLHA Rep. 601-8257.
318 Aus dem Referat Egon Freyers, in: JUGENDWEIHE, H. 4/89, S. 7.
319 Arbeitsplan des Zentralausschusses Jugendweihe, in: SAPMO DY 21/10, Bl. 27, dann Bl. 13.
320 Protokoll Nr. 33 des ZK der SED, in: SAPMO J IV/2/3/530, Anlage Nr. 1, Bl. 9–14.
321 ›CHRONIK‹, S. 68.
322 Politisierung des Schulalltags in der DDR, Potsdam 1994, S. 249.
323 Protokoll Nr. 33 des ZK der SED, a. a. O., Bl. 10 f.
324 Ebd., Bl. 10.
325 Abschlußanalyse des Bezirksausschusses Jugendweihe Frankfurt/Oder im Bestand des Rates des Bezirkes Frankfurt/Oder, BLHA Bez. FfO, Rep. 601, Nr. 8257, Bl. 5.
326 Politisierung des Schulalltages, Potsdam 1974, S. 249.

[327] Finanzanalyse des Zentralen Ausschusses, Bl. 1, in: SAPMO DY 21/37.
[328] Ebd., Bl. 3 f.
[329] Broschüre des Zentralvorstandes Gewerkschaft, Unterricht und Erziehung: Wie unterstützt die Gewerkschaft Unterricht und Erziehung die Jugendweihe als Bestandteil der sozialistischen Erziehung?, Berlin 1958, S. 6, 7.
[330] So Freyer in: JUGENDWEIHE, H. 4/89, S. 6.
[331] Aktenvermerk Wünschmanns in: ACDP VII/013-4019.
[332] Analyse des Bezirksausschusses Frankfurt/Oder vom 29. Juni 1970, S. 3 des zweiten Teil: Agit/Prop-Arbeit, BLHA Rep. 601-8257. Danach wird S. 3 des Abschlußberichts vom 16. Juli 1968 zitiert.
[333] Jochen Chowanski: Welche Bedeutung hat die Jugendweihe?, S. III von: griffbereit 1/89. Beilage zu: Pionierleiter 3/89.
[334] Jörn Mothes: Die vom MfS entwickelten Strukturen und Strategien zur Durchsetzung der Jugendpolitik der SED, in: Beschädigte Seelen. DDR-Jugend und Staatssicherheit, Rostock 1996, S. 50.
[335] S. 3 des Abschlußberichts Jugendweihe, den der Bezirksausschuß für Jugendweihe Frankfurt/Oder der dortigen SED-Bezirksleitung am 16. Juli 1968 vorlegte, BLHA Rep. 601-8257.
[336] Junge Welt, 6. Januar 1955.
[337] Das Wort der Evangelischen Kirchenleitung an die Gemeinden der Evangelischen Kirche in Berlin-Brandenburg vom 30. 11. 1954 steht bei Detlef Urban/Hans-Willi Weinzen: Jugend ohne Bekenntnis?, Berlin 1994, S. 122 f.
[338] Hirtenwort der katholischen Bischöfe vom 26. 12. 1954, ebenfalls bei Urban …, S. 123.
[339] ›CHRONIK‹, S. 60.
[340] Niederschrift von einer Aussprache mit dem Ältestenrat der Freireligiösen Gemeinde am 6. 4. 1951, Bl. 110 und 114 in: SAPMO IV 2/905/136.
[341] Hermann Weber: Kleine Geschichte der DDR, Köln 1980, S. 66.
[342] Neues Deutschland, 21. 1. 1953.
[343] Der Beschluß des ZK der KPdSU ist Rolf Stöckigk: Ein Dokument von großer historischer Bedeutung vom Mai 1953 in: Beiträge zur Geschichte der Arbeiterbewegung, 32. Jg./1990, S. 648–651 beigefügt: S. 651–654.
[344] »Analyse über die Tätigkeit der beiden Kirchen auf dem Gebiet der DDR«, 4. Oktober 1955 von der Abt. Kirchenfragen der SED, S. 47 und 53, SAPMO DY II/2-14/2, Bl. 98 und 103.
[345] Anlage zum Protokoll Nr. 15/54 vom 14. März 1954: Die Politik der Partei in Kirchenfragen, SAPMO J IV 2/2-353.
[346] Klara Schürmann: Die Jugendweihe – ein fester Bestandteil der Vorbereitung der jungen Menschen auf das Leben und die Arbeit in der sozialistischen Gesellschaft, in: Pädagogik, H. 10, 1963, S. 898.
[347] S. 1 der »Aufgaben zum Jugendweihejahr 1980/81«, SAPMO DY 21/68.
[348] Feststellung des Genossen Eggerath, Staatssekretär für Kirchenfragen, auf der Tagung über Kirchenfragen am 8. November 1958 in Frankfurt/Oder mit Vertretern aus sieben Bezirken, S. 2 des Protokolls, BLHA Rep. 601–2859.
[349] Bericht Brumms, Bl. 46, in: SAPMO IV 2/905/136.
[350] ›CHRONIK‹, S. 117a.
[351] Offen steht das Tor des Lebens. Empfehlungen für die Jugendweihe, Zentralhaus für Kulturarbeit der DDR, Leipzig, nach 1969, S. 22.
[352] Ebd., S. 24.
[353] Handbuch zur Jugendweihe, Berlin 1974, S. 26.

[354] Ebd., S. 15.

[355] Die vervielfältigten Grundsätze und Erfahrungen bei der Gestaltung sozialistischer Feierlichkeiten vom Februar 1959 sind nach Klemens Richter: Sozialistische Weihen, Deutschlandarchiv, 11. Jg., H. 2/1978, S. 181, zitiert.

[356] Das schrieb Herbert Baumgärtel, Vorsitzender des Bezirksausschusses für Jugendweihe, unter der Überschrift »Ja, das geloben wir!«, in: Volkswacht am 6. Februar 1974.

[357] Protokoll des Hauptvorstandes der CDU am 14. 12. 1954, ACDP VII-010-2060, S. 67 f.

[358] Stellungnahme des Präsidiums des Hauptvorstandes der CDU, ACDP VII-013-503.

[359] Brief Fritz-Karl Bartnigs vom 9. 1. 1955, ACDP VII-013-871.

[360] Redetext Wandels in: Deutsche Lehrerzeitung, 2. Jg., 5. 11. 1955: Wie soll sich der Lehrer zur Jugendweihe verhalten?

[361] Dies schrieb Nuschke am 9. 12. 1955 an einen Pfarrer aus Arnstadt, ACDP VII 013-209.

[362] Brief des Kreiskirchenrates H. Mitzenheim vom 7. 10. 1956, ACDP VII-013-15/156.

[363] Dies wurde vom Bezirksverband Frankfurt/Oder Wirth im CDU-Hauptvorstand am 15. 2. 1957 mitgeteilt, ACDP VII 13/ A 15/156.

[364] Brief an die Bezirksverbände der CDU vom 1. 11. 1957, ACDP VII 13/ A 15/156.

[365] Briefliche Mitteilung vom 31. Dezember 1957 an die CDU-Parteileitung, ACDP VII-013/ A 15/156.

[366] Brief des Katecheten Nicolai, Annaberg-Buchholz vom 19. Oktober 1955 an Otto Nuschke, ACDP VII/13 A 209.

[367] Vermerk Göttings über die Besprechung mit Wandel am 22. 12. 1954, ACDP VII-013-871.

[368] Brief Göttings an die SED vom 25. 10. 1956, ACDP VII-013-3041.

[369] Brief vom 28. 2. 1958, ACDP VII-013-1534.

[370] Brief Freyers an Heyl vom 19. 6. 1987, ACDP VII-012-202.

[371] Dies berichtete der Bezirksausschuß Frankfurt/Oder am 14. 10. 1966 der Bezirksleitung der SED, BLHA Bez. FfO, Rep. 601, Nr. 8257.

[372] Das teilte der Bezirksausschuß Frankfurt/Oder am 16. Juli 1968 dem Sekretariat der dortigen SED-Bezirksleitung mit, S. 3, BLHA Rep. 601-8258.

[373] Gegenseitige Information sicherten sich regelmäßig Vertreter des Rats des Kreises, des MfS, des Kreisausschusses für Jugendweihe, des Kreisausschusses für Nationale Front zu – vgl. Dokumente in SAPMO DY 24, FDJ.

Dokumente

I Berichte an das preußische Innenministerium vom Januar 1845

II Bericht an das preußische Innenministerium vom 16. Mai 1845 (Berichte aus den Akten des Innenministers »Betreff die religiösen Aufregungen auf protestantischem Gebiet« in: GStA I Rep. 77 Tit 343a Nr. 69. Die Blattzahl ist in Klammern angegeben)

III »Leitsätze für die Kinder von Freidenkern und Freireligiösen, aufgestellt von Ida Altmann« o. J. in »Zur Erinnerung an die Feier der Jugend-Aufnahme in der Freireligiösen Gemeinde Berlin« o. J.

IV Protokoll Nr. 15/54 und dessen Anlage 6 über Sitzung des Politbüros des Zentralkomitees der SED am 14. März 1954 (Bl. 1, 18–23 in SAPMO J IV 2/3-353)

V Aufruf des Zentralen Ausschusses für Jugendweihe zur Jugendweihe 1955 vom 9. November 1954, der in den kommenden Tagen in sehr vielen Zeitungen in der DDR erschien

I

Bericht an das preußische Innenministerium vom Januar 1845

1. (9r)... Die Versammlungen in hiesiger Provinz haben sich seither (letzter Bericht vom 29. Oktober 1844) in ziemlich gleichem Niveau gehalten und hinsichtlich ihrer Tendenz streben sie – wenn auch hier und da noch Zurückhaltung oder bloße Lokalfragen vorherrschen – sämtlich nach kirchlichem Streite.

Eine allgemeine germanisch-christliche Kirche ist in (9v) Aussicht gestellt, und mit ihr durften noch andere Formen, wie das junge Deutschland sie längst gewollt, zusammen fallen. Auch im Königreiche Sachsen ist man tätig, bezeichnet das Vorhandensein der Jesuiten und arbeitet am Sturze des katholischen Bischofs zu Dresden.

Anliegend die Versammlungen in hiesiger Provinz. Sie sind äußerlich darin unterschieden, daß sie

a.) einestheils aus Protestantischen Freunden zur Besprechung religiöser und kirchlicher Angelegenheiten und

b.) zum anderen aus Einwohnern zur Besprechung von Localzuständen, Armensachen, Besserungsvereinen bestehen. Inwiefern jedoch letztere auch zu ersterem Zwecke herangebildet werden und bereit sind, darüber dürften die unten bezeichneten Umstände sprechen (10r:).

2. Am 31. Oktober 1844 war Versammlung der Protestantischen Freunde zu Magdeburg, und man sprach sich daselbst in demselben Sinne wie vorher in Cöthen, aus. Namentlich betraf es die Fragen, die auf der Provinzialsynode behandelt werden.

3. Am 11.11. war zahlreiche Versammlung zu Halle. Dr. Tieftrunk und Hauptmann von Altenstädt, Redner über städtische Dinge und über die vorseyenden Wahlen der Stadtverordnung. Sie erreichten ihren Zweck und wurden am 17.11., an welchem die genannten Wahlen geschahen, dazu erwählt.

4. Am 13.11. war Bürgerversammlung zu Naumburg und kam dabei ebenfalls nur Locales zur Sprache, obschon Friedrich Jahn dazu eingeladen hatte. (10v:)

5. Am 16.11. Provinzial-Verein der Gustaf-Adolph-Stiftung zu Halle, wobei nur darauf bezügliches vorkam.

6. Am 18.11. in Hundsdorf geplante Versammlung wegen Kirmeß abgesagt. Sie findet am 27.11. statt.

Am 27.11. gegen 1 Uhr mittags waren die Koryphäen in einem kleinen Nebensaal, nämlich Rittergutsbesitzer von Veltheim aus Ostrau (Präses), Justizrath Isensee aus Köthen, Gymnasialdirektor Albrecht aus Köthen, Pastor Deschorn aus Schirnetz, Pastor Wislicenus aus Halle, Pastor Otto aus Ostrau und zwölf andere Geistliche und Beamte.

Justizrat Isensee verlas mehrere Artikel (11r:) aus der Mannheimer und anderen Zeitungen ... Dann Briefe von Pastor König zu Anderbeck über die Wahlen und den Verlauf der Provinzialsynode zu Magdeburg. Gegen drei Uhr wechselte man in den großen Saal, wo selbst die anwesenden Einwohner über Einrichtung des Bemessungsvereins und Abschaffung der Bettelei unterhalten wurden.

7. Am 12.12. Bürger-Versammlung in Halle. Gegen 350 Personen anwesend. Vorher am 28. November hatte im Gasthofe zu den drei Schwänen eine Zusammenkunft der Stimmführer stattgefunden, und es waren dazu Personen eingeladen, die wegen ihrer Freisinnigkeit bekannt sind, darunter der Professor Hinrichs. Sie hatten sich anheischig gemacht, (11v:) in obiger Versammlung Vorträge zu halten, indeß hielten sie damit zurück, und es blieb abermals bloß bei Hin- und Herrede über bestehende und vorzunehmende städtische Einrichtungen.

Daß man nächstens mehrere Anträge, und zwar:

a) wegen Abschaffung der Mehl- und Schlachtsteuer und Einführung der Klassensteuer,

b) wegen der Einquartierungslasten und

c) wegen Erweiterung des Statuts hinsichtlich der Vertretung der Städte bei den Landtagen

zur Beratung zu bringen und um weitere Vorlagen beim Provinziallandtage bemüht sein solle, wurde nachrichtlich mitgeteilt.

Einen Ordner zu wählen, wurde nicht beliebt, weil dies zu einer Anfechtung seitens der Polizei dienen könne; aber 4 Sekretaire, welche die Verträge zu registrieren und überhaupt die Vorschläge, wer jedesmal bei der Versammlung präsidieren solle, zu übernehmen, zu deklarieren (12v:) und auf eine gewisse Ordnung zu sehen hätten. Diese Sekretaire sind: der Buchhändler Heinemann, der Seifenfabrikant Klohs, der Hauptmann von Altenstädt, der Justizkommissar Gödicke.

Nächste Versammlung auf den 6. Januar bestimmt, und es scheint, daß im engeren Ausschusse noch andere Sachen bearbeitet werden, welche der allgemeinen Entwicklung nicht fremd sein dürfen. Die protestantischen Freunde rechnen besonders auf Halle.

8. Zu Stummsdorf war am 11. December abermals eine Versammlung von etwa 70 bis 80 Personen. Die Kälte war an diesem Tage etwas streng und mochte viele von der Dahinreise abgehalten haben. Der Pfarrer von Veltheim hatte sich entschuldigen lassen, jedoch den Pastor Beschhorn schriftlich ersucht, statt seiner die Vorträge zu leiten, was auch geschah. Vorgängige Besprechungen fanden ebenfalls statt, (12v:) vermutlich über die Ergebnisse der Provinzial-Sÿnode, und dann wurde das Auditorium nochmals mit Armenfragen unterhalten.

Pastor Hildenhagen bemerkte am Schlusse, daß der Herr Minister der Geistlichen (Unterrichts- und Medicinal-)Angelegenheiten den Wunsch ausgesprochen, von jetzt über die Synodalversammlungen nichts auszubreiten und deshalb werde vielleicht in der nächsten Versammlung erst etwas mitgeteilt werden können.

Der Justizrath Isensee und Dr. Albrecht aus Köthen waren überall eifrige Wortführer und fehlten niemals in Stummsdorf und Halle.

9. Am 17. Dezember vormittags waren die protestantischen Freunde in Halle versammelt. Anwesend waren gegen 200 Personen.

Director Niemeyer trug darauf an, daß für ihn, da er mit Geschäften überhäuft sei, ein anderer Präses gewählt werden möchte. Pastor (13r:) Uhlich ersuchte ihn aber, die Vorsteherschaft zu behalten und sich einen Substituten zur Seite zu nehmen; womit er sich zufriedenstellte. Hierauf wurde bestimmt, daß künftig nicht wie bisher quartaliter, sondern alle zwei Monate und nach Umständen vielleicht öfter die Versammlung stattfinden solle und, weil Bürgersleute am Tage wenig Zeit haben, von ihren Geschäften abzukommen, die Einrichtung dahin zu treffen sein soll, daß vormittags die wissenschaftlichen und in den Abendstunden die allgemeinen Gegenstände zur Sprache gebracht werden. Auf diese Weise werde den Einwohnern die Gelegenheit gegeben werden, dem Gesamtinteresse sich anzuschließen.

Pastor Uhlich äußerte: Wir bedürfen der guten Stadt Halle ganz besonders, und sie wird gewiß nicht zurückbleiben. Dr. Zschiesche, Prediger zu Döhsel, der jetzt krank ist, ließ durch Wislicenus anmelden, daß er in der nächsten Versammlung (13v:) über die Perfektabilität Jesu sprechen werde. Prof. Dr. Wegscheider hatte seine erhaltenen Nachrichten von fast sämtlich abgehaltenen Provinzialsynoden zusammengetragen und teilt sie unverhohlen der Versammlung mit. Dabei ergoß sich die Geißel des Satyren mitunter über diejenigen Männer, die als Gegner der protestantischen Freunde und der vernunftgemäßen Auffassung des Christenthums bekannt sind. Namentlich hob der Dr. Fischer aus Leipzig die Deputierten bei der Breslauer Synode, Sukow, Krause und Müller hinsichtlich ihrer beschränkten Ansichten hervor.

Die nächste Versammlung wurde auf den 11. Februar bestimmt. Man erwartet, daß sie zahlreich werden wird, zumal die jetzt gehaltenen Vorträge vielen Anklang gefunden haben.

(14r:) Am 18. Dezember war Versammlung in Schönebeck. Pastor Uhlich hielt die Eröffnungsrede und bemerkte, daß mehrseitig die Versammlungen in hiesiger Provinz angefeindet werden, indeß Seine Majestät der König sich beifällig darüber ausgesprochen und gegen den guten Zweck des Vereins nichts zu erinnern gefunden habe. Er gedachte lobend der kürzlich in Halberstadt gewesenen Versammlung in Ansehung des Eifers für die protestantische Sache und verteilte die untertänigst hier angeschlossene Ankündigung des deutschen Volksblattes mit, das vom 1. Januar ab unter der Redaction des Pfarrers Dr. Robert Haas zu Bad Schwalbach erscheinen und hoffentlich zahlreiche Leser finden werden, da Männer als Mitarbeiter betheiligt dabei seyen, die überall einen guten Klang hätten. (Beigeheftet ist ›Deutsches Volksblatt. Eine Monatsschrift für das Volk und seine Freunde‹, herausgegeben von Pfarrer Dr. Robert Haas im Verlag F.A. Brockhaus in Leipzig 1845.)

(14v:) Ferner sollen vom 1. Januar ab im Verlag von Brockhaus zu Leipzig, die Vorträge erscheinen, die in Schönebeck, Köthen usw. gehalten wurden. Damit sie aber dem großen Publikum zugänglich gemacht werden, sollen sie als Volkstraktätchen bezeichnet und möglichst auch gratis verteilt werden.

Die Witterung war an diesem Tage schlecht, und deshalb waren etwa 150 Personen (insbesondere Damen) nur anwesend. Die Rede des Pfarrers Uhlig war gemäßigt und vorsichtig, wozu er vielleicht durch die Anwesenheit des Regierungsraths von Hollensen und Polizei-Commissar Bühling aus Magdeburg – die ihm von Person bekannt sind – veranlaßt wurde.

Auch die übrigen Vorträge über Kinderbewahranstalten usw. waren einfach und langweilig. Die nächste Versammlung wurde auf den 23. Januar (15r:) (Vollmondstag) Nachmittags ½ 2 Uhr angesetzt.

Was die Stimmung in Sachsen betrifft, so steht sie der in Preußen so wenig nach, und man rechnet nur auf den auswärtigen Durchbruch. Dort beschäftigt sich eine heftige Polemik mit den Jesuiten und so sehr man sich vor jetzt Mühe giebt, den Hof außer Bereich zu lassen, wird er später dennoch den verzweigten Angriffen nicht entgehen. Die Vorwärtsbeflissenen wollen zunächst eine deutsch-katholische und deutsch-evangelische Kirche, aus denen alsdann eine germanisch-christliche Kirche hervorgehen werde. In ihrer Folge würden dann auch andere Zustände sich germanisch gestalten. Ein Hemmen sei nicht gut möglich, ohne dem Einen oder Anderen zu nahe zu treten und wohl gar die Sache zur Gluth zu treiben.

Wenn dies nun bloße Reden burschenschaftlicher Candidaten sind, so zeigen doch alle Umstände, (15v:) wie stark diese Meinungen untereinander verflochten sind und ein gewisses taktmäßiges Eingreifen - wenn auch auf verschiedenen Wegen – sie verfolgen, um zusammenzutreffen.

Selbst die Universitäten sind den Bewegungen nicht fremd, und alle Anzeichen vorhanden, daß durch sie Korrespondenzen unterhalten werden und man irgendeinen Plan zur Ausführung bedenke. Das Reisen der Studenten als Emissaire hat bereits so begonnen, wie es kurz vor dem Ausbruch der Arbeiterunruhen in Schlesien geschah und muthmaßlich dürfte das ernstliche Deutschland diesmal seine Vorbereitung erhalten, denn die Touristen kommen von Bonn, Heidelberg, Jena nach Halle, Leipzig und Berlin. So waren seit Mitte vorigen Monats von den drei großen ersten Orten Tausende hier, verkehrten mit der Burschenschaft und wohnten den Veranstaltungen der Ausschußmitglieder (die in der Wohnung (16r:) des Studenten Steininger abgehalten wurden) bei. Die von Bonn machten Besuch beim Privatdozenten Schwarz hierselbst, der besonders den kirchlichen Bewegungen huldigt und auch mit Dr. Prutz, den ich seither oft in Leipzig gesehen – befreundet ist. Von hier aus reisten sie nach Berlin. Ebenso war Dr. Florincourt aus Naumburg hier, hielt Verkehr mit der Burschenschaft und ging nach Berlin. Bei seiner Retour war er in Leipzig und reiste von da nach Naumburg zurück. Er wird als ein großer Beförderer burschenschaftlicher Zwecke bezeichnet.

Bei der Halleschen starken Burschenschaft besteht ein Lesezirkel von 86 Mitgliedern. Jeder hat 15 Schilling Eintrittsgeld bezahlt, wofür Zeitungen, Bücher etc. gehalten und diese durch einen Kolporteur Buchbinder Franke – der außer 4 Thaler Monatslohn seine Einbindungskosten bezahlt erhält – umherbefördert werden.

Mittwoch und Sonnabend sind die Haupttage, wo die Schriften gewechselt werden und bei solchen Umgange würde der Franke, der das Verzeichnis bei sich führt, am sichersten zu betreffen sein. Stud. Schröder und Cand. Deinhard fungieren als Bibliothekare. Auch Professor Dunker hat den Ausschußmitgliedern Schriften mitgeteilt, die aber nur unter diesen zirkuliert haben.

Am 18. Dezember um 3 Uhr des Mittags hielt man im Gasthofe Zu den drei Schwänen Senioren Konvent, woran auch die Burschenschaft theil nahm und infolgedessen eine Vereinigung zustandekommen wird. Ein Antrag um Umänderung der akademischen Gesetze sowie auch eine Beschwerde gegen den Senat soll dabei zur Sprache gekommen sein. (17r:) Auch in Leipzig und Jena fangen dieselben Vereinsbestrebungen an.

Euer Hochwohlgeboren geruhen hochgeneigtest zu ermessen, daß die Bewegungspartei seit einigen Monaten unbegreifliche Fortschritte gemacht hat und der Anklang, den sie findet, immer kühner macht. Alle Maßregeln der Regierung verdächtigt sie und intrigiert nach allen Seiten; ja ihre Mitgliedschaft ist weitverzweigt und schon trotzt sie auf ihre werdende Macht; indeß ist die Volksmasse, wenn sie auch hin und da über römischen und pietistischen Einfluß mitunter sich äußert, dennoch nicht so ergriffen, daß sie zum Handeln tauglich wäre, was aber von ihr zu erwarten sein dürfte, wenn freie Schreibart, öffentliche Besprechungen und das oft nutzlose Streben nach Vereinen (17v:) zu Armen-, Arbeiter- und andere Unterstützungen – wodurch Mängel, die oft gar nicht vorhanden oder durch die Verhältnisse nicht anders bedingt werden, zur Sprache kommen und Aufregung veranlassen, nicht selten aber andere Abhilfen darunter verborgen werden – erst zur Gewohnheit werden und dann eine Hemmung erleiden sollten.

Diese Bestrebungen gehören der Schule des jungen Deutschlands, des schnell emporgewachsenen ungehorsamen Kindes an, das weder Vater noch Mutter ehren will, und dafür wohl seine Ruthe ohne Besorgnis verdienen dürfte.

Ebenfalls aus Halle stammt der Bericht vom 7. Januar 1845:

Gestern abend war Bürgerversammlung in Halle. Ein Schreiben des Magistrats, das verlesen wurde, setzte den Wortführern dahin Gränzen, daß zu den derartigen Versammlungen die polizeiliche Genehmigung hier auf Widerruf zwar erteilt werde, jedoch die Vorträge mit Ausschluß alles Politischen sich nur auf städtische Sachen erstrecken dürften.

Der Dr. Tieftrunk besprach hierauf Hospitalsachen und gab sich Mühe, historisch nachzuweisen, daß das hiesige Hospital ursprünglich ein städtisches Institut sei und deshalb, da es jetzt unter Kontrolle der Staatsbehörde stehe und der Aufsicht der Stadtverordneten entzogen werde, nochmals reklamiert werden müsse.

Hauptmann von Altenstädt (ein oberflächlicher Sprecher) trug über die hohen Begräbniskosten und Stollgebühren hieselbst, sowie über Städtegründung, ihre spätere Erweiterungen und freien Verwaltungen vor. Die Versammlung war ca. 450 Bürger stark.

II

Am 16. Mai 1845 trug der Beamte dem Minister vor:

Am 14. Mai häten in Cöthen sehr viele Teilnehmer aus der Ferne die Bahnhöfe überfüllt, und fast kein Strohlager war zu bekommen. Man schätzte die Zahl der protestant. Freunde auf 1 200. Justizrath Isensee u. a. Leute, die sich außerordentlich für die kirchliche Bewegung interessierten, beherbergten einen großen Teil der Stimmführer (23r).

Am Nachmittag 6 bis abends 10 Uhr war Besprechung im Saale der Bahnhofsrestauration; man machte den Plan zu dem vorhabenden Schauspiele vor dem Volke … Wer sich nicht zu den Mitarbeitern der guten Sache zählen konnte, hatte keinen Zutritt, und somit möchte diese Versammlung (23v:) *dennoch eine geheime zu nennen sein.*

Die Stoßrichtung in der kirchlichen Bewegungspartei war bürgerlich-liberal. Der argwöhnische Beamte mutmaßte, deren Stimmführer bzw. »Koryphäen« schlügen die Teilnehmer mit einem Schauspiel in Banne. »Soweit es sich übersehen läßt«, soll der engere Ausschuß, der am 15. Mai von sechs bis acht Uhr beriet, 28 Teilnehmer gehabt haben. Unter ihnen acht Pfarrer, aus Pömmelte »der Ordner der Versammlung«, nämlich Uhlich – dessen Name der Beamte stets falsch, Uhlig, schrieb – aus Magdeburg Sintonis, aus Anderbeck König, aus Naumburg in der Neumark Superintendent Schmutter; drei Professoren aus Halle, neben Justizrath Isensee aus Köthen, Justizrat Gräwall aus Breslau, Assessor Marsch aus Potsdam und der spätere Subrector Assessor Wechsler aus Königsberg i.P. sowie Oberlehrer Kalitz aus Hannover.

In Eisenbahnzügen und auf Fuhrwerken kam *das Volk von allen Seiten herbei, füllte um acht Uhr den Saal zum Erdrücken. Uhlig hielt daraufhin die Versammlung im Freien auf dem Platz vor dem Bahnhof ab. Mehr als 2000 Menschen bildeten einen stattlichen Kreis.* Um 8.30 Uhr begannen die Vorträge (24v:). Diakon Fischer aus Leipzig verwies darauf, *daß die Protestantischen Freunde Mißdeutungen ausgesetzt und sogar der revolutionären Umtriebe beschuldigt seien. Indeß werde Wahrheit und Offenheit ihre Schritte leiten und der Erfolg lehre, daß sie nichts weiter als die protestantische Freiheit beanspruchen.* Pastor Uhlich berichtete dann von vielen Briefen, (25r:) *die alle ihre Betheiligung aussprächen und ermunternd zuriefen, auf der betretenen Bahn mutig vorwärts zu gehen.*

Uhlich ging dann zur Frage über: Was ist die Kirche und im Besonderen das Wesen der protestantischen? Eine Heilige wäre sie nicht zu nennen, denn sie trage Versuchung in ihrem Schooße und die schlimmste Versuchung läge in den Elementen der Pharisäer und Schriftgelehrten. Dies veranlaßte Diskussionen.

Der Hallenser Pastor Wislicenus wurde bei seinem verspäteten Eintreffen stürmisch begrüßt: *Auf die Bühne! Wislicenus lebe hoch.* (26r:) Das Konsistorium hatte ihm die Ausübung seiner Amtsgeschäfte untersagt. Uhlich habe sich mit Wislicenus solidarisch erklärt, *alle befänden sich mit Wislicenus in der gleichen Lage. Das Gebot der Staatsgewalt, das gegen den Geist der protestantischen Kirche auftrete, dürfte als eine rohe Gewalt zu betrachten sein,* (26v:) *darum könne man sich nur auf das christliche Bekenntnis der Einzelnen stützen.*

Uhlig (27r:) *empfahl, alle Gelegenheiten zu benutzen, das Protestantische zu fördern und überall zu verkünden, und dazu auch der guten Zeitungen sich zu bedienen. Nachdem er angekündigt hatte, daß am 1. Oktober die nächste Versammlung in Köthen sein werde, forderte er auf, nach allen Seiten Vereine ins Leben treten zu lassen und davon ihm, als Centralstelle, Nachricht zu geben.*

Dr. Weniger aus Berlin trat auf und hielt eine feurige Rede. Er sprach, daß man alles anwenden müsse, den finsteren Mächten entgegen zu treten und sich auf keine Weise aus dem Rechtszustande der protestantischen Kirche verdrängen zu lassen. »Selbst wenn überströmende Verfügungen über uns ergehen, so sollen wir uns nicht schrecken, sondern nur unsere Thatkraft daraus entwickeln sehen.«

Unter dankbarem Echo seitens der Versammlung trat er von der Bühne. Auf ihn folgte der Justiz-Commissar Weichsel aus Magdeburg in hefti-

ger und oft überspannter Weise: Wislicenus bewege sich auf protestantischem Boden. Und wenn seine Gemeinde, wie dies der Fall, mit ihm zufrieden sei, habe die Staatsgewalt keine Einmischung. »Ja, ich bekenne es laut« – sprach er – »ich protestiere gegen diese Eingriffe und gegen die Umtriebe, die sich eine finstere Partei erlaubt. Ich habe einen Protest aufgesetzt, und diesen werde ich auch unter meinem Namen drucken lassen.« Er las ihn vor. Justizrath Gräwall schlug vor, daß es gut wäre, wenn sich die Versammlung dabei betheilige und mitunterzeichne. Von allen Seiten Bravo und Ja.

Die Aufregung sei so groß geworden (27v:), *daß es dem Uhlig nur mit Mühe gelang, Stillesein herbeizuführen. Er sprach den aufrichtigen Wunsch aus, daß die Reform der katholischen Kirche immer kräftiger erstarken und die neuen* (deutschkatholischen) *Gemeinden sich bald des Staatsschutzes erfreuen mögen. Sie wollen nichts weiter als den reinen Christus haben, was auch wir wollen. Sie verlangen nicht mehr nach* (28r:) *dem lebendigen Götzen, der sich Christi Stellvertreter nennt und sowohl Fürsten als Volk unter seine Geißel bringen will. Ja, dies wünschen auch wir, und wenn jeder es mit der Sache wohlmeint, wird der Friede nicht ausbleiben.*

Uhlich und andere Stimmführer hätten sich *über das große Resultat dieser Versammlung nicht sattsam genug aussprechen können. »Unsere Sache« – sagten sie – »hat heute einen Triumph gefeiert, der weithin schallen und nicht sinnlos verklingen wird.«*

Die »ehrfurchtsvoll« angeführten Bemerkungen, mit denen der Beamte seinen Bericht schließt, sind ohne Verständnis für den Nachhall, den die christliche Sorge der »Protestantischen Freunde« um Toleranz für ihr freisinnig vernünftiges Gemeindeleben unter Bürgern fand, die ihre freiheitlichen Rechte einklagten. Er schreibt nämlich (28r:): *Das Ganze war ein Theatercoup, und wenn die Schauspieler nicht mehr auf die Bühne dürfen, bleiben die Zuschauer von selbst weg. Es möge das eine wie das andere verfahren, in Frieden und ohne größere Forderungen, wie sie das junge Deutschland will – und dazu gehören die meisten gelehrten Anhänger – dürfte nicht gut auszukommen sein.*

Uhlich war nicht so blind für den Volksmund. Jahre später, am 30. Dezember 1849 schrieb er in seinem Magdeburger »Sonntags-Blatt«: Seit zehn Jahren sei »öffentlich, vor allem Volk, nach kirchlicher Freiheit gerungen worden, als man noch nicht wagen durfte, für politische Freiheit den Mund aufzutun«.

III

›Leitsätze für die Kinder von Freidenkern und Freireligiösen, aufgestellt von Ida Altmann‹ o. J. in ›Zur Erinnerung an die Feier der Jugend-Aufnahme in der Freireligiösen Gemeinde Berlin‹, o. J.

Wir sind Freidenker (Freireligiöse), weil wir von der Natur die Kraft zum Denken erhalten haben, und weil wir diese auch frei gebrauchen, d.h. wir lassen uns von keinem Menschen befehlen oder verbieten, was wir denken (glauben) sollen, und was wir nicht sollen. Wir denken über alles nach, was wir in der Natur und im Menschenleben bemerkenswert finden.

Unser Nachdenken führt uns zur Erkenntnis der Notwendigkeit dessen, was in den folgenden Sätzen enthalten ist, und in dieser Erkenntnis und dem Leben gemäss derselben besteht unsere Religiosität.

1. Um unser Leben und unsere Gesundheit zu erhalten, ist es notwendig, dass wir reinlich und ordentlich an unserem Körper und unseren Sachen, mässig im Essen und Trinken, eifrig aber auch besonnen bei Spiel und Arbeit seien.

2. Wir lieben und ehren unsere Eltern und sind ihnen dankbar für alle Liebe und Fürsorge, die sie uns erweisen.

3. Wir sind ihnen gehorsam, weil wir erkennen, dass sie es gut mit uns meinen, und dass sie mehr wissen und besser als wir verstehen, was gut oder schlecht, nützlich oder schädlich ist.

4. Wir lieben unsere Geschwister, wir helfen ihnen, wenn sie etwas von uns brauchen, wir halten treu zu ihnen in Freude und Leid.

5. Wir achten unsere Lehrer nächst unseren Eltern. Wir sind ihnen dankbar für alles Gute und Schöne, das sie uns lehren, und das beweisen wir in der Schule wie auch ausserhalb derselben durch gutes Betragen, durch Aufmerksamkeit, Fleiss und Pünktlichkeit.

6. Unsere Mitschüler behandeln wir wie Brüder und Schwestern; wir sind gegen sie freundlich, gefällig und teilnehmend in ernsten und frohen Stunden.

7. Wenn wir der Schule entwachsen sind, wählen wir einen Beruf, weil es notwendig ist, dass jeder erwachsene und gesunde Mensch arbeite, damit alles das geschaffen werde, was die Menschen im Leben brauchen. Es ist unrecht, von dem zu leben und das zu geniessen, was andere erworben haben, und selber nichts Nützliches zu thun.

8. Um etwas Tüchtiges zu leisten, wollen wir in der Lehre wie auch später in der Ausübung unseres Berufes achtsam, fleissig, treu und gewissenhaft sein.

9. Mit unseren Berufsgenossen wollen wir stets solidarisch Hand in Hand gehen, d. h., wir wollen alles thun, was sie fördert, alles meiden, was ihnen schadet.

10. Wir wollen die Gesetze unseres Vaterlandes kennen lernen, damit wir nicht nur verstehen, was die Behörden in der Stadt, im Lande und im

ganzen Reiche anordnen, sondern dass wir selber mitwirken können durch Rat und That zum Wohle aller, worin wir ja mit einbegriffen sind.

11. Wir betrachten jeden Menschen, wenn er auch aus einem anderen Stande, einem anderen Lande ist und eine andere Sprache redet als wir, als unseren Bruder oder unsere Schwester, d. h., wir begegnen jedem freundlich und ehrlich und helfen, so weit unsere Kraft reicht, dem, der in Not oder Gefahr ist.

12. Wenn wir auch unsere Heimat, unser Vaterland inniger lieben als fremde Länder (weil die Natur und Gewöhnung das mit sich bringen), so wünschen wir doch auch den anderen Ländern nur Gutes: Frieden, Wohlstand und gesundes Gedeihen.

13. Wir sehen in der ganzen nach festen ewigen Gesetzen waltenden Natur neben dem vielen für uns und unsere Erhaltung (Tiere, Pflanzen, Wasser usw.) auch sehr viel Schönes und Liebliches. Das lehrt uns die Natur liebevoll betrachten und ihr dankbar sein, indem wir nichts, was nicht geradezu schädlich ist, zerstören, nichts mutwillig oder leichtfertig verletzen. Es lehrt uns, das Schöne, ob klein, ob gross, das Blümchen wie die Berglandschaft, bewundern und lieben und alles, was lebt, teilnehmend behandeln.

14. Neben der notwendigen Arbeit und dem Naturgenuss wollen wir uns noch der Ausbildung aller unserer Kräfte, Naturanlagen und Fähigkeiten widmen; wir wollen die Kunst- und Wissensschätze kennen lernen und unseren Geist und unser Gefühl stets zu veredeln suchen.

15. Wir streben stets danach, die Wahrheit zu erkennen und nach unserer besten Erkenntnis das Rechte zu thun, das Schlechte zu meiden.

Gelingt uns alles das, so sind wir rechte Freidenker und Freireligiöse; denn das ist unsere Religion.

IV

Protokoll Nr. 15/54 und dessen Anlage 6 über Sitzung des Politbüros des Zentralkomitees der SED vom 14. März 1954 (Bl. 1, 18–23 in SAPMO J IV 2/3-353)

Die Politik der Partei in Kirchenfragen

Die Politik der Regierung der Deutschen Demokratischen Republik im Kampf um Frieden, Einheit und ein besseres Leben, entspricht den Interessen der gewaltigen Mehrheit des deutschen Volkes d. h. auch der christlichen Bevölkerung.

Millionen Werktätiger der verschiedensten religiösen und weltanschaulichen Bekenntnisse und Anschauungen in der DDR nehmen aktiv und begeistert am friedlichen Aufbau teil, darunter Tausende, die als Aktivisten, Verdiente Lehrer des Volkes, Nationalpreisträger usw. ausgezeichnet worden sind.

Die Organisation eines neuen Weltkrieges in den USA und in Westdeutschland verstärken die Anstrengungen, um durch Provokation den Aufbau in der DDR zu stören und zu hemmen. Sie finden die Unterstützung der Leitung der ev. und kath. Kirche. Diese, mit Dibelius, Lilje, Frings u. a. an der Spitze, stehen offen auf dem Boden der Adenauer-Politik der Militarisierung, des Revanchismus und Chauvinismus. Zur Durchsetzung ihrer verbrecherischen Ziele benutzen sie in der Deutschen Demokratischen Republik die Kirche und ihre Einrichtungen als die stärkste legale Position der imperialistischen Kräfte.

Von der Partei, den Massenorganisationen und dem Staatsapparat steht deshalb die Aufgaben, eine systemaische Aufklärungsarbeit unter der gesamten christlichen Bevölkerung zu leisten.

In der Gewinnung dieser Menschen sind bisher von den Parteiorganisationen und Massenorganisationen sowie von den Funktionären im Staatsapparat erste Versäumnisse zu verzeichnen.

Das Politbüro lenkt die Aufmerksamkeit aller Genossen auf die Fragen der Kirchenpolitik und beschließt:

I. Maßnahmen der Partei im Kampf um die Durchführung einer fortschrittlichen Kirchenpolitik

1. Unter den Anhängern aller Religionsgemeinschaften muß eine feste Massenbasis für den Kampf um die Erhaltung und Sicherung des Friedens, gegen die amerikanische und Bonner Kriegspolitik, für die demokratische Wiedervereinigung Deutschlands, für die aktive Teilnahme an der friedlichen Aufbauarbeit in der Deutschen Demokratischen Republik und für die Stärkung der Freundschaft mit allen friedliebenden Völkern, vor allem den Völkern der Sowjetunion, geschaffen werden.

   Dieser Kampf entspricht den Interessen der christlichen Menschen. Er muß so geführt werden, daß er in keiner Weise die religiösen Gefühle und Empfindungen dieser Menschen verletzt. Deshalb sind alle sektiererischen Tendenzen, die sich der Lösung dieser Aufgaben hemmend in den Weg stellen, zu überwinden.

   a) Die Parteileitungen müssen bestrebt sein, durch eine systematische Arbeit unter der christlichen Bevölkerung diese zur Mitarbeit bei der Lösung der Lebensfragen des deutschen Volkes zu gewinnen. Dabei sind die reaktionären Kräfte zu isolieren.

      Die Sekretariate der Bezirks- und Kreisleitungen treffen Maßnahmen, daß der Kreis aller fortschrittlichen Kräfte, insbesondere der Kirchenfunktionäre in den gewählten kirchlichen Organen, wie z. B. Gemeindekirchenräte, der niederen und mittleren Geistlichkeit, ständig erweitert wird. Sie stützen sich dabei auf die fortschrittlichen Kräfte in den Religionsgemeinschaften und helfen ihnen, ihren Einfluß zu verstärken und zu festigen. Es kommt darauf an, in den gewählten Organen feste Positionen zu schaffen.

   b) Die Parteileitungen leiten die Genossen in der Nationalen Front, in den Friedensräten und im Staatsapparat an, Maßnahmen durchzuführen, die auf die Schaffung einer Massenbasis unter der christlichen Bevölkerung in den Bezirken, Kreisen, Städten und Gemeinden diese Fragen mit in den Mittelpunkt der Tätigkeit des Blocks gestellt werden.

Es muß erreicht werden, daß immer mehr Geistliche in ihren Predigten, Reden und in der Presse für die Verwirklichung der Vorschläge der Sowjetunion auf der Außenministerkonferenz und gegen die amerikanische Kriegspolitik Stellung nehmen.

Zur Erweiterung es Kreises der fortschrittlichen Kräfte in der Kirche und ihres Einflusses sind Vorträge zu halten, Konferenzen durchzuführen und andere Möglichkeiten zu schaffen, an denen Pfarrer, Laienchristen, Mitglieder der Synoden, der Kirchenvorstände, der Kirchenleitungen usw. teilnehmen und auch selber zu diesen Fragen sprechen.

c) In Verbindung damit ist die unter dem Deckmantel der christlichen Nächstenliebe getarnte chauvinistische und militaristische Hetze durch bestimmte Kreise der evangelischen und katholischen Kirchenhierarchie zu entlarven. Das Ziel muß sein, diese Elemente von den Massen der Kirchenanhänger zu isolieren. Presse und Rundfunk müssen diesen Kampf ständig unterstützen.

Solche Elemememente, die ihr religiöses Amt dazu benutzen, indem sie z. B. gegen die Weltfriedensbewegung sowie gegen die Steigerung der Leistungen unserer Werktätigen hetzen, muß man offen anprangern. Dabei soll auch die Bevölkerung mitwirken. In Versammlungen, die vom Demokratischen Block, der Nationalen Front, dem Friedensrat, den Elternräten usw. einberufen und zu denen diese Geistlichen eingeladen werden, ist derenVerhalten zu verurteilen.

Um die Verleumdungen über die Unterdrückung des kirchlichen Lebens in der Deutschen Demokratischen Republik wirksamer zu zerschlagen, müssen Presse und Rundfunk die Unterstützungsmaßnahmen der Regierung der Deutschen Demokratischen Republik gegenüber der Kirche, wie z.B. Wiederaufbau von Kirchen, Staatszuschüsse usw. noch mehr popularisieren. Dabei müssen mehr als bisher die fortgeschrittlichen kirchlichen Kräfte selbst zu Wort kommen.

c) Um die Arbeit der fortschrittlichen Menschen der protestantischen Kirche zu unterstützen, ist eine überparteiliche protestantische Monatszeitschrift herauszugeben. Über die politische Linie dieser Zeitschrift, der personellen Besetzung der Redaktion usw., legt die Abteilung Staatliche Verwaltung dem Sekretariat bis zum 15. April 1954 einen Plan vor.

e) Unter Anleitung und Kontrolle der Partei ist die populärwissenschaftliche Aufklärungsarbeit in der Partei und unter den Massen zu verstärken. Leichtverständliche Bücher, Broschüren und Zeitschrif-

ten über naturwissenschaftliche Themen sind herauszugeben, die besonders unter den Jugendlichen Anklang finden sollen.
Ihr Inhalt muß so gehalten sein, daß die religiösen Gefühle der christlichn Menschen nicht verletzt werden.

f) Die Bezirks- und Kreisleitungen nehmen regelmäßig zu Kirchenfragen Stellung. Sie sind dafür verantwortlich, daß die Mitarbeiter für Kirchenfragen im Parteiapparat die entsprechende Qualifikation besitzen. So weit es noch unbesetzte Stellen gibt, sind diese umgehend mit qualifizierten Kadern zu besetzen. Diese Mitarbeiter nehmen an allen Sitzungen der Parteisekretariate teil, in denen Kirchenfragen behandelt werden.

g) Beim Zentralkomitee wird eine Abteilung für Kirchenfragen geschaffen, die in ihrer Arbeit durch eine zu bildende ständige Kommission beraten wird.
Über die Aufgaben der Abteilung, ihre Zusammensetzung und Struktur sowie über den Personenkreis der Kommission macht die Abteilung Staatliche Verwaltung dem Politbüro bis zum 15. April Vorschläge.

II. Aufgaben der Massenorganisation

1. Die Genossen im Büro des Präsidium des Nationalrats und des Deutschen Friedenrates werden verpflichtet, geeignete Maßnahmen zu treffen, um die Ortsausschüsse der Nationalen Front des demokratischen Deutschland und die Friedensräte für eine verstärkte Zusammenarbeit mit den fortschrittlichen und loyalen Kräften der Kirchen zu befähigen. Die Hauptaufgabe muß sein, den bisher engen Rahmen der Kirchenpolitischen Arbeit zu sprengen und sich systematisch auf die Gewinnung breiter Kreise der Gläubigen, der Mitglieder der Gemeindekirchenräte und der Geistlichkeit zu orientieren. Es darf nicht länger geduldet werden, daß von seiten der Nationalen Front und der Friedensräte die Bedeutung der religiösgebundenen Schichten im Kampf um die demokratische Einheit Deutschlands unterschätzt wird.
2. Durch die Freie Deutsche Jugend ist der ideologische Kampf unter der Jugend zu verstärken. Alle Reste sektiererischen Verhaltens gegenüber religiös gebundenen Jugendlichen und Angehörigen der »Jungen Gemeinde« sind zu beseitigen. Die kulturelle Massenarbeit muß dabei zum entscheidendsten Mittel zur Heranführung christilicher Jugendlicher an die FDJ werden.
Im Zentralrat der FDJ muß dieser Aufgabenstellung durch konkrete Beschlüsse Rechnung getragen werden.

Gegenwärtig werden von vielen Eltern, die keine innere Bindung zur Kirche haben, Kinder in die Kurse zur Vorbereitung der Konfirmation und der Kommunion geschickt, da keine andere Einrichtung zur feierlichen Einführung der Kinder in den neuen Abschnitt ihres Lebens nach dem Verlassen der Grundschule vorhanden ist. Um diesen Zustand zu beenden, wird im Interesse der Verstärkung der staatsbürgerlichen Erziehung schon in diesem Jahr mit der Vorbereitung und Durchführung von Jugendweihen ab 1955 begonnen. Der konkrete Plan zur Durchführung der Jugendweihen ist bis zum 15. April 1954 dem Politbüro vorzulegen.

III. Verhältnis Staat und Kirche

1. Das gegenwärtige Verhältnis zwischen Staat und Kirche ist durch die Verfasssung der Deutschen Demokratischen Republik klar geregelt. Dieser Regelung entspricht auch die von den Vertretern des Ministerrates und der Kirche geführte Besprechung in den Fragen der Tätigkeit der »Jungen Gemeinde« und »Studentengemeinde« zwischen den Vertretern der FDJ, dem Amt für Jugendfragen und der Kirche vom 11. Juli 1953.

   Während der Staat allen seinen eingegangenen Verpflichtungen nachgekommen ist, haben die reaktionären Kreise der Kirchenhierarchie gegen die Vereinbarungen ständig verstoßen und sie nicht eingehalten.

   Unter Beachtung des für die Kirchenpolitik festgelegten Grundsatzes der Gewinnung der christlichen Menschen, ohne Verletzung ihrer religiösen Empfindungen, haben die staatlichen Organe für die konsequente Einhaltung der demokratischen Gesetzlichkeit zu sorgen. Die staatlichen Organe werden verpflichtet, gegen jede Verletzung der staatlichen Autorität und insbesondere unserer Gesetze einzuschreiten. Die Autorität des Staates als höchste Autorität im Staatsgebiet in allen politischen, wirtschaftlichen und kulturellen Fragen gilt auch für diejenigen Menschen, die den Religionsgemeinschaften angehören, einschließlich ihrer Bischöfe, Pfarrer u. a.

2. Die Beachtung dieser Prinzipien im staatlichen Leben gelten auch für die Schularbeit, Lehrkräfte, die diese nicht anerkennen, nicht entsprechend diesen Prinzipien tätig sind, sind zur Verantwortung zu ziehen. Die Bedingungen, unter denen es den Religionsgemeinschaften gestattet ist, die Räume der Schulen zu benutzen, sind streng einzuhalten.

   Bei der Durchführung des Religionsunterrichts ist es den Geistlichen, Religionslehrern und Katecheten nicht erlaubt, die Klassenzimmer zu verändern, Lebens- und Genußmittel, Paketscheine zu verteilen. Bei Verstöpen ist ihnen die Genehmigung zum Betreten der Schulen zu entziehen.

   Durch die Pionierleiter, Lehrerschaft und Elternbeiräte ist dafür Sorge zu tragen, daß sich in den Schulen das Pionierleben frei entwickelt. Ungesetzliche Handlungen gegen Kinder durch kirchliche Kreise, wie Geistliche, Religionslehrer, Katecheten usw. sind in Elternversammlungen und in breiter Öffentlichkeit zu behandeln, unbeschadet der erforderlichenfalls notwendigen Maßnahmen durch die Rechtsorgane des Staates.

3. Öffentliche Veranstaltungen außerhalb der kircheneigenen Räume, wie Kirchentage, Prozessionen, Waldgottesdienste und andere traditionelle religiöse Handlungen werden den Kirchenleitungen nur unter der Bedingung gestattet, daß dort nichts getan werden darf, was der Friedenspolitik der Regierung der Deutschen Demokratischen Republik widerspricht.

Die Kirchenleitungen müssen sich verpflichten, auf diesen Veranstaltungen nicht zu dulden, was in irgendeiner Weise eine Unterstützung der EVG-Politik der Bonner Regierung bedeutet.

S. 43–49 in ›SED-Kirchenpolitik. Die Beschlüsse des Politbüros und des Sekretariats des ZK der SED zu Kirchenfragen 1953–1953‹, hg. von Manfred Wilke als Nr. 1/1992 der ›Arbeitspapiere des Forschungsverbundes SED-Staat‹.

V

Aufruf des Zentralen Ausschusses für Jugendweihe zur Jugendweihe 1955 vom 9. November 1954, der in den anschließenden Tagen in sehr vielen Zeitungen in der DDR erschien.

In jedem Jahr beginnen viele junge Menschen nach dem Verlassen der Schule einen neuen Lebensabschnitt. Ihr Wunsch und der Wunsch ihrer Eltern ist es, diesen bedeutungsvollen und schönen Schritt im Leben festlich zu begehen. Diesen Wünschen entsprechend sollen alljährlich in der Deutschen Demokratischen Republik Jugendweihen, wie sie in ganz Deutschland stattfinden, durchgeführt werden. An ihnen sollen junge Menschen ungeachtet ihrer Weltanschauung teilnehmen können.

Die Jugendweihe wird den jungen Menschen zu einem Erlebnis werden, das ihnen Kraft und Selbstbewußtsein für den weiteren Lebensweg gibt. Die Eltern blicken auf die Jahre des Heranwachsens und die Erziehung ihrer Kinder zurück, und gemeinsam mit ihnen blicken sie in die Zukunft, die in unserer Deutschen Demokratischen Republik Jahre friedlichen Arbeitens und neuen Lernens verheißt. So wird die Jugendweihe in jeder Familie zu einem besonderen Festtag. Die Bedeutung dieses Tages reicht weit über den Kreis der Familie hinaus. Das Bewußtsein der Jugendlichen wächst. Sie wirken am Aufbau ihres Lebens, der Gesellschaft und des Staates mit. Gemeinsam mit ihren Altersgenossen und mit ihrer Jugendorganisation stehen sie für die Interessen ihres Volkes ein. Die Jugendweihe soll ein Kraftquell für die weitere Entwicklung der jungen Menschen sein. Sie soll sie anspornen, alle ihre Fähigkeiten zum Wohle ihres Vaterlandes zu entfalten.

Durch Zusammenkünfte, in denen über Fragen des Lebens, der Natur und Gesellschaft gesprochen wird, wird die Jugendweihe vorbereitet werden. Jeder Jugendliche hat damit Gelegenheit, sich auf den Tag vorzubereiten, da er in das Leben der Erwachsenen tritt.

Eltern! Laßt eure Kinder an der Jugendweihe teilnehmen! Meldet sie bei den örtlichen Ausschüssen der Städte und Gemeinden an!

Kulturschaffende, Lehrer und Erzieher! Tragt durch eure Mitarbeit dazu bei, die Jugendweihe zu einem unvergeßlichen Erlebnis zu gestalten.

Zentraler Ausschuss für Jugendweihen
in der Deutschen Demokratischen Republik

Personenregister

Abkürzungen

ABM	Arbeitsbeschaffungsmaßnahme
adn	Allgemeiner Deutscher Nachrichtendienst (in der DDR gegründete Nachrichtenagentur)
AWO	Arbeiterwohlfahrt
BA	Bundesarchiv
BAJ	Bezirksausschuß für Jugendweihe in der DDR
BfrGD	Bund freireligiöser Gemeinden Deutschlands
BLHA	Brandenburgisches Landeshauptarchiv, Potsdam
DFV	Deutscher Freidenker-Verband
DG	Deutsche Glaubensbewegung
DK	Deutsche Kirche
DRK	Deutsches Rotes Kreuz
DSF	Gesellschaft für deutsch-sowjetische Freundschaft
EA	Elternaktiv
EG	Evangelisches Gesangbuch
EZA	Evangelisches Zentralarchiv, Berlin
FDJ	Freie Deutsche Jugend
G.G.G.	Germanische Glaubensgemeinschaft
GM	Gesellschaftlicher Mitarb eiter des MfS
GStA	Geheimes Staatsarchiv, Berlin-Dahlem
HIBBZ	Humanistisches Internationales Bildungs- und Begegnungszentrum, Eberswalde
HVD	Humanistischer Verband Deutschlands
IfZ	Institut für Zeitgeschichte, München
IVJ	Interessenvereinigung für humanistische Jugendarbeit und Jugendweihe
KAJ	Kreisausschuß Jugendweihe in der DDR
KJVD	Kommunistischer Jugendverband Deutschlands
KPD	Kommunistische Partei Deutschlands
LDPD	Liberale Demokratische Partei Deutschlands
MIZ	Materialien und Informationen zur Zeit. Politisches Magazin für Konfessionslose und AtheistInnen
MfS	Ministerium für Staatssicherheits
MOZ	Märkische Oderzeitung (Tageszeitung in Frankfurt/Oder)
MR	Mikrofilmrolle (in Archiven)
ND	Neues Deutschland (in Berlin verlegte Tageszeitung der PDS)

NDPD	Neue Demokratische Partei Deutschlands
NVA	Nationale Volksarmee
NZ	Neue Zeitung (Tageszeitung in Berlin-Mitte)
RLN	Rat für Landwirtschaft und Nahrungsgüter
SBZ	Sowjetische Besatzungszone
SED	Sozialistische Einheitspartei Deutschlands (seit 1990 PDS)
UFR	Unitarische Freie Religionsgemeinde
VFF	Verein der Freidenker für Feuerbestattung
VfG	Volksbund für Geistesfreiheit
ZAJ	Zentraler Ausschuß Jugendweihe in der DDR
ZK	Zentralkommitee

Eugen Drewermann im dtv

»Drewermanns Sprache schließt auf und rührt an,
gibt neue Erkenntnisse frei.«
Lisbeth Haase, ›Lutherische Monatshefte‹

Tiefenpsychologie und Exegese 1
Die Wahrheit der Formen
Traum, Mythos, Märchen, Sage und Legende
dtv 30376

Tiefenpsychologie und Exegese 2
Die Wahrheit der Werke und der Worte
Wunder, Vision, Apokalypse, Geschichte, Gleichnis
dtv 30377

Worum es eigentlich geht
Protokoll einer Verurteilung
dtv 30404

Giordano Bruno oder Der Spiegel des Unendlichen
dtv 30465
Die letzten Tage Giordano Brunos, der im Jahre 1600 in Rom als Ketzer verbrannt wurde.

Was uns Zukunft gibt
Vom Reichtum des Lebens
dtv 30502
Meditationen über biblische Texte, die tiefe Einsichten in unser Dasein vermitteln.

Lieb Schwesterlein, laß mich herein
Grimms Märchen tiefenpsychologisch gedeutet
dtv 35050

Rapunzel, Rapunzel, laß dein Haar herunter
Grimms Märchen tiefenpsychologisch gedeutet
dtv 35056

Die Botschaft der Frauen
Das Wissen der Liebe
dtv 36023
Drewermann zeigt, daß die Botschaft der Bibel vorwiegend auch eine Botschaft von Frauen ist.

»Ich steige hinab in die Barke der Sonne«
Meditationen zu Tod und Auferstehung
dtv 36079

Dorothee Sölle im dtv

»Evangelisch sein heißt keinen Papst haben,
aber ein Buch.«
Dorothee Sölle

Gott im Müll
Eine andere Entdeckung Lateinamerikas
dtv 30040
Dorothee Sölle, die engagierte Christin, hielt fest, was sie auf einer Reise durch Lateinamerika sah und erlebte. Es entstanden beeindruckende Miniaturen, die lehren, mit dem Herzen zu sehen und diesen Halbkontinent anders und neu zu entdecken.

Atheistisch an Gott glauben
Beiträge zur Theologie
dtv 30400
Die Autorin hinterfragt das erstarrte und von der Kirche ideologisierte Gottesbild und öffnet den Weg zu einem Gottesglauben, der in der Liebe wirklich wird.

Mutanfälle
Texte zum Umdenken
dtv 30541
Die hier versammelten Reden, Aufsätze und Essays zeigen Dorothee Sölle als feministische Theologin und politische Zeitgenossin. »Wer sich noch nicht mit Dorothee Sölle beschäftigt hat, sollte zu diesem Buch greifen.« (Berliner Dialog-Hefte)

Dorothee Sölle,
Luise Schottroff
Den Himmel erden
Eine ökofeministische Annäherung an die Bibel
dtv 30520
Diese Textsammlung dokumentiert den ökologisch und feministisch bestimmten Umgang mit Bibeltexten und zeigt, daß Gott nicht stets nur im Himmel gesucht zu werden braucht.

Gott denken
Einführung in die Theologie
dtv 36059
Eine mitreißende Einführung in die Grundfragen des christlichen Glaubens aus befreiungstheologischer Perspektive.

Vielfalt lesen

Anthologien und Sammelbände zu einem breiten Themenspektrum

Frauen-Geschichte(n)
Ein historisches Lesebuch
Herausgegeben von
Brigitte Hellmann
dtv 30627
Eine anregende Spurensuche in der Geschichte der Frauen vom Altertum bis in die Neuzeit.

Fliegen und Schweben
Annäherung an eine menschliche Sensation
Herausgegeben von
Dieter R. Bauer und
Wolfgang Behringer
dtv 4693
Die Beiträge dieses Buches beleuchten unterschiedliche Aspekte rund um das Fliegen und veranschaulichen die große Faszination dieses alten Menschheitstraums.

Erlebte Antike
Ein Lesebuch
Herausgegeben von
Beatrice Heiber
dtv 4706
Namhafte Autoren lassen diese grandiose und vielgestaltige Epoche lebendig werden.

Lebendiges Mittelalter
Ein Lesebuch
Herausgegeben von
Brigitte Hellmann
dtv 4669
Eine Auswahl aus dem breiten Feld der Forschung, die dazu einlädt, die Vielfalt des Mittelalters in Politik, Alltag, Kultur und Religion zu erkunden. Zu Wort kommen Umberto Eco, Joachim Bumke, Régine Pernoud, Ferdinand Seibt, Jean Favier, Arno Borst und viele andere.

Was ist Natur?
Klassische Texte zur
Naturphiliosophie
Herausgegeben von
Gregor Schiemann
dtv 4697
Ein Streifzug durch die Geschichte der Naturphilosophie von der Antike bis heute. Die ältesten Fragen des abendländischen Denkens, die um das Verhältnis des Menschen zur Natur kreisen, erhalten vor dem Hintergrund der ökologischen Krise neue Brisanz.

Ruth Klüger im dtv

»Jeder Tag ist wie ein Tor, das sich hinter mir schließt
und mich ausstößt.«
Ruth Klüger

weiter leben
Eine Jugend
dtv 12261 und dtv großdruck 25106

»Mir ist keine vergleichbare Biographie bekannt, in der mit solcher kritischen Offenheit und mit einer dichterisch zu nennenden Subtilität auch die Nuancen extremer Gefühle vergegenwärtigt werden.« (Paul Michael Lützeler in der ›Neuen Zürcher Zeitung‹)

Frauen lesen anders
Essays · dtv 12276

Frauen lesen anders als Männer, weil sie anders leben. Daher kann der weibliche Blick, in der Literatur wie im Leben, manches entdecken, woran der männliche vorübersieht. Ruth Klüger beweist dies in elf ebenso ungewöhnlichen wie klugen Essays. Deutsche Literatur in anderer Beleuchtung.

Katastrophen
Essays · dtv 12364

»Ein sehr empfehlenswertes Buch, es sollte, muß aber nicht, im Anschluß an ›weiter leben‹ gelesen werden, und es spricht nicht nur zu den Fachwissenschaftlern, sondern zu allen, die, und vollkommen zu Recht, von der Literatur Aufschluß über die Katastrophen der Gegenwart erhoffen.« (Burkhard Spinnen in der ›Frankfurter Allgemeinen Zeitung‹)

»Ruth Klüger stellt ganz einfach andere Fragen an Texte,
eine Methode, die zu ebenso plausiblen wie spannenden
Antworten führt, manchmal auch zu süffisant amüsanten.«
Barbara von Becker in der ›Süddeutschen Zeitung‹

Deutsche Geschichte der neuesten Zeit im dtv

Herausgegeben von Martin Broszat, Wolfgang Benz und Hermann Graml in Verbindung mit dem Institut für Zeitgeschichte, München.

Peter Burg
Der Wiener Kongreß
dtv 4501

Wolfgang Hardtwig
Vormärz
dtv 4502

Hagen Schulze
Der Weg zum Nationalstaat
dtv 4503

Michael Stürmer
Die Reichsgründung
dtv 4504

Wilfried Loth
Das Kaiserreich
dtv 4505

Richard H. Tilly
Vom Zollverein zum Industriestaat
dtv 4506

Helga Grebing
Arbeiterbewegung
dtv 4507

Hermann Glaser
Bildungsbürgertum und Nationalismus
dtv 4508

Michael Fröhlich
Imperialismus
dtv 4509

Gunther Mai
Das Ende des Kaiserreichs
dtv 4510

Klaus Schönhoven
Reformismus und Radikalismus
dtv 4511

Horst Möller
Weimar
dtv 4512

Peter Krüger
Versailles
dtv 4513

Corona Hepp
Avantgarde
Moderne Kunst, Kulturkritik und Reformbewegungen nach der Jahrhundertwende
dtv 4514

Fritz Blaich
Der Schwarze Freitag
dtv 4515

Deutsche Geschichte der neuesten Zeit im dtv

Martin Broszat
Die Machtergreifung
dtv 4516

Norbert Frei
Der Führerstaat
dtv 4517

Bernd-Jürgen Wendt
Großdeutschland
Außenpolitik und Kriegsvorbereitung des Hitler-Regimes · dtv 4518

Hermann Graml
Reichskristallnacht
dtv 4519

Hartmut Mehringer
Emigration und Widerstand
dtv 4520

Lothar Gruchmann
Totaler Krieg
dtv 4521

Wolfgang Benz
Potsdam 1945
dtv 4522

Wolfgang Benz
Die Gründung der Bundesrepublik
dtv 4523

Dietrich Staritz
Die Gründung der DDR
dtv 4524

Kurt Sontheimer
Die Adenauer-Ära
dtv 4525

Ludolf Herbst
Option für den Westen
dtv 4527

Peter Bender
Die »Neue Ostpolitik« und ihre Folgen
Vom Mauerbau bis zur Vereinigung
dtv 4528

Thomas Ellwein
Krisen und Reformen
Die Bundesrepublik seit den sechziger Jahren
dtv 4529

Helga Haftendorn
Sicherheit und Stabilität
Außenbeziehungen der Bundesrepublik zwischen Ölkrise und NATO-Doppelbeschluß
dtv 4530

Gegen das Vergessen
Taschenbücher zum Dritten Reich

Robert Antelme
Das Menschengeschlecht
Als Deportierter in Deutschland
dtv 11279

Inge Deutschkron
Ich trug den gelben Stern
dtv 30000

Inge Deutschkron
Mein Leben nach dem Überleben
dtv 30460

Ich kam allein
Der rettende Transport jüdischer Kinder nach England 1938/39
Herausgegeben von Rebekka Göpfert
dtv 30439

Jizchak Katzenelson / Wolf Biermann
Großer Gesang vom ausgerotteten jüdischen Volk
dtv 12233

Ruth Klüger
weiter leben
Eine Jugend
dtv 12261 und
dtv großdruck 25106

Christian Graf von Krockow
Die Stunde der Frauen
Bericht aus Pommern 1944 bis 1947
dtv 30014

Hans Graf von Lehndorff
Ostpreußisches Tagebuch
Aufzeichnungen eines Arztes 1945-1947
dtv 30094

Arno Lustiger
Zum Kampf auf Leben und Tod!
Vom Widerstand der Juden 1933-1945
dtv 30097

Helmuth James von Moltke
Briefe an Freya
1939-1945
Herausgegeben von Beate Ruhm von Oppen
dtv 2970

Marion Yorck von Wartenburg
Die Stärke der Stille
Erzählung eines Lebens aus dem Widerstand
dtv 30090